Plate
Computergrafik: Einführung –
Algorithmen – Programmentwicklung

Jürgen Plate

Computergrafik:
Einführung – Algorithmen –
Programmentwicklung

Ein Arbeitsbuch mit zahlreichen Programmen und
Hardware-Applikationen für Plotter und Bildschirm

Mit 178 Abbildungen und 5 Tabellen

2., neubearbeitete und erweiterte Auflage

CIP-Titelaufnahme der Deutschen Bibliothek

Plate, Jürgen:
Computergrafik: Einführung – Algorithmen –
Programmentwicklung : e. Arbeitsbuch mit zahlr. Programmen
u. Hardware-Applikationen für Plotter u. Bildschirm / Jürgen
Plate. – 2., neubearb. u. erw. Aufl. – München : Franzis, 1988
    (Franzis-Computer-Praxis)
    ISBN 3-7723-5006-2

© 1988 Franzis-Verlag GmbH, München

Druck: Kösel, Kempten

Printed in Germany · Imprimé en Allemagne

ISB N 3-7723-5006-2

Vorwort

Dieses Buch soll den Bereich der Computerei nahebringen, der immer mehr Gewicht erlangt - die Computergrafik. Über dieses Spezialgebiet gibt es schon viele Bücher, besonders im amerikanischen Sprachraum, warum also noch eines?

Viele Publikationen richten sich an Studenten und Informatiker und enthalten die Informationen sehr kompakt und mit allen mathematischen Hintergrundinformationen. Meist finden sich in diesen Büchern aber nur Hinweise für die Programmierung und keine ausgearbeiteten Programmlistings.

Durch die bis dato noch sehr hohen Preise für Plotter und Grafiktabletts beschäftigte sich ein Großteil der bisher erschienenen Bücher mit der Bildschirmgrafik. Es gibt jedoch beträchtliche Unterschiede zwischen Programmen, die die gleiche Leistung für Bildschirm oder Plotter erbringen. Da man Plotter heute doch schon recht preiswert bekommt (so den in diesem Buch vorgestellten Selbstbauplotter als Bausatz für etwa 400 Mark), wurden in diesem Buch die Programme stärker auf den Plotter hin orientiert.

Weiter wurde in diesem Buch auch für die Grafik-Hardware ein breiter Raum vorgesehen; nicht nur erklärend sondern auch mit konkreten Bauvorschlägen für Joystiks, Digitalisierer und Plotter. Auch wer nichts nachbaut, erhält ein recht genaues Bild über die Arbeitsweise solcher Geräte.

Mein besonderer Dank gilt Dipl.-Ing. Rudolf Hofer, der den Selbstbauplotter in Kapitel 10 entwickelt hat und Maria Fischbacher, die bei der Manuskripterstellung geholfen hat.

Die vorliegende Zweitauflage wurde gründlich überarbeitet und an vielen Stellen erweitert. Das Kapitel 21 wurde neu hinzugefügt.

Dipl.-Inform. Jürgen Plate

Diskette zum Buch

Zu diesem Buch ist eine Diskette für IBM-PC/XT/AT-Computer und alle Kompatiblen wahlweise im Format 5¼-Zoll (360 KB) oder 3½-Zoll (720 KB) mit allen Programmen erhältlich. Die Diskette kostet 39 DM einschließlich Versandspesen.

Richten Sie Ihre Bestellungen unter dem Stichwort "Grafikbuch-Diskette" mit Angabe des gewünschten Diskettenformats an untenstehende Adresse und legen Sie einen Verrechnungsscheck über 39 DM Ihrer Bestellung bei.

Franzis-Verlag, Buchvertrieb
Karlstr. 37-41

8000 München 2

Wichtiger Hinweis

Die in diesem Buch wiedergegebenen Schaltungen und Verfahren werden ohne Rücksicht auf die Patentlage mitgeteilt. Sie sind ausschließlich für Amateur- und Lehrzwecke bestimmt und dürfen nicht gewerblich genutzt werden*).
Alle Schaltungen und technische Angaben in diesem Buch wurden vom Autor mit größter Sorgfalt erarbeitet bzw. zusammengestellt und unter Einschaltung wirksamer Kontrollmaßnahmen reproduziert. Trotzdem sind Fehler nicht ganz auszuschließen. Der Verlag sieht sich deshalb gezwungen, darauf hinzuweisen, daß er weder eine Garantie noch die juristische Verantwortung oder irgendeine Haftung für Folgen, die auf fehlerhafte Angaben zurückgehen, übernehmen kann. Für die Mitteilung eventueller Fehler sind Autor und Verlag jederzeit dankbar.

---

*) Bei gewerblicher Nutzung ist vorher die Genemigung des möglichen Lizenzinhabers einzuholen.

Inhalt

1 Einführung

Computergrafik ist heutzutage richtig in Mode gekommen. Nicht nur viele Mikro- und Tischcomputer sind mit grafischen Möglichkeiten versehen, sondern wir machen auch im täglichen Leben Bekanntschaft mit der Computergrafik - oft sogar, ohne es zu merken. Filme wie "Tron" oder "Star Wars" werden unter Zuhilfenahme von Computergrafik gefertigt, ebenso Pausezeichen und Werbespots im Fernsehen. Für solche Grafiken braucht man aber schon Supercomputer wie die Cray I, und selbst dieser Rechner schafft es nicht in Echtzeit, sondern "malt" Bild für Bild. Die Bilder werden dann einzeln abfotografiert; ähnlich wie beim Zeichentrickfilm. So etwas schafft ein Mikrocomputer natürlich nicht. Wir wollen Ihnen aber zeigen, was an grafischen Fähigkeiten in Ihrem Computer steckt und auch die technischen und mathematischen Hintergründe erläutern.

Zur Erstellung der Beispiele werden verschiedene Computer verwendet. Die Verfahren und Algorithmen lassen sich aber auch auf andere Rechner übertragen. Die Programmbeispiele sind wegen der Übersichtlichkeit und Portabilität größtenteils in der Programmiersprache Pascal (TURBO-Pascal) erstellt, einige Beispiele sind auch in Basic geschrieben. Sie sind mit Absicht soweit wie möglich ohne computerspezifische Teile geschrieben um ein Anpassen an andere Rechner oder Programmiersprachen zu erleichtern. Als Plotter wurden ein MP 1000 von Graphtec (Watanabe) und ein HP-GL-kompatibler Plotter verwendet - andere Plotter lassen sich natürlich auch einsetzen.

Die Kapitel 2, 3,11 und 18 befassen sich mit den Geräten, die man zum Erstellen von Grafiken braucht. Für diejenigen unter Ihnen, die gerne einmal etwas selbst bauen wollen, sind Bauanleitungen für verschiedenen Peripheriegeräte in diesen Kapiteln enthalten - als preiswerter Einstieg. Aber auch für jene, die Ihren Plotter oder Digitizer lieber fertig im Laden kaufen, sind diese Kapitel interessant, da sie einen Einblick in die Arbeitsweise der Geräte bieten.

Der Bereich CAD und die höheren Techniken wurden in Ihren Grundlagen behandelt. Eine ausführliche Würdigung dieser Techniken (auch der Farbdarstellung) muß einem späteren Buch vorbehalten sein - schließlich geht es in diesem Buch um die Grundlagen, auf die dann aufgebaut wird.

Da der IBM-PC und die zahllosen dazu kompatiblen Computer (wobei ich die AT-Kompatiblen in diese Gruppe mit einschließe) eine hohe Verbreitung gefunden haben, ist der Grafik auf diesen Geräte ein eigenes Kapitel gewidmet. Dabei ist immer daran zu denken, daß sich die allgemein gehaltenen Programme aus allen Kapiteln des Buchs an diesen Rechnertyp anpassen lassen.

2 Grafische Ausgabegeräte

Will man Grafiken zeigen, benötigt man ein Ausgabegerät. Das kann ein Graphikbildschirm, ein Plotter oder ein grafikfähiger Matrixdrucker sein. In diesem Kapitel weden die verschiedenen Ausgabegeräte für Computergrafik kurz besprochen.

2.1 Rasterbildschirm

Das erste grafische Ausgabegerät, mit dem Sie in Verbindung kommen, dürfte der Bildschirm Ihres Computers sein. Es handelt sich hier um einen Video-Bildschirm, bei dem, vereinfacht gesagt, ein Elektronenstrahl fünfundzwanzigmal in der Sekunde ein Bild zeichnet, indem er links oben anfängt und Zeile für Zeile sozusagen ein Bild "schreibt" (Abb. 2-1).

Ein Bild kann dann aus einzelnen Zeilen mit Bildpunkten aufgebaut werden. Durch Modulation des Elektronenstrahls können die Bildpunkte mal hell, mal dunkel dargestellt werden und so entsteht ein Bild. Beim Apple II hat die Zeichenfläche 160 Zeilen zu 280

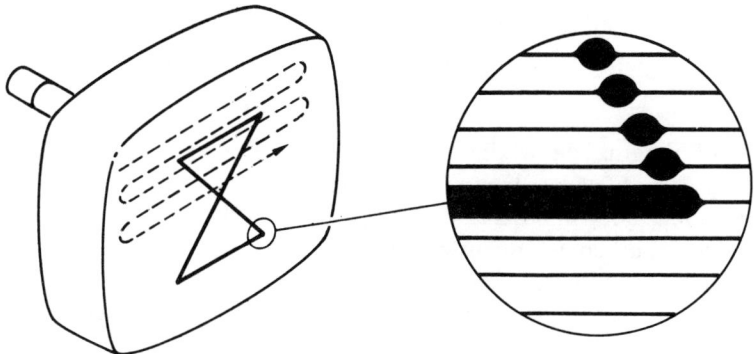

Abb. 2-1 Ein Rasterbild, wie es vom Videomonitor erzeugt wird

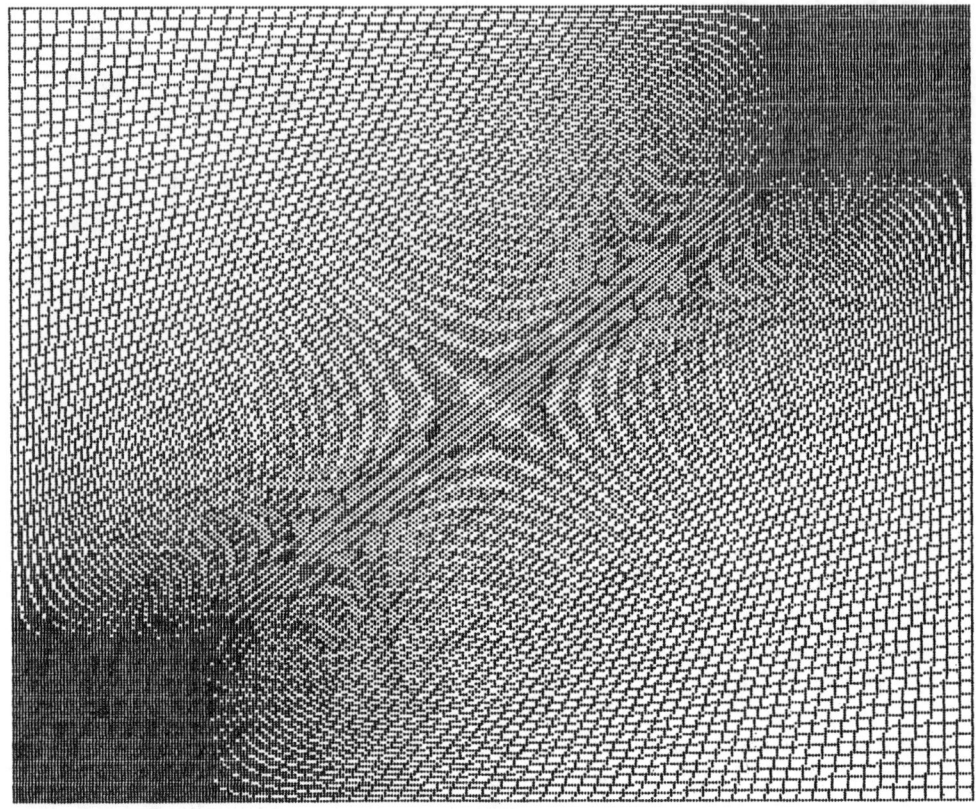

Abb. 2-2 Typische Rastergrafik

Punkten, beim IBM-PC 200 Zeilen zu 640 Punkten. Hier sehen Sie auch
gleich ein wichtiges Kriterium für Rastergrafik, die Auflösung. Der
zweite Computer hat eine höhere Auflösung, kann also mehr Feinheiten
darstellen.

Verglichen mit den "Filmgrafiken" ist die Auflösung beider Rechner
jedoch sehr niedrig. Abb. 2-2 zeigt eine typische Rastergrafik des
Apple II. Man kann aber auch in beschränktem Umfang Grafiken mit Computern erzeugen, die eigentlich nur Buchstaben darstellen können (also
25 Zeilen zu 80 Zeichen). Oft haben diese Rechner sogenannte Block-
grafiksymbole oder eine Pixelgrafik mit der vierfachen Auflösung des
Textschirms. Auf solchen Rechnern lassen sich zumindest einfache
Histogramme darstellen (Abb. 2-3).

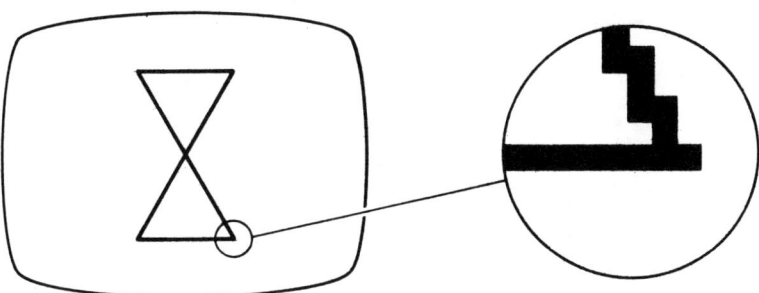

Abb. 2-3 Bei der Pixel-Grafik wird das Bild aus Blöcken zusammengesetzt

Es versteht sich wohl von selbst, daß für die Darstellung von Grafiken
ein Fernsehgerät meist nicht ausreicht, es muß schon ein Monitor sein!
Warum? Der Fernsehapparat ist für die Übertragungsqualität des normalen Bildsignals ausgelegt, wie es vom Fernsehsender geliefert wird.
Das Signal besteht aus einer Folge von verschieden hellen Punkten.
Beim Grafiksignal des Computers handelt es sich um ein Signal, das in
der Regel nur zwei Helligkeits-Stufen kennt. Beim Fernseher beträgt
die Signalbandbreite etwa 3 MHz, bei einem Computermonitior dagegen 12
MHz bis 20 MHz.

Ich will auf den technischen Hintergrund hier nicht weiter eingehen.
Für uns hat die Bandbreitenangabe nur einen wichtigen Effekt: bei
Geräten mit niedriger Bandbreite werden die Bildpunkte nicht scharf
abgebildet, sondern sie haben einen "Hof". Das Bild erscheint unscharf
und verwaschen.

Ein Problem der Rastergrafik ist die punktweise Darstellung von Lini-
en, was bei Diagonalen zu "Treppchen" führt, wie man es auch in Abb.
2-2 sieht. Ihr Vorteil liegt in der Möglichkeit, bewegte Bilder darzustellen.

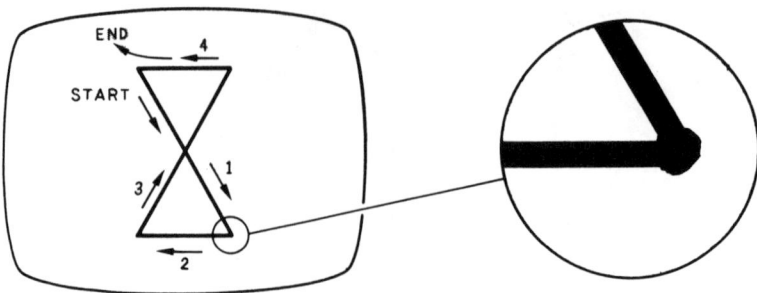

Abb. 2-4 Beim Vektor-Bildschirm werden die Bildpunkte durch Linien verbunden

2.2 Vektor-Bildschirm

Diese Darstellungsart ist zur Zeit den professionellen Rechenanlagen
vorbehalten. Hier ist der Elektronenstrahl nicht an feste Zeilen gebunden, sondern wird in X- und Y-Richtung abgelenkt. Wie Sie in Abb.
2-4 sehen, entstehen so gerade Linien von Punkt zu Punkt. Es gibt
Vektor-Bildschirme, bei denen der Strahl ständig wiederholend die
Zeichnung ausführen muß (ähnlich wie beim Rasterbildschirm oder einem
Oszilloskop). Bei anderen Modellen kann die Leuchtschicht das Bild
speichern, so daß die Spur des Elektronenstrahls sichtbar bleibt. Der
Nachteil solcher Schirme ist, daß man das Bild nicht durch Zeichnen
neuer Vektoren korrigieren kann, sondern den Schirm löschen und das
ganze Bild nocheinmal zeichnen muß.

2.3 Drucker

Computer mit angeschlossenem Matrixdrucker können auch Grafiken erzeugen. Wenn der Drucker noch einige Grafikzeichen beherrscht, können die
Grafiken sogar mit dem ganz normalen Zeichensatz erzeugt werden. Abb.
2-5 zeigt die Ausgabe eines Biorhytmusprogramms auf dem Epson HX-20.
Die meisten Matrixdrucker besitzen auch die Möglichkeit, die Nadeln
einzeln anzusteuern. Mit Hilfe eines Hardcopy-Programms läßt sich die
Grafik eines Raster-Bildschirms Punkt für Punkt zu Papier bringen

(Abb. 2-2). Der Druckkopf eines Matrixdruckers hat 7 bis 16 Nadeln
übereinander. Wenn man den Druckkopf programmgesteuert um jeweils eine
Nadelbreite weiterbewegt kann man entsprechend viele Zeilen des Bildschirms Punkt für Punkt zu Papier bringen. Mit den modernen Farb-
druckern lassen sich durch Umschalten des Farbbandes sogar farbige

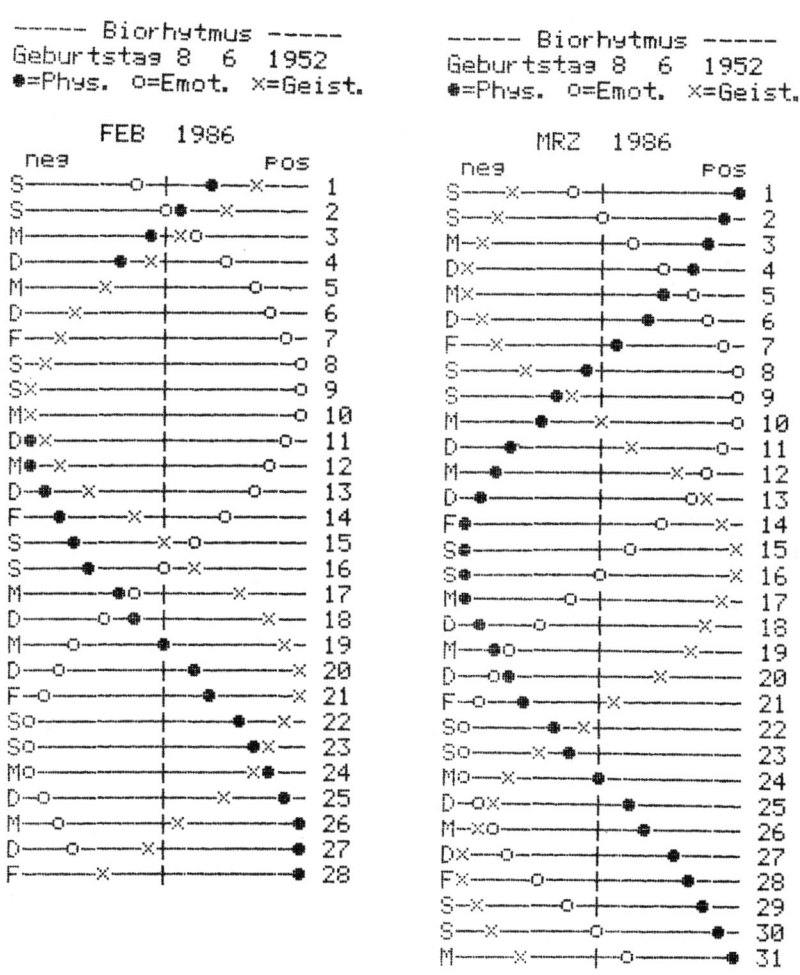

Abb. 2-5 Auch auf Druckern lassen sich anspechende Grafiken erzeugen

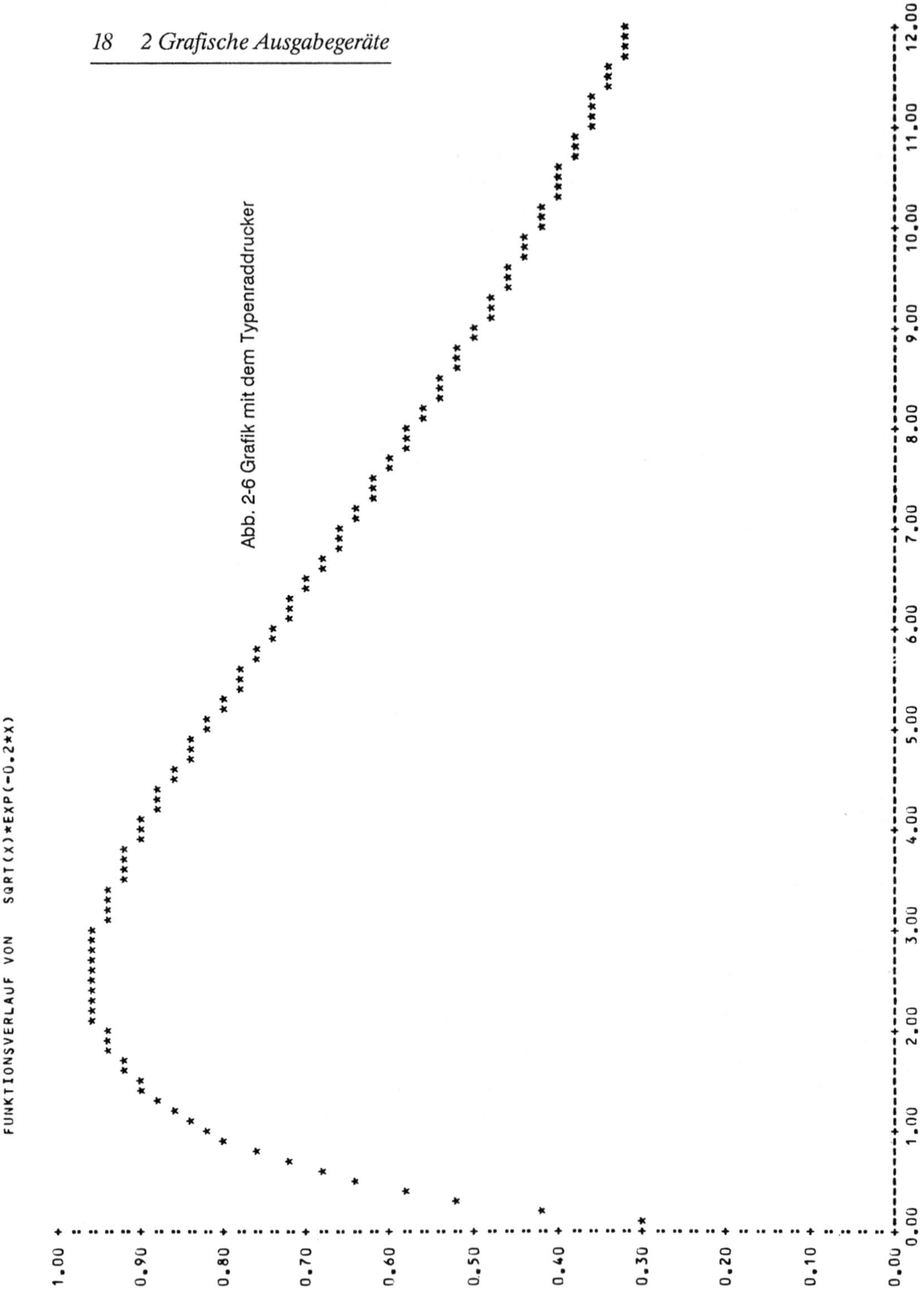

Abb. 2-6 Grafik mit dem Typenraddrucker

Grafiken erstellen. Abb. 2-6 zeigt, daß auch mit einem Typenraddrucker recht brauchbare Grafiken erzeugt werden können. In Abb. 2-7 ist das Programm zu der Grafik abgedruckt. Die Programmiersrache ist Pascal. In den Zeilen 3 und 4 wird die darzustellende Funktion definiert. Die Werte DX und DY skalieren die Zeichnung auf die Papiergröße, doch zur Skalierung und zu anderen Verfahren erfahren Sie später mehr.

```
 1  PROGRAM PLOT (OUTPUT);
 2
 3  FUNCTION G (X : REAL) : REAL;
 4     BEGIN G := SQRT(X) * EXP( (-0.2)*X ) END;
 5
 6  PROCEDURE GRAPHIK (XANF,XEND,YANF,YEND : REAL;
 7                     FUNCTION F(X:REAL):REAL  );
 8
 9     (* DIE PROZEDUR ZEICHNET DEM VERLAUF DER FUNKTION F AUF
10      EINER DRUCKERSFITE FUER DIE WERTE VON F(X) ,DIE ZWISCHEN
11      YANF UND YEND LIEGEN.
12      DER BEREICH DER X-ACHSE WIRD DURCH XANF UND XEND FESTGELEGT.
13      DIE SKALEN WERDEN BESCHRIFTET.
14      GROESSE DER ZEICHNUNG: 50 ZEILEN MAL 120 SPALTEN
15     *)
16     CONST B = 120;    (*BREITE DER ZEICHNUNG *)
17           L = 50;     (* HOEHE DER ZEICHNUNG *)
18     VAR   I,J : INTEGER;
19           Z : CHAR;   (* ZEICHENSYMBOL *)
20           DX,DY : REAL;   (* INCREMENTE FUER X UND Y*)
21     BEGIN
22     DX := (XEND - XANF)/B;
23     DY := (YEND - YANF)/L;
24
25     FOR J :=L DOWNTO 1 DO
26        BEGIN (* ZEICHNEN DER EINZELNEN ZEILEN *)
27        IF J MOD 5 = 0 THEN
28           BEGIN  (* SKALENBESCHRIFTUNG MIT WERT *)
29           WRITE(' ',YANF + J*DY:8:2);
30           Z := '+';
31           END
32        ELSE (* SONST LEERZEICHEN *)
33           BEGIN WRITE(' ':9); Z := ':' END;
34        IF ROUND ( (F(XANF) - YANF)/DY ) = J THEN
35           WRITE(' *') ELSE WRITE(' ',Z);
36        FOR I := 1 TO B DO
37           (*BEARBEITEN EINER ZEILE *)
38           IF ROUND( (F(XANF+I*DX) - YANF)/DY ) = J THEN
39              WRITE('*')
40           ELSE
41              WRITE(' ');
42        WRITELN
43        END (* FOR J ... *);
44
```

Zu Abb. 2-7

```
45        (* X- ACHSE MIT BESCHRIFTUNG *)
46        WRITE(' ',YANF:8:2,' ');
47        FOR I :=0 TO 8 DO
48             IF I MOD 10 = 0 THEN
49                WRITE('+')
50             ELSE
51                WRITE('-');
52        WRITELN;
53        WRITE('   ');
54        FOR I := 0 TO 8 DIV 10 DO
55           WRITE('   ',XANF+I*10*DX:8:2);
56        WRITELN;
57        END (* ENDE GRAPHIK *);
58
59 BEGIN (* MAIN *)
60 WRITELN('1');
61 WRITELN(' ':20,'FUNKTIONSVERLAUF VON    SQRT(X)*EXP(-0.2*X)')
62 WRITELN;
63 WRITELN;
64 GRAPHIK(0,12,0,1,G);
65 END.
```

Abb. 2-7 Das Programm zu Abb. 2-6

2.4 Plotter

Plotter sind elektromechanische Zeichengeräte, bei denen eine Zeichnung mit Tuschestift oder Filzschreiber auf Papier erstellt wird. Die Auflösung erreicht hier Schritte von 0.1 mm bis 0.01 mm.

Trommelplotter, Flachbettplotter und Schrägbettplotter sind die wohl bekanntesten Bauarten, wobei der Trommelplotter in seinem Aufbau dem Drucker am nächsten kommt. Das Zeichenpapier wird hier ebenfalls über eine Trommel oder Walze gelegt, wobei durch Drehen der Walze - vorwärts oder rückwärts - eine der beiden Bewegungsrichtungen dargestellt wird. Die andere Bewegungsrichtung - also nach rechts oder links - wird mit einem Schlitten ausgeführt, der von einem Schrittmotor bewegt wird. Die Halterung, die den Zeichenstift aufnimmt, befindet sich am Schlitten. Der Trommelplotter beansprucht - im Vergleich zu Flachbett- oder Schrägbettplottern - eine geringere Stellfläche.

Die Funktionsweise eines Flachbettplotters läßt sich am besten anhand von Abb. 2-8 erläutern. Auf einer Grundplatte sind oben recht zwei Schrittmotoren angeordnet. Der X-Schrittmotor bewegt über ein Zugseil den X-Schlitten nach rechts oder nach links. Der Schlitten sitzt auf einer stationären, festen Schlittenführung.

Der Y-Schrittmotor dreht eine meist mehrkantige Antriebswelle, auf der verschieblich ein Rad angebracht ist. An diesem Rad ist das Zugseil für den Y-Schlitten befestigt, so daß der Y-Schlitten durch Drehen der Antriebswelle hin- und her bewegt werden kann. Da der Y-Schlitten auf einer Schlittenführung läuft, die am X-Schlitten befestigt ist, kann der Y-Schlitten sowohl in X- als auch in Y-Richtung bewegt werden. Am Y-Schlitten befindet sich daher auch die Halterung für den Zeichenstift.

Beim Flachbettplotter wird, wie der Name schon sagt, das Zeichenblatt auf einer flachen Grundplatte aufgespannt. Dabei muß diese Zeichenebene immer größer als das zu verarbeitende Papierformat sein.

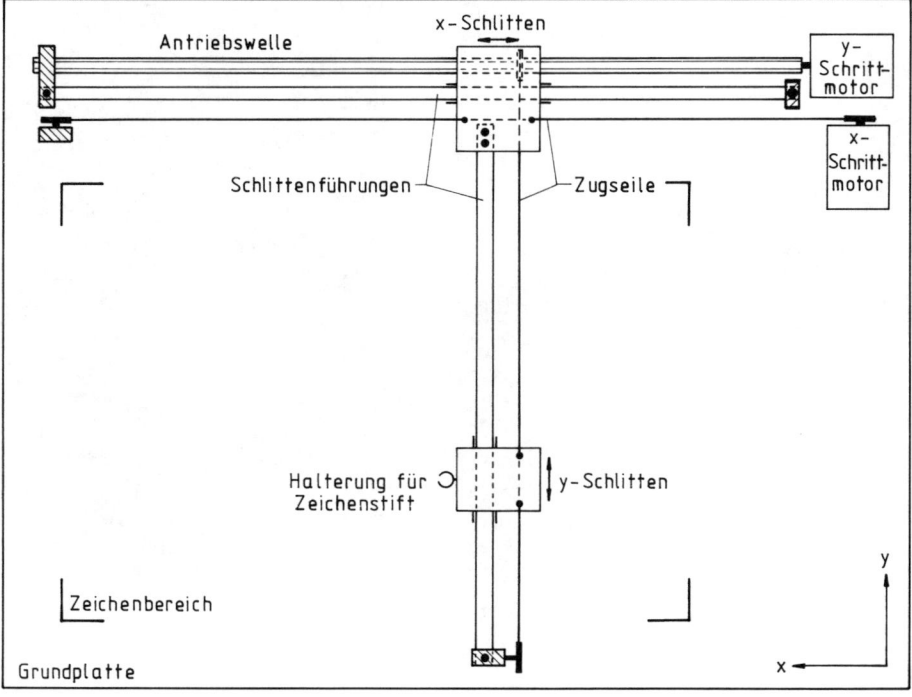

Abb. 2-8 Prinzip eines Flachbettplotters

Abb. 2-9 Ein professioneller Trommelplotter (HP 7685A)

Das ist auch der Grund dafür, daß die überwiegende Zahl der Flachbettplotter nur Papierformate DIN A3 und DIN A4 verarbeiten können. Denn
bei größeren Papierformaten nimmt die erforderliche Stellfläche schon
erhebliche Ausmaße an. Trotzdem gibt es Flachbettplotter, die auch mit
DIN A0 arbeiten. Das ist letztlich alles eine Frage des Preises und
des zur Verfügung stehenden Platzes.
Dem Nachteil des Flachbettplotters, daß er eine größere Stellfläche
benötigt und über ein bestimmtes Format hinaus nicht arbeiten kann,
steht ein Vorteil gegenüber: das gesamte Zeichenfeld ist überschaubar.

Der Schrägbettplotter ist ein Mittelding zwischen Trommel- und Flachbettplotter oder - wenn man so will - eine Kombination aus diesen
beiden Plottertypen. Gezeichnet wird wieder auf einer ebenen Unterlage, wobei der Vorteil, daß das Zeichenfeld in seiner Gesamtheit
während des Zeichenvorganges überschaubar ist, erhalten bleibt.
Im Unterschied zm Flachbettplotter ist aber das Zeichenpapier - wobei
die Bezeichnung Papier als Sammelbegriff für unterschiedliche Zeich-
nungsträger steht, - nicht stationär aufgespannt. Es kann vielmehr,
und das ist jetzt der Bezug zum Trommelplotter, ebenfalls in einer
Zeichenrichtung hin- und her bewegt werden. Das Papier liegt aber
nicht über einer Trommel, sondern auf einem sich bewegenden Band, so
daß man Geräte dieser Bauart auch unter dem Namen Beltbedplotter (belt
= Band) findet.

Beim Trommelplotter läuft die Papierbahn vorwärts und rückwärts über
eine sehr präzise gefertigte Stahltrommel (Abb. 2-9). Senkrecht dazu
bewegt sich der Stift über die Breite der Papierbahn. Der Vorteil des
Trommelplotters besteht darin, daß nicht nach jeder Zeichnung das
Papier neu eingelegt werden muß, da sich das Plotterpapier von einer
großen Vorratsrolle zu einer Aufspulvorrichtung bewegt. Trommeolplot-
ter gibt es für Papierbreiten von 30 cm bis 1 m. Die Schrittweite
beträgt hier 0.05 mm.

Unter dem Begriff Zeichenstift sind die unterschiedlichsten Zeichenwerkzeuge zu verstehen. Kugelschreiber und Tintenkugelschreiber, Gas-
druckkugelschreiber, Faserschreiber, Keramik- und Fiberstifte, Tusche-
stifte und Tuschespitzen, Tuschefüller und, last not least, Bleistif-
te: Eine riesige Auswahl an Werkzeugen, mit denen man Striche, Kreise
und Punkte auf ganz normales Zeichenpapier, aber auch auf Transparent-
papier oder Overhead-Folien zeichnen lassen kann. Dabei ist es nicht
allein damit getan, daß ein entsprechender Adapter für das Zeichen-
werkzeug vorhanden ist.

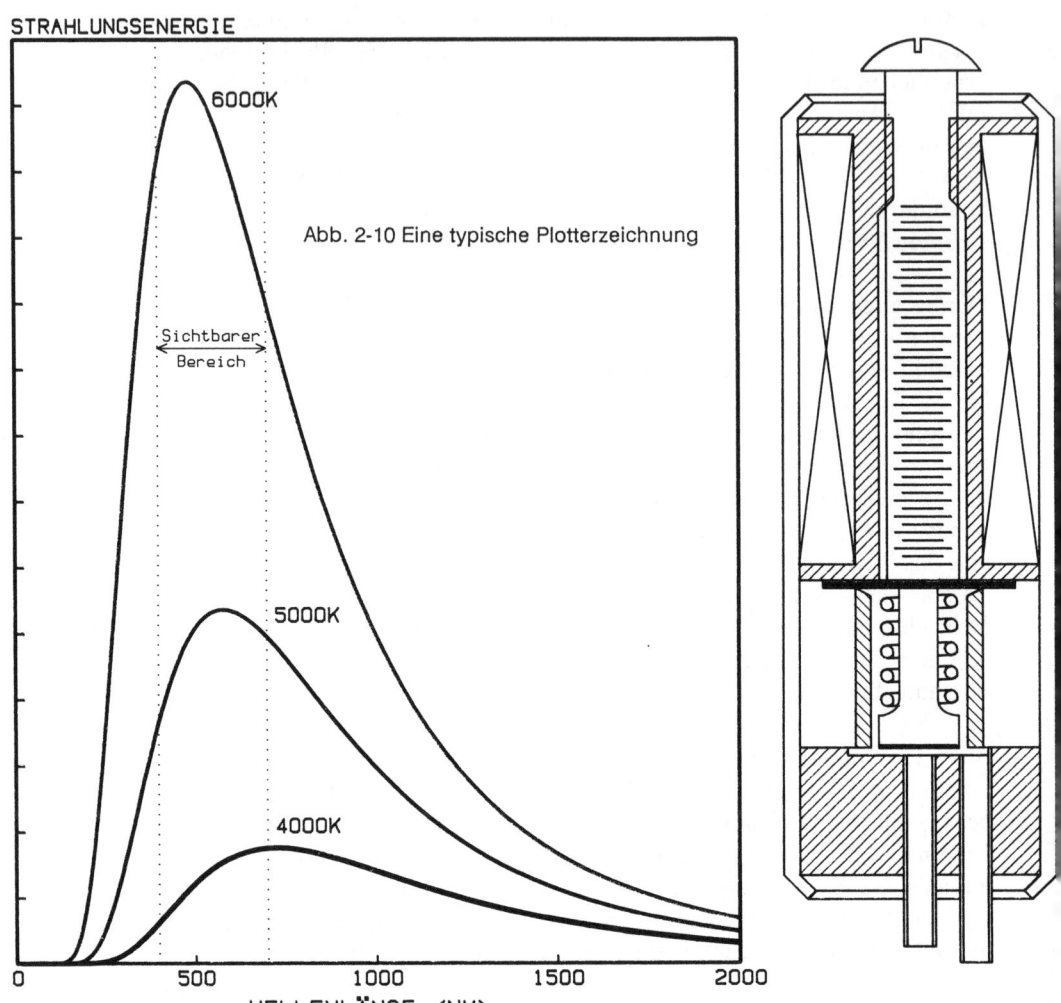

SCHWARZKÖRPER-STRAHLUNG

STRAHLUNGSENERGIE

6000K

Abb. 2-10 Eine typische Plotterzeichnung

Sichtbarer
Bereich

5000K

4000K

0   500   1000   1500   2000
WELLENLÄNGE (NM)

VENTIL-QUERSCHNITT

Die Aufnahmevorrichtung und ebenfalls die Ablagevorrichtung muß für
das Werkzeug geeignet sein. Das gilt ganz besonders bei der Verwendung
von Tuschwerkzeugen. Hier muß sichergestellt sein, daß die Tuschspit-
zen bei der Ablage feucht gehalten werden, sonst hat man laufend mit
Zeichenfehlern in Form von nicht ordnungsgemäß ausgezogenen Linien zu
kämpfen.

Der Plotter bemerkt im übrigen nicht, wenn die Tusche nicht mehr
fließt, und er kann auch nicht das Werkzeug zwischendurch einmal kurz
schütteln. Aus diesem Grund sollten auch die Zeichenwerkzeuge von

bester Qualität sein. Man erspart sich viel Zeit und Ärger. In jedem
Fall sollte man aber vor dem Kauf eines Geräts genau abklären, ob die
Verwendung eines ganz bestimmten Zeichenwerkzeuges auch ausdrücklich
vorgesehen ist. Abb. 2-10 zeigt das Beispiel einer Plotterzeichnung.
Ein großer Teil dieses Buches widmet sich dem Plotterselbstbau, daher
wollen wir hier nur die wichtigsten Grundlagen streifen. Durch seinen
Aufbau kann ein Plotter nur gerade Linien zeichen. Da aber ein Linien-
element sehr klein sein kann (bis zu 0,01 mm), lassen sich Kurven
jeder Art sehr genau zeichnen. Nur wenn man einen sehr feinen Stift
benutzt und die Zeichnung dann mit der Lupe betrachtet, lassen sich
leichte "Treppen" erkennen.

Ein Plotter kann von sich aus nur
in 8 Richtungen zeichnen (Abb. 2-
11), daher ist die Software zum
Betrieb eines Plotters sehr wichtig. Im Handel erhältliche Plotter
unterscheiden sich daher in der
Hauptsache durch ihre "Intelligenz". So können viele Plotter
durch einen eingebauten Mikrocomputer Buchstaben und Ziffern zeichnen, geometrische Figuren, wie
Quadrate und Kreise in beliebiger
Größe darstellen oder sogar eine
Folge von Messpunkten durch eine
Kurve verbinden.

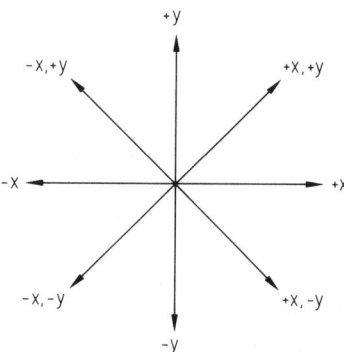

Abb. 2-11 Die Grundschritte eines Plotters

3 Grafische Eingabegeräte

Die Tastatur ist ein denkbar schlechtes Eingabegerät für Grafiken.
Man kann sie höchstens dazu verwenden, Kommandos für die Grafik-Software zu geben und Daten numerisch eizutippen. Diese grafische Interaktion mit dem Computer bleibt aber doch recht unbefriedigend. Man
kann zwar die Cursor-Steuertasten für die Positionierung eines Grafik-
Corsors heranziehen. Ihr Nachteil der schwerfälligen Steuerung kann
man dadurch umgehen, daß man die Schrittweite des Cursors vergrößert,
wenn die Taste länger gedrückt wird. Ihr Vorteil ist unbestritten, das
sie immer verfügbar sind und keine zusätzlichen Kosten verursachen.

3.1 Joysticks

Mit einem Joystick oder Steuerknüppel lassen sich Grafikprogramme
recht gut steuern - das beweisen schon die vielen Computerspiele, die
mit Joysticks gesteuert werden. Ein Joystick besteht aus einem kleinen Kästchen, aus dem ein Betätigungshebel hervorschaut, der sich
nach allen Richtungen bewegen läßt. Man kann durch Bewegen des Steu-
erknüppels beispielsweise ein Fadenkreuz auf de Bildschirm bewegen,
um Koordinaten für die Zeichnung festzulegen (Abb. 3-1). Es gibt zwei
technisch unterschiedliche Arten von Joysticks. Bei der einen Art wird
der Knüppel von einem Kugelgelenk gehalten und schließt einen von vier
Schaltern, je nach dem, ob man ihn nach oben, unten, rechts oder links
bewegt. Bei diagonalem Druck auf den Knüppel werden dann die zwei
entsprechenden Schalter betätigt. Abb. 3-2 zeigt den Aufbau und die
Schaltung. Mit solchen Joysticks läßt sich nur eine Richtungsinformation geben.

Will man die Geschwindigkeit des Fadenkreuzes durch den Ausschlag
eines Joysticks steuern oder das Fadenkreuz durch die Auslenkung des
Knüppels direkt positionieren, braucht man einen Joystick, der keine
Schalter betätigt, sondern bei dem Potentionmeter eine der Knüppelaus-
lenkung proportionale Spannung abgreifen.
Diese Joysticks werden zum Beispiel für den Apple II geliefert, man
kann die Knüppelmechanik auch im Modellbaufachhandel erwerben. Dort
dienen die Steuerknüppel als Steuerorgane für elektronische Fernsteu-

Abb. 3-1 Joystiks

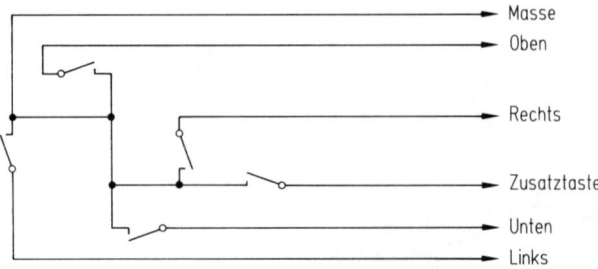

3-2 Schaltung eines Schalter-Joystiks

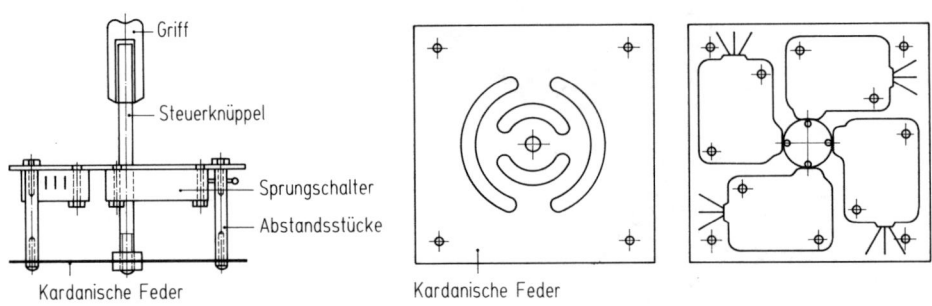

3-3 Bauplan für einen Potentiometer-Joystik

eranlagen. Abb. 3-3 zeigt die Anicht eines Potentiometer-Joystiks und
den mechanischen Aufbau.
Hier erfordert die Spannungsmessung einen gewissen Hardware- und Soft-
wareaufwand (außer beim Appel II, der bereits entsprechende Schal-
tungsteile und Programme eingebaut hat). Für die Joystik-Aabfrage
haben sich zwei Prinzipien eingebürgert: Das Messen der Impulsdauer
eines Monoflops oder ein Analog-Digital-Wandler.

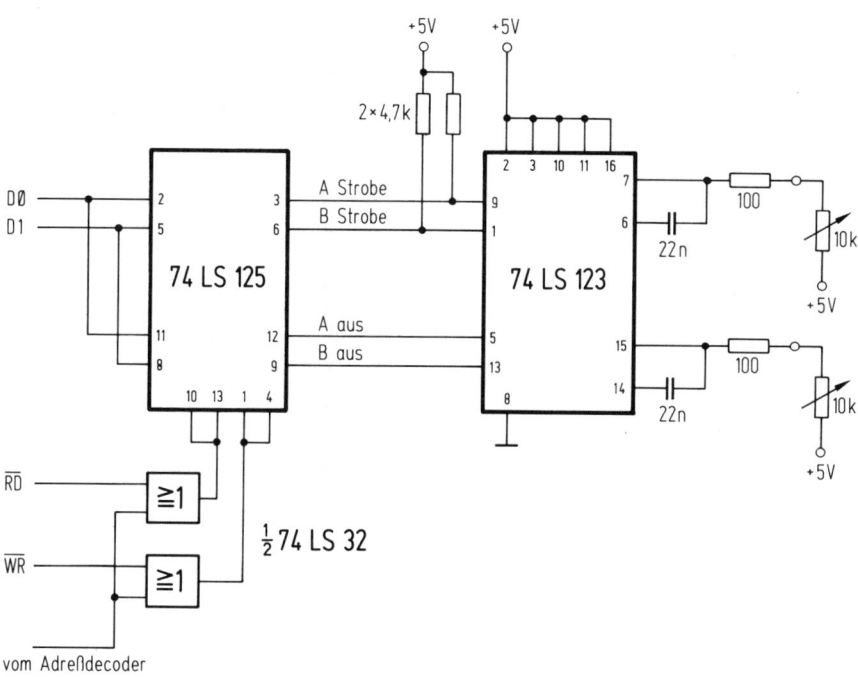

Abb. 3-4 Analog-Digitalwandlung mit Monoflop

Ich will hier beide Prinzipien darstellen. Die Monoflop-Steuerung
erfordert recht wenig Hardware-Aufwand (Abb. 3-4). Eine fallende
Flanke am Strobe-Eingang triggert das Monoflop, das nach der Zeitbe-
dingung t = 0.45 x R x C gekippt bleibt. Durch eine Zeitschleife, die
nach dem Triggern gestartet wird und beim zurückkippen des Monoflops
stoppt, erhält man einen der Potentiometerstellung proportionalen
Wert. Mit den angegebenen Bauteilewerten liegt die Zeitschleife
zwischen 10 Sekunden und 100 Sekunden.

Der Vorteil dieser Schaltung ist nicht nur der geringe Bauteileaufwand, sondern auch die Belegung von nur zwei Datenleitungen. Der Nachteil liegt darin, daß der Computer während der Messung mit Zählen beschäftigt ist, und daher nichts anderes machen kann.

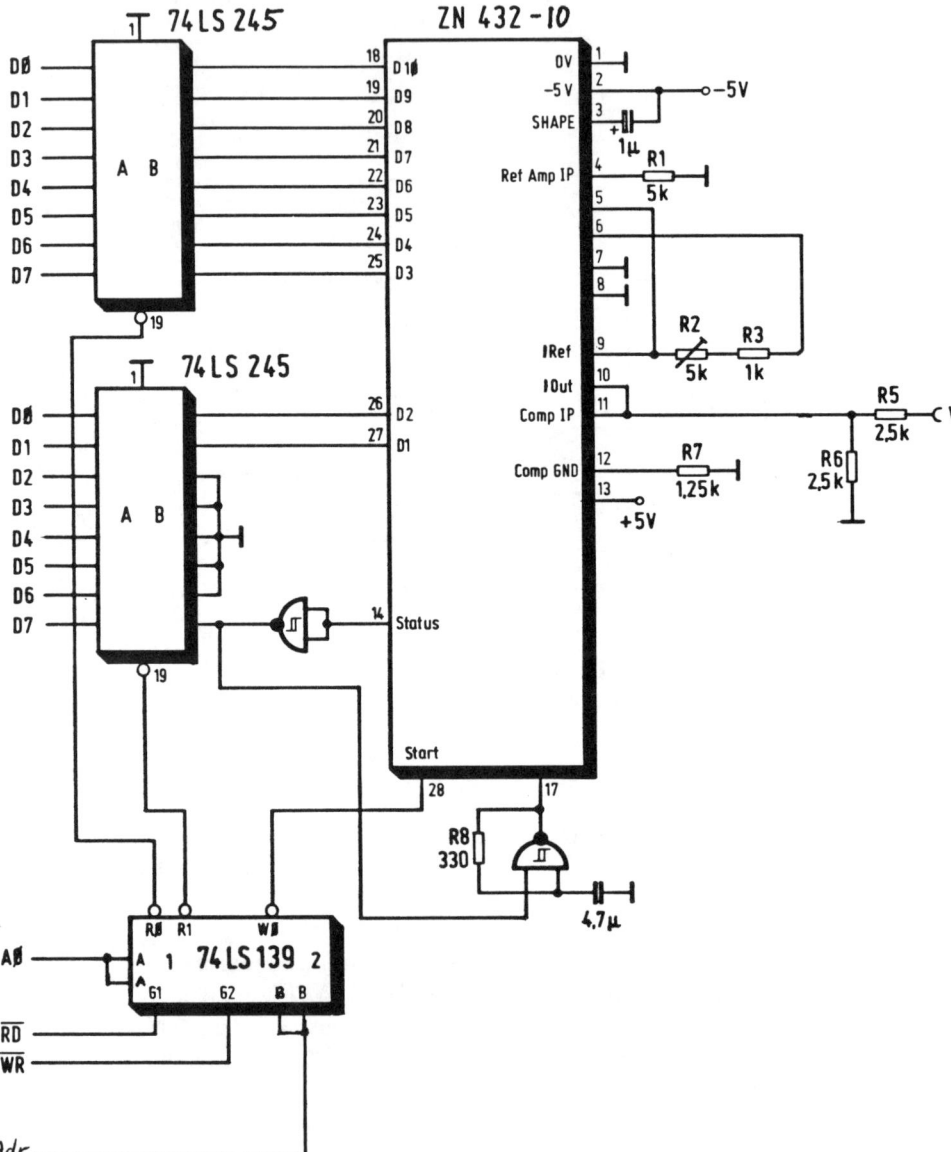

Abb. 3-5 Messung mit A/D-Wandler. Die Eingangsspannung darf zwischen 0 und +5V liegen

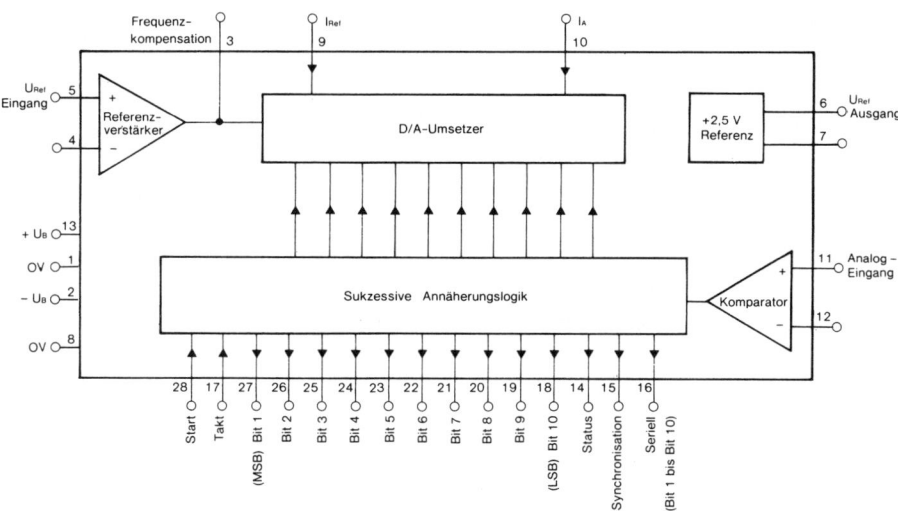

Abb. 3-6 Blockschaltung des Bausteins ZN 432

Will man die Messung vom Rechner unabhängig durchführen, muß man einen A/D-Wandler-Baustein verwenden. Abb. 3-5 zeigt die Schaltung eines 10-Bit-Wandlers mit dem preiswerten Ferranti-Baustein ZN 432-10. Meist genügt sogar eine Auflösung von 8 Bit. Dann verwendet man den ZN 432-8 und verbindet die Datenbits 0 und 1, am unteren Baustein 74LS245, genau wie die anderen mit Masse. Durch einen WRITE-Befehl an die Adresse des Wandlers wird der Wandlerzyklus ausgelöst. Wenn die Daten am Wandler bereitstehen (nach ca. 15 Millisekunden), geht das Status-Signal auf Null und die Daten können übernommen werden. Während der Wandelung kann sich der Computer anderen Aufgaben widmen. Abb. 3-6 zeigt die Blockschaltung des ZN 432, der nach dem Prinzip der "sukzessiven Approximation" arbeitet. Dabei wird an den D/A-Umsetzer eine Binärzahl gegeben, die erzeugte Spannung wird mit Hilfe des Komparators mit der Eingangsspannung verglichen. Je nachdem ob diese niedriger oder höher ist, wird die Binärzahl erhöht oder erniedrigt bis die Spannungen übereinstimmen.

3.2 Trackball und Maus

Ein Trackball, der im deutschen manchmal "Rollkugel" genannt wird, ist ein Gehäuse, aus dem oben das Viertel einer Kugel von 5 cm bis 10 cm Durchmesser herausragt (Abb. 3-7). Im Gehäuse sitzen zwei Abnehmer-Räder im Winkel von 90 Grad zueinander, die beide die Kugel berühren. Jede Bewegung der Kugel wird so in X- und Y-Impulse umgesetzt. Durch Drehen der Kugel mit der Handfläche oder den Fingerspitzen kann ein Fadenkreuz auf dem Bildschirm positioniert werden.

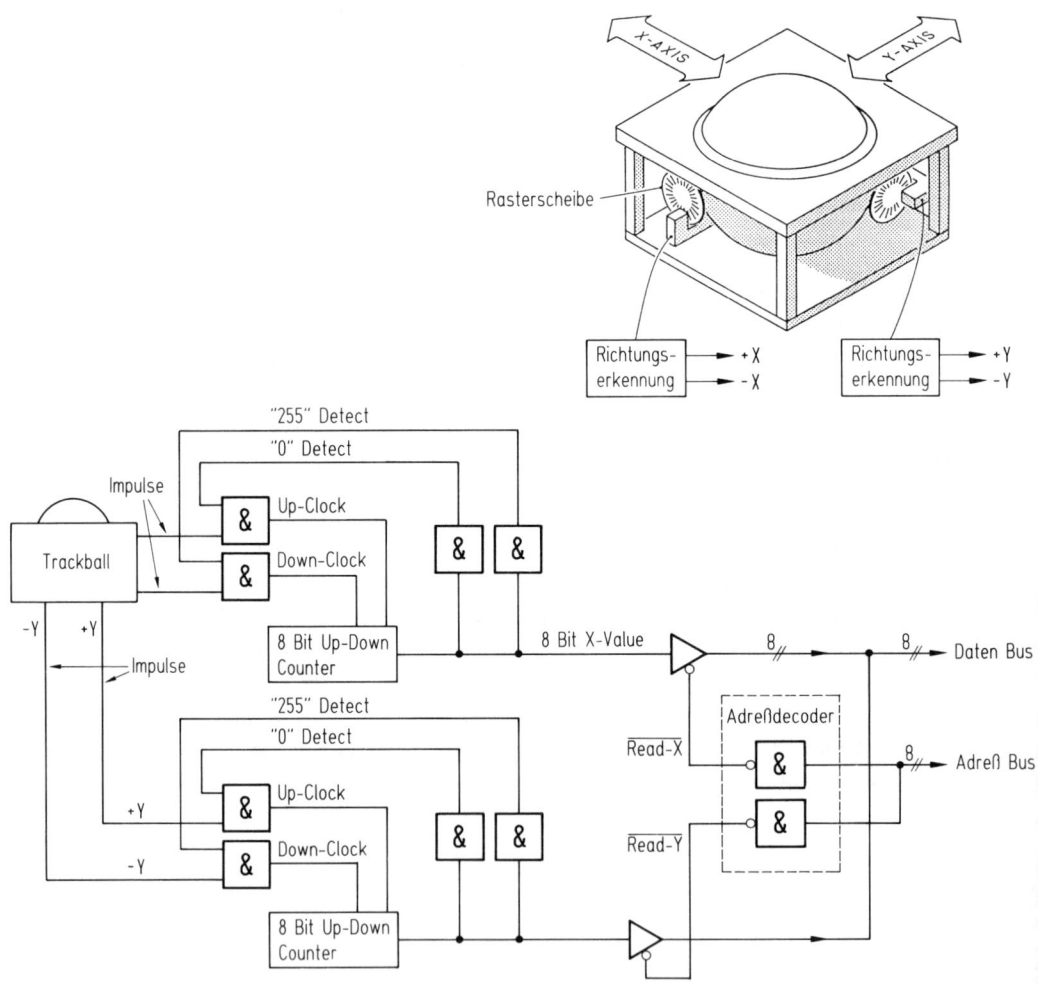

Abb. 3-7 Trackball und Blockschaltbild für die Ansteuerung

Abb. 3-8 Maus und Trackball lassen sich meist gegeneinander austauschen

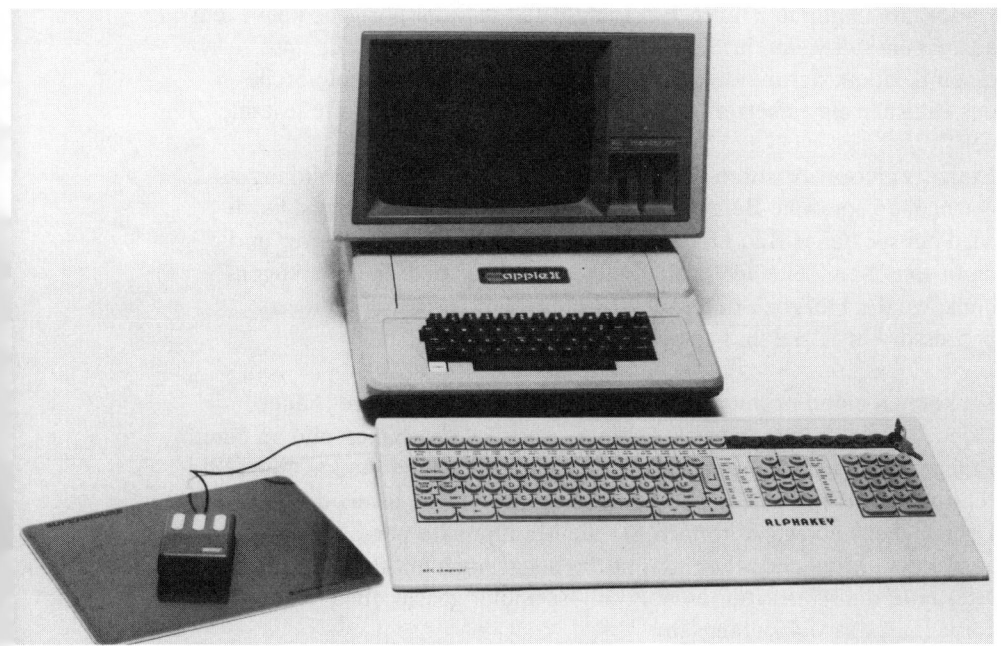

Es wird auch hier dem Computer nicht nur ein Richtungsinformation
sondern auch eine Bewegungsgeschwindigkeit mitgeteilt. Man kann das
gewünschte Ziel mit hoher Geschwindigkeit anfahren und dann vorsichtig fein positionieren.

Die Maus (Abb. 3-8) wurde schon 1961 erfunden. Sie ist nichts anderes
als ein umgedrehter Trackball. Um die Maus verwenden zu können,
braucht man ein Stück freie Schreibfläche, auf der die Maus "herumge-
fahren" wird. Es gibt auch Mäuse ohne Mechanik, die per Fotozelle eine
spezielle Unterlage abtasten. Trackball und Maus sind Eingabegeräte
für relative Postionierung des Cursors oder Fadenkreuzes. (Mit einem
Potentiometer-Joystik könnte man absolut positionieren). Meist sind
noch ein oder mehrere Tasten auf dem Gehäuse, mit denen, abhängig von
der Software, gewisse Funktionen ausgelöst werden. Mann kann mit einer
Maus zum Beispiels Menüpunkte auswählen und so einen bestimmten Programmteil starten.

3.3 Lichtgriffel

Ein Lichtgriffel sieht wie ein Kugelschreiber aus, von dessen Ende ein
Kabel zum Computer führt. Ein Lichtgriffel se4ndet übrigens kein Licht
aus. Er enthält vielmehr eine winzige lichtempfindliche Zelle und
einen Kontakt, der meldet, ob der Griffel auf eine bestimmte Stelle
des Bildschirms aufsetzen, um die entsprechende Koordiante festzulegen.
Einige Videoprozessoren (Bausteine, die ein Grafik-Rasterbild erzeugen) haben spezielle Befehle zum Bedienen eines Lichtgriffels. Dazu
wird ein spezielles Bild erzeugt, indem der Bildschirm gelöscht und
dann von oben Zeile für Zeile hellgeschrieben wird. In dem Augenblick, wo die Hellzone den Lichtgriffel erreicht, erhält der Video-
prozessor ein Signal und speichert die Koordinaten.

Sie können einen primitven Lichtgriffel für Ihren Computer bauen,
indem Sie einen Fototransistor gemäß Abb. 3-9 beschalten und an einen
Eingangsport des Computers legen. Wenn Sie nun die Punkte eines Bild-
schirm-Menüs mit einem Leuchtblock (zum Beispiel invers dargestelltes
Leerzeichen) abtasten, können Sie die Menüpunkte per Lichtgriffel
auswählen. Möglicherweise klappt das sogar noch mit der Blockgrafik.
Hier muß die Abtastroutine aber in Assembler geschrieben werden; - in
Basic läuft das viel zu langsam.

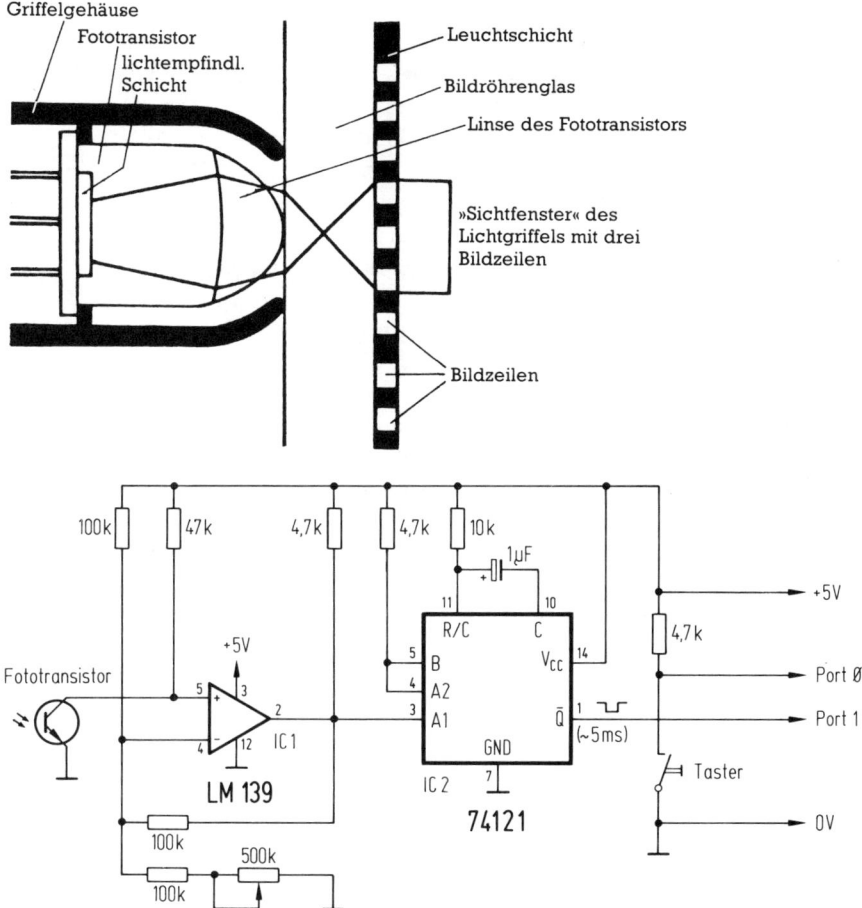

Abb. 3-9 Aufbau und Schaltung eines Lichtgriffels

3.4 Digitalisierer

Digitalisierer (Digitalisiertabletts, Grafiktabletts) erlauben die
direkte Eingabe einer zweidimensionalen Positionsinformation in den
Computer. Auf einer vorgegeben Fläche wird ein "Stift" auf eine bestimmte Stelle gesetzt, worauf der Computer die Koordinaten des
Punktes direkt übernimmt. Zur Bestimmung der Koordinaten werden verschiedene Methoden verwendet.

Elektromagnetische Digitalisierer verwenden ein feines Netz von vertikalen und horizontalen Drähten. Eine Interface-Schaltung stellt die
Postion eines Stiftes mit einer Aufnehmerspule fest. Nach einem ähnlichen Verfahren arbeiten die magnetorestriktiven Digitalisierer. Hier
wird ein Stromimpuls durch den Draht geschickt, der dann von der Aufnehmerspule detektiert wird. Eine dritte, recht preiswerte Sorte Digitalisierer (zum Beispiel Koala-Pad), verwendet eine homogene Widerstandsschicht. Hier erfolgt die Messung in zwei Schritten: Zuerst
wird die Widerstandsschicht in horiontaler Richtung beschaltet und
die X-Position des Stiftes gemessen (nach demselben Prinzip wie beim
Potentiometer-Joystik), danach die Y-Position durch Beschaltung in
vertikaler Richtung.

Bleibt noch das Problem, wie die Daten vom Digitalisiertablett zum
Computer übertragen werden. Bei allen käuflichen Digitalisierern geschieht das auf die gleiche Weise (mit kleinen Unterschieden).
Normalerweise ist das Tablett an die V.24-Schnittstelle des Computers
angeschlossen. Auch bei diesen Geräten hat sich, wie bei den Druckern,
ein gewisser Standard herausgebildet, der auf das BIT-PAD-ONE-Tablett
zurückgeht. Es sind zwei Dinge festzulegen, der Übertragunsmodus und
das Übertragungsformat.

Der Modus legt fest, zu welchem Zeitpunkt die aktuellen Koordinaten
von Stift oder Fadenkreuz gesendet werden:

Point	Eine Koordinate nach jedem Tastendruck.
Stream	Koordinaten werden ständig gesendet.
Switch Stream 1	Daten werden bei gedrücktem Stift stän- dig gesendet.
Switch Stream 2	Daten werden ständig gesendet, solange keine Taste gedrückt ist.

Beim Übertragungsformat gibt es fast immer zwei Möglichkeiten, senden
der Koordinaten als Folge von ASCII-Zeichen oder als Folge von Binär-
werten.
Beim ASCII-Modus werden für jede Koordinate 13 Bytes gesendet
(die Daten kommen im "Klartext"):

```
X X X X  ,  Y Y Y Y  ,  F  <CR>  <LF>
```

Es kommt zunächst vierstellig die X-Koordinate, dann ein Komma, dann
vierstellig die Y-Koordinate, noch ein Komma, einstellig der Tasten-
code und schließlich die Zeichen "Wagenrücklauf" und "Zeilenvorschub".

Die Daten können aus Hochsprachen sofort mit INPUT oder READ gelesen werden. Zum Beispiel: 2045,0129,4 < CR > < LF >

Beim Binärformat werden nur 5 Bytes benötigt. Hier werden die Koordinaten als Binärzahl übertragen. Die folgende Tabelle zeigt, wie die Übertragung zeitlich gestaffelt ist. Dabei bedeutet "X3" das vierte Bit der X-Koordinate (die Zählung beginnt bei 0):

```
Bit       7   6   5    4    3   2   1   0
-------------------------------------------------------
Byte 1    0   1   F3   F2   F1  F0  0   0
Byte 2    0   0   X5   X4   X3  X2  X1  X0
Byte 3    0   0   X11  X10  X9  X8  X7  X6
Byte 4    0   0   Y5   Y4   Y3  Y2  Y1  Y0
Byte 5    0   0   Y11  Y10  Y9  Y8  Y7  Y6
```

Wie man sieht, läßt sich der Start der Übertragung einer Koordinate an dem gesetzten Bit Nummer 6 im ersten Byte erkennen.
Beispiel (Werte wie oben: 2045,0129,4):

```
01010000 00111101 00011111 00000001 00000010
```

Es gibt noch eine weitere Möglichkeit, einen Digitalisierer zu konstruieren, die sich für den Selbstbau besonders anbietet. Bei der hier vorgestellten Variante trägt ein Gelenkarm zwei Potentiometer. Die Auswertung erfolgt mit der Schaltung für Potentiometer-Joystiks. Durch die Konstruktion des Arms müssen die Ergebnisse noch etwas umgerechnet werden; doch zunächst zur Mechanik.

Abb. 3-10 zeigt den Aufbau. Die Länge der Arme ist so gewählt, daß eine DIN A4-Fläche abgetastet werden kann. Als Material für die Arme eignet sich Acrylglas oder Hart-PVC. Zur Kalibrierung sind zwei Eichpunkte auf der Grundplatte markiert, deren absolute Position genau ausgemessen wurde und im Programm festgehalten wird. Mit der Information über die Lage Eichpunkte kann man den Digitalisierer kalibrieren. Doch nun zur Mathematik, denn hinter dem Grafiktablett steckt Einiges.
Beim Grafiktablett müssen ja die Winkel der Arme in karthesische Koordinaten umgerechnet werden. Dies soll Abb. 3-11 verdeutlichen.

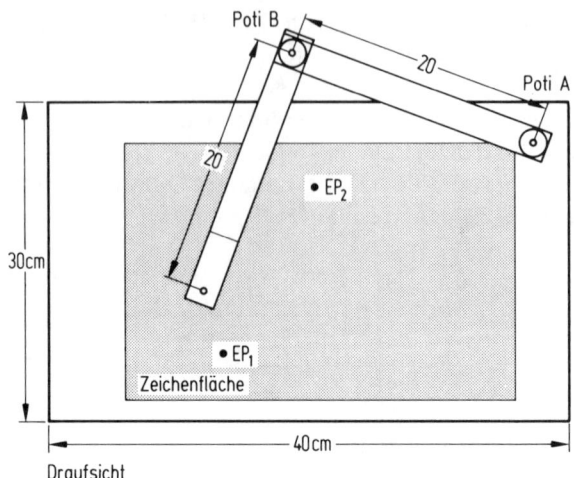

Abb. 3-10 Das Selbstbau-Grafiktablett

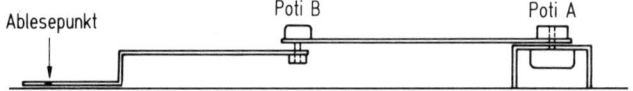

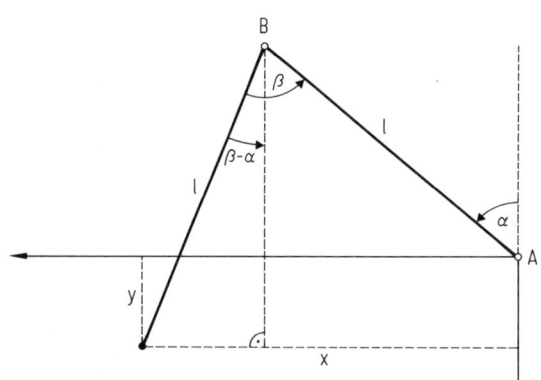

Abb. 3-11 Die Bestimmung eines Punktes
auf dem Tablett

Für die Beziehung zwischen Winkel und Koordinaten gilt:

$$X = L * (sin(a) + sin(\beta-a))$$
$$Y = L * (cos(a) + cos(\beta-a))$$

Die Potentiometer sind in den Punkten A und B angebracht, wobei Poti A den zweieinhalbfachen Wert von Poti B haben sollte, da es einen kleineren Winkelbereich überstreicht. Für den Apple haben sich die Werte 250 K (Poti A) und 100 K (Poti B) bewährt. Poti A wird an PDL0, Poti B an PDL1 angeschlossen. Damit die Koordinatenzuordnung stimmt, darf der Winkel β nie größer als 180 Grad sein.

Die Eichpunkte werden so gelegt, daß bei EP1 die beiden Winkel a und β den Wert 0 Grad haben und bei EP2 45 Grad.

Es gilt also:

```
EP1: rechnerisch: al = PI/2; β1 = PI/2;
     Messwerte:    m1a      ; m1β

EP2: rechnerisch: al = PI/2; β1 = PI/2;
     Messwerte:    m2a      ; m2β
```

daraus folgt:

$$a = al + \frac{al - a2}{m2a - m1a} * (ma - m1a)$$

$$\beta = \beta1 + \frac{\beta1 - \beta2}{m2\beta - m1\beta} * (m\beta - m1\beta)$$

Für die Kalibrierung gilt dann also:

```
a' = 45/(m2a - m1a)
β' = 45/(m2β - m1β)
```

Wird nun der Arm auf einen neuen Punkt bewegt, gilt für die neuen Messwerte:

```
a = 90 + a' * (ma - m1a)
β = 90 + β' * (mβ - m1β)
```

X und Y ergeben sich dann aus der ersten Anordnung der Nullpunkte des Koordinatensystems (bezogen auf DIN A4) bei (-270, -230) liegt, gilt für l = 200mm:

```
X = 270 - 200 * ( sin(a) + sin(β - a))
Y = 230 - 200 * (-cos(a) + cos(β - a))
```

Übrigens, um Rechenzeit bei der Koordinatenberechnung zu sparen, sollte man im Programm mit einer Sinus/Kosinus-Tabelle arbeiten, die in Grad abgestuft ist.

3.5 Schnittstellen

Die meisten käuflichen Grafikgeräte werden über Standardschnittstellen des Computers betrieben. Aus diesem Grund wollen wir die vier wichtigsten und verbreitetsten Schnittstellen hier darstellen.

3.5.1 V.24 und RS-232-C

Die V.24-Schnittstelle, der die amerikanische Schnittstelle RS-232-C weitgehend entspricht (bei V.24 sind einige Dinge genormt, die bei RS-232-C nicht festgelegt sind), ist eine asynchrone, serielle Schnittstelle. Die einzelnen Zeichen werden als Folge von Einzelbits übertragen, die von einem Startbit mit Nullpegel angeführt wird und von einem oder zwei Stopbits mit Einspegel abgeschlossen wird (Abb. 3-12). Sinn und Zweck dieser Norm ist es, eine Basis für die Datenübertragung zu schaffen. Die Übertragungsgeschwindigkeit beträgt bis zu 19200 Bit/s.

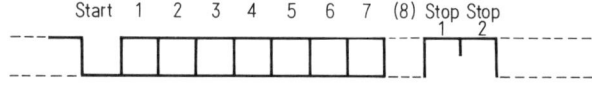

Abb. 3-12 Das serielle Datenformat bei V.24 (RS-232-C)

Neben der Masseleitung und den Datenleitungen gibt es noch eine ganze Reihe von Leitungen, die den Verkehr zwischen Rechner und E/A-Gerät (Drucker, Plotter oder DFÜ-Modem) steuern. Die Leitungen mit ihren Bezeichnungen sind in Tabelle 1 aufgelistet. Meist interessieren aber nur einige Leitungen um den Verkehr zwischen Computer und Peripherie oder zwischen zwei Computern aufrechtzuerhalten; diese werden unten erläutert. Die anderen Leitungen bleiben unbeschaltet oder werden auf einen festen Pegel gelegt.

Die Pegel bei der V.-24-Schnittstelle sind

   -3...-15 V für logisch 1
und
   +3...+15 V für logisch 0.

Die Leitungslänge darf bis zu 30 m betragen. Es wird eine 25polige
Miniatur-D-Verbindung, z.B. Cannon 7529, verwendet. Am Rechner befindet sich dabei der Stecker, am Drucker oder Plotter die Buchse.

E2 bildet das gemeinsame Massepotential für die Datenleitungen.
D1 führt die Sendedaten des Computers zum Modem.
D2 liefert die Daten vom Modem zum Rechner.
S2 gibt dem Modem bekannt, daß der Computer zur Datenübertragung
    bereit ist.
M2 signalisiert die Bereitschaft des Modems, Daten zu empfangen.
    Manchmal wird für diesen Zweck auch die Leitung M1 verwendet
    (z.B. bei Druckern).

Damit wären die fünf wichtigsten Leitungen aufgeführt. Oft sind noch
die Leitungen M1, S1 und M5 belegt, die dann meist auf die entsprechenden Anschlüsse des Schnittstellenbausteins führen. Normalerweise
kann man diese Leitungen in der Buchse verbinden, damit S1 die richtigen Pegel für M1 und M5 liefert. Mit den Leitungen D1, D2, M2 und S2
läßt sich ein Handshake-Verkehr realisieren: Ist der Empfänger (z.B.
Drucker) bereit, Daten zu verarbeiten, legt er M2 auf 1, danach kann
der Computer ein Zeichen absenden. Umgekehrt zeigt der Computer durch
eine 1 auf der Leitung S2 an, daß er bereit ist, Daten zu empfangen.

3.5.2 Die 20-mA-Stromschnittstelle

Dies ist eine der ältesten seriellen Schnittstellen. Sie wird verwendet, um Fernschreiber (Teletype, TTY) anzusteuern. Heute findet man
sie noch an Sichtgeräten und an Druckern. Die Übertragung eines Zeichens erfolgt wie in Abb. 3-12 gezeigt. Es gibt hier nur zwei Leit-
ungspaare, eines für Senden und eines für Empfangen. Eine logische 1
wird durch einen Strom von 20 mA realisiert, eine 0 durch das Fehlen
des Stroms (Abb. 25). Normalerweise wird der Strom für beide Leitungs-
paare vom Computer geliefert, und das angeschlossene Peripheriegrät
ist passiv.

Tabelle 1: V.24-Schnittstellensignale

Kurzzeichen CCITT	DIN	Stecker-belegung	Beschreibung	Richtung Modem	Terminal
101	E 1	1	Schutzerde	o---o	
102	E 2	7	Signalerde	o---o	
103	D 1	2	Sendedaten (TD)	<---o	
104	D 2	3	Empfangsdaten (RD)	o--->	
105	S 2	4	Sendeteil einschalten (RTS)	<---o	
106	M 2	5	Sendebereitschaft (CTS)	o--->	
107	M 1	6	Betriebsbereitschaft (DSR)	o--->	
108.1	S 1.1	20	Übertragungsleitung einsch.	<---o	
108.2	S 1.2	20	Terminal bereit (DTR)	<---o	
109	M 5	8	Empfangspegel (DCD)	o--->	
110	M 6	21	Empfangsgüte	o--->	
111	S 4	23	Übertragungsgeschwindigkeit (Wahl vom Terminal)	<---o	
112	M 4	23	Übertragungsgeschwindigkeit (Wahl vom Modem)	o--->	
125	M 3	22	Ankommender Ruf (RI)	o--->	
113	T 1	24	Sendetakt vom Terminal	<---o	
114	T 2	15	Sendetakt vom Modem	o--->	
115	T 4	17	Empfangstakt	o--->	
118	HD 1	14	Sendedaten Rückkanal	<---o	
119	HD 2	16	Empfangsdaten Rückkanal	o--->	
120	HS 2	19	Rückkanal Sender einschalten	<---o	
121	HM 2	13	Rückkanal Sendebereitschaft	o--->	
122	HM 5	12	Rückkanal Empfangspegel	o--->	
Frei		9,10,11,18,25			

Beim Koppeln zweier Computer oder zweier aktiver Geräte kann das Probleme ergeben, insbesondere, wenn der Anschluß mit Transistoren erfolgt (Abb. 3-13a). Eine Abhilfe bietet die Potentialtrennung durch

Optokoppler (Abb.3-13b). Die Verbindungsleitung kann hier 15...20 m
lang sein.

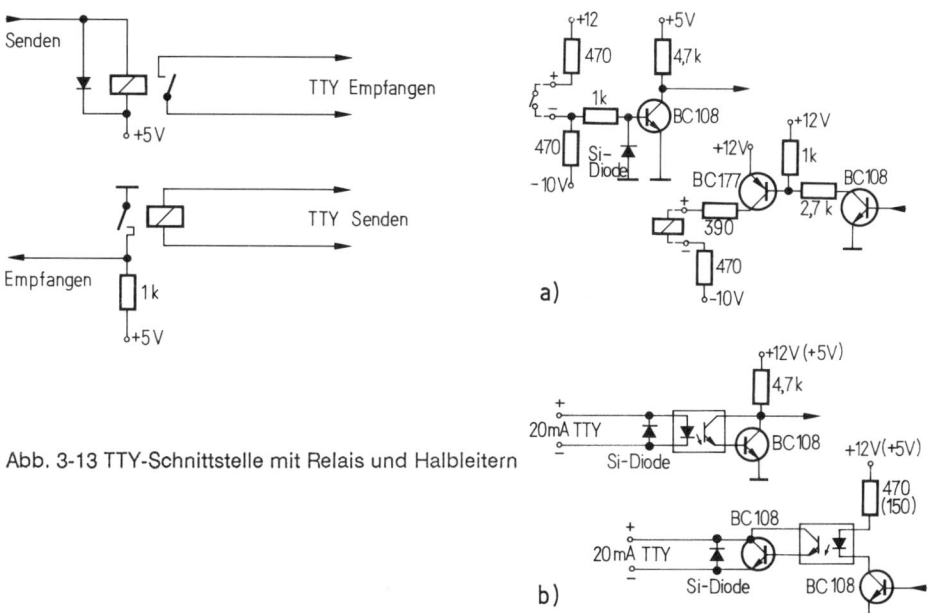

Abb. 3-13 TTY-Schnittstelle mit Relais und Halbleitern

3.5.3 Die Centronics-Schnittstelle

Die Centronics-Schnittstelle ist eine parallele Schnittstelle zum
Anschluß von Druckern. Sie wurde von dem Druckerhersteller Centronics
entwickelt und hat weltweit große Verbreitung gefunden. Diese
Schnittstelle arbeitet mit TTL-Pegeln, was zur Folge hat, daß die
Leitungslänge unter 2 m bleiben und daß jede Signalleitung mit einer
eigenen Masseleitung verdrillt werden muß (twisted pairs). Normalerweise wird zum Anschluß des Druckers ein 36poliger Amphenol-Stecker
verwendet (AMP 57-30360). Die Pinbelegung ist nur teilweise genormt,
wobei aber immer die eine Reihe (Pins 1...18) die Signale führt und
die gegenüberliegende Reihe (Pins 19...36) für die verdrillten Masse-
leitungen des jeweiligen Nachbarn vorgesehen ist.

Die Tabelle 2 ist einem Handbuch der Firma EPSON entnommen, wobei die
Belegung der Pins 1 bis 11 und 16 bei allen Druckern zu finden ist.
Die anderen Pins können je nach Hersteller abweichen. Die Leitungen
STROBE, BUSY und ACKNLG sind für das Handshake-Protokoll mit dem Com-
puter vorgesehen. Es läuft folgendermaßen ab (Abb. 3-14): Der Computer
legt die Daten auf die Leitungen DATA 1 bis DATA 8 und dann die

Tabelle 2: Belegung des Centronics-Steckers

Signal-pin	Masse-pin	Signal	Richtung Comp. Druck.	Bedeutung
1	19	Strobe	o--->	Puls zur Datenübergabe
2	20	Data 1	o--->	
3	21	Data 2	o--->	
4	22	Data 3	o--->	
5	23	Data 4	o--->	
6	24	Data 5	o--->	8 Datenbits
7	25	Data 6	o--->	
8	26	Data 7	o--->	
9	27	Data 8	o--->	
10	28	Acknlg	<---o	Impuls, wenn Daten übernommen
11	29	Busy	<---o	solange Busy=1, ist der Drucker nicht bereit
12	30	PE	<---o	Papier zuende
14	-	Autofeed	o--->	0=automatisches LF, 1=keines
16	-	0 V	-	Massepegel
17	-	Gehäuse	-	Gehäusemasse
31	-	Init	o--->	0-Puls normiert den Drucker
32	-	Error	<---o	0, wenn Fehler am Drucker
33	-	0 V	-	Massepegel
36	-	Select	o--->	Selektieren Drucker

Auf den Pins 13 und/oder 45 kann ein Logikpegel von +5V
liegen (Über Widerstand 3.3 KOhm).

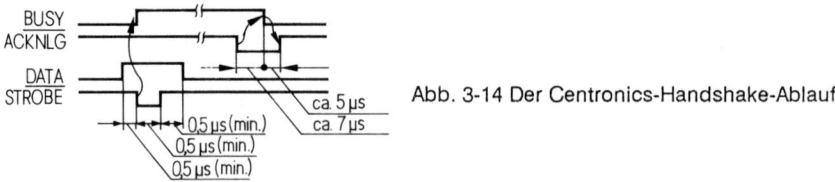

Abb. 3-14 Der Centronics-Handshake-Ablauf

STROBE-Leitung kurz auf 0. Mit der fallenden Flanke von STROBE wird
BUSY getriggert und bleibt solange auf 1, bis der Drucker wieder
bereit ist, Daten aufzunehmen. Neben dem BUSY-Signal gibt es noch die

Leitung ACKNLG (Acknowledge), die kurz auf 0 geht, wenn der Drucker
die Daten verarbeitet hat. Nach ACKNLG oder wenn BUSY wieder auf 0
geht, kann das nächste Zeichen an den Drucker geschickt werden.

3.5.4 Der IEC-BUS

Der IEC-Bus wurde entwickelt um Meβ- und Steuergeräte ohne zusätzliche
Interface-Schaltungen zusammenzuschließen. In den USA ist er als IEEE-
488-Bus genormt. IEC und IEEE-488 unterscheiden sich nur durch die
Stecker. Es können maximal 16 Geräte zusammengeschlossen werden. Der
IEC-Bus arbeitet mit negativer Logik: 0 V ist logisch 1 (aktiv), + 5 V
ist logisch 0 (inaktiv). Die Signale sind TTL-kompatibel, deshalb sind
also auch hier nur kurze Leitungen gestattet: 2 m je angeschlossenes
Gerät, maximal aber 20 m. Es werden Übertragungsgeschwindigkeiten bis
zu 500 kByte/s erreicht. Am IEC-Bus können drei Gerätetypen angeschlossen werden:
Steuereinheit (Controller), Sprecher (Talker) und Hörer (Listener).

Der IEC-Bus besteht aus 16 Leitungen. Davon sind acht Datenleitungen, drei steuern die Datenübertragung und fünf dienen den Steuer-
zwecken. Alle Geräte werden parallel an diese Leitungen geschaltet.
Die Steuereinheit gibt Busbefehle oder Kommandos an die anderen Geräte
aus und steuert den gesamten Ablauf auf dem Bus. Sie kann sich selbst
als Hörer und Sprecher einstellen. Es ist immer nur eine Steuereinheit
aktiv. Hörer sind Geräte, die Daten von anderen Geräten empfangen
können (z.B. Drucker, Bildschirm). Sprecher sind Geräte, die Nach-
richten senden können (z.B. Meβgeräte). Jedes Gerät hat eine feste
Adresse, über die es angesprochen werden kann. Die Steuereinheit
(meist der Computer) entscheidet, welches Gerät auf dem Bus senden
darf, und steuert die Übertragung. Die Signalleitungen des IEC-Bus
sind in Tabelle 3 mit der Steckerbelegung aufgeführt. Die Aufgaben der
einzelnen Leitungen sind:

ATN
(Attention) legt fest, ob auf dem Bus Kommandos (1) oder Daten (0)
transportiert werden.

IFC
(Interface clear) bringt alle Geräte am Bus auf einen definierten
Pegel (Normieren).

REN
(Remote enable) ermöglicht die Einstellung der angeschlossen Geräte
für Fernsteuerbetrieb. REN bleibt bei einfachen Geräten für die
Dauer des Betriebs auf 1. Bei mehreren Steuereinheiten am Bus wird
REN nur von einer aktiviert.

EOI
(End of Identify) hat zwei Funktionen. Ein Sprecher kann das Ende
der Datenübertragung anzeigen (ATN = 0), d.h. wenn das letzte Datenbyte
übertragen wurde, oder die Steuereinheit kann mit EOI die Parallel-
abfrage einleiten (ATN = 1).

SQR
(Service Request) steht allen Geräten zur Verfügung. Die Leitung
wird immer dann aktiviert, wenn ein Gerät von der Steuereinheit
bedient werden will (Interrupt). Meist unterbricht die Steuereinheit den Programmablauf und leitet die Serienabfrage ein.

DIO1 - D08
sind die Datenleitungen, auf denen die Kommandos(ATN = 1) oder Daten
(ATN = 0) transportiert werden.

DAV
(Data valid) zeigt an, daß die Daten auf den Leitungen DIO1...8
gültig sind.

NRFD
(Not ready for data) wird von einem Gerät gesendet, wenn es nicht
bereit ist, Daten zu empfangen.

NDAC
(No data accepted) wird von einem Gerät gesendet, wenn es die Daten
noch nicht übernommen hat.

Abb. 3-15 zeigt den Handshake-Ablauf mit den Signalen DAV, NRFD und
NDAC: Zuerst prüft der Sender, ob alle Geräte empfangsbereit sind.
Danach werden die Daten auf den Bus gelegt und DAV aktiviert. Nun
können die Empfänger die Daten übernehmen. Die Empfänger setzen zu-
nächst NRFD auf 0(aktiv). Der Sender muß nun warten, bis die unter-
schiedlich schnell arbeitenden Empfänger die Daten übernommen haben.
Das ist der Fall, wenn auch das langsamste Gerät die Leitung NDAC
nicht mehr aktiviert, d.h. auf 0 legt. Der Sender kann nun die Leitung
DAV wieder inaktiv setzen und alles geht von vorne los. Das langsamste
Gerät auf dem Bus legt also die Übertragungsgeschwindigkeit fest.

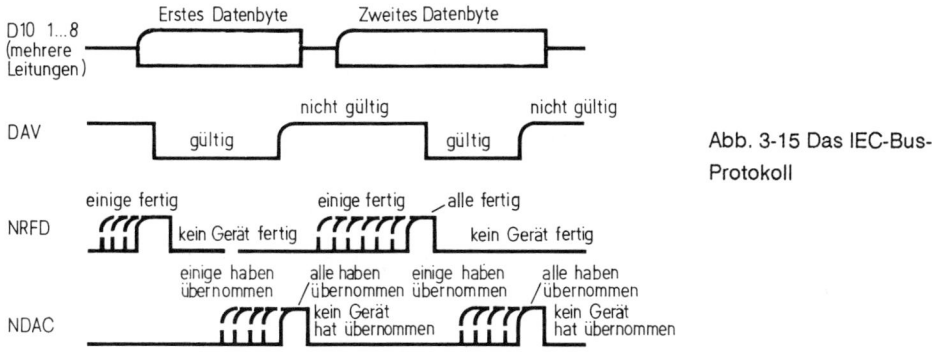

D10 1...8
(mehrere Leitungen)

Erstes Datenbyte   Zweites Datenbyte

DAV   nicht gültig   nicht gültig
             gültig   gültig

NRFD   einige fertig   einige fertig   alle fertig
       kein Gerät fertig   kein Gerät fertig

NDAC   einige haben alle haben einige haben alle haben
       übernommen /übernommen übernommen /übernommen
                   kein Gerät   kein Gerät
                   hat übernommen   hat übernommen

Abb. 3-15 Das IEC-Bus-Protokoll

Die Beschreibung aller Kommandos der Steuereinheit würde an dieser Stelle zu weit führen. Eine genaue Beschreibung des IEC-Bus füllt ein ganzes Buch. Bei manchen Rechnern(Commodore, HP) kann der IEC-Bus durch BASIC-Befehle vom Benutzer recht elegant vom Programm aus gesteuert werden(OPEN, INPUT#, PRINT#, CLOSE).

3.6 Der Game-I/O-Port des Apple II

In Abb. 3-16 wird die Anschlußbelegung des 16poligen Spiele-Anschlusses gezeigt, das sich rechts hinten auf der Mutterplatine befindet. Die Pins 1 und 8 stellen die Spannungsversorgung dar. Hieraus sollten nicht mehr als 20 mA Strom entnommen werden. Die Anschlüsse 2 bis 4 sind Digitaleingänge, d.h. hier sollten entweder eine logische "1" oder eine logische "0" anliegen. Diese Eingänge werden normalerweise mit Tastern nach Abb. 32 verschaltet. Der Widerstand hält den Eingang bei geöffnetem Taster auf logisch "0'" (sog. Pull-Down-Widerstand). Wird der Taster geschlossen, so wird der Eingang direkt mit 5V verbunden. Es liegt dann also die logische "1" am Eingang.

nicht belegt	9	8	Masse
PDL1	10	7	PDL 2
PDL3	11	6	PDL 0
AN3	12	5	$\overline{STB}$
AN2	13	4	SW2
AN1	14	3	SW1
AN0	15	2	SW0
nicht belegt	16	1	+5V

zur Tastatur

Abb. 3-16 Die Belegung des Game-Ports

Abhängig vom anliegenden Eingangswert wird in einer bestimmten Spei-
cherzeile (jeder der drei Eingänge spricht eine eigene Speicherzelle
an) das 7. Bit gesetzt bzw. gelöscht.

Anstatt der Taster können natürlich auch Digitalschaltungen angeschlossen werden. So ist es denkbar, softwaremäßig einen seriellen
Eingang zu realisieren. Diese Möglichkeit soll hier nur grob skizziert
werden:

Hierfür werden mindestens zwei Eingänge (z.B. SWO und SW1) gebraucht.
SWO wird als Dateneingang benutzt, d.h. hier liegt der serielle Daten-
strom an. SW1 wird als Takteingang genutzt. Wählt man den Takt nun
genau so groß wie die Übertragungsrate der seriellen Daten und syn-
chron zu den Daten , so müßte das Programm bei jedem Zustandswechsel
des Taktes(von logisch "1" auf "0" und umgekehrt) den Dateneingang
abfragen. So können die einzelnen Bits erfasst werden. Den Eingang SW2
könnte man als Steuerleitung einsetzen. Eine ausführliche Abhandlung
hierüber würde zu weit führen.

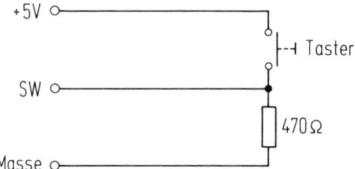

Abb. 3-17 So sieht ein Schaltereingang aus

Doch nun zu den 4 PDL-Eingängen. Normalerweise werden hier Potentiometer angeschlossen (siehe Abb. 3-18). Das Potentiometer hat normalerweise einen Wert von 150 kOhm und ist Teil eines RC-Gliedes für einen
Zeitkreis. Der Ausgang des Zeitkreises beeinflußt nun wiederum das 7.
Bit einer bestimmten Speicherstelle. Durch zyklisches Abfragen dieser
Speicherstelle und Hochzählen eines Zählers kann nun die Dauer des
Ausgangsimpulses festgestellt werden. Keine Angst, so kompliziert
ist das nicht, um die Potentiometerstellung abzufragen. Es exi-
stiert im Apple eine ROM-Routine, die das alles erledigt. Die Ein-
stiegsadresse der Routine ist FB1EH. Im X-Register wird die gewünschte
Paddlennummer übergeben und im Y-Register erhält man dann einen Wert
zwischen 0 und 255, je nach Potentiometerstellung.

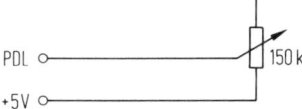

Abb. 3-18 Anschluß des Potentiometers

Als erstes wird der Zeitkreis getriggert. Dies geschieht durch Ansprechen einer bestimmten Speicheradresse (siehe Tabelle 1), wobei damit alle vier Zeitkreise(je Eingang einen) getriggert werden. Jetzt wird ein Zähler(das Y-Register) auf 0 gesetzt. Danach folgt eine Verzögerung von ca. 4 Mikrosekunden. Diese ist nötig um die Nullstellung des Potentiometers eindeutig zu erkennen. In dieser Potentiometerstellung lädt sich der Kondensator nur über den Vorwiderstand R auf. Als kürzester Ausgangsimpuls ergibt sich das Produkt aus Widerstand und Kondensatur zu:

100 Ohm * 0.022 Mikrofarad = 2.2 Mikrosekunden.

Die vier Mikrosekunden Verzögerung gewährleisten also eine sichere Erkennung der Nullstellung.

Als nächstes folgt nun das Testen des Ausganges vom Zeitkreis. Ist der Ausgang auf Maske, so kehrt die Routine ins aufrufende Programm zurück. Andernfalls wird der Zähler inkrementiert und auf Überlauf(von 255 aus 0) getestet. Bei positiven Ausgang wird das Y-Register wieder dekrementiert und kehrt ins aufrufende Programm zurück. Wurde noch kein Überlauf festgestellt, so kehrt die Routine wieder zum dem Teil des Programms zurück, in der der Ausgang des Zeitkreises getestet wurde. Diese bedingte Schleife benötigt für einen Durchlauf etwa 10,8 Mikrosekunden. Die maximale Impulsdauer des Ausgangs beträgt:

150100 Ohm * 0.022 Mikrofarad = 3300 Mikrosekunden.

Den theoretisch maximal möglichen Zählerstand erhält man zu 3300/10.8 = 305. Somit ist auch sicher gestellt, daß der maximale praktische Zählerstand von 255(FFH) erreicht wird.

Leider hat APPLE einen hier in Europa exotischen Potentiometerwert

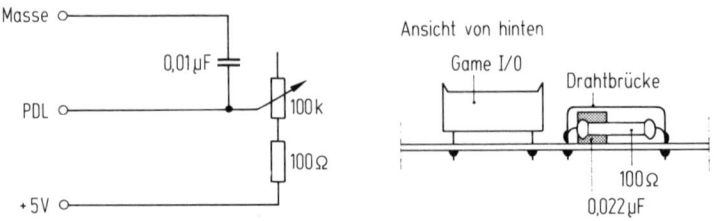

Abb. 3-19 Ersatz durch einen handelsüblichen Wert

gewählt, so daß ein einfacher Anschluß von handelsüblichen Potentiometern nicht gegeben ist. Um dies dennoch zu realisieren, empfehle ich den Einbau eines anderen Kondensatorwertes (0.033 Mikrofarad anstatt 0.022 Mikrofarad).

Diese Kondensatoren findet man von der Tastatur aus gesehen direkt links neben dem Game-Port. Hinter den Kondensatoren befinden sich die 4 Vorwiderstände. Man kann diese von oben her leicht mit Drahtstücken Überbrücken. Damit kann nun ein Kondensator(0.01 Mikrofarad) parallel zum vorhandenen geschaltet werden, und die Gesamtkapazität ergibt sich 0.032 Mikrofarad. Diesen Zusatzkondensator kann man ruhig in den Spielregler mit einbauen. Als Potentiometer wurde 100 kOhm gewählt. Die maximale Impulszeit bleibt bei etwa 3.3 ms. Die minimale Impulszeit vergrößert sich jedoch leider auf ca. 3.3 Mikrosekunden. Durch große Toleranz der verwendeten Bauteile kann diese Zeit sehr nahe an die 4 Mikrosekunden Verzögerung herankommen oder sie gar erreichen. Hier hilft nur ein Probieren mit mehreren Bauteilen. Zum Schluß sollte man nicht vergessen, wieder Vorwiderstände(100 Ohm) mit in den Regler einzubauen. Abb. 3-19 zeigt den genauen Verdrahtungsplan.

Zum Schluß noch kurz die restlichen Anschlüsse des Game I/O Ports. Beim Ansprechen bestimmter Speicherzellen geht Pin 5 für ca. 500 ns auf logisch "0". Im Normalzustand liegt also logisch "1" an. Die Anschlüsse 12 bis 15 sind Ausgänge, deren logische Zustände mittels bestimmter Speicheradressen auf "1" oder "0" eingestellt werden können. Hiermit kann das Gegenstück zu dem oben beschriebenen seriellen Eingang - ein serieller Ausgang - programmiert werden. Dies wurde schon in einer Bauanleitung für einen EPROM-Programmer in MC, Heft 8/84 realisiert.

Tabelle 3: Adressen für den Apple-Game-Port

Adresse (Hex)	Adresse (Dez)	Funktion
C040 bis C04F	-16320 bis -16305	Pin 5 (STB) geht kurz von 1 auf 0
C058	-16296	0 einschreiben, damit AN0 auf +5V geht
C059	-16295	0 einschreiben, damit AN0 auf 0V geht
C05A	-16294	0 einschreiben, damit AN1 auf +5V geht
C05B	-16293	0 einschreiben, damit AN1 auf 0V geht
C05C	-16292	0 einschreiben, damit AN2 auf +5V geht
C05D	-16291	0 einschreiben, damit AN2 auf 0V geht
C05E	-16290	0 einschreiben, damit AN3 auf +5V geht
C05F	-16289	0 einschreiben, damit AN3 auf 0V geht
C061	-16287	Inhalt>127, wenn an SW0 +5V anliegt
C062	-16286	Inhalt>127, wenn an SW1 +5V anliegt
C063	-16285	Inhalt>127, wenn an SW2 +5V anliegt
C064	-16284	Inhalt>127, wenn Zeitkreisausgang von PDL0 auf +5V liegt (auch: C06C -16276)
C065	-16283	Inhalt>127, wenn Zeitkreisausgang von PDL1 auf +5V liegt (auch: C06D -16275)
C066	-16282	Inhalt>127, wenn Zeitkreisausgang von PDL2 auf +5V liegt (auch: C06E -16274)
C067	-16281	Inhalt>127, wenn Zeitkreisausgang von PDL3 auf +5V liegt (auch: C06F -16273)
C070 bis C07F	-16272 bis -16257	Ansprechen einer dieser 16 Speicherzellen führt zu einer Triggerung aller vier Paddle-Zeitkreise

3.7 Der PC-Gameport

Am IBM-PC gibt es auch einen Game-Port, der sich meist auf einer Multifunktionskarte befindet und normalerweise ein Mauerblümchendasein führt.

Der Game-Port wird über die Adressen 200 bis 207 angesprochen. Der Spiele-Adapter besitzt acht Eingangsleitungen: Vier für digitale Signale und vier für Wiederstandsmessung. Die vier Digitaleingänge sind intern über einen Widerstand von 1 KOhm an + 5V gelegt. Das Signal liegt also im Ruhezustand auf 1. Diese Eingänge können über Schalter oder Taster an Masse gelegt werden (Pins 4 und 12 des Steckers).
Die Daten vom Game-Port werden auf Portadresse 201 (Hex) gelesen. Die Bits 0 bis 3 entsprechen den vier Potentiometereingängen. Die Potentiometer liegen mit einem Ende an diesen Eingängen. Die andere Seite jedes Potentiometers und der Schleifer liegen an + 5 V. Die Bits 4 bis 7 sind den vier Schaltern zugeordnet. Ist ein Schalter geschlossen, liegt das entsprechende Bit auf 0.
Die Zuordnung der Steckerpins und Anschlüsse ist:

Datenbit	Zuordnung	Steckerpin
0	Poti 0	3
1	Poti 1	6
2	Poti 2	11
3	Poti 3	13
4	Schalter 0	2
5	Schalter 1	7
6	Schalter 2	10
7	Schalter 3	14
	+5 V	1,8,9,15
	Masse	4,5,12

Die Wiederstandseingänge wandeln einen Widerstand in einen digitalen Impuls um, dessen Länge dem angeschlossenen Widerstand entspricht:

$$\text{Zeit} = 24,2 + 0,011 * \text{Widerstand} \ [\mu s]$$

Für den Beginn der Wandlung muß ein beliebiger Wert auf Port 201 ausgegeben werden. Die Zeitbasis wird damit zurückgesetzt. Die Bits 0 bis 3 gehen nun alle auf 1. Nach Ablauf der durch den Widerstand (Potentiometerwerte von 100 KOhm bis 250 KOhm sind die Regel) bestimmten Zeit, wechselt das entsprechende Bit wieder auf 0. Die Zeit-

messung geschieht durch kontinuierliches Lesen des Ports 201 und das
inkrementieren eines Zählers. Sobald das interessierende Bit wieder
auf 0 geht, wird der Zählerstand gespeichert. Man sollte die Zähl-
schleife zusätzlich bei erreichen eines maximalen Zählerstandes abbrechen - für den Fall, daß der Wiederstand nicht angeschlossen oder
defekt ist. Um den Zählerstand nicht zu verfälschen, sollten während
der Messung die Interrupts abgeschaltet werden. Das folgende Programmfragment skizziert den Ablauf:

```
        ; GAME-PORT   PADDLE LESEN
        ; INPUT: PADDLE-NUMMER IN REGISTER CX
        ; OUTPUT:ERGEBNIS IN CX
        PUSH DX        ; REGISTER RETTEN
        PUSH BX
        PUSH AX
        MOV  BX,CX     ; PADDLE-NUMMER IN BX
        MOV  CX,0      ; ZÄHLER AUF 0
        MOV  DX,021H   ; PORTADRESSE EINSTELLEN
        CLI            ; INTERRUPT AUS
        OUT  DX,AL     ; ZÄHLEN STARTEN
LP:     IN   AL,DX     ; PORT ABFRAGEN
        TEST AX,BX     ; PADDLE AUSMASKIEREN
        JZ   STOP      ; WENN BIT = 0, DANN FERTIG
        INC  CX        ; ZÄHLER ERHÖHEN
        CMP  CX,0FFFFH ; NOTBREMSE
        JNZ  LP        ; SCHLEIFE SOLANGE CX < 0FFFFH UND BIT <> 0
STOP:                  ; ZÄHLERWERT IN CX ZUR WEITERBEARBEITUNG
        STI            ; INTERRUPT WIEDER EIN
        POP  AX        ; REGISTER RESTAURIEREN
        POP  BX
        POP  DX
        RET
```

Bei dem Programmstück können Sie nach der Faustformel "Zählerstand =
Widerstandswert in KOhm" vorgehen. Da immer alle vier Timer getriggert
werden, muß vor Aufruf der Routine gewartet werden bis das entsprechende Widerstands-Bit null ist. Man kann den Game-Port aber nicht
nur für Spiele, sondern auch für einfache Meßaufgaben verwenden (z. B.
mit licht- oder temperaturabhängigen Widerständen). Die beiden folgenden Prozeduren zeigen den Zugriff auf den Game-Port von Turbo-Pascal
aus:

```
Function Paddle (Nummer : Integer): Integer;
  { Potentiometerwert einlesen vom Game-Port }
  const
    Mask : Array [0..3] of Byte = ($01,$02,$04,$08);
  var
    Wert : Integer;
  Function Wait_0(BitNum : Integer): Integer;
    { Warten, bis Monoflop auf Null geht, Zeit zählen }
    begin
    inline(            { fast wie bei der Routine oben }
      $B9/$00/$00/     { MOV CX,0000; Zähler := 0 }
      $BA/$01/$02/     { MOV DX,0201; Portadresse }
      $8B/$9E/BitNum/  { MOV BX,[BP+[BitNum]]; Parameter }
      $EC/             {L1: IN AL,DX; Port lesen }
      $85/$C3/         { TEST AX,BX; Bit maskieren }
      $74/$07/         { JZ L2; Wenn Bit=0 fertig }
      $41/             { INC CX; Zähler hochzählen }
      $81/$F9/$ff/$7F/ { CMP CX,7FFF; Maximalwert }
      $75/$F4/         { JNZ L1; Weiterzählen, wenn kleiner }
      $89/$8E/$BitNum);{L2: MOV [BP+[BitNum]],CX; Wert übergeben }
    end;
  begin
  Wert := Wait_0(Mask[Nummer]);
  inline(
    $FA/           { Interrups sperren }
    $BA/$01/$02/ { MOV DX,0201 }
    $EE);          { OUT DX,AL  Start Monoflop }
  Wert := Wait_0(Mask[Nummer]);
  inline($FB);   { Interrupts freigeben }
  Paddle := Wert;
  end;


Function Switch(Nummer : Integer): Boolean;
  { Lesen Schalter vom Game-Port }
  const
    Mask : Array [0..3] of Byte = ($10,$20,$40,$80);
  begin
  Switch := (Port[$201] and  Mask[Nummer]) = 0;
  end;
```

4 Linien zeichnen

Es klingt seltsam, aber das fast komplizierteste Problem ist das
Zeichnen von geraden Linien zwischen zwei Punkten auf dem Bildschirm
oder Plotter, denn:

- Da der Algorithmus der am häufigsten verwendete ist, muß er mit
  der höchstmöglichen Geschwindigkeit ablaufen

- Bildschirm und Plotter sind incrementale Geräte, es gibt keine
  Zwischenwerte zwischen zwei Punkten oder Motorschritten,es
  gibt auch keine absolute Positionierung sondern nur die 8 Grundschritte aus Abb. 2-11.

- Alle "höheren" Funktionen lassen sich mathematisch beschreibend
  auf dem Linienalgorithmus aufbauen.

Für weitere Erläuterungen müssen wir uns auf ein Koordinatensystem
einigen. Abb. 4-1 zeigt das karthesische Koordinatensystem, bei dem
alle Koordinaten in (geräteabhängigen) Einheiten gezählt werden: Plotterschritte (meist 0.1 mm) oder Bildpunkte.
Um von einem Punkt der Zeichenfläche zu einem anderen eine gerade
Linie zu ziehen wird inkrementell, also Schritt für Schritt vorgegangen. Dabei müssen aber einige Bedingungen beachtet werden:

- Die Linie muß gerade aussehen, auch wenn Sie aus Stufen zusammengesetzt ist.

- Die Linie muß konkret enden, sonst ergibt sich eine Lücke zwischen dem Ende der einen und dem Anfang der nächsten Linie (Abb.
  4-2)

- Die Linien müssen gleichmäßig erscheinen. Gerade beim Bildschirm wirken sonst die Linien bei manchen Winkeln stärker als
  bei anderen (Abb. 4-3, 4-4)

- Der Algorithmus muß bei korrektem Verhalten möglichst schnell
  sein.

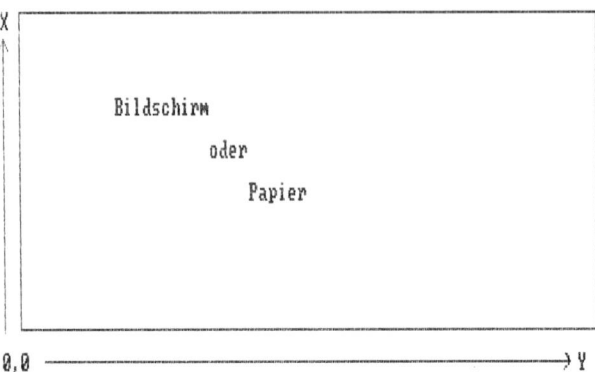

Abb. 4-1 Das einfache Koordinatensystem

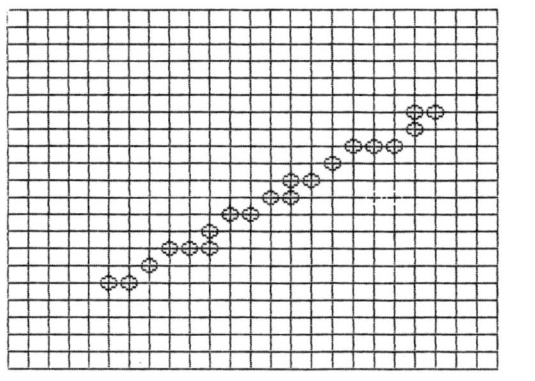

Abb. 4-2 Schlechter Linienalgorithmus

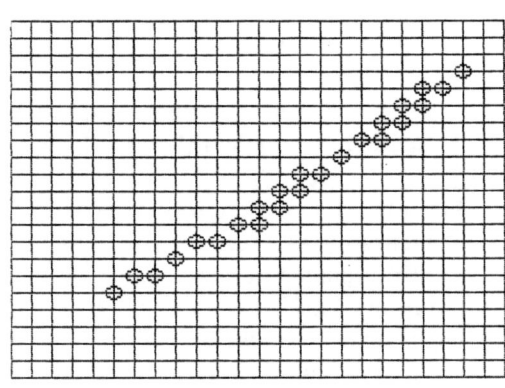

Abb. 4-3 Eine ungleichmäßige Linie

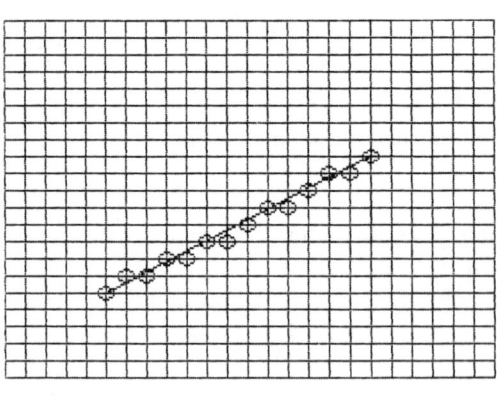

Abb. 4-4 Linie mit DDA

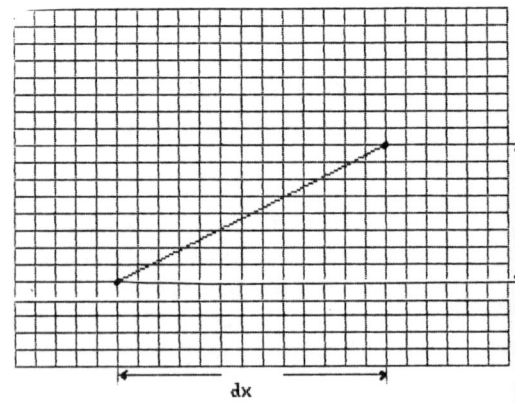

Abb. 4-5 Schnittpunkte mit dem Gitter

4.1 DDA-Algorithmus

Der Name DDA kommt aus dem Amerikanischen von "digital differential analyser" (digitaler Differenzen-Analysator). Wie Abb. 4-5 zeigt, kann die Linie durch ihre Steigung

```
dy      DeltaY
---- = --------
dx      DeltaX
```

beschrieben werden. Der DDA-Algorithmus arbeitet so, daß die Linie ausgehend vom Anfangspunkt in möglichst kleinen Schritten in Richtung der Steigung der Geraden gezeichnet wird.

Beim einfachen DDA wird die Länge der Linie aus der größeren der beiden Differenzen (x2-x1) oder (y2-y1) berechnet. So kann beim Zeichnen von 1 bis zur Länge hochgezählt werden. Eine weitere Vereinfachung stellt die Einschränkung des Algorithmus auf den ersten Oktanten dar. Die Linie liegt also im schraffierten Bereich von Abb. 4-6.

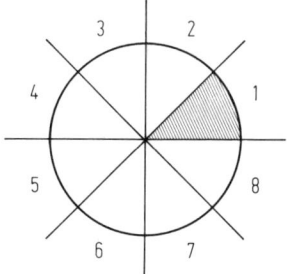

Abb. 4-6 Der erste Oktant

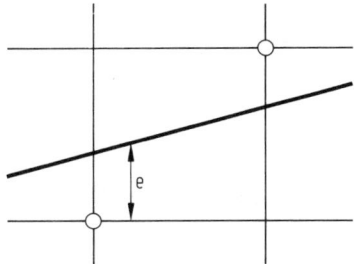

Abb. 4-7 Fehlerterm bei Bresenham

Wie das spätere Beispiel zeigt, kann das Verfahren durch Vertauschen von Anfang und Ende sowie der Schrittrichtung auf alle Oktanten ausgeweitet werden.
Das folgende Listing zeigt den DDA-Algorithmus als Pascal-Programm. Es werden zunächst Länge und die Incrementalschritte bestimmt und dann die einzelnen Bildschirmpunkte gesetzt (Befehl "DOT (X,Y)").

```
Procedure dda(x1,x2,y1,y2 : Integer);
  Var
    laenge, i : Integer;
    x, y, dx, dy : Real;
  Begin
  If abs(y2-y1)>abs(x2-x1) Then
    laenge := abs(y2-y1)
  Else
    laenge := abs(x2-x1);
  dx := (x2-x1)/laenge;
  dy := (y2-y1)/laenge;
  x := x1+0.5;
  y := y1+0.5;
  For i :=1 To laenge Do
    Begin
    dot(Trunc(x),Trunc(y));
    x := x+dx;
    y := y+dy;
    End;
  End;
```

Ein Nachteil des Algorithmus fällt sofort ins Auge, es werden Variablen vom Typ "real" verwendet. Eine Gleitpunktarithmetik umfaßt aber immer eine Menge von Programmschritten; sie läßt sich auch schwer per Hardware realisieren.

4.2 Linien auf dem Raster-Bildschirm

Einen besseren Algorithmus hat Bresenham 1965 beschrieben. Genau wie beim einfachen DDA werden die Koordinatenwerte um eine Längeneinheit verändert, diesmal aber um +/- 1. Dabei wird der Wert der Y-Koordinate nur erhöht, wenn die exakte Linie oberhalb der Mitte zwischen zwei Punkten verläuft (Abb. 4-7); es wird also immer die Neigung der Linie (dy/dx) zum Fehlerterm "e" addiert. Vorher wird anhand von "e" geprüft, ob die Y-Koordinate des aktuellen Punktes erhöht werden muß. In diesem Fall wird "e" um 1 erniedrigt. Auf diese Weise gibt "e" immer exakt an, ob die Y-Koordinate erhöht werden muß.
Es leuchtet ein, daß die Steigung der Geraden maximal 1 sein kann,

denn dann würde die Y-Koordinate jedesmal erhöht. Für Geraden mit
einer Steigerung größer als 1 muß der Algorithmus noch erweitert werden.

```
Procedure bresenham(x1,x2,y1,y2 : Integer);
  Var
     e : Real;
     i, x, y, dx, dy : Integer;
  Begin
  dx := (x2-x1);
  dy := (y2-y1);
  e := (dx/dy)-0.5;
  x := x1;
  y := y1;
  For i :=1 To dx Do
    Begin
    dot(Trunc(x),Trunc(y));
    If e>0 Then
      Begin
      y := y+1;
      e := e-1;
      End;
    x := x+1;
    e := e+(dx/dy);
    End;
  End;
```

Das nächste, noch nicht lauffähige, Listing zeigt den Bresenham-Algorithmus in der Grundform. Aber auch hier wird noch mit Real-Variablen
gerechnet. Wird "e" mit 2 * dx multipliziert, wendet sich das Blatt,
der Algorithmus läuft dann ab wie im folgenden Listing. Bleibt also
noch das Problem für Linien, bei denen der Fall 0 < dy < dx nicht
gilt.

```
Procedure bresenham(x1,x2,y1,y2 : Integer);
  Var
     e, i, x, y, dx, dy : Integer;
  Begin
  dx := (x2-x1);
  dy := (x2-y1);
```

```
e := 2*dy-dx;
x := x1;
y := y1;
For i :=1 To dx Do
  Begin
  dot(x,y);
  If e>0 Then
    Begin
    y := y+1;
    e := e+(2*dx-2*dy);
    End
  Else
    e := e+2*dx;
  x := x+1;
  End;
End;
```

Das vorletzte Listing zum Thema "Bresenham" zeigt den fertigen Algorithmus für Linien in alle Richtungen. Es wird nur noch mit Integer-Werten gearbeitet. Die einzige Division (dx/2) kann durch einen Schiebebefehl ersetzt werden. Außerdem werden achsenparallele Linien gesondert behandelt.

```
Procedure line(X1, Y1, X2, Y2 : integer);
{ Bresenham-Linienalgorithmus }
  var
    x, y, z, a, b, d, dx, dy, dp, dq : integer;
  begin
  dx := abs(x2-x1); dy := abs(y2-y1);
  if (dx<>0) and (dy<>0) then
    begin
    if dy<=dx then
      begin
      x := x1; y := y1; z := x2;
      if x1<=x2 then a := 1 else a := -1;
      if y1<=y2 then b := 1 else b := -1;
      dp := dy + dy; d := dp - dx; dq := dp - (dx + dx);
      dot(x,y);
      while x<>z do
        begin
        x := x + a;
```

```
      if d<0 then
        d := d + dp
      else
        begin y := y + b; d := d + dq end;
      dot(x,y);
      end;
    end
  else
    begin
    y := y1; x := x1; z := y2;
    if y1<=y2 then a := 1 else a := -1;
    if x1<=x2 then b := 1 else b := -1;
    dp := dx + dx; d := dp - dy; dq := dp - (dy + dy);
    dot(x,y);
    while y<>z do
      begin
      y := y + a;
      if d<0 then
        d := d + dp
      else
        begin x := x + b; d := d + dq end;
      dot(x,y);
      end;
    end;
  end
else
if (dx=0) and (dy<>0) then
  begin
  x := x1; y := y1; z := y2;
  if y1<=y2 then b := 1 else b := -1;
  dot(x,y);
  repeat
    Y := Y + b;
    dot(X,Y);
  until y=z;
  end
else
if (dx<>0) and (dy=0) then
  begin
  x := x1; y := y1; z := x2;
  if x1<=x2 then a := 1 else a := -1;
  dot(x,y);
  repeat
```

```
     X := X + a;
     dot(X,Y);
   until x=z;
   end;
 end;
```

Jetzt kann man also beliebige durchgezogene Linien zeichnen. Für verschiedenen Grafiken werden aber häufig strichlierte oder gepunktete Linien benötigt. Durch eine kleine Erweitrung des Linienalgorithmus läßt sich ein beliebiges Linienmuster übergeben. Dazu erhält die Prozedur einen zusätzlichen Parameter für die Musterform. Es hsndelt sich um einen String von 16 Zeichen, der die Form eines Liniensegments von 16 fortlaufenden Punkten der Linie festlegt. Wo ein Punkt im String steht, wird auch ein Punkt gezeichnet, eine Leerzeichen im String repräsentiert eine freie Stelle. Besteht der String nur aus Punkten, wird wie vorher, eine durchgezogenen Linie gezeichnet, besteht er nur aus Leerzeichen, wird garnichts gezeichnet. Das Muster wiederholt sich dementsprechend alle 16 Punkte. Zu Beginn der Prozedur wird der String zur Beschleunigung des Ablaufs in ein Set umgewandelt. Beim Zeichnen wird eine Integervariable "i" durch inkrementieren und Anwenden der Modulo-Funktion ständig von 0 ... 15 durchgezählt und mit dieser Variablen dann im Set "muster" geprüft, ob der Punkt zu zeichnen ist. Noch ein paar Beispiele zum Musterstring:

```
"...........     "   Strichlinie grob
"....    ....    "   Strichlinie mittel
"..   ..   ..   .."  Strichlinie fein
". . . . . . . . "   Punktlinie
"...  .  ...  .  "   Strichpunktlinie
```

Doch nun zum Listing, bei dem auch der Abbruch für den Fall, daß Anfangs- und Endpunkt gleich sind durch ein Label und eine Goto-Anweisung verkürzt wurde.

```
Type
  TMuster : Array [1..16] of Char;

Procedure line(X1, Y1, X2, Y2 : integer; strichlierung : TMuster);
{ Bresenham-Linienalgorithmus mit Linienmuster }
  label exit;
```

```
var
  i, x, y, z, a, b, d, dx, dy, dp, dq : integer;
  muster : Set of 0..15;
begin
muster := [];
for i:=1 to 16 do
  if strichlierung[i]='.' then muster := muster + [i-1];
dx := abs(x2-x1); dy := abs(y2-y1);
if (dx + dy)=0 then goto exit;
x := x1; y := y1; dot(x,y);
if (dx<>0) and (dy<>0) then
  begin
  if dy<=dx then
    begin z := x2;
    if x1<=x2 then a := 1 else a := -1;
    if y1<=y2 then b := 1 else b := -1;
    dp := dy + dy; d := dp - dx; dq := dp - (dx + dx);
    while x<>z do
      begin
      i := succ(i) mod 16; x := x + a;
      if d<0 then
        d := d + dp
      else
        begin y := y + b; d := d + dq end;
      if i in muster then dot(x,y);
      end;
    end
  else
    begin z := y2;
    if y1<=y2 then a := 1 else a := -1;
    if x1<=x2 then b := 1 else b := -1;
    dp := dx + dx; d := dp - dy; dq := dp - (dy + dy);
    while y<>z do
      begin
      i := succ(i) mod 16; y := y + a;
      if d<0 then
        d := d + dp
      else
        begin x := x + b; d := d + dq end;
      if i in muster then dot(x,y);
      end;
    end;
  end
```

```
else
  if (dx=0) then
    begin z := y2;
    if y1<=y2 then b := 1 else b := -1;
    repeat
      i := succ(i) mod 16; y := y + b;
      if i in muster then dot(x,y);
    until y=z;
    end
  else
    begin z := x2;
    if x1<=x2 then a := 1 else a := -1;
    repeat
      i := succ(i) mod 16; x := x + a;
      if i in muster then dot(x,y);
    until x=z;
    end;
  exit:
  end;
```

Über ein Problem wurde bis jetzt recht salopp hinweggegangen; das Setzen der Punkte auf dem Bildschirm. Denn hinter der Anweisung DOT(X,Y) steckt noch einiges an Rechnerei. Der Bildschirmspeicher ist ja genau wie der Hauptspeicher des Computers linear adressiert. Die Bildpunkte werden also zeilenweise ab einer bestimmten Basisadresse, die auch Null sein kann, angesprochen. Die Adresse des Punktes (x,Y) berechnet sich dann so:

```
Adresse(X,Y) = Basisadresse + Y * (Xmax + 1) + X
```

Xmax ist die Zahl der maximal darstellbaren Punkte in einer Zeile. Da von Null aus gezählt wird, muß noch 1 zu Xmax addiert werden. Wird nicht von Null aus gerechnet, dann ist die Formel noch komplexer. Bei einer Pufferorganisation von Xmin bis Xmax und Ymin bis Ymax lautet sie:

```
Adresse(X,Y) = Basisadresse + (Y-Ymin)
                    * (Xmax-Xmin+1) + (X-Xmin)
```

Durch Umformen kann man die Konstanten herausziehen und vorher berechnen.

Aus:

```
Yconst = Ymin * Ymax + Ymin * (Xmin + 1)
Xconst = Xmax - Xmin + 1
```

ergibt sich:

```
Adresse(X,Y) = Basisadresse + Y
                  * Xconst + X - Xmin - Yconst
        --->
Verschiebung = Basisadresse - (Xmin + Yconst)
        --->
Adresse(X,Y) = Verschiebung + Y * Xconst + X
```

Bleiben also zwei Additionen und eine Multiplikation. Die Multiplikation kann man eliminieren, wenn die DOT-Routine in den Bresenham-Algorithmus eingebaut wird, denn dort wird ja immer nur ein Schritt nach rechts oder nach oben gemacht.
Es gilt:

```
Adresse (X+1,Y) = Adresse (X,Y) +1
```

und

```
Adresse (X,Y+1) =  Adresse (X,Y) + (Xmax - Xmin +1)
```

Wenn die neue Adresse aus der vorhergehenden berechnet wird, muß so nur eine Konstante addiert werden (bei der X-Richtung: 1, bei der Y-Richtung: (Xmax - Xmin + 1)). Nur bei der Berechnung des Anfangspunktes wird die Multiplikation gebraucht.

4.3. Linien mit dem Plotter

Grundsätzlich unterscheidet sich der Plotter-Algorithmus nicht vom Raster-Bildschirm-Verfahren. Jedoch muß hier der Stift jeweils einen Plotterschritt in X-Richtung oder in X- und Y-Richtung ausführen. Diese Aufgabe erledigt die Prozeduren "movex" (nur X-Richtung) und "movexy" (sowohl in X- als auch in Y-Richtung).
Im folgenden Listing ist der Kern des Algorithmus gezeigt; das vollständige Programm finden Sie im Kapitel über den Selbstbau-Plotter.

```
Procedure line(x1,y1,x2,y2 : Integer);
  Var
    px, py, dx, dy, ax, sy, rest, j : Integer;
  Begin
  ax := 1; sy := 1;
  dx := (x2-x1);
  dy := (x2-y1);
  px := 0;
  py := 0;
  If dx<0 Then
    Begin dx := -dx; ax := -1 End;
  If dy<0 Then
    Begin dy := -dy; sy := -1 End;
  rest := dx Div 2;
  move_stift_to(px,py);
  If (dx<>0) And (dy<>0) Then
    Repeat
        px := px+ax;
        rest := rest+dy;
      If rest>=dx Then
        Begin
        py := py+sy;
        rest := rest-dx;
        move_x_y;(*SCHRITT IN X- UND Y-RICHTUNG*)
        End
      Else
        move_x;(*SCHRITT IN X-RICHTUNG*)
    Until px=dx
  Else If (dx=0) And (dy<>0) Then
    Repeat
      py := py+sy;
      move_y;(*SCHRITT IN Y-RICHTUNG*)
    Until py=dy
  Else If (dx<>0) And (dy=0) Then
    Repeat
      px := px+ax;
      move_x;
    Until px=dx;
  End;
```

5 Kreise und Ellipsen

Da der Kreis aus mathematischer Sicht nur eine degenerierte
Ellipse ist, können die folgenden Betrachtungen über Kreise dann sehr
schnell auf Ellipsen übertragen werden. Ein Kreis läßt sich eindeutig
durch seinen Mittelpunkt und seinen Radius festlegen. Die Gleichung
für alle Punkte (X,Y) auf dem Kreis um den Mittelpunkt (m1,m2) mit
dem Radius R lauten:

$$(X - m1)^2 + (Y - m2)^2 = R^2$$

Ist der Ursprung (0,0) gleichzeitig Mittelpunkt, reduziert sich die
Gleichung zu:

$$X^2 + Y^2 = R^2$$

Bei der Ellipse haben alle Punkte (X,Y) bezüglich zweier Punkte (genannt Brennpunkte) die gleiche Abstands-Summe. Betrachten wir hierzu
Abb. 5-1.

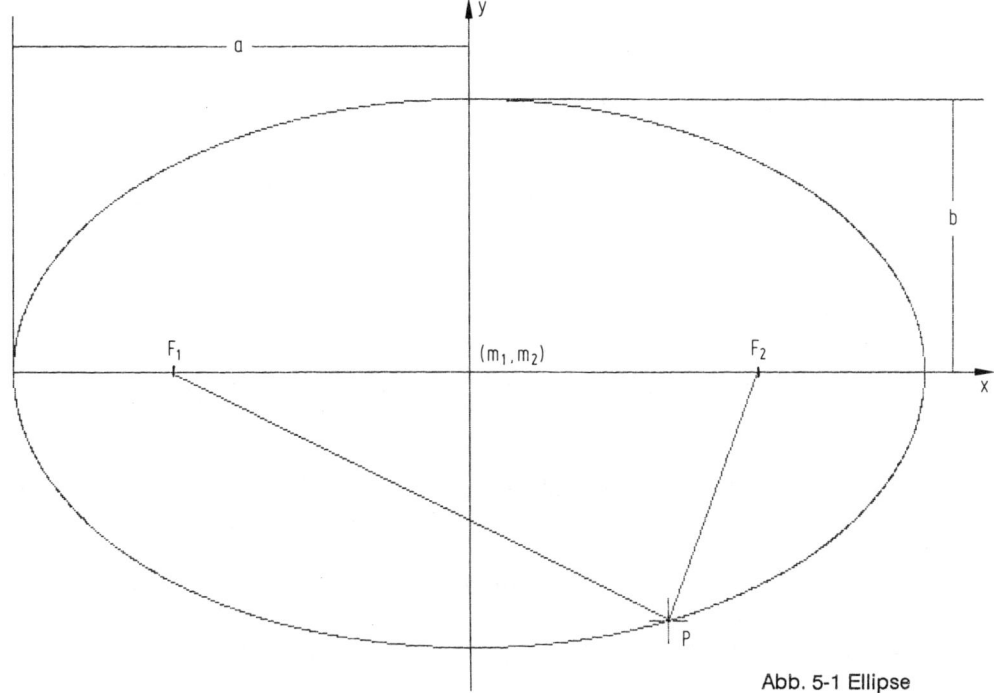

Abb. 5-1 Ellipse

Die Ellipse besitzt neben den zwei Brennpunkten auch ein Zentrum (m1, m2) und salopp gesagt, eine "Breite" a und eine "Höhe" b. Mathematisch gilt für Abb. 5-1:
Die Brennpunkte liegen auf der Parallelen zur Y-Achse durch das Zentrum und sind jeweils (a2-b2) weit vom Zentrum entfernt (im Bild F1 und F2). Die Strecke von F1 zu einem Ellipsenpunkt P addiert zur Strecke von P zu F2 ist immer gleich lang und beträgt 2 * a. Es gilt also:

$$\frac{(X - m1)^2}{a^2} + \frac{(Y - m2)^2}{b^2} = 1$$

oder in der Mittelpunktsform:

$$\frac{X^2}{a^2} + \frac{Y^2}{b^2} = 1$$

Und jetzt sehen Sie auch, das der Kreis nichts weiter ist, als eine Ellipse, bei der a und b gleich groß sind.

5.1 Ein langsamer Kreisalgorithmus

Aus der Trigonomie wissen wir, daß für einen Punkt P = (X,Y) auf der Kreislinie gilt:

```
X = r * cos(β)
Y = r * sin(β)
```

Dabei ist β der Winkel zwischen der X-Achse und der Verbindungsgeraden Mittelpunkt-P.

Es läßt sich ein Kreis zeichnen, indem man den Winkel in kleinen Schritten berechnet und die so ermittelten Punkte der Kreislinie verbindet.
Das Listing zeigt ein einfaches Basic-Programm zum Zeichnen des Kreises. Zu beachten ist, daß der Winkel nicht in Grad sondern im Bogenmaß berechnet wird. Das spielt für den Algorithmus jedoch keine Rolle, den es gilt ja: PI = 180 Grad

```
10 CLS:'                        BILDSCHIRM LOESCHEN
20 M1 = 300: M2 = 200: R = 100:'  MITTELPUNKT UND RADIUS
30 PSET(R + M1, M2):'           ZUM ANFANGSPUNKT
40 FOR T=0 TO 6.3 STEP 0.1:'    SCHLEIFE IM BOGENMASS
50 X = R*COS(T) + M1: Y = R*SIN(T) + M2:'  PUNKT BERECHNEN
60 LINE -(X,Y):'                LINIE ZUM NEUEN PUNKT
70 NEXT T
```

Der Algorithmus hat einige Nachteile:

- durch seine Sinusberechnung ist er viel zu langsam
- im Assembler steht meist keine Gleitpunkt-Arithmetik und kein Sinus zur Verfügung

Er hat trotzdem eine gewisse "Lebensberechtigung". Bei den langsamen Plottern spielt die Rechenzeit kaum eine Rolle, hier kann man mit einem so einfachen Programm mit wenig Programmieraufwand gute Erfolge erzielen. Wählt man die Schrittweite (in unserem Beispiel 0.1) passend zur Genauigkeit des Plotters, geht es meist flott genug. Abb. 5-2 zeigt das Ergebnis des Kreisprogramms mit 64, 32, 16, 8 und 4 Schritten für den Kreis.
Bei einem Kreis von etwa 3 cm Durchmesser sind, wie man sieht, 36 Schritte genug. (Das eiförmige Aussehen der Kreise liegt übrigens am Drucker der nicht genau die gleichen Punktabstände wie der Bildschirm aufweist). Von Vorteil ist das Verfahren auch noch, weil man sehr einfach Kreisbögen mit gegebenen Anfangs- und Endwinkeln zeichnen kann.

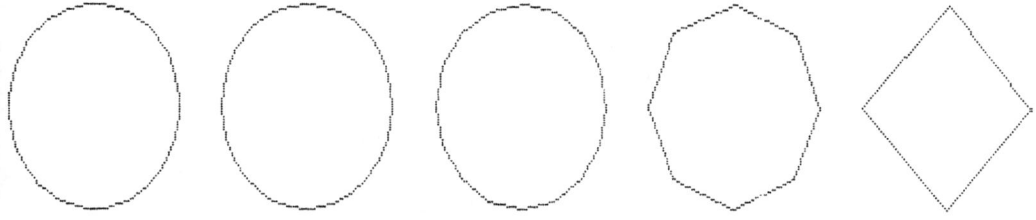

Abb.5-2 Kreissegmentierung

5.2 Schnelle Kreisalgorithmen

Fangen wir noch einmal ganz von vorne an. Die Kreisgleichung lautet:

$$X^2 + Y^2 = r^2$$

Löst man die Gleichung nach Y auf, ergibt sich:

$$Y^2 = r^2 - X^2 \quad ---\!>$$

$$Y = \pm SQRT(r*r - X*X)$$

$$(SQRT = "Wurzel aus")$$

Um erst einmal einen Viertelkreis zu zeichnen, kann man X von 0 bis r in Einserschritten erhöhen um die Gleichung für +Y zu erfüllen. Die restlichen Viertel werden durch die Symmetrie des Kreises ohne weitere Rechnung gezeichnet.

```
10 CLS:'                                BILDSCHIRM LOESCHEN
20 M1 = 300: M2 = 200: R = 100:'        MITTELPUNKT UND RADIUS
30 FOR T=0 TO R:'                       SCHLEIFE IM BOGENMASS
40 X = T: Y = SQR(R*R - X*X):'          PUNKT BERECHNEN
50 PSET(M1+X, M2+Y): PSET(M1+X, M2-Y):' GLEICH 4 PUNKTE
60 PSET(M1-X, M2+Y): PSET(M1-X, M2-Y):' ZEICHNEN
70 NEXT T
```

Wie Sie am Ergebnis auf der folgenden Seite sehen, ist der Algorithmus unbefriedigend, weil die Punktdichte von der Steigung der Tangente abnimmt. Man kann den Algorithmus durch weitere Symmetriebetrachtungen verbessern, indem man die Symmetrie des Kreises ausnutzt. Wenn mann nämlich einen Punkt P = (X,Y) auf dem Kreis ermittelt hat, kann man auch 8 weitere Punkte ohne Berechnung plottern. So muß X nur einen Bereich von 45 Grad überstreichen, also in Einserschritten von 0 bis r/Wurzel 2 laufen. Für einen Kreis um den Ursprung (m1 und m2 sind Null) lassen sich bei jedem Schritt die folgenden Punkte zeichnen:

(+X,+Y)	(-X,-Y)	(+Y,+X)	(-Y,-X)
(+X,-Y)	(-X,+Y)	(+Y,-X)	(-Y,+X)

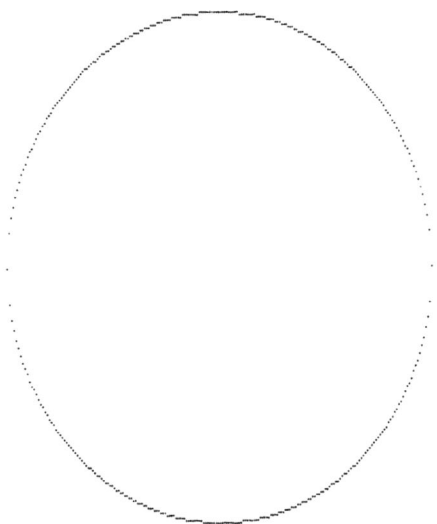

Abb. 5-3 Der "unbefriedigende" Kreisalgorithmus

Mit dieser Methode fallen schon einmal die unterschiedlichen Punktabstände weg, die wir auf dem Bild noch sehen.
Wenn man an den Bresenham-Algorithmus (DDA) für Linien denkt, kann man
auf den Gedanken kommen, daß sich auf die gleiche Weise Kreise zeichnen lassen.
Betrachten wir dazu wie schon beim Linienalgorithmus nur den ersten
Oktanten, also den Bereich von 0 bis 45 Grad. Die Steigung der Kreislinie liegt hier im Bereich von 0 bis -1. Ein Punkt kann also nur
waagerecht neben seinem Vorgänger liegen oder um eine Reihe nach unten
versetzt sein. Man muß nur noch unter zwei Punkten wählen. In einem
Kreis sind alle Punkte genau um den Radius r vom Mittelpunkt entfernt,
man braucht also nur den nächstgelegenen Rasterpunkt finden. Schauen
wir jetzt einmal Abb. 5-4 an.

Für die Punkte Q und R gilt:

$$DQ = ((X + 1)^2 + Y^2) - r^2$$

$$DR = ((X + 1)^2 + (Y - 1)^2) - r^2$$

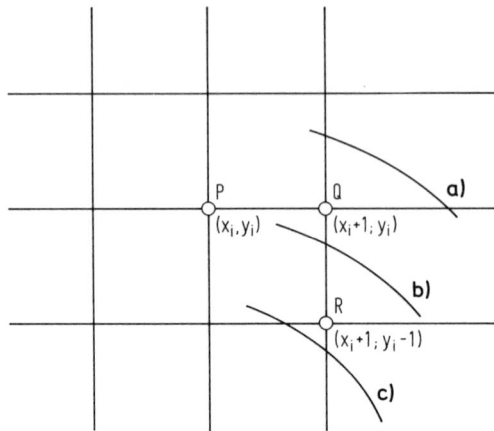

Abb. 5-4 Zum Bresenham-Algorithmus für Kreise

- DQ und DR sind also die Abstände der Punkte Q und R vom Mittelpunkt.

- Ist nun ABS(DQ) > ABS(DR), dann ist R der bessere Punkt, sonst Q.

- Mit D = ABS(DQ) - ABS(DR) hat man ein einfaches Kriterium von Q und R: "falls D > 0 wähle R, sonst wähle Q."

- Es geht sogar noch einfacher. Man wählt D = DQ + DR um alle möglichen Fälle zu unterscheiden.

Betrachten wir dazu die Bögen a) bis c) in Abb. 5-4.

a) Der Kreis geht außen an Q vobei.
    DQ < 0, DR < 0, ---> D < 0 ---> Q wird gewählt.

b) Der Kreis verläuft zwischen Q und R. Die neue Definition verhält sich wie die erste Betragsgleichung.

c) Der Kreis verläuft unterhalb R.
    DQ > 0, DR > 0, ---> D > 0 ---> R wird gewählt.

D wird aber immer noch zu kompliziert berechnet. Das ändert sich, wenn auch D inkrementell berechnet wird.
Für den ersten Punkt (0,r) gilt:

```
D1 = 3 - 2 * r
```

Für die folgenden Di gilt:

Falls Q gewählt wurde: Di + 1 = Di + 4 * (Xi-Yi) + 6
Falls R gewählt wurde: Di + 1 = Di + 4 * (Xi-Yi) + 10

So kann (Yi + 1) berechnet werden. Der Algorithmus geht auf J. Mitchener zurück. Zum Mitchener-Algorithmus brauchen wir ein Unterprogramm, das die vorher genannten Punkte berechnet (Die folgenden Programmfragmente sollen nur dem Weg erläutern):

```
Procedure Points (X,Y: integer);
  begin
  DOT (m1+X,m2+Y);      DOT (m1+Y,m2+X);
  DOT (m1+Y,m2-X);      DOT (m1+X,m2-Y);
  DOT (m1-X,m2-Y);      DOT (m1-Y,m2-X);
  DOT (m1-Y,m2+X);      DOT (m1-X,m2+Y);
  end;
```

Dann kann es an das Kreisezeichnen gehen:

```
Procedure Kreis(mx, my, r : Integer);
  const
    wurzel_zwei_halbe = 0.707107;
  var
    D, X, Y : Integer;
  begin
  Points (0,r);
  Y := R;
  D := 3 - 2*r;
  for X := 0 to round (R * wurzel_zwei_halbe) do
    begin
    if D < 0 then
      D := D + 4*X + 2
```

```
   else
     begin D := D + 4*(X-Y) + 6; Y := Y - 1 end;
   Points (X,Y)
   end (* for X *);
end;
```

Zu beachten ist dabei, daß durch die For-Schleife das Berechnen von D schon mit erhöhten X erfolgt und so die addierte Konstante um 4 kleiner ist als in der Erklärung oben.
Beim Plotter kann man nicht so vorgehen, da hier ja durchgehende Linien gezeichnet werden müssen. Aber auch für den Plotter gibt es Lösungsmöglichkeiten. Dazu teilt man den Kreis gemäß Abb. 5-5.

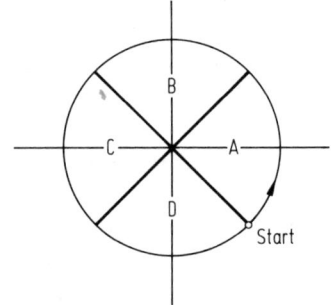

Abb. 5-5 Zusammenfassen der Oktanten

Es werden also immer zwei Oktanten so zusammengefaßt, daß sich entweder X (A und C) oder Y (B und D) höchstens um 1 ändern.

Nach der Kreisgleichung gilt:

$$X^2 + Y^2 - r^2 = 0$$

X wird um 1 erhöht, wenn gilt:

$$(X + 1)^2 + Y^2 - r^2 = 0 \quad \text{--->}$$

$$X^2 + Y^2 - r^2 + 1 >= 2*X$$

X wird um 1 vermindert, wenn gilt:

$$X^2 + Y^2 - r^2 + 1 <= 2*X$$

Der Algorithmus stellt sich dann etwa so dar:

```
Procedure Plotcircle (mx, my, R : Integer);
  const
    Wurzel_zwei_halbe = 0.7071068
  var
    G, F, C, D : Real;
    X, Y : Integer;
  Procedure calculate;
    begin
    G := Y * Y + F - C;
    if G < (-X) then
      begin F := F + X*2 + 1; X := X + 1 end
    else
      begin F := F - X*2 + 1; X := X - 1 end;
    end;
  begin
  C := R * R;
  D := round (R / Wurzel_zwei_halbe);
  F := C div 2;
  C := C - 1;
  X := D;
  Moveto (mx + R, my - D);
  for Y := 1 - D to D do
    begin calculate; Drawto (mx + X,my + Y) end;
  for Y := D - 1 downto -D do
    begin calculate; Drawto (mx + Y,my + X) end;
  for Y := D - 1 downto -D do
    begin calculate; Drawto (mx - X,my + Y) end;
  for Y := 1 - D to 1 + D do
    begin calculate; Drawto (mx + Y,my - X) end;
  end;
```

Die Hauptarbeit leistet die Prozedur "calculate". Die vier For-Schleifen entsprechen den vier neu gebildeten Quadranten. Je Schritt sind nur zwei Multiplikationen und einige Additionen nötig. Alle Operationen laufen auf Integer-Variablen ab. Diese Prozedur ist so aber noch verbesserungsbedürftig.

Eine letzte incrementelle Methode will ich nur kurz vorstellen. Geht
man vom DDA-Algorithmus aus, läßt sich ein Kreis durch die
Differentialgleichung   dx/dy = -X/Y   definieren.
Führt man dx und dy als Incremente ein, gilt:

```
X(n+1) = X(n) + d * Y

Y(n+1) = Y(n) - d * X(n) + 1
```

d soll genügend klein sein. Abhängig vom Radius R gilt:

$$2^{n-1} \leq R \leq 2^{n} \quad ----> \quad d := 2^{-n}$$

Ein so gezeichneter Kreis ist leicht exzentrisch, was bei kleinem d
nicht ins Gewicht fällt. Exakte Kreise erhält man mit:

```
X(n+1) = X(n)*cos(β) + Y(n)*sin(β)
Y(n+1) = Y(n)*cos(β) + X(n)*sin(β)
```

Da der Winkel β recht klein ist lassen sich sin(β) und cos(β) leicht
berechnen. Diese Werte bleiben auch während der gesamten Kreisberechnung konstant. In den Programmen auf der nächsten Seite wird dies
Verfahren in leicht modifizierter Form angewendet.

Die genannten Algorithmen lassen sich leicht auf Ellipsen erweitern,
da man nur die Exzentrizität der Ellipse hinzufügen muß.

Zum Schluß zwei fertige Programme für das Zeichnen von Ellipsen:

```
Procedure Draw_Ellipse(mx, my, a, b : Integer);
  { Ellipsen zeichnen - modifizierter Bresenham }
  var x, y : Integer;
      qr1, qr2, dx, dy, da: Real;
  begin
  x := 0; y := b; { Ausgangspunkt }
  qr1 := 2*a*a; qr2 := 2*b*b;
  dx := 1; dy := qr1 * b - 1;
  da := int(dy/2);
  repeat
    dot(mx + x, my + y);
    dot(mx + x, my - y);
```

```
dot(mx - x, my + y);
dot(mx - x, my - y);
if da >= 0 then
  begin
  da := da - dx - 1;
  dx := dx + qr2;
  x := succ(x);
  end
else
  begin
  da := da + dy - 1;
  dy := dy - qr1;
  y := pred(y);
  end;
until y < 0;
end;
```

Das letztes Programm verwendet die zuvor geschilderte Methode, einen festen Winkel β zu verwenden und nur für diesen Winkel die Berechnung von Sinus und Cosinus vorzunehmen. Zusätzlich wurd hier die Möglichkeit vorgesehen über die Parameter auch den Winkel der Hauptachse anzugeben die Ellipse kann also gegenüber der X-Achse gedreht werden. Der letzte Parameter gibt an, wieviele Punkte zu berechnen sind. Bei kleinen Ellipsen kann man so Rechenzeit sparen, indem man eine niedrige Zahl angibt.

```
Procedure Ellipse(mx, my, a, b, i, n : Integer);
  { Ellipsen zeichnen - Halbachse geneigt
    i ist der Winkel der Hauptachse in Grad,
    n ist die Zahl der Punkte }
  var
    loop : Integer;
    x, x1, xh,
    y, y1, yh,
    c1, c2, c3,
    s1, s2, s3, p : Real;
  begin
  p := 2*pi/(n-1);
  c1 := cos(i*pi/180); s1 := sin(i*pi/180);
  c2 := cos(p); s2 := sin(p);
  c3 := 1.0; s3 := 0.0;
```

```
x1 := mx + a*c3*c1 - b*s1*s3; y1 := my + a*s1*c3 + b*s2*s3;
for loop := 1 to n do
  begin
  xh := a*c3; yh := b*s3;
  x := mx + xh*c1 - yh*s1;
  y := my + xh*s1 + yh*c1;
  Line(x1, y1, x, y);
  x1 := x; y1 := y;
  p := c3*c2 - s3*s2;
  s3 := s3*c2 + c3*s2;
  c3 := p;
  end;
end;
```

Wenn Sie die Zahl der Bildpunkte (n) nicht explizit angeben wollen, können Sie diese auch automatisch berechnen, etwa nach der Formel:

```
R := (ABS(a) + ABS(b));
Case R of
   0..  5: n := 12;
   6.. 20: n := 36;
  21.. 50: n := 72;
  51..100: n := 120;
  else     n := 360;
end;
```

Bei Grafikbildschirmen gibt es ein weiteres Problem: Die Auflösung des Bildschirms in X- und Y-Richtung unterscheidet sich. Das führt dazu, daß ein Kreis als Ellipse gezeichnet wird. Man kann sich helfen, indem ein Verhältnisfaktor (Aspect Ratio) eingeführt wird, mit dem die X- oder Y-Werte multipliziert werden. Beim Zeichnen eines Kreises wird also in Wirklichkeit eine Ellipse gezeichnet. Die Kreisprozedur könnte dann etwa wie folgt aussehen:

```
Procedure Kreis (mx, my, r : Integer);
  const
    aspect = 2.24; { haengt vom Bildschirm ab }
  begin
  Draw_Ellipse(mx, my,round(r*aspect), r)
  end;
```

Als Hilfe für Sie sind Kreis und Ellipse zum Schluß nocheinmal
einander gegenübergestellt.

Kreisgleichung: Ellipsengleichung:

```
(X + m1)²      (Y + m2)²           (X + m1)²      (Y + m2)²
----------- + ----------- = 1      ----------- + ----------- = 1
    r²            r²                   a²            b²
```

Parameterform: Parameterform:

```
X = r * cos(β)                     X = a * cos(β)
Y = r * sin(β)                     Y = b * sin(β)
```

Mittelpunkt: Brennpunkte:

```
(m1,m2)                            (m1 + SQRT(a*a - b*b), m2)
                                   (m1 - SQRT(a*a - b*b), m2)
```

6 Koordinatensysteme

Bisher wurde ohne weitere Erklärung stillschweigend davon
ausgegangen, daß irgendeine Vereinbahrung über die Aufteilung der
Zeichenfläche besteht. Nur so konnten wir die Positionen eines
Punktes festlegen. Es wurde wie üblich vom Kartesischen
Koordinatensystem ausgegangen: die positive X-Achse ist
waagerecht und rechts vom Ursprung, die positive Y-Achse ist senkrecht und oberhalb des Ursprungs. Weiter ist ein Punkt in der Ebene
bei diesem Koordinatensystem durch ein Koordinatenpaar (X,Y)
definiert. Die beiden Werte ergeben sich durch eine Projektion
im rechten Winkel auf die jeweilige Koordinantenachse X bzw. Y =
(Abb. 6-1).

Das das nicht immer so sein muß, zeigt beispielsweise der Bildschirm
des APPLE II. Dort hat der Bildschirm eine Matrix von 280 mal 192
Punkten; der Ursprung liegt aber in der linken oberen Ecke. Um beim
APPLE II im gewohnten System zeichnen zu können, muß man die Koordinaten auf das Kathesische Koordinatensystem transformieren. Diese Transformation von Koordinaten des Benutzers auf Koordinaten des Bildschirms (oder der Zeichenfläche) wird im nächsten Abschnitt näher
behandelt.

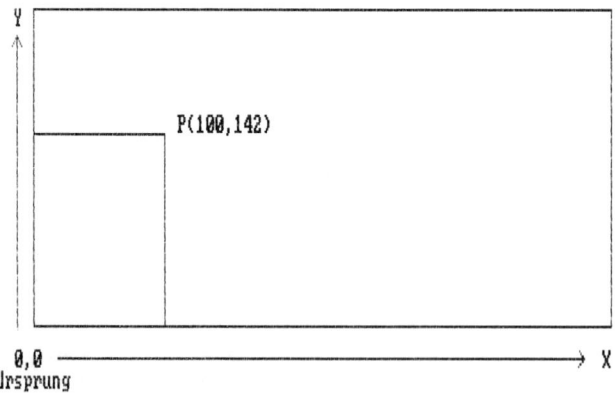

Abb. 6-1 Karthesisches Koordinatensystem

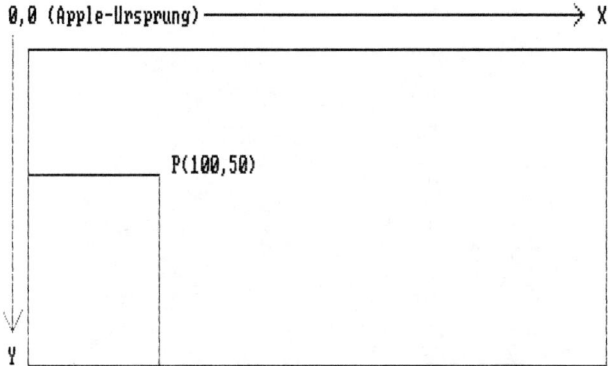

Abb. 6-2 Der Punkt von Abb. 6-1 in Apple-Koordinaten

Doch zurück zum einfachen Problem mit den APPLE-Koordinaten. Der Punkt
P, der in Abb. 6-1 die Koordinaten (100,142) besitzt, hat beim APPLE
die Koordinaten (100,50). Sie sehen, die X-Koordinate hat sich nicht
verändert (Abb. 6-2). Um den Ursprung in die untere Ecke zu bringen
muß man ein wenig rechnen. Im Karthesischen Koordinatensystem hat der
APPLE-Ursprung die Koordinaten (0,192). Es müssen also alle Punkte
(X,Y) des Karthesischen Koordinatensystems auf die Punkte (X,192-Y)
des APPLE-Systems abgebildet werden, um an der gewünschten Stelle zu
erscheinen. Der mathematische Hintergrund für die Koordinaten-Trans-
formation wird in den folgenden Abschnitten behandelt. Es wird dabei
vorausgesetzt, daß Sie einige Grundlagen der Abbildungsgeometrie be-
herrschen (Vektoren, Matrizen, Determinanten). Es reicht im Übrigen
das Wissen, das vom Gymnasium her hängen geblieben ist,aus.

6.1 Koordinatentransformation

Bei fast allen Zeichengeräten ist die Bildschirm- oder Zeichenfläche
begrenzt. Außerdem ist das zugrundeliegende Koordinatensystem meist
recht primitiv. Die linke, untere Ecke (manchmal auch die linke, obere
Ecke) ist der Koordinatenursprung (das ist der Punkt mit den Koordinaten 0,0). Die Skalierung ist recht einfach: beim Bildschirm ist es

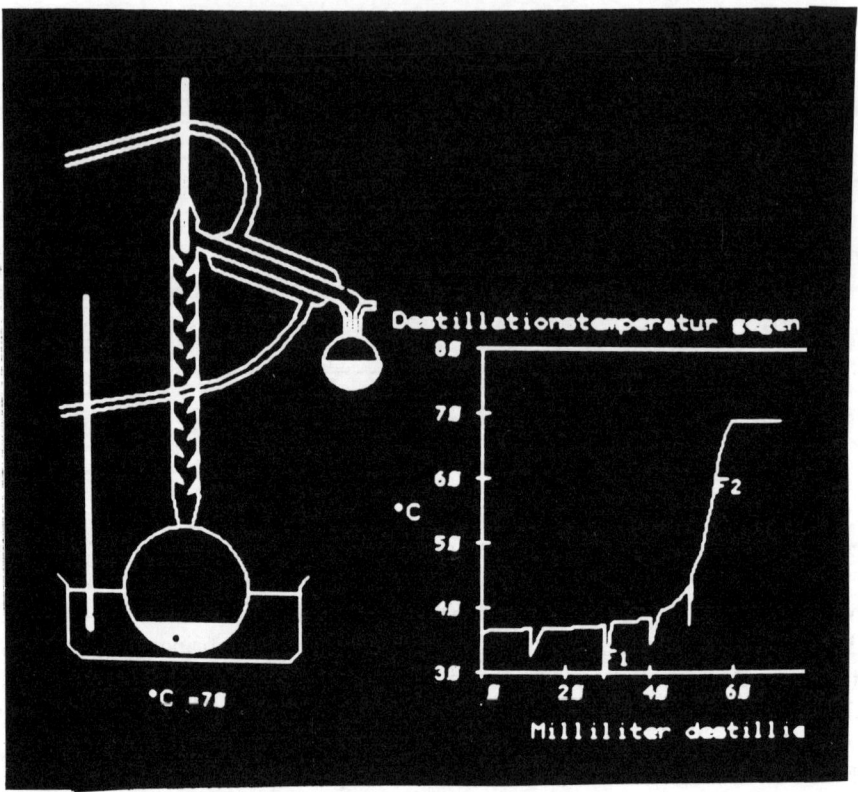

Abb. 6-3 Bildschirmdarstellung skaliert

die Zahl der möglichen Bildpunkte in X- und Y-Richtung, beim Plotter
meist die Zahl der Plotterschritte in X- und Y-Richtung. Beim Plotter
sind sie meist 0.1, 0.05 oder 0.01 Millimeter groß, was zumindest
eine Skalierung in Millimeter erlaubt.

Diese Skalierung entspricht aber fast nie den Wünschen des Benutzers.
Will man seine Zeichnung in beliebigen Größen skalieren, zum Beispiel
in Celsiusgraden wie in Abb. 6-3, muß man die tatsächlichen Koordinaten auf die Bildschirmgegebenheiten abbilden - per Koordinatentrans-
formation.

6.2 Weltkoordinaten und Bildkoordinaten

Das Koordinatensystem soll an die Größenordnungen und Anforderungen des speziellen Problems angepaßt sein (Meter, Millimeter, Grad, Sekunden, Millionen Einwohner, Jahre, etc.).

Dieses Welt-Koordinatensystem muß auf die Koordinaten des Gerätes abgebildet werden. Ein rechteckiges Fenster des Welt-Koordinatensystems (Window) wird auf ein beleibiges Fenster der zur Verfügung stehenden Zeichenfläche abgebildet (Viewport). Abb. 6-4 zeigt diesen Sachverhalt.

Im deutschen Sprachgebrauch gibt es manchmal Probleme bei der Zuordnung der amerikanischen Begriffe "Window" und "Viewport". Daher hier die Zuordnung noch einmal:

"Window":   Weltkoordinaten, Skalierung

"Viewport":   Gerätekoordinaten, Fenster

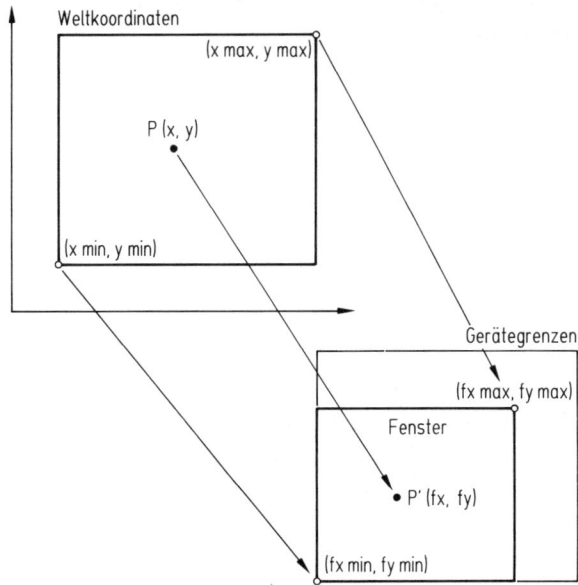

Abb. 6-4 "Window" und "Viewport"

6.3 Skalierung und Fenster

Es muß also ein beliebiger Punkt in Weltkoordiaten P (X,Y) in den entsprechenden Punkt P'(fx,fy) des Fensters im Gerätekoordinatensystems umgerechnet werden. Im allgemeienen werden zwei rechteckige Bereiche aufeinander abgebildet. Dazu muß zunächst einiges definiert werden:

Die Zeichenfläche hat eine maximale Breite W und eine maximale Höhe H. Auf der Zeichenfläche wird ein Fenster definiert, das durch die Werte A,B,C, und D begrenzt wird (Abb. 6-5).

Das Fenster A-B-C-D wird nun von Xmin - Xmax (Strecke zwischen A und B) und von Ymin - Ymax (Strecke zwischen C und D) skaliert. Es gilt:

```
(Xmin,Ymin) ---> (A,C)
(Xmax,Ymax) ---> (B,D)

(X,Y)  :   Weltkoordinaten
(Xf,Yf):   Geräte- (Fenster-) Koordinaten
```

Nehmen wir zunächst an, der linke untere Eckpunkt des Fensters würde sich mit dem Ursprung decken. Dann gilt generell:

```
Xf = P * X
Yf = Q * Y
```

mit:

```
P = (B - A)/(Xmax - Xmin)

Q = (D - C)/(Ymax - Ymin)
```

Die Strecken werden also linear aufeinander abgebildet. Liegt das Fenster an beliebiger Stelle auf dem Bildschirm, kommt noch eine Translation der Ursprungskoordinaten hinzu. Die Formel lautet dann:

```
Xf = P * X + S
Yf = Q * Y + T
```

Für S und T gilt:

$$S = \frac{(A*Xmax - B*Xmin)}{Xmax - Xmin}$$

$$T = \frac{(C*Ymax - D*Ymin)}{Ymax - Ymin}$$

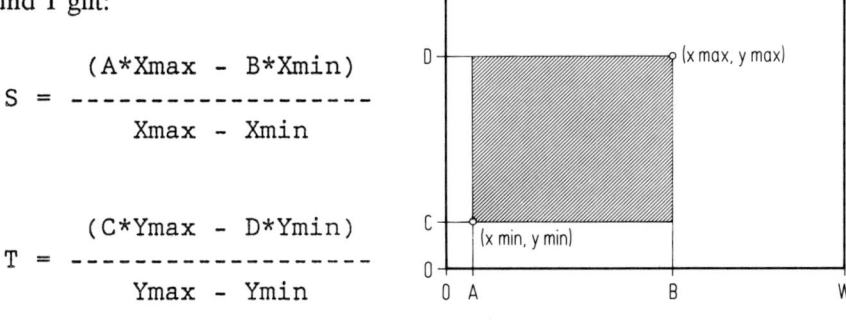

Abb. 6-5 Zeichenfläche mit Fenster

Damit man im Plotprogramm auch mit den Weltkoordinaten arbeiten kann, muß die Bildschirm- oder Plotter-Routinen in eigenen Prozeduren verkleiden. Wir brauchen also zunächst vier Routinen:

- Window (A,B,C,D)
  Reservieren eines Fensters
- Scale (Xmin,Xmax,Ymin,Ymax)
  Skalieren des reservierten Fensters
- Moveto (X,Y)
  Bewegen des Stifts zum Punkt (X,Y) (in Weltkoordinaten) ohne eine Spur zu hinterlassen
- Drawto (X,Y)
  Zeichnen einer Linie vom augenblicklichen Standpunkt zum Punkt (X,Y) (in Weltkoordinaten)

Diese Prozeduren werden an dieser Stelle nur skizziert, sie werden in Kapitel 10 dann praktisch realisiert:

```
Procedure Window (a,b,c,d:integer);
  { globale Variablen: A,B,C,D }
  { a,b,c,d in Gerätekoordinaten }
  begin
  if a < 0 then
    A := 0
  else
    if a > W then A := W else A := a;
  if b < 0 then
    B := 0
  else
    if b > W then B := W else B := b;
  if c < 0 then
```

```
   C := 0
else
   if c > H then C := H else C := c;
if d < 0 then
   D := 0
else
   if d > H then D := H else D := d;
end;
```

```
Procedure Scale (Xmin, Xmax, Ymin, Ymax : real);
   { Globale Variablen: A,B,C,D,P,Q,S,T }
   begin
   P := (B-A)/(Xmax - Xmin);
   Q := (D-C)/(Ymax - Ymin);
   S := (A * Xmax - B * Xmin)/(Xmax - Xmin)
   T := (C * Ymax - D * Ymin)/(Ymax - Ymin)
   end;
```

```
Procedure Moveto (X,Y,:real);
   { Globale Variablen P,Q,S,T und der Standpunkt X0,Y0 }
   begin
   X0 := P * X + S;
   Y0 := Q * Y + T;
   end;
```

```
Procedure Drawto (X,Y,:real);
   { Globale Variablen wie bei Moveto }
   var xu,yu: real;
   begin
   xu := P * X + S;
   yu := Q * Y + T;
   { Zeichne Linie von (xo,yo) nach (xu,yu) }
   X0 := xu;
   Y0 := yu;
   end;
```

6.4 Transformationen

In diesem Abschnitt ist ein kleiner Ausflug in die analytische Geometrie angebracht: Dabei wollen wir nicht sämtliche theoretischen Grundlagen aufrollen, sondern nur einige Sachverhalte aus der Schulgeometrie ins Gedächtnis rufen.der Punkt mit der Koordinate (X,Y) wird durch den Vektor

```
¦ X ¦
¦     ¦
¦ Y ¦
```

(in unserem Karthesischen Koordinatensystem) eindeutig festgelegt.

Abbildungen lassen sich durch Matrizen darstellen:

```
¦ x' ¦     ¦ a11  a12 ¦     ¦ x ¦
¦    ¦ = ¦          ¦ * ¦   ¦
¦ y' ¦     ¦ a21  a22 ¦     ¦ y ¦
```

Im Weiteren sollen nur Ähnlichkeitsabbildungen und Kongruenzabbildungen zur Sprache kommen. Ich will Sie nicht lange mit der Wiederholung von Definitionen aus der einschlägigen Literatur langweilen, sondern möglichst schnell zur Praxis kommen. Nur soviel dazu:

Beide Abbildungen sind affine Abbildungen, das heißt:

* sie sind bijektiv (umkehrbar eindeutig)
* sie sind Geradentreu
* das Teilverhältnis von Strecken ist invariant

Eigenschaften:
* Ein nichtentartetes Dreieck wird auf ein beliebiges nicht entartetes Dreieck abgebildet.

* Parallele Geraden werden auf parallele Geraden abgebildet.

* Das Flächenverhältnis von Orginal und Bild ist gleich der Determinanten der Abbildungsmatrix.

Die Abbildung hat die allgemeine Form:

```
| x' |     | a11  a12 |     | x |     | t1 |
|    |  =  |          |  *  |   |  +  |    |
| y' |     | a21  a22 |     | y |     | t2 |
```

Die Determinante der Abbildungsmatrix muß ungleich Null sein:

```
a11*a22 - a12*a21 ≠ 0
```

Ähnlichkeitsabbildungen sind affine Abbildungen mit der Eigenschaft, daß das Verhältnis von Bildstrecke zur Orginalstrecke eine Konstante ist, die man "Ähnlichkeitsverhältnis" nennt.

Die Ähnlichkeitsabbildung hat die allgemeine Form:

```
| x' |     | k*cos(β)   ±k*sin(β) |     | x |     | t1 |
|    |  =  |                      |  *  |   |  +  |    |
| y' |     | k*sin(β)   ±k*cos(β) |     | y |     | t2 |
```

Interessant sind für uns zwei Typen dieser Abbildung, die Drehstreckung und die Spiegelstreckung.
Die Drehstreckung hat einen Fixpunkt. Sie ist in Abb. 6-6 dargestellt.
Für den Winkel $\beta = 0$ oder $\beta = PI$ ergibt sich die zentrische Streckung.
Die Spiegelstreckung hat zwei zueinander senkrechte Fixgeraden, sie ist in Abb. 6-7 dargestellt. Hat das Ähnlichkeitsverhältnis den Betrag 1, erhalten wir die Kongruenzabbildung, deren allgemeine Form

```
| x' |     | cos(β)   -sin(β) |     | x |     | t1 |
|    |  =  |                  |  *  |   |  +  |    |
| y' |     | sin(β)    cos(β) |     | y |     | t2 |
```

lautet.
Hier wollen wir einige Sonderformen näher unter die Lupe nehemen. Da wäre als einfache Abbildung die Translation (Verschiebung), bei der $\beta = 0$ ist (Abb. 6-8). Wenn das Bildfenster auf der Zeichenfläche verschoben wird, dann werden alle Koordinaten einer Translation unterzogen.

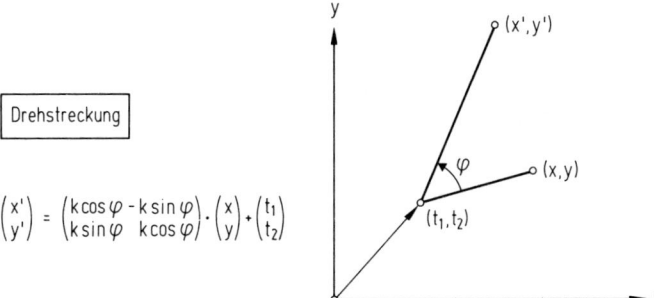

Drehstreckung

$$\begin{pmatrix} x' \\ y' \end{pmatrix} = \begin{pmatrix} k\cos\varphi & -k\sin\varphi \\ k\sin\varphi & k\cos\varphi \end{pmatrix} \cdot \begin{pmatrix} x \\ y \end{pmatrix} + \begin{pmatrix} t_1 \\ t_2 \end{pmatrix}$$

Abb. 6-6 Drehstreckung

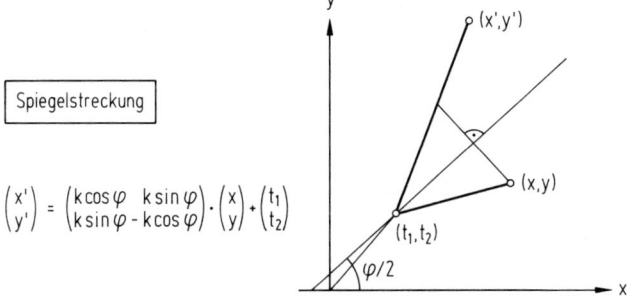

Spiegelstreckung

$$\begin{pmatrix} x' \\ y' \end{pmatrix} = \begin{pmatrix} k\cos\varphi & k\sin\varphi \\ k\sin\varphi & -k\cos\varphi \end{pmatrix} \cdot \begin{pmatrix} x \\ y \end{pmatrix} + \begin{pmatrix} t_1 \\ t_2 \end{pmatrix}$$

Abb. 6-7 Spiegelstreckung

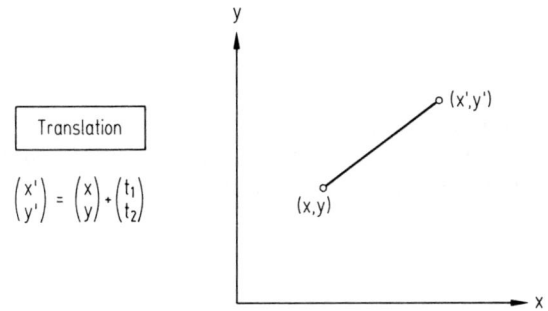

Translation

$$\begin{pmatrix} x' \\ y' \end{pmatrix} = \begin{pmatrix} x \\ y \end{pmatrix} + \begin{pmatrix} t_1 \\ t_2 \end{pmatrix}$$

Abb. 6-8 Translation

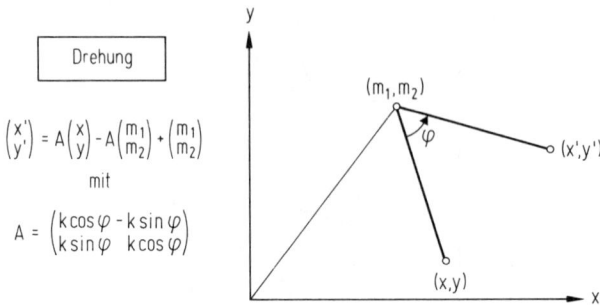

Abb. 6-9 Drehung

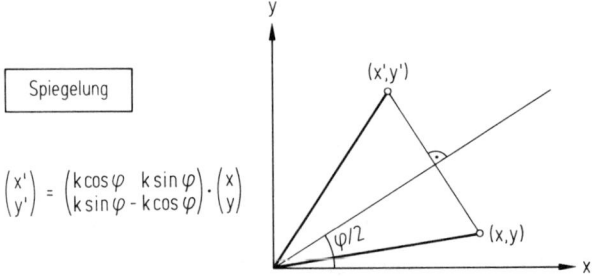

Abb. 6-10 Spiegelung

Die nächste Abbildung ist die Drehung um einen beliebigen Punkt (m1,m2),die in Abb. 6-9 zu sehen ist. Als letztes brauchen wir noch eine Achsenspiegelung mit der Spiegelachse durch den Ursprung (Abb. 6-10). Die Spiegelachse hat die Steigung tan (β/2). Mit den genannten Abbildungen können alle notwendigen Koordinaten-Transformationen vorgenommen werden.

Nehmen wir als einfachstes Beispiel das Problem mit den APPLE- Koordinaten von weiter vorne. Sie erinnern sich sicher; der Nullpunkt saß in der oberen statt in der unteren linken Ecke.

Wir hatten dort gesagt:

```
X' = X und Y' = 192 - Y
```

Es lag also eine Spiegelung an der Geraden parallel zur X-Achse mit Y
= 192/2 = 96 vor. Abbildungsgeometrisch war das die Kombination einer
Spiegelung und einer Translation, also:

```
¦ x' ¦   ¦ cos(β)    sin(β) ¦   ¦ x ¦   ¦ t1 ¦
¦    ¦ = ¦                  ¦ * ¦   ¦ + ¦    ¦
¦ y' ¦   ¦ sin(β)   -cos(β) ¦   ¦ y ¦   ¦ t2 ¦
```

"Parallel zur X-Achse" bedeutes β = 0. Außerdem ist t1 = 0 und t2 =
192, also:

```
X' =  X
Y' = -Y + 192 = 192 - Y
```

Auch unsere Abbildung der Weltkoordinaten auf die Bildschirm-Koordina-
ten läßt sich mit Abbildungsmatrizen darstellen. Mit Hilfe der Abbildungsgeometrie lassen sich also beliebige Figuren auf der Zeichenfläche frei verschieben, drehen, vergrößern und verkleinern.
Dazu noch ein letztes Beispiel:

Schriftzeichen werden beim Plotter als Folge von Vektoren definiert.
Es wird für jedes Zeichen eine Liste von Koordinaten vorgegeben, die
nacheinander vom Stift angefahren werden.

Durch eine Translation ist es möglich, an beliebiger Stelle einen
Buchstaben zu zeichnen. Nun wäre es wünschenswert, die Buchstaben in
beleibiger Größe zeichnen zu können oder sie zu drehen. Sehen wir uns
dazu einmal die Abbildung an:

1) Drehung um den Winkel β:

```
¦ x' ¦   ¦ cos(β)   -sin(β) ¦   ¦ x ¦
¦    ¦ = ¦                  ¦ * ¦   ¦
¦ y' ¦   ¦ sin(β)    cos(β) ¦   ¦ y ¦
```

2) Einstellen auf Breite b, Höhe h:

```
| x' |     | b  0 |   | x |
|    |  =  |      | * |   |
| y' |     | 0  h |   | y |
```

3) Schrägstellen, Kursivschrift:

```
| x' |     | 1  0.25 |   | x |
|    |  =  |         | * |   |
| y' |     | 0  1    |   | y |
```

Durch Kombination dieser Abbildungen kann jeder beliebige Schriftgrad
eingestellt werden, zum Beispiel Breite 10, Höhe 15, Drehwinkel 45':

```
| x' |     | b  0 |   | cos(45)  -sin(45) |   | x |
|    |  =  |      | * |                   | * |   |
| y' |     | 0  h |   | sin(45)   cos(45) |   | y |
```

Setzt man die Werte ein und multipliziert man die Matrizen aus,
ergibt sich:

```
| x' |     |  7.071   -7.071 |   | x |
|    |  =  |                 | * |   |
| y' |     | 10.607   10.607 |   | y |
```

Mit den drei Abbildungen Translation, Drehung und Skalierung kann man
fast immer alle notwendigen Koordinaten-Transformationen vornehemen.
Ich will sie zum Schluß dieses Abschnitts nocheinmal als Formeln auf
der folgenden Seite zusammenfassen:

Translation:

```
x'  =  x  +  t1

y'  =  y  +  t2
```

Drehung:

```
x'  =  x*cos(β) - y*sin(β)

y'  =  x*sin(β) + y*cos(β)
```

Skalierung:

```
x'  =  x*skal.x

y'  =  y*skal.y
```

Das ergibt hintereinander aufgeführt:

```
x'  =  x*skal.x*cos(β) - y*skal.y*sin(β) + t1

y'  =  x*skal.x*sin(β) + y*skal.y*cos(β) + t2
```

6.5 Polarkoordinaten

Geschlossene Kurven lassen sich in Karthesischen Koordinaten oft nur sehr schwer darstellen (z.B. Spiralen, Kardiode, etc.). So hat die Kardiode in Polarkoordinaten die Gleichung

```
r = k*(1 + cos(β))
```

in Karthesischen Koordinaten die Form

$$(x^2 + y^2)^2 - 2*k*(x^2 + y^2) = k^2 * y^2$$

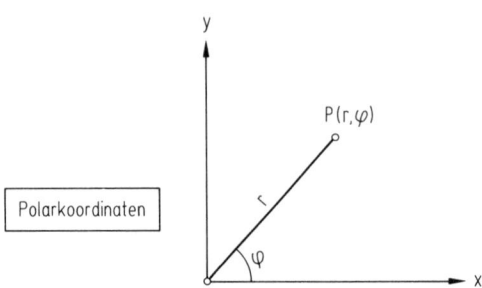

Abb. 6-11 Polarkoordinaten

Was sind nun Polarkoordinaten und wie unterscheiden sie sich von den
Karthesischen (rechtwinkligen) Koordinaten?

Bei Polarkoordinaten wird jeder Punkt der Zeichenebene durch zwei
Werte "r" und "β" bestimmt (Abb. 6-11). r ist der Abstand des Punktes
vom Ursprung und β stellt den Winkel zwischen X-Achse und der Verbin-
dunggeraden vom Ursprung zum Punkt dar. Meist kommt man nur mit der
Parameterform der Polarkoordinaten in Berührung:

```
X = f(t),
Y = g(t).
```

Dazu ein Beispiel:
Der Kreis, sicherlich eine geschlossene Kurve, hat die Gleichung:

```
X² + Y² = r²
```

in der Parameterform wird daraus:

```
X = r * cos (β)
Y = r * sin (β)          0 <= β <= 2*Pi
```

Wir haben bei der Kreisberechnung eine Tatsache schon ausgenützt;
Polarkoordinaten und Karthesische Koordinaten lassen sich ineinander
umrechnen.

```
10 CLS
20 N=4 : R= 100 :PI=ATN(1)*4
30 FOR A=PI/2 TO 2*PI STEP PI/2
40 GOSUB 100
50 NEXT A
60 COPY
70 END
80 '
90 '
100 ' Spirale mit N Umlaeufen, Aussenradius R,
110 ' Winkel zur X-Achse A
130 TH=A : TI=2*PI/100
140 NN=N*100 : RA=R/NN
150 LINE (RA*SIN(TH)+R,RA*COS(TH)+R)-(RA*SIN(TH)+R,RA*COS(TH)+R)
160 FOR I=1 TO NN
170 TH=TH+TI : RR=RA*I
180 LINE -(RR*COS(TH)+R,RR*SIN(TH)+R)
190 NEXT I
200 RETURN
```

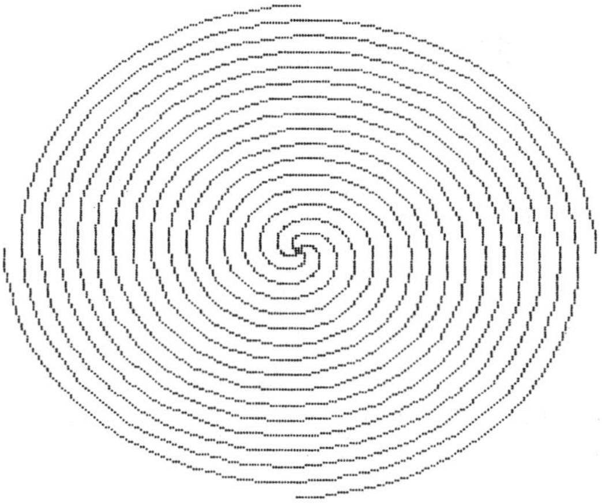

Abb. 6-12 Zeichnen von Spiralen mit Polarkoordinaten

Die Umrechnung der Koordinatensysteme geschieht folgendermaßen:

```
    Karthetisch in Polar     Polar in Karthetisch
    ------------------------------------------------
    r = SQRT(X*X + Y*Y)     X = r * cos(β)

    β = arctan (Y/X)        Y = r * sin(β)
```

Wozu sind die Polarkoordinaten gut ?
Beispielsweise zum Darstellen geschlossener Kurven. Abb. 6-12 zeigt,
wie man eine Spirale zeichnet, in dem man die Polarkoordinaten ent-

sprechend der Formel rechts oben umrechnet. Ein weiteres Beispiel ist die "Fliegenkopf-Kurve" in Abb. 6-13, deren Berechnungsformel Sie am besten aus dem Listing entnehmen. Außer für geschlossene Kurven, kann das Polarkoordinatensystem für die LOGO-Schildkrötengrafik verwendet werden. Wir kommen auf die Turtle-Grafik in einem späteren Kapitel noch zurück. An dieser Stelle nur soviel: Die Schildkröte (Turtle) bewegt sich immer in ihrer "Blickrichtung" vorwärts oder rückwärts.
Sie kann sich um eine gewisse Gradzahl nach rechts oder links drehen.
So ist es für die Turtle recht einfach, einen Kreis zu ziehen:

"Wiederhole 360 (rechts 1 vorwärts 1)".

```
10 CLS
20 M1=200 : M2=200 : PI=ATN(1)*4
30 K=40 : W=180
40 BM=PI/180 : T=W*BM
50 GOSUB 170 :' Umrechnung
60 X1=M1+X : Y1=M2-Y
70 FOR W=0 TO 360 STEP 2
80 T=W*BM : GOSUB 170
90 X2=M1+X : Y2=M2+Y
100 LINE (X1,Y1)-(X2,Y2)
110 X1=X2 : Y1=Y2
120 NEXT W
130 COPY
140 END
150 '
160 '
170 X=K*SIN(2*T)*(3+COS(3*T))
180 Y=K*2*COS(3*T)
190 RETURN
```

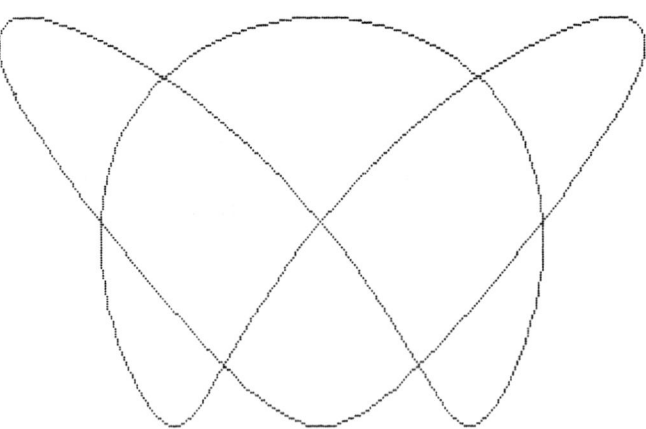

Abb. 6-13 Die Fliegenkopf-Kurve läßt sich mit Polarkoordinaten zeichnen

6.6 Homogene Koordinaten

Die bisher behandelten Abbildungen haben noch einen Nachteil, sie besitzen immer einen Fixpunkt, und zwar den Ursprung. Es gilt für beliebige Koeffizienten:

```
| a11   a12 |     | 0 |     | 0 |
|           |  *  |   |  =  |   |
| a21   a22 |     | 0 |     | 0 |
```

Will man mit Matritzen auch eine Tranlation (oder andere Transformationen, bei denen sich alle Punkte ändern) durchführen, muß man erreichen, daß der Fixpunkt außerhalb der Bildfläche liegt. Dazu führt man eine dritte Dimension ein und nimmt als Bildfläche die Ebene z = 1. Der Fixpunkt (0,0,0) liegt außerhalb der Bildebene. Die Transformationen werden nun durch 3*3-Matrizen beschrieben, deren untere Zeile immer aus den Vektor (0,0,1) besteht. Alle Koordinatenpunkte erhalten eine dritte Komponente, die immer 1 ist und beim Ergebnis dann weggelassen wird:

```
| x' |     | a11   a12   a13 |     | x |
| y' |  =  | a21   a22   a23 |  *  | y |
| 1  |     |  0     0     1  |     | 1 |
```

Mit den so gewonnenen homogenen Koordinaten wird genau so gerechnet, wie mit den einfachen Matrizen (sie kennen die Regeln der Matrixmultiplikation sicher noch: Zeile mal Spalte).

Gehen wir die Abbildungstypen von Abschnitt 6.4 nocheinmal durch:

1) Skalieren um die Höhe H und Breite B:

```
| x' |     | B  0  0 |     | x |     | B*x |
| y' |  =  | 0  H  0 |  *  | y |  =  | H*y |
| 1  |     | 0  0  1 |     | 1 |     |  1  |
```

2) Drehung um den Winkel β:

```
¦ x' ¦   ¦ cos(β)  -sin(β)  0 ¦   ¦ x ¦
¦ y' ¦ = ¦ sin(β)   cos(β)  0 ¦ * ¦ y ¦
¦ 1  ¦   ¦   0        0     1 ¦   ¦ 1 ¦


¦ x' ¦   ¦ x*cos(β)-y*sin(β) ¦
¦ y' ¦ = ¦ x*sin(β)+y*cos(β) ¦
¦ 1  ¦   ¦         1         ¦
```

3) Spiegelung an einer Geraden, die den Winkel β mit der X-Achse einschließt.

Hier wird die Abbildung in 3 Stufen ermittelt:

1) Drehung um -β; d.h. Abbildung auf die Koordinatenachsen.
2) Spiegelung an der X-Achse.
3) Drehung um +β, um 1) wieder rückgängig zu machen.

Die Spiegelung an der X-Achse hat die Matrix:

```
¦ x' ¦   ¦ 1  0  0 ¦   ¦ x ¦
¦ y' ¦ = ¦ 0 -1  0 ¦ * ¦ y ¦
¦ 1  ¦   ¦ 0  0  1 ¦   ¦ 1 ¦
```

(Versuchen Sie doch einmal die Matrix für eine Spiegelung an der Y-Achse aufzustellen).

Die gesamte Abbildung sieht dann so aus:

```
¦ x' ¦ ¦ cos(-β)  -sin(-β)  0 ¦ ¦ 1  0  0 ¦
¦ y' ¦=¦ sin(-β)   cos(-β)  0 ¦*¦ 0 -1  0 ¦
¦ 1  ¦ ¦   0         0      1 ¦ ¦ 0  0  1 ¦

                  ¦ cos(β)  -sin(β)  0 ¦ ¦ x ¦
                 *¦ sin(β)   cos(β)  0 ¦*¦ y ¦
                  ¦   0        0     1 ¦ ¦ 1 ¦
```

Das ergibt nach Ausmultiplizieren und Umformen der Winkelfunktionen
die folgende Abbildung:

```
¦ x' ¦     ¦ cos(2*β)   sin(2*β)   0 ¦     ¦ x ¦
¦ y' ¦ = ¦ sin(2*β)  -cos(2*β)   0 ¦  *  ¦ y ¦
¦ 1  ¦     ¦    0          0       1 ¦     ¦ 1 ¦
```

Wenn Sie sich erinnern, dann war die Steigung der Spiegelgeraden ja
auch genau $\tan(\beta/2)$.

Translation um U in X-Richtung und V in Y-Richtung:

```
¦ x' ¦     ¦ 1  0  U ¦     ¦ x ¦     ¦ x+U ¦
¦ y' ¦ = ¦ 0  1  V ¦  *  ¦ y ¦ = ¦ y+V ¦
¦ 1  ¦     ¦ 0  0  1 ¦     ¦ 1 ¦     ¦  1  ¦
```

Damit wären die für uns wichtigsten Abbildungstypen abgehandelt. Durch
Hintereinanderausführen dieser Grundabbildungen lassen sich beliebige
Transformationen erreichen (Bei der Achsenspiegelung wurden ja bereits
einfache Abbildungen kombiniert). Was dabei zu beachten ist, steht im
nächsten Abschnitt.

6.7 Zusammensetzen von Transformationen

Wie Sie bei der Spiegelung schon gesehen haben, ist es manchmal notwendig, Abbildungen hintereinander zu schalten, um das gewünschte Ziel
zu erreichen. Da es sehr rechenaufwendig ist, die angegebenen Abbildungsmatrizen für jeden zu berechnenden Punkt wirklich hintereinander
auszuführen, konstruiert man vielmehr eine Gesamttransformation aus
den einzelnen Abbildungen und unterwirft die Punkte dann dieser einen
Transformationsmatrix.

Dazu ein Beispiel: Es soll das Koordinatensystem um den Punkt (m1,m2)
gedreht werden, und zwar um den Winkel β. Die Abbildung wird in drei
Schritten durchgeführt. Zuerst wird der Punkt (m1,m2) zum Ursprung
gemacht (Translation um (-m1,-m2)). Dann wird um den Ursprung gedreht

und zum Schluß der alte Ursprung wieder hergestellt (Translation um (m1,m2)). Also ergibt sich eine Gesamtabbildung von:

```
¦ x' ¦    ¦ 1  0  -m1 ¦    ¦ cos(β)  -sin(β)   0 ¦
¦ y' ¦ =  ¦ 0  1  -m2 ¦ *  ¦ sin(β)   cos(β)   0 ¦
¦ 1  ¦    ¦ 0  0   1  ¦    ¦   0        0      1 ¦
```

```
          ¦ 1  0  m1 ¦    ¦ x ¦
     *    ¦ 0  1  m2 ¦ *  ¦ y ¦ =
          ¦ 0  0   1 ¦    ¦ 1 ¦
```

```
    ¦ cos(β)  -sin(β)  -m1 ¦    ¦ 1  0  m1 ¦    ¦ x ¦
 =  ¦ sin(β)   cos(β)  -m2 ¦ *  ¦ 0  1  m2 ¦ *  ¦ y ¦ =
    ¦   0        0      1  ¦    ¦ 0  0   1 ¦    ¦ 1 ¦
```

```
    ¦ cos(β)  -sin(β)   m1*cos(β)-m2*sin(β)-m1 ¦        ¦ x ¦
 =  ¦ sin(β)   cos(β)   m1*sin(β)+m2*cos(β)-m2 ¦ *      ¦ y ¦
    ¦   0        0               1             ¦        ¦ 1 ¦
```

Zweckmäßigerweise berechnet man zuerst die Werte von cos(β) und sin(β) und dann die Werte in der dritten Spalte und setzt diese Werte in die Matrix ein. Mit dieser Matrix, die dann nur noch Zahlenwerte enthält, werden dann die neuen Bildpunkte ermittelt.

Erweitert man die homogenen Koordinaten um eine weitere Dimension, können dreidimensionale Körper bearbeitet werden.

6.8 Abschneiden (Clipping) und Überdecken

Unter Clipping versteht man das Abschneiden der Teile eines Bildes, die außerhalb eines vorher vereinbarten Fensters liegen. Bei manchen Computern ist das sehr wichtig, da sie das Programm beim Versuch, außerhalb der verfügbaren Bildfläche zu zeichnen, mit einem Fehler abbrechen (z.B. Apple II). Bei modernen Plottern ist der Clipping-Algorithmus als Randüberwachung eingebaut. Will man Fenster auf der Zeichenfläche einführen, braucht man ihn auf jeden Fall. Dabei ist es

gar nicht so einfach, die Grafik-Software zu veranlassen, eine Linie,
die zu einem Punkt außerhalb des Fenstern führt, richtig abzuschneiden.

Einen Clipping-Algorithmus braucht man für die Grundsoftware von
Grafik-Software-Paketen und von intelligenten Grafik-Ausgabegeräten.
Er muß also sicher und schnell arbeiten. Wir können von der Annahme
ausgehen, daß das Fenster immer ein achsenparalleles Rechteck ist, für
das gilt:

```
Xmin <= X <= Xmax
Ymin <= Y <= Ymax
```

Um Rechenzeit zu sparen, sollte man schon im Welt-Koordinatensystem
abschneiden, so daß außerhalb des Fensters liegende Teile der Zeichnung auch nicht mehr irgendwelchen Abbildung unterworfen werden. Das
geht natürlich nur dann, wenn der Clipping-Algorithmus nicht in die
Plottersoftware integriert ist.

Ganz einfach wäre das Clipping, wenn man bei einem Grafiktreiber für
die Bildschirmgrafik eine Primitivoperation zum Setzen eines einzelnen
Bildpunktes hat, auf der alle weiteren Operationen zum Zeichnen von
Linien und Kreisen aufbauen. Die Routine könnte dann so aussehen:

```
Procedure Point(x, y : Integer);
  { Die Fenstergrenzen Xmin, Xmax, Ymin, Ymax sind global }
  begin
  if (Xmin<=x) and (x<=Xmax) and (Ymin<=y) and (y<=Ymax) then
    { setze Bildpunkt (x,y) }
  else
    { tue nichts }
  end;
```

Da letztlich alle Zeichnungen aus (mit unter recht kurzen) geraden
Linien besteht, kann man sich auf das Clippen von Linien beschränken.
Ein entsprchender Algorithmus wurde von Cohen und Sutherland entwickelt. Er geht davon aus, daß jede Linie höchstens einen einzigen
sichtbaren Teil haben kann (Abb. 6-14).
Verlängert man die Kanten des Fensters zu Geraden, wird die Ebene
in neun Teile zerlegt. Man kann durch einfache Vergleiche
feststellen, in welcher Region ein Punkt liegt (Abb. 6-15).

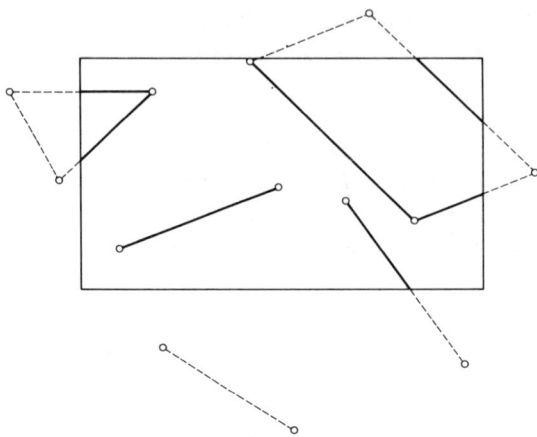

Abb. 6-14 Mögliche Anordnungen einer Linie

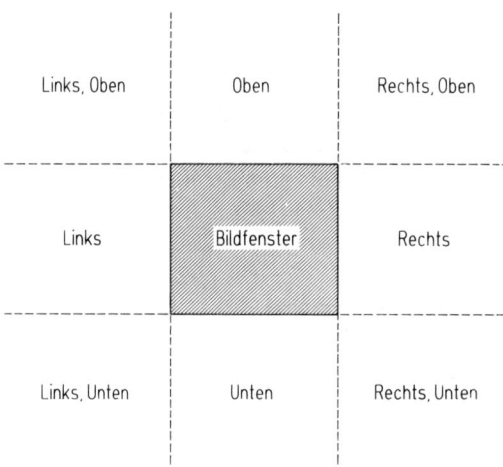

Abb. 6-15 Einteilung des Raums um das Fenster

Der Clipping-Algorithmus von Cohen und Sutherland lautet nun:

Schritt 1:

Man ordnet jeden Punkt die Regionen, in denen er liegt, mengen-
theoretisch zu. Elemente der Menge sind die Eigenschaften
"links", "rechts", "oben" und "unten". Liegt ein Punkt rechts
unterhalb des Fensters, wird ihm die Menge "rechts, unten" zuge-

ordnet. Ein Blick in das Programmlisting weiter unten zeigt genau, wie das gemeint ist.

Schritt 2:

Bilden die beiden Endpunkte einer Linie die leere Menge, ist ihre Vereinigung also leer, ist die Linie vollständig sichtbar; man ist fertig.

Schritt 3:

Ist der Durchschnitt beider Mengen nicht leer, dann ist die gesamte Linie außerhalb des Fensters und man ist auch fertig.

Schritt 4:

In allen übrigen Fällen nimmt man den Eckpunkt, dem eine nicht-leere Menge zugeordnet ist. Dieser wird ersetzt durch den Schnittpunkt mit der entsprechenden Begrenzungsgeraden des Fensters. Mit der so gekürzten Linie wird dann bei 2.) fortgefahren. Die Linie P-Q im Abb. 70 wird also zunächst auf P1-Q, dann auf P2-Q und schließlich P2-Q1 reduziert. Gezeichnet wird dann P2-Q1.

Die Prozedur CLIP im folgenden Listing zeigt den Algorithmus in Pascal. Dabei ist das Fenster durch die globalen Größen Xmin ... Xmax, Ymin ... Ymax festgelegt. Die Linie läuft von (x1,y1) bis (x2,y2), diese Werte werden vom Clipping-Algorithmus entsprechend angepaßt. Damit auch Linien zu identifizieren sind, die vollkommen außerhalb liegen, gibt ein Boole'scher Parameter 'empty' die entsprechende Information. Die Schleife der Clip-Routine wird maximal viermal durchlaufen. Leider werden Real-Multiplikationen und Real-Division verwendet, so daß die Routine doch noch recht viel Rechenzeit benötigt.

```
Procedure clip(x1,x2,y1,y2:Real; Var empty:Boolean);
  Type richtung=Set Of (l,r,o,u);
  Var x,y: Real;
      c1,c2,c: richtung;
  Procedure check(x,y: Real; Var c: richtung);
  Begin
  c := [];
  If x<xmin Then c := [l];
  If x>xmax Then c := [r];
  If y<ymin Then c := c+[u];
  If y>ymax Then c := c+[o];
  End;
```

```
Begin (* clip *)
check(x1,y1,c1); check(x2,y2,c2);
While ((c1<>[]) Or (c2<>[])) And ((c1*c2)=[]) Do
  Begin
  If c1<>[] Then c:=c1 Else c:=c2;
  If l In c Then
    Begin
    x := xmin;
    y := y1+(y2-y1)*(xmin-x1)/(x2-x1);
    End
  Else If r In c Then
    Begin
    x := xmax;
    y := y1+(y2-y1)*(xmax-x1)/(x2-x1);
    End
  Else If u In c Then
    Begin
    y := ymin;
    x := x1+(x2-x1)*(ymin-y1)/(y2-y1);
    End
  Else If o In c Then
    Begin
    y := ymax;
    x := x1+(x2-x1)*(ymax-y1)/(y2-y1);
    End;
  If c=c1 Then
    Begin x1 := x; y1 := y; check(x,y,c1) End
  Else
    Begin x2 := x; y2 := y; check(x,y,c2) End;
  End (*WHILE...*);
empty := (c1<>[]);
End (* clip *);
```

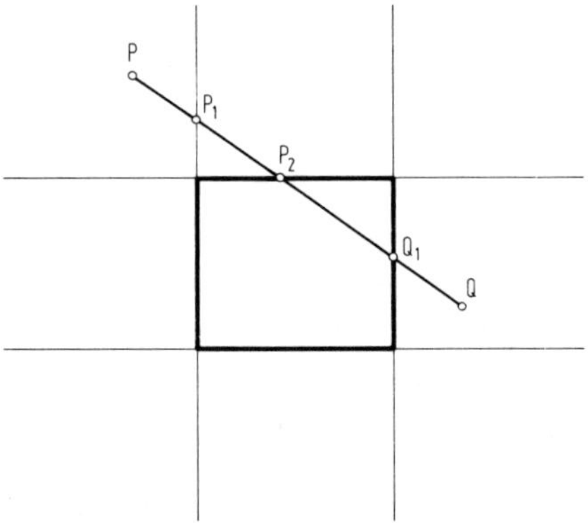

Abb. 6.16 Abschneiden einer Linie

Überdecken ist das exakte Gegenteil vom Abschneiden. Nur diesmal müssen die Linien innerhalb des Rechteck-Fensters entfernt werden. Man kann also mit dem gleichen Algorithmus arbeiten, wie beim Abschneiden. Die Linie P-Q im Abb. 6-16 würde also zu zwei Linien werden: P-P2, Q1-Q. Rettet man die Parameter x1,y1 und x2,y2 vor dem Aufruf der Clipping-Routine, erhält man die Schnittpunkte mit den Kanten des Fensters und kann dann die Linien zeichnen, die außerhalb liegen.

7 Darstellen von Funktionen und Meßwerten

Häufig kommt es vor, daß sich die darzustellenden Kurven in Form einer
Funktion Y = F(X) darstellen läßt oder, daß es sich um eine Reihe von
Meßwerten handelt, die über der X-Achse aufgetragen wird. Diese beiden
Sonderfälle der graphischen Darstellung sollen in diesem Kapitel be-
handelt werden.

7.1 Stetige Funktionen

Der Graph einer stetigen Funktion ist eine Kurve, die in einem Zug
ohne Abheben des Zeichenstiftes durchgezogen werden kann. Dabei sind
Knickstellen erlaubt, Sprungstellen dagegen nicht (Abb. 7-1)!
Es soll ein Programm entwickelt werden, das bei Angabe der Intervall-
grenzen für X die Funktion Y = F(X) zeichnet, und dabei die Intervall-
grenzen für Y automatisch bestimmt.

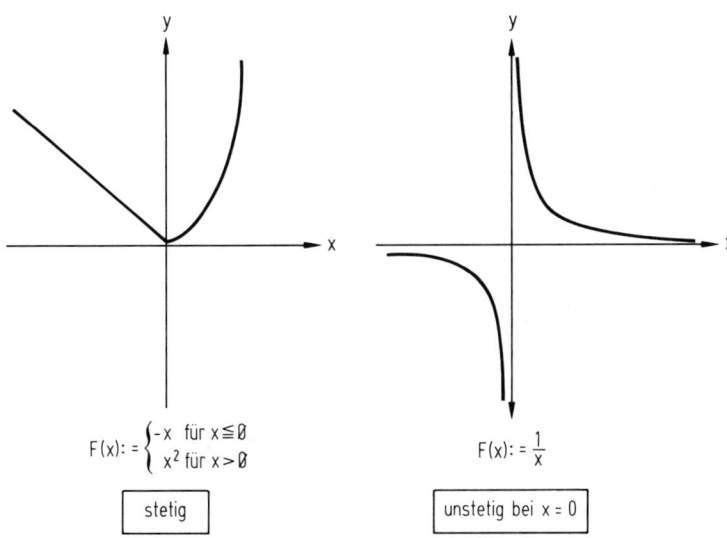

$$F(x) := \begin{cases} -x & \text{für } x \leq 0 \\ x^2 & \text{für } x > 0 \end{cases}$$

stetig

$$F(x) := \frac{1}{x}$$

unstetig bei x = 0

Abb. 7-1 Stetige und unstetige Funktion

Zum Zeichnen der Kurve wird ein Plotter verwendet, der mit
eigener Intelligenz ausgerüstet ist. Die Befehle zum Zeichnen von
Linien oder zum Bewegen des Stiftes werden durch bestimmte
Ausgabeanweisungen an den Plotter weitergegeben, der an Stelle
eines Druckers angeschlossen ist.

Zum Bewegen des Stiftes verwendet das Programm die Prozedur
'Moveto':

```
Procedure Moveto (X, Y : real);
  begin
  Writeln (LST, 'M', Round(X), ',', Round(Y));
  end;
```

Soll von der augenblicklichen Position aus gezeichnet werden,
geschieht das folgendermaßen:

```
Procedure Drawto (X,Y:real);
  begin
  Writeln (LST, 'D', Round(X), ',', Round(Y));
  end;
```

Der verwendete Plotter hat eine Schrittweite von 0.1 mm so daß die
Zeichnung auf Zehntelmillimeter skaliert werden muß.

Nun zum Programm: Das Bildfenster wird 180 mm x 120 mm groß gewählt.
So passen zwei Zeichnungen gut auf eine DIN A4-Seite. Die Y-Werte
werden im Abstand von einem halben Millimeter berechnet, was in den
meisten Fällen ausreicht. In einem ersten Schritt berechnet das Programm die Y-Werte und speichert sie in einem Feld. Gleichzeitig werden
der größte und der kleinste Wert im angegebenen Intervall ermitteln.
Mit diesen Werten Ymin und Ymax kann man die Zeichnung skalieren. Das
Wertintervall von Ymin bis Ymax muß auf den Bereich von 0 bis Ydots,
im vorgeschlagenen Fall von 0 bis 1200, abgebildet werden. Zum Ermitteln der Formel für die Skalierung geht man am besten von der Un-
gleichung   Ymin <= Y <= Ymax   aus.

Zunächst wird Ymin subtrahiert:

```
0 <= Y - Ymin <= Ymax - Ymin
```

Dann dividiert man durch (Ymax - Ymin):

```
0 <= (Y - Ymin)/(Ymax - Ymin) <= 1
```

Nun haben wird das Ganze auf das Intervall von 0 bis 1 abgebildet.
Wenn man jetzt mit Y-dots multipliziert, erhält man die fertige
Formel:

```
0 <= ((Y - Ymin)*Ydots)/(Ymax - Ymin) <= Ydots
```

Bei der X-Achse geht man genau so vor, man hat dann schließlich
die Abbildung:

```
x' = ((X - Xmin)*Xdots)/(Xmax - Xmin)
y' = ((Y - Ymin)*Ydots)/(Ymax - Ymin)
```

Im Programm wird X so berechnet, daß die gesamte Zeichnung eine feste
Zahl von Schritten in X-Richtung besitzt. Außerdem wird Gebrauch davon
gemacht, daß die Quotienten Xdots/(Xmax - Xmin) und Ydots/(Ymax -
Ymin) konstant sind.
Wenn man in die Formeln oben für X und Y den Wert 0 einsetzt, erhält
man die Koordinaten der entsprechenden Achsen. Nur wenn die im Fenster
liegen, werden sie eingezeichnet.

```
Program funktionenplot_1;

Const
  xdots=1800.0 (* PUNKTE IN X-RICHTUNG*);
  ydots=1200.0 (* PUNKTE IN Y-RICHTUNG*);
  xsteps=359 (* 360 SCHRITTE; SCHRITTWEITE 1/2MM *);

Var
  xmin, xmax, ymin, ymax, dx : Real;
  y : Array [0..xsteps] Of Real;
```

```
Function f(x: Real): Real;
  Begin
  f:= Sin(1/x);
  End;


Procedure moveto(x,y: Real);
  Begin
  Writeln(Lst,'M',Round(x),',',Round(y));
  End;

Procedure drawto(x,y: Real);
  Begin
  Writeln(Lst,'D',Round(x),',',Round(y));
  End;

Procedure initplot;
  Begin (* PLOTTER IN DEN GRUNDZUSTAND *)
  Writeln(Lst); Writeln(Lst); Writeln(Lst);
  Writeln(Lst,':');
  End;

Procedure berechne_y;
  Var i: Integer;
  Begin
  (* Y[I] BERECHNEN, YMIN,YMAX ERMITTELN*)
  Write('MOMENT');
  dx := (xmax-xmin)/xsteps;
  y[0] := f(xmin); ymin := y[0]; ymax := ymin;
  For i:=1 To xsteps Do
    Begin
    If (i Mod 10)=0 Then Write('.');
    y[i] := f(xmin + i*dx);
    If y[i]<ymin Then ymin := y[i];
    If y[i]>ymax Then ymax := y[i];
    End;
  Writeln;
  End;

Procedure zeichne_rahmen;
  Begin
  moveto(0,0);
  drawto(xdots,0);
```

```
  drawto(xdots,ydots);
  drawto(0,ydots);
  drawto(0,0);
  End;

Procedure zeichne_kurve;
  Var i: Integer;
      dx, dy: Real;
  Begin
  dx := xdots/(xsteps+1);
  dy := ydots/(ymax-ymin);
  moveto(0,(y[0]-ymin)*dy);
  For i:=1 To xsteps Do
    drawto(i*dx,(y[i]-ymin)*dy);
  End;

Procedure zeichne_achsen;
  Var x,y: Real;
  Begin
  y := (ydots*(-ymin))/(ymax-ymin);
  x := (xdots*(-xmin))/(xmax-xmin);
  If (0<=x) And (x<=xdots) Then
    Begin moveto(x,0); drawto(x,ydots) End;
  If (0<=y) And (y<=ydots) Then
    Begin moveto(0,y); drawto(xdots,y) End;
  End;


Begin
Writeln('BITTE DIE INTERVALLGRENZEN EINGEBEN:');
Write('XMIN = '); Readln(xmin);
Write('XMAX = '); Readln(xmax);
Writeln;
berechne_y;
Writeln('MINIMUM = ',ymin:10:4);
Writeln('MAXIMUM = ',ymax:10:4);
initplot;
zeichne_rahmen;
zeichne_kurve;
zeichne_achsen;
moveto(0,0);
End.
```

Die Abbildungen 7-2 bis 7-4 zeigen einige Zeichnungen, die mit dem Programm erstellt wurden.

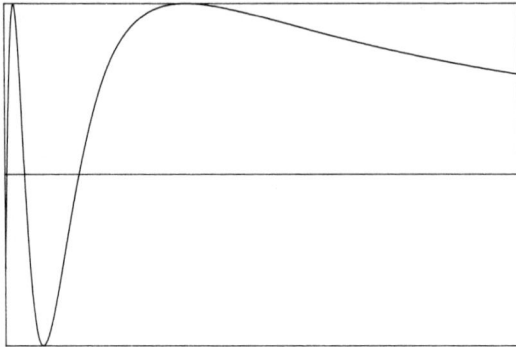

Abb. 7-2 Darstellung von sin(1/x) im Intervall [0.1, 1.5]

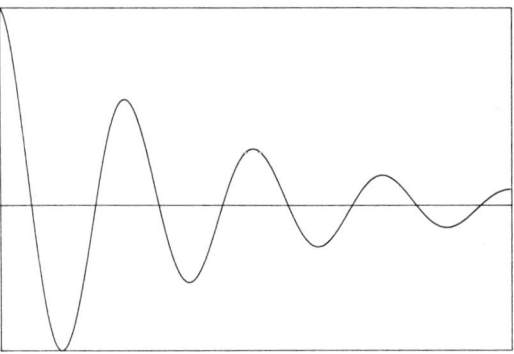

Abb. 7-3 Darstellung von exp(-0.1*x) im Intervall [0, 25]

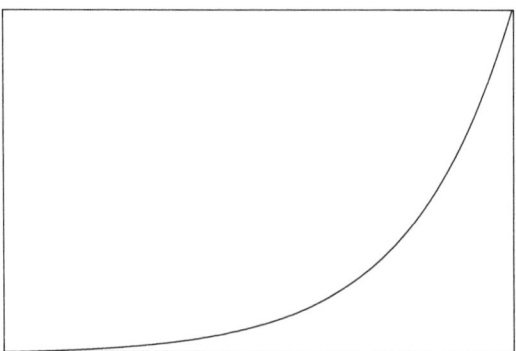

Abb. 7-4 Darstellung von exp(x) im Intervall [0, 5]

Nachteil des Programms ist, daß die Funktion F im Quelltext geändert werden muß. Hat man es nur mit einer bestimmten Klasse von Funktionen zu tun, z.B. gebrochen rationale Funktionen, kann man die Funktion fest einbauen und die entsprechenden Parameter einlesen.

7.2 Funktionen mit Sprunstellen

Hat die zu zeichnende Funktion Unstetigkeitsstellen, läßt sie sich nicht mit dem Programm von Abschnitt 7.1 zeichnen. Nehmen wir zum Beispiel die Funktion:

```
(X*X + 10)/(X*X - 8*X +15)
```

dann ist die Funktion im Intervall 0 bis 10 nicht darzustellen, da die Nullstellen des Nenners bei X = 3 und X = 5 liegen und so eine Division durch Null auftreten würde. Auch beim Zeichnen von Wurzelfunktionen oder logarithmischen Funktionen gibt es Probleme, sobald X kleiner als Null wird.

Wir wollen das Programm so abändern, daß die Behandlung von Unstetigkeitsstellen möglich wird. Zunächst wird der Bereich für die Y-Werte nicht automatisch bestimmt, sondern wie das X-Intervall durch den Benutzer festgelegt. So kann das Intervall auf interessante Bereiche festgelegt werden.
Die weitere Arbeit liegt in der Definition der darzustellenden Funktion. Hier wird nun eine Prozedur verwendet, die neben dem Funktionsresultat noch eine Boolsche Variable zurückgibt, die Auskunft darüber gibt, ob das Resultat gültig ist, oder ob eine Sprungstelle beziehungsweise eine Intervallüberschreitung vorliegt. In der Zeichenroutine muß ebenfalls bei jedem Punkt der Kurve entschieden werden, ob er mit 'Moveto' angefahren werden muß (nach einer Sprungstelle) oder ob mit 'Drawto' gezeichnet werden darf. Auf der folgenden Seite ist das geänderte Programm zu sehen; die Abbildungen 7-5 bis 7-8 zeigen Beispiel-Plots. Wie wir schon gesehen haben, muß beim Schreiben der Prozedur F genau bekann sein, wo die Unstetigkeitsstellen liegen. Es empfiehlt sich, am Schluß der Prozedur die Abfrage

```
IF (Y < YMIN) OR (Y > YMAX) THEN VALID := FALSE
```

einzubauen.

```
Program funktionenplot_2;

Const
  xdots=1800.0 (* PUNKTE IN X-RICHTUNG*);
  ydots=1200.0 (* PUNKTE IN Y-RICHTUNG*);
  xsteps=359; (*360SCHRITTE, SCHRITTWEITE 1/2 MM*)

Var
  xmin, xmax, ymin, ymax : Real;

Procedure f(x: Real; Var y: Real; Var valid: Boolean);
  Begin
  If abs(x)>0.1 Then
    Begin
    y := sin(1/x);
    valid := True;
    End
  Else
    valid := False;
  End;



Procedure moveto(x,y: Real);
  Begin
  Writeln(Lst,'M',Round(x),',',Round(y));
  End;

Procedure drawto(x,y: Real);
  Begin
  Writeln(Lst,'D',Round(x),',',Round(y));
  End;

Procedure initplot;
  Begin (* PLOTTER IN DEN GRUNDZUSTAND *)
  Writeln(Lst); Writeln(Lst); Writeln(Lst);
  Writeln(Lst,':');
  End;

Procedure zeichne_rahmen;
  Begin
  moveto(0,0);
  drawto(xdots,0);
```

```
  drawto(xdots,ydots);
  drawto(0,ydots);
  drawto(0,0);
  End;

Procedure zeichne_kurve;
  Var i: Integer;
      valid, last_valid: Boolean;
      deltax, x, y, dx, dy: Real;
  Begin
  last_valid := True;
  dx := xdots/(xmax-xmin);
  dy := ydots/(ymax-ymin);
  deltax := (xmax-xmin)/xsteps;
  f(xmin,y,valid);
  moveto(0,(y-ymin)*dy);
  For i:= 1 To xsteps Do
    Begin
    x := xmin+i*deltax;
    f(x,y,valid);
    If Not valid Then last_valid := False
    Else
      If Not last_valid Then
        Begin
        last_valid := True;
        moveto(i*dx,(y-ymin)*dy);
        End
      Else
        drawto(i*dx,(y-ymin)*dy);
    End;
  End;

Procedure zeichne_achsen;
  Var x,y: Real;
  Begin
  y := (ydots*(-ymin))/(ymax-ymin);
  x := (xdots*(-xmin))/(xmax-xmin);
  If (0<=x) And (x<=xdots) Then
    Begin moveto(x,0); drawto(x,ydots) End;
  If (0<=y) And (y<=ydots) Then
    Begin moveto(0,y); drawto(xdots,y) End;
  End;
```

```
Begin
Writeln('BITTE DIE INTERVALLGRENZEN EINGEBEN:');
Write('XMIN = '); Readln(xmin);
Write('XMAX = '); Readln(xmax);
Write('YMIN = '); Readln(ymin);
Write('YMAX = '); Readln(ymax);
Writeln;

initplot;
zeichne_rahmen;
zeichne_kurve;
zeichne_achsen;
moveto(0,0);
End.
```

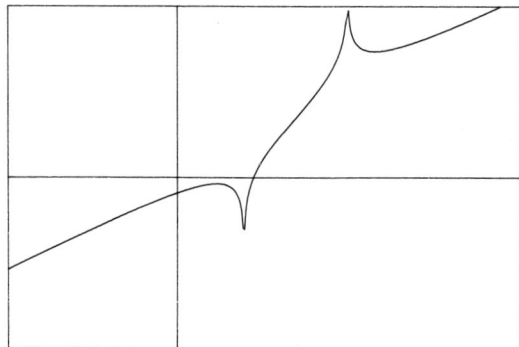

Abb. 7-5 F(x) = x + Ln(Abs((x-2)/(x-5))) im Intervall [-5, 10]

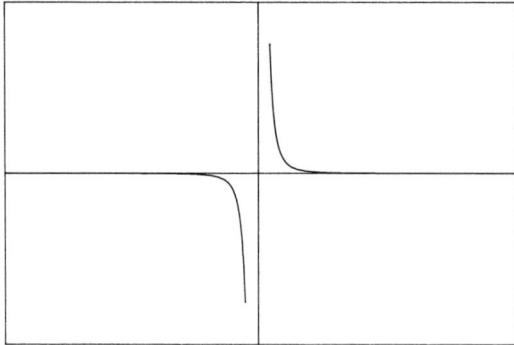

Abb. 7-6 F(x) = 1/x*x*x im Intervall [-5, 5]

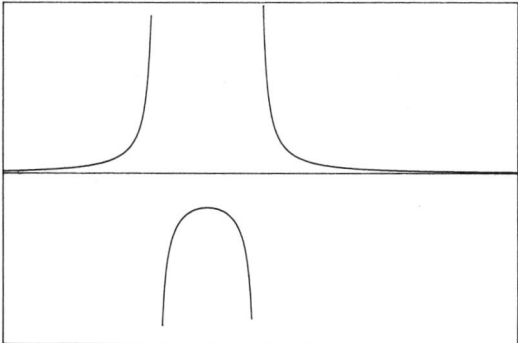

Abb. 7-7 F(x) = 10/(x² - 8x + 15) im Intervall [0, 10]

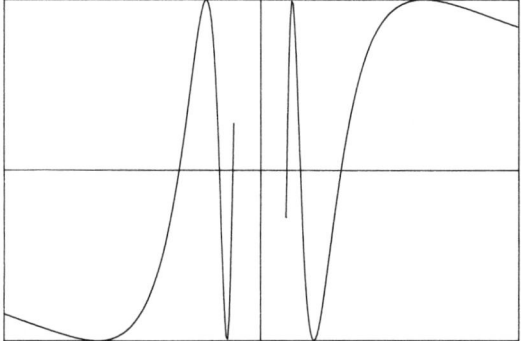

Abb. 7-8 F(x) = Sin(1/x) im Intervall [-1, 1]

7.3 Parametrische Kurven

Weiter vorne war zu lesen, daß sich etliche Kurven in Parameterform (siehe Kapitel 6) viel besser beschreiben lassen. Die Gleichungen lauten:

```
X = f(t)
Y = g(t)
```

Auch solche Kurven lassen sich gut zeichnen, wenn man das letzte Programm etwas ändert. Die Prozedur F erhält einen weiteren Parameter T und die Parameter X und Y werden zu VAR-Parametern. Weiterhin muß in der Routine 'Zeichne Kurve' der Laufparameter T eingeführt werden. Im Hauptprogramm werden weitere Abfragen nach dem Anfangs- und Endwert von T sowie der Anzahl der Schritte eingeführt.

Das Beispiel im Programm ist eine Strophoide. Das Ergebnis des Programms ist in Abb. 7-9 zu sehen.

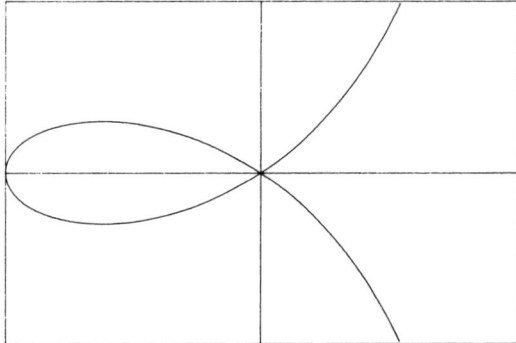

Abb. 7-9 Strophoide

Ich will Ihnen noch einige interessante Kurven zeigen. Soweit nicht angegeben lautet die Ausschlußbedingung wie in Abb. 7-9 "IF TRUE THEN". Als zweites zeigt Abb. 7-10 die Archimedische Spirale mit der Gleichung:

```
X = Z * t * cos(t)
Y = Z * t * sin(t)
```

Z wurde mit 0.7 besetzt.

Interessant sind auch die Zykloiden. Abb. 7-11 zeigt eine Hypozykloide mit der Gleichung :

```
X = (R1 - R2)*cos(t) + L*R2*cos((R1 - R2)/R2*t)
Y = (R1 - R2)*sin(t) + L*R2*sin((R1 - R2)/R2*t)
```

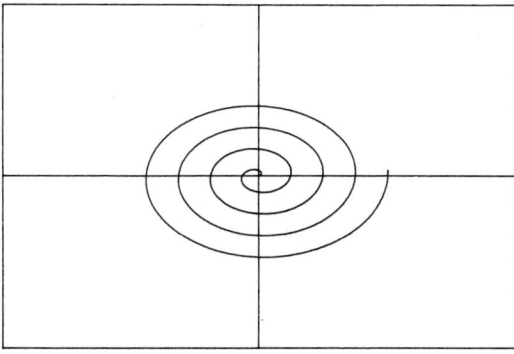

Abb. 7-10 Archimedische Spirale

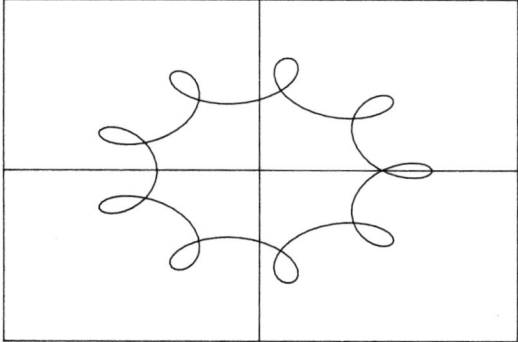

Abb. 7-11 Hypozykloide

Eine Hypozykloide entsteht als Bahn eines Punktes auf dem Rand eines Kreises mit dem Radius R2, wenn dieser auf der Innenseite eines Kreises mit dem Radius R1 abrollt. In der Zeichnung wurde R1 = 18, R2 = 2 und der Verkürzungsfaktor L = 2 gewählt.

Abb. 7-12 zeigt eine Cassinischen Kurve mit der Gleichung

```
X = a + b * cos (t)
Y = a * tan(t) + b * sin(t)
```

Schließlich finden Sie in Abb. 7-13 eine Spezialform der Cassinischen Kurve, die Lemniskante mit der Gleichung

```
X = 10*sqrt(cos(2*t)) * cos(t)
Y = 10*sqrt(cos(2*t)) * sin(t)
```

Hier muß man die Punkte ausschließen, bei denen der Ausdruck unter der Wurzel negativ wird. Die Ausschlußbedingung lautet

"IF COS(2 * T) > = 0 THEN ..."

Man muß die Schrittweite sehr groß wählen, damit die Punkte in der Nähe des Ursprungs gezeichnet werden.

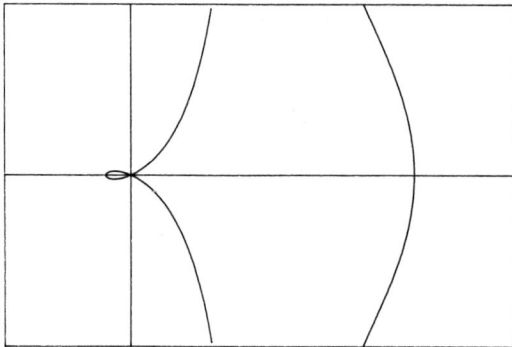

Abb. 7-12 Cassinische Kurve

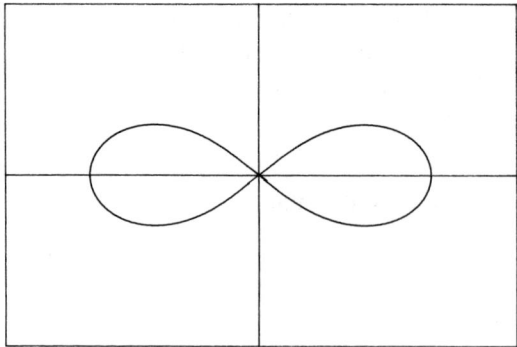

Abb. 7-13 Lemniskante

```
Program funktionenplot_3;

Const
  xdots=1800.0 (* PUNKTE IN X-RICHTUNG*);
  ydots=1200.0 (* PUNKTE IN Y-RICHTUNG*);

Var
  xmin, xmax, ymin, ymax, tmin, tmax : Real;
  tsteps : Integer;

Procedure f(t: Real; Var x,y: Real; Var valid: Boolean);
  Begin
  If True Then
    Begin
    x := 10*(t*t-1)/(t*t+1);
    y := 10*t*(t*t-1)/(t*t+1);
    valid := True;
    End
  Else
    valid := False;
  If (x<xmin) Or (x>xmax) Or (y<ymin) Or (y>ymax) Then
    valid := False;
  End;

Procedure moveto(x,y: Real);
  Begin
  Writeln(Lst,'M',Round(x),',',Round(y));
  End;

Procedure drawto(x,y: Real);
  Begin
  Writeln(Lst,'D',Round(x),',',Round(y));
  End;

Procedure initplot;
  Begin (* PLOTTER IN DEN GRUNDZUSTAND *)
  Writeln(Lst); Writeln(Lst); Writeln(Lst);
  Writeln(Lst,':');
  End;
```

```
Procedure zeichne_rahmen;
  Begin
  moveto(0,0);
  drawto(xdots,0);
  drawto(xdots,ydots);
  drawto(0,ydots);
  drawto(0,0);
  End;

Procedure zeichne_kurve;
  Var i: Integer;
      valid, last_valid: Boolean;
      dt, t, x, y, dx, dy: Real;
  Begin
  last_valid := True;
  dt := (tmax-tmin)/tsteps;
  dx := xdots/(xmax-xmin);
  dy := ydots/(ymax-ymin);
  f(tmin,x,y,valid);
  moveto((x-xmin)*dx,(y-ymin)*dy);
  For i:= 1 To tsteps Do
    Begin
    t := tmin+i*dt;
    f(t,x,y,valid);
    If Not valid Then last_valid := False
    Else
      If Not last_valid Then
        Begin
        last_valid := True;
        moveto((x-xmin)*dx,(y-ymin)*dy);
        End
      Else
        drawto((x-xmin)*dx,(y-ymin)*dy);
    End;
  End;

Procedure zeichne_achsen;
  Var x,y: Real;
  Begin
  y := (ydots*(-ymin))/(ymax-ymin);
  x := (xdots*(-xmin))/(xmax-xmin);
  If (0<=x) And (x<=xdots) Then
    Begin moveto(x,0); drawto(x,ydots) End;
```

```
If (0<=y) And (y<=ydots) Then
   Begin moveto(0,y); drawto(xdots,y) End;
End;

Begin
Writeln('BITTE DIE INTERVALLGRENZEN EINGEBEN:');
Write('XMIN = '); Readln(xmin);
Write('XMAX = '); Readln(xmax);
Write('YMIN = '); Readln(ymin);
Write('YMAX = '); Readln(ymax);
Write('TMIN = '); Readln(tmin);
Write('TMAX = '); Readln(tmax);
Write('STEPS= '); Readln(tsteps);
Writeln;

initplot;
zeichne_rahmen;
zeichne_kurve;
zeichne_achsen;
moveto(0,0);
End.
```

7.4 Darstellen von Meßwerten

Oft liegen die Rohdaten nicht in Form einer Funktion vor, sondern als
Ergebnisse von Messungen oder einer anderen Art der Datenerfassung.
Wir haben also eine Reihe von Paaren (X,Y), wobei die X-Werte eine
aufsteigende Folge bilden.
Mit unserem Programm von vorher können wir nach Einführen zweier Felder für die X- und Y-Werte, einer Änderung der Zeichenroutine, und
durch Hinzufügen einer Eingaberoutine auch solche Zahlen verarbeiten.
Im folgenden Programm werden die Daten von der Tastatur angefordert.
Genau so gut könnte man Sie von einer Datei einlesen, die von einem
anderen Programm erzeugt wurde. Auch das direkte Erfassen der Werte
über einen passende Schnittstellen (z.B. eine Steckkarte mit Analog-
Digital-Wandler, per serieller Schnittstelle vom Meßgerät) ist
denkbar.

```
Program messwerte_plot;

Const
  xdots=1800.0 (* PUNKTE IN X-RICHTUNG*);
  ydots=1200.0 (* PUNKTE IN Y-RICHTUNG*);
  steps=300    (* MAXIMALZAHL MESSPUNKTE*);

Var
  xmin, xmax, ymin, ymax : Real;
  x, y : Array [1..steps] Of Real;
  anzahl : Integer;

Procedure moveto(x,y: Real);
  Begin
  Writeln(Lst,'M',Round(x),',',Round(y));
  End;

Procedure drawto(x,y: Real);
  Begin
  Writeln(Lst,'D',Round(x),',',Round(y));
  End;

Procedure initplot;
  Begin (* PLOTTER IN DEN GRUNDZUSTAND *)
  Writeln(Lst); Writeln(Lst); Writeln(Lst);
  Writeln(Lst,':');
  End;

Procedure zeichne_rahmen;
  Begin
  moveto(0,0);
  drawto(xdots,0);
  drawto(xdots,ydots);
  drawto(0,ydots);
  drawto(0,0);
  End;

Procedure messwert_eingabe;
  (* MESSWERTE EINLESEN, XMIN,XMAX,YMIN,YMAX BEST.*)
  Var i : Integer;
  Begin
  Repeat
```

```
      Write('ANZAHL MESSWERTE: '); Readln(anzahl);
      If anzahl>steps Then Writeln('ZUVIELE WERTE');
    Until anzahl<=steps;
    Write('MESSWERT 1 (X Y): ');
    Readln(x[1],y[1]);
    xmin := x[1]; xmax := xmin;
    ymin := y[1]; ymax := ymin;
    For i:=2 To anzahl Do
      Begin
      Write('MESSWERT ',i,' (X Y): ');
      Readln(x[i],y[i]);
      If x[i]<xmin Then xmin := x[i];
      If x[i]>xmax Then xmax := x[i];
      If y[i]<ymin Then ymin := y[i];
      If y[i]>ymax Then ymax := y[i];
      End;
    Writeln('X REICHT VON ',xmin:10:4,' BIS ',xmax:10:4);
    Writeln('Y REICHT VON ',ymin:10:4,' BIS ',ymax:10:4);
    End;


Procedure zeichne_kurve;
  Var i: Integer;
      dx, dy : Real;
  Begin
  dx := xdots/(xmax-xmin);
  dy := ydots/(ymax-ymin);
  moveto((x[1]-xmin)*dx,(y[1]-ymin)*dy);
  For i:=2 To anzahl Do
    drawto((x[i]-xmin)*dx,(y[i]-ymin)*dy);
  End;


Procedure zeichne_achsen;
  Var x,y: Real;
  Begin
  y := (ydots*(-ymin))/(ymax-ymin);
  x := (xdots*(-xmin))/(xmax-xmin);
  If (0<=x) And (x<=xdots) Then
    Begin moveto(x,0); drawto(x,ydots) End;
  If (0<=y) And (y<=ydots) Then
    Begin moveto(0,y); drawto(xdots,y) End;
  End;
```

```
Begin
messwert_eingabe;
initplot;
zeichne_rahmen;
zeichne_kurve;
zeichne_achsen;
moveto(0,0);
End.
```

Nicht immer eignet sich die gradlinige Verbindung von Meßpunkten für
eine übersichtliche Darstellung (Abb. 7-14). Sehr viel besser sind
dann Histogramme (Abb. 7-15).

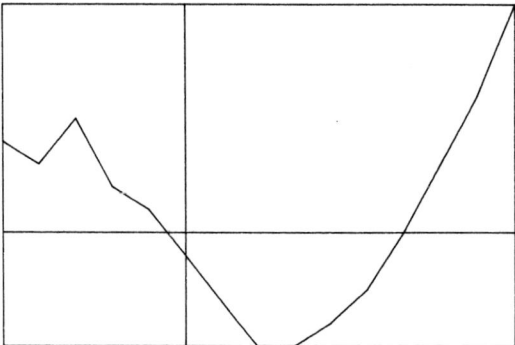

Abb. 7-14 Darstellung von Messwerten als Liniengrafik

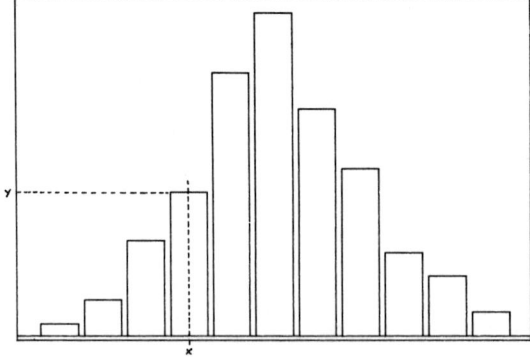

Abb. 7-15 Darstellung von Messwerten als Histogramm

Um solche zu zeichnen, muß man sich nur überlegen, wie man anstelle eines Punktes ein Rechteck erhält. In Abb. 7-15 ist das für den vierten Meßwert X und Y strichliert eingetragen. Das Kästchen reicht also bis zum Y-Wert und steht mit seiner Mitte auf der entsprechenden X-Koordinate. Damit rechts und links noch etwas Platz bleibt, muß die Breite des Kästchens folgendermaßen berechnet werden:

```
Kästchenbreite := XDOTS / (Anzahl + 1) - 20;
```

Durch das Abziehen von 20 Plotter-Schritten bleiben im Orginal rechts und links etwa je 10 mm frei. Die Positionen von X und Y werden wie vorher bestimmt:

```
X := (X(i) - Xmin) * dx;
Y := (Y(i) - Ymin) * dy;
```

Zum Zeichnen des Kästchens fährt man die Punkte (X-Breite/2,Y0), (X-Breite/2,Y), (X + Breite/2,Y) und (X + Breite/2,Y0) an. Y0 ist die Koordinate der X-Achse, sie berechnet sich zu:

```
Y0 := YDOTS * (-Ymin)/(Ymax - Ymin);
```

Es stellt sich noch ein Problem. Bei der automatischen Bestimmung von Xmin und Xmax würden die Kästchen links und rechts nur zur Hälte gezeichnet. Außerdem stößt der betragsgrößte Y-Balken am Rand an. Aus diesem Grund werden Grenzwerte etwas verändert. Zu Xmax wird (Xmax - Xmin)/Anzahl addiert und von Xmin der gleiche Betrag subtrahiert. Ymax und Ymin werden um 5% des Wertes von (Ymax - Ymin) erhöht/vermindert.

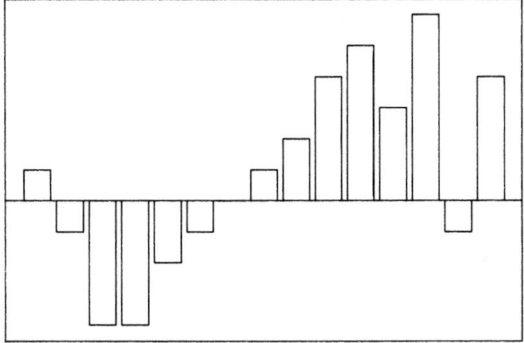

Abb. 7-16 Darstellung von positiven und negativen Werten als Histogramm

Da nach wie vor auch negative Werte zugelassen sind, kann man mit dem
Programm auch Abweichungs-Diagramme zeichnen, wie Abb. 7-16 beweist.
Ein Tip noch: Wenn die X-Werte in gleichen Abstand liegen, wird die
Grafik besonders ansprechend.

```pascal
Program histogramm;

Const
  xdots=1800.0 (* PUNKTE IN X-RICHTUNG*);
  ydots=1200.0 (* PUNKTE IN Y-RICHTUNG*);
  steps=300    (* MAXIMALZAHL MESSPUNKTE*);

Var
  xmin, xmax, ymin, ymax : Real;
  x, y : Array [1..steps] Of Real;
  anzahl : Integer;

Procedure moveto(x,y: Real);
  Begin
  Writeln(Lst,'M',Round(x),',',Round(y));
  End;

Procedure drawto(x,y: Real);
  Begin
  Writeln(Lst,'D',Round(x),',',Round(y));
  End;

Procedure initplot;
  Begin (* PLOTTER IN DEN GRUNDZUSTAND *)
  Writeln(Lst); Writeln(Lst); Writeln(Lst);
  Writeln(Lst,':');
  End;

Procedure zeichne_rahmen;
  Begin
  moveto(0,0);
  drawto(xdots,0);
  drawto(xdots,ydots);
  drawto(0,ydots);
  drawto(0,0);
  End;
```

```
Procedure messwert_eingabe;
  (* MESSWERTE EINLESEN, XMIN,XMAX,YMIN,YMAX BEST.*)
  Var i : Integer;
  Begin
  Repeat
    Write('ANZAHL MESSWERTE: '); Readln(anzahl);
    If anzahl>steps Then Writeln('ZUVIELE WERTE');
  Until anzahl<=steps;
  Write('MESSWERT 1 (X Y): ');
  Readln(x[1],y[1]);
  xmin := x[1]; xmax := xmin;
  ymin := y[1]; ymax := ymin;
  For i:=2 To anzahl Do
    Begin
    Write('MESSWERT ',i,' (X Y): ');
    Readln(x[i],y[i]);
    If x[i]<xmin Then xmin := x[i];
    If x[i]>xmax Then xmax := x[i];
    If y[i]<ymin Then ymin := y[i];
    If y[i]>ymax Then ymax := y[i];
    End;
  (* WERTE JUSTIEREN, DAMIT RECHTS UND LINKS PLATZ BLEIBT *)
  xmax := xmax+(xmax-xmin)/anzahl; xmin := xmin-(xmax-xmin)/anzahl;
  ymax := ymax+0.05*(ymax-ymin); ymin := ymin-0.05*(ymax-ymin);
  Writeln('X REICHT VON ',xmin:10:4,' BIS ',xmax:10:4);
  Writeln('Y REICHT VON ',ymin:10:4,' BIS ',ymax:10:4);
  End;

Procedure zeichne_kurve;
  Var i: Integer;
      dx, dy, breite, xakt, yakt, y0 : Real;
  Begin
  dx := xdots/(xmax-xmin);
  dy := ydots/(ymax-ymin);
  breite := xdots/(anzahl+1)-20;
  y0 := ydots*(-ymin)/(ymax-ymin);
  For i := 1 To anzahl Do
    If x[i]<>0 Then
      Begin
      xakt := (x[i]-xmin)*dx;
      yakt := (y[i]-ymin)*dy;
      moveto(xakt-breite/2,y0);
      drawto(xakt-breite/2,yakt);
```

```
      drawto(xakt+breite/2,yakt);
      drawto(xakt+breite/2,y0);
   End;
 End;

Procedure zeichne_achsen;
  Var x,y: Real;
  Begin
  y := (ydots*(-ymin))/(ymax-ymin);
  x := (xdots*(-xmin))/(xmax-xmin);
  If (0<=x) And (x<=xdots) Then
    Begin moveto(x,0); drawto(x,ydots) End;
  If (0<=y) And (y<=ydots) Then
    Begin moveto(0,y); drawto(xdots,y) End;
  End;

Begin
messwert_eingabe;
initplot;
zeichne_rahmen;
zeichne_kurve;
zeichne_achsen;
moveto(0,0);
End.
```

7.5 Säulengrafik

Diese dreidimensional wirkende Art der Präsentationsgrafik ist dem
Histogramm recht ähnlich. Es werden hier nur dreidimensional wirkende
Säulen gezeichnet, wie Sie in Abb. 7-17 sehen. Anstelle eines einfachen Rechtecks wird diese um eine Deckfläche und eine schraffierte
Seitenfläche erweitert. Wir brauchen im Histogramm also nur, eine
Routine für die Säule vorsehen. Dies geschieht durch eine Prozedur mit
dem Namen Box. Die Prozedur hat vier Parameter: X und Y geben die
linke untere Ecke der Box an, B die Breite der Vorderseite und H die
Höhe. Für die Schraffur ist eine Konstante "Abstand" vorgesehen, die
angibt, wie weit die einzelnen Schraffurlinien voneinander entfernt
sind. Wählt man sie genügend klein(etwa 3-4), dann wird die Seite
ausgemalt. Das vollständige Programm zeigt Abb. 95. Das Zeichnen der
Balkenvorderseite geschieht wie beim vohergehenden Programm. In der

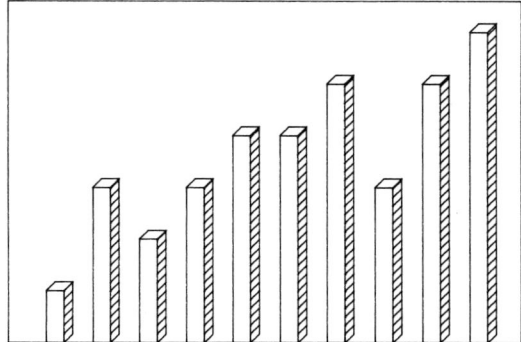

Abb. 7-17 Räumlich wirkende Säulengrafik

Prozedur "Kasten" wird dann rechts eine Wand im Winkel von 45 Grad hinzugefügt und ein Deckel auf die Säule gezeichnet. Da es nur eine Schraffur-Richtung gibt, ist das Ausmalen der Balken recht einfach. Es sind im folgenden Programm jedoch nur positive Y-Werte erlaubt.

```
Program saeulengrafik;
Const
   xdots=1800.0 (* PUNKTE IN X-RICHTUNG*);
   ydots=1200.0 (* PUNKTE IN Y-RICHTUNG*);
   steps=300    (* MAXIMALZAHL MESSPUNKTE*);

Var
   xmin, xmax, ymax : Real;
   x, y : Array [1..steps] Of Real;
   anzahl : Integer;

Procedure moveto(x,y: Real);
   Begin
   Writeln(Lst,'M',Round(x),',',Round(y));
   End;

Procedure drawto(x,y: Real);
   Begin
   Writeln(Lst,'D',Round(x),',',Round(y));
   End;
```

```
Procedure initplot;
  Begin (* PLOTTER IN DEN GRUNDZUSTAND *)
  Writeln(Lst); Writeln(Lst); Writeln(Lst);
  Writeln(Lst,':');
  End;

Procedure zeichne_rahmen;
  Begin
  moveto(0,0);
  drawto(xdots,0);
  drawto(xdots,ydots);
  drawto(0,ydots);
  drawto(0,0);
  End;

Procedure messwert_eingabe;
  (* MESSWERTE EINLESEN, XMIN,XMAX,0,YMAX BEST.*)
  Var i : Integer;
  Begin
  Repeat
    Write('ANZAHL MESSWERTE: '); Readln(anzahl);
    If anzahl>steps Then Writeln('ZUVIELE WERTE');
  Until anzahl<=steps;
  Writeln;
  Writeln('NUR POSITIVE Y-WERTE!');
  Writeln;
  Write('MESSWERT 1 (X Y): ');
  Readln(x[1],y[1]);
  xmin := x[1]; xmax := xmin; ymax := y[1];
  For i:=2 To anzahl Do
    Begin
    Write('MESSWERT ',i,' (X Y): ');
    Readln(x[i],y[i]);
    If x[i]<xmin Then xmin := x[i];
    If x[i]>xmax Then xmax := x[i];
    If y[i]>ymax Then ymax := y[i];
    End;
  (* WERTE JUSTIEREN, DAMIT RECHTS UND LINKS PLATZ BLEIBT *)
  xmax := xmax+(xmax-xmin)/anzahl; xmin := xmin-(xmax-xmin)/anzahl;
  ymax := ymax+0.1*(ymax-0);
  Writeln('X REICHT VON ',xmin:10:4,' BIS ',xmax:10:4);
  End;
```

```
Procedure box(x,y,b,h:Integer);
  (* BALKEN AB X,Y MIT BREITE B UND HOEHE H *)
  Const
    abstand = 30 (* 3MM ABSTAND BEI SCHRAFFUR *);
  Var
    a, c, d, i, n, z, v : Integer;
  Begin
  (* RECHTECK *)
  d := b Div 2; z := x+b; v := y+h;
  moveto(x,y); drawto(z,y);
  drawto(z,v); drawto(x,v);
  drawto(x,y);
  (* PERPEKTIVISCHE SEITE *)
  z := x+d; v := y+h+b Div 2;
  moveto(x,y+h); drawto(z,v);
  a := z; c := v; z := a+b; v := c;
  drawto(z,v);
  a := z; c:=v ;z := x+b; v := y+h;
  drawto(z,v);
  z := x+b+d; v := y+b Div 2;
  moveto(a,c); drawto(z,v);
  z := x+b; v := y;
  drawto(z,v);
  (* SEITENFL[CHE SCHRAFFIEREN *)
  n := h Div abstand;
  For i := 1 To n Do
    Begin
    moveto(x+b,y+i*abstand);
    drawto(x+b+d,y+d+i*abstand);
    End;
  End;


Procedure zeichne_kurve;
  Var i: Integer;
      dx, dy, breite, xakt, yakt : Real;
  Begin
  dx := xdots/(xmax-xmin);
  dy := ydots/ymax;
  breite := xdots/(2*(anzahl+1))-20;
  For i := 1 To anzahl Do
    If x[i]<>0 Then
      Begin
```

```
    xakt := (x[i]-xmin)*dx;
    yakt := y[i]*dy;
    box(Round(xakt-breite/2),0,Round(breite),Round(yakt));
  End;
End;


Begin
messwert_eingabe;
initplot;
zeichne_rahmen;
zeichne_kurve;
moveto(0,0);
End.
```

7.6 Tortengrafik

Die letzte Form der Präsentationsgrafik, die ich Ihnen
vorstellen will ist die Tortengrafik. Hier werden prozen-
tuale Verhältnisse als Kreis-
segmente dargestellt. Wie so
etwas aussieht zeigt Abb. 7-
18. Das Programm ist bis auf
die Prozedur "Zeichne-Torte"
schon bekannt. Wichtig ist,
daß die Daten als Prozentwerte
eingegeben werden müssen, die
Summe der Eingabewerte also
100 betragen muß, sonst wird
die Torte ruiniert.

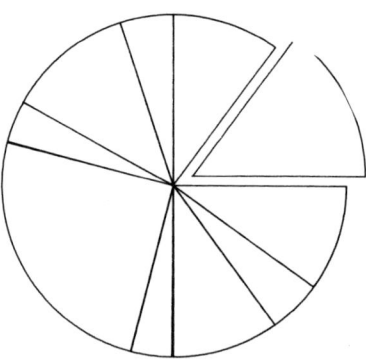

Abb. 7-18 Tortengrafik

Für jeden Wert wird ein Kreissegment mit dem Radius DOTS/2 gezeichnet,
dessen Öffnungswinkel dem Wert proportional ist. Die Berechnungsformel
für die Kreispunkte lautet:

```
Y := Y0 + DOTS/2 * sin(Winkel)
Y := Y0 + DOTS/2 * sin(Winkel)
```

(X0,Y0) ist der Mittelpunkt, DOTS/2 der Radius. Da in den meisten Programmiersprachen der Winkel im Bogenmaß angegeben werden muß, erfolgt die Berechnung des Winkels durch:

```
Winkel := Winkel * Pi/180;
```

Das Zeichnen der Segmente wird bei 45 Grad begonnen. Auf diese Weise besteht die Möglichkeit, das letzte Segment (das dann im ersten Quadranten endet) durch Verschieben des Mittelpunktes hervorzuheben. Wenn Sie diese Methode für alle Segmente verwenden, indem Sie den Mittelpunkt auf einem Kreis mit kleinem Radius wandern lassen, erhalten Sie eine "expolierende Torte".

```
Program tortengrafik;
Const
  dots=1200.0 (* PUNKTE IN X-RICHTUNG*);
  steps=30    (* MAXIMALZAHL MESSPUNKTE*);

Var
  xmin, xmax, ymin, ymax : Real;
  y : Array [1..steps] Of Real;
  anzahl : Integer;

Procedure moveto(x,y: Real);
  Begin
  Writeln(Lst,'M',Round(x),',',Round(y));
  End;

Procedure drawto(x,y: Real);
  Begin
  Writeln(Lst,'D',Round(x),',',Round(y));
  End;

Procedure initplot;
  Begin (* PLOTTER IN DEN GRUNDZUSTAND *)
  Writeln(Lst); Writeln(Lst); Writeln(Lst);
  Writeln(Lst,':');
  End;

Procedure messwert_eingabe;
  Var i : Integer;
  Begin
```

```
Repeat
  Write('ANZAHL MESSWERTE: '); Readln(anzahl);
  If anzahl>steps Then Writeln('ZUVIELE WERTE');
Until anzahl<=steps;
Writeln;
Writeln('BITTE IN % EINGEBEN - SUMME=100');
Writeln;
For i:=1 To anzahl Do
  Begin
  Write('MESSWERT ',i,': ');
  Readln(y[i]);
  End;
End;


Procedure zeichne_torte;
  Const Pi=3.1415;
  Var i: Integer;
      start, ende, m, x0, y0 : Real;
  Procedure circle_seg(start,ende:Real);
    Var w: Real;(*WINKEL*)
    Begin
    w := start;
    moveto(x0,y0);
    drawto(x0+dots/2*Cos(w),y0+dots/2*Sin(w));
    Repeat
      drawto(x0+dots/2*Cos(w),y0+dots/2*Sin(w));
      w := w+Pi/180;
    Until w>=ende;
    drawto(x0,y0);
    End;
  Begin
  x0 := dots/2;
  y0 := dots/2;
  start :=Pi/4;
  For i := 1 To anzahl Do
    Begin
    ende := start+2*Pi*y[i]/100;
    If i=anzahl Then
      Begin
      m := start+(ende-start)/2;
      x0 := x0+dots/16*Cos(m);
      y0 := y0+dots/16*Sin(m);
      End;
```

```
    circle_seg(start,ende);
    start := ende;
    End;
  End;

Begin
messwert_eingabe;
initplot;
zeichne_torte;
moveto(0,0);
End.
```

Oft besteht der Wunsch, nicht Prozentzahlen, sondern Rohwerte einzuge-
ben. Dazu muß, man die Rohwerte aufsummieren und in einen prozentualen
Anteil umrechnen:

```
    Y(i) := Y(i) * 100/Summe;
```

Die meisten Plotter lassen die Textausgabe zu. Es ist jedoch gerade
bei der Torte schwierig, den Text so zu plazieren, daß er gut im entsprechenden Segment liegt. Im folgenden Listing wurde eine Beschriftung versucht.

Die Beschriftung besteht aus
der errechneten Prozentzahl.
Dazu muß die Zahl in eine
Zeichenkette umgewandelt werden, was bei dem verwendeten
Turbo-Pascal durch die Prozedur STR erledigt wird. Der
Text wurde jeweils in die
Segmentmitte plaziert, mit dem
Radius von ca. 2/3 des Seg-
mentradius. Abb. 7-19 zeigt
das Ergebnis der der Bemühungen.

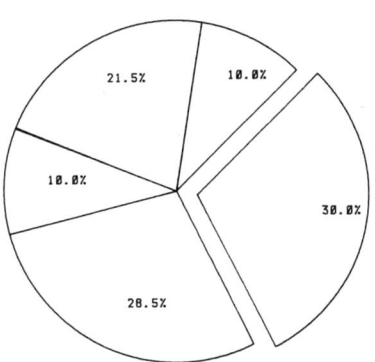

Abb. 7-19 Beschriftete Tortengrafik

Bei allen Programmen in diesem Kapitel wurde auf eine Beschriftung der
Skalen verzichtet, um die Übersichtlichkeit der Programme sicherzu-
stellen. Überlegen Sie doch einmal selbst, wie man den Plot mit einer
Skala versehen könnte.

7.7 Lineare Approximation

Bei der Darstellung von Meßwerten, die als Folge diskreter Koordinaten vorliegen, weiß man oft über den funktionellen Zusammenhang zwischen X- und Y-Werten Bescheid. Man kennt also die Form der Kurve, beispielsweise eine Gerade, weiß aber nichts über die Lage dieser Kurve. Die simpelste Lösung ist die Verbindung der Meßpunkte durch einen Polygonzug, wie es weiter vorne gezeigt wurde.

Da aber fast jede Messung statistisch gesehen eine Stichprobe ist, kann man durch diese Beobachtungspunkte eine Regressionsgeraden legen. Diese Gerade wird so gelegt, daß die Summe der Quadrate aller Abstände der Punkte von der Geraden minimal wird.

Dieses Verfahren nennt sich daher "Prinzip der kleinsten Quadrate". Zu jedem Punkt (xi,yi) gibt es den vertikalen Abstand vom Punkt der Geraden mit gleicher X-Koordinate:

```
ri = Y'i - Yi              i = 0 ... n
```

Die Summe der ri^2 soll minimiert werden. Die Gleichung der Regressionsgeraden ist:

```
Y'i = A + B * Xi
```

Zu bestimmen sind also A und B. Setzt man die Geradengleichung in die Formel oben ein, erhält man:

```
ri = A + B * Xi - Yi

---->

S := Σri² = Σ(A + B * Xi - Yi)²   i = 1 ... n
```

Das Minimum der Summe erreicht man indem die partielle Ableitung der Gleichung nach A und B gleich Null gesetzt werden. Die Differenziation ergibt:

```
ΣA + Σ(B*Xi) = ΣYi                    i = 1 ... n

A * ΣXi + Σ(B*Xi*Xi) = Σ (Xi*Yi)   i = 1 ... n
```

Dieses Gleichungssystem läßt sich nach A und B auflösen. So lassen
sich die Koeffizienten der Regressionsgeraden

Y' = A + B * X

ausrechnen.

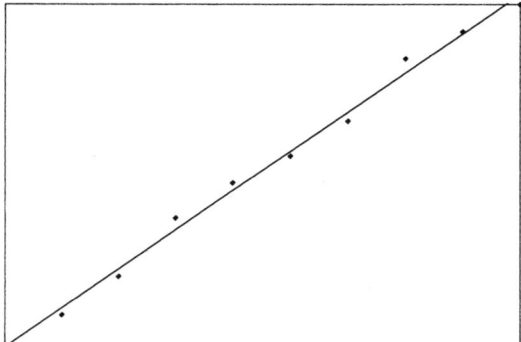

Abb. 7-20 Meßpunkte und Regressionsgerade

Bei allen Approximationsverfahren stellt sich die Frage, wie genau die
Annäherung an die Meßwerte ist. Daher wird zusätzlich ein Korrelationskoeffizient verrechnet, der angibt wie die Standardabweichung der
gegebenen Werte mit der Standardabweichung der approximierten Geraden
übereinstimmt. Je näher der Betrag des Koeffizienten bei 1 liegt,
desto besser liegt unsere Regressionsgerade. Da die meisten Werte für
die Berechnung des Korrelations-koeffizienten sowieso vorliegen, ist
der Rechenaufwand dafür recht gering:

$$K = \frac{\Sigma(Xi*Yi) - (\Sigma Xi * \Sigma Yi)/n}{(\Sigma(Xi*Xi) - (\Sigma Yi)^2/n)*(\Sigma(Yi*Yi) - (\Sigma Yi)^2/n)}$$

i = 1 ... n

Im folgenden Programm ist die Prozedur LINAX in das schon bekannte
Plot-programm eingebunden. Zusätzlich werden die Orginalpunkte durch
die Prozedur MARK auf dem Zeichenfeld markiert. Da bei der Berechnung

der Koeffizienten abhängig von den Eingabedaten Fehler auftreten können wird ein Fehlerparameter zurückgegeben falls sich die Koeffizienten A und B nicht berechnen lassen. Die Gerade wird dann nach der
Gleichung

$$Y = A + B * X$$

gezeichnet (Abb. 7-20).

```
Program messwerte_plot;
Const
  xdots=1800.0 (* PUNKTE IN X-RICHTUNG*);
  ydots=1200.0 (* PUNKTE IN Y-RICHTUNG*);
  steps=300    (* MAXIMALZAHL MESSPUNKTE*);

Var
  a, b, korr, xmin, xmax, ymin, ymax : Real;
  x, y : Array [1..steps] Of Real;
  anzahl : Integer;
  error : Boolean;

Procedure moveto(x,y: Real);
  Begin
  Writeln(Lst,'M',Round(x),',',Round(y));
  End;

Procedure drawto(x,y: Real);
  Begin
  Writeln(Lst,'D',Round(x),',',Round(y));
  End;

Procedure initplot;
  Begin (* PLOTTER IN DEN GRUNDZUSTAND *)
  Writeln(Lst); Writeln(Lst); Writeln(Lst);
  Writeln(Lst,':');
  End;

Procedure Mark(x,y : Real);
  Begin
  Writeln(Lst,'M',Round(x),',',Round(y));
  Writeln(Lst,'N 2');
  End;
```

```
Procedure zeichne_rahmen;
  Begin
  moveto(0,0);
  drawto(xdots,0);
  drawto(xdots,ydots);
  drawto(0,ydots);
  drawto(0,0);
  End;

Procedure messwert_eingabe;
  (* MESSWERTE EINLESEN, XMIN,XMAX,YMIN,YMAX BEST.*)
  Var i : Integer;
  Begin
  Repeat
    Write('ANZAHL MESSWERTE: '); Readln(anzahl);
    If anzahl>steps Then Writeln('ZUVIELE WERTE');
  Until anzahl<=steps;
  Write('MESSWERT 1 (X Y): ');
  Readln(x[1],y[1]);
  xmin := x[1]; xmax := xmin;
  ymin := y[1]; ymax := ymin;
  For i:=2 To anzahl Do
    Begin
    Write('MESSWERT ',i,' (X Y): ');
    Readln(x[i],y[i]);
    If x[i]<xmin Then xmin := x[i];
    If x[i]>xmax Then xmax := x[i];
    If y[i]<ymin Then ymin := y[i];
    If y[i]>ymax Then ymax := y[i];
    End;
  xmax := xmax+(xmax-xmin)/10;
  ymax := ymax+(ymax-ymin)/10;
  Writeln('X REICHT VON ',xmin:10:4,' BIS ',xmax:10:4);
  Writeln('Y REICHT VON ',ymin:10:4,' BIS ',ymax:10:4);
  End;

Procedure linax(von, bis:Integer; Var a, b, korr : Real; Var err : Boolean);
  Var
    x1, x2, y1, y2, xy :Real;
    i, n : Integer;
  Begin
  err := False;
```

```
x1 := 0; x2 := 0; y1 := 0; y2 := 0; xy := 0;
n := bis-von+1;
For i:=von To bis Do
  Begin
  x1 := x1+x[i];        (*SUMME X*)
  y1 := y1+y[i];        (*SUMME Y*)
  x2 := x2+x[i]*x[i];   (*SUMME X*X*)
  y2 := y2+y[i]*y[i];   (*SUMME Y*Y*)
  xy := xy+x[i]*y[i];
  End;
korr :=(x2-x1*x1/n)*(y2-y1*y1/n);
If korr>0 Then
  korr :=(xy-x1*y1/n)/Sqrt(korr)
Else korr := 0;
x1 := x1/n; y1 := y1/n;
b := x2-x1*x1*n;
If b=0 Then
  Begin
  err := True;
  a := 0;
  End
Else
  Begin
  b := (xy-n*x1*y1)/b;
  a := y1-b*x1;
  End;
End;


Procedure zeichne_kurve;
  Var i: Integer;
      dx, dy, xx, yy, xs : Real;
  Begin
  dx := xdots/(xmax-xmin);
  dy := ydots/(ymax-ymin);
  xs := (xmax-xmin)/steps;
  For i:=1 To anzahl Do
    Mark((x[i]-xmin)*dx,(y[i]-ymin)*dy);
  linax(1,anzahl,a,b,korr,error);
  Writeln('KORRELATIONSKOEFFIZIENT: ',korr:6:4);
  If Not error Then
    Begin
    moveto((x[1]-xmin)*dx,(y[1]-ymin)*dy);
    For i:=1 To steps Do
```

```
      Begin
      xx := xmin+i*xs;
      yy := a+b*xx;
      drawto((xx-xmin)*dx,(yy-ymin)*dy);
        End;
      End;
    End;

Procedure zeichne_achsen;
  Var x,y: Real;
  Begin
  y := (ydots*(-ymin))/(ymax-ymin);
  x := (xdots*(-xmin))/(xmax-xmin);
  If (0<=x) And (x<=xdots) Then
    Begin moveto(x,0); drawto(x,ydots) End;
  If (0<=y) And (y<=ydots) Then
    Begin moveto(0,y); drawto(xdots,y) End;
  End;

Begin
messwert_eingabe;
initplot;
zeichne_rahmen;
zeichne_kurve;
zeichne_achsen;
moveto(0,0);
End.
```

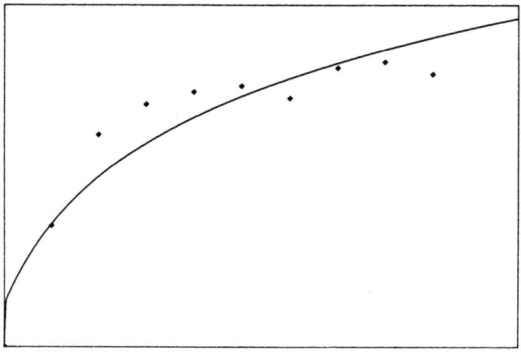

Abb. 7-21 Logarithmisch approximierte Kurve

7.8 Logarithmische Approximation

Nicht jede Meßpunktreihe hat einen linearen Verlauf. Ein weiterer
Ansatz wäre die logarithmische Funktion

```
Y = A + B * ln(X)
```

Die Ermittlung der Parameter A und B erfolgt nach dem gleichen Strick-
muster wie bei der linearen Approximation:

$$B = \frac{\Sigma(\ln(Xi)*Yi) - (\Sigma\ln(Xi) * \Sigma Yi)/n}{(\Sigma\ln(Xi))^2 - (\Sigma\ln(Xi))^2/n}$$

```
A = ΣYi/n - B * Σ(ln(Xi)/n)

i = 1 ... n
```

Auch der Korrelationskoeffizient wird auf die gleiche Weise wie bei
LINAX berechnet. Im Programm wird bei der Berechnung der Koeffizienten
berücksichtigt, daß nur positive xi erlaubt sind. Abb. 7-21 zeigt ein
Beispiel. Obwohl bei der Zeichnung der Korrelationskoeffizient über
0.9 lag, scheint die Kurve recht ungenau. Dazu ist zu sagen, daß erst
eine Meßpunktzahl von mehr als 30 Punkten eine wirklich brauchbare
Approximation zuläßt.

```
Program messwerte_plot;
Const
   xdots=1800.0 (* PUNKTE IN X-RICHTUNG*);
   ydots=1200.0 (* PUNKTE IN Y-RICHTUNG*);
   steps=300    (* MAXIMALZAHL MESSPUNKTE*);

Var
   a, b, korr, xmin, xmax, ymin, ymax : Real;
   x, y : Array [1..steps] Of Real;
   anzahl : Integer;
   error : Boolean;

Procedure moveto(x,y: Real);
   Begin
   Writeln(Lst,'M',Round(x),',',Round(y));
```

```
End;

Procedure drawto(x,y: Real);
  Begin
  Writeln(Lst,'D',Round(x),',',Round(y));
  End;

Procedure initplot;
  Begin (* PLOTTER IN DEN GRUNDZUSTAND *)
  Writeln(Lst); Writeln(Lst); Writeln(Lst);
  Writeln(Lst,':');
  End;

Procedure Mark(x,y : Real);
  Begin
  Writeln(Lst,'M',Round(x),',',Round(y));
  Writeln(Lst,'N 2');
  End;

Procedure zeichne_rahmen;
  Begin
  moveto(0,0);
  drawto(xdots,0);
  drawto(xdots,ydots);
  drawto(0,ydots);
  drawto(0,0);
  End;

Procedure messwert_eingabe;
  (* MESSWERTE EINLESEN, XMIN,XMAX,YMIN,YMAX BEST.*)
  Var i : Integer;
  Begin
  Repeat
    Write('ANZAHL MESSWERTE: '); Readln(anzahl);
    If anzahl>steps Then Writeln('ZUVIELE WERTE');
  Until anzahl<=steps;
  Write('MESSWERT 1 (X Y): ');
  Readln(x[1],y[1]);
  xmin := x[1]; xmax := xmin;
  ymin := y[1]; ymax := ymin;
  For i:=2 To anzahl Do
    Begin
    Write('MESSWERT ',i,' (X Y): ');
```

```
    Readln(x[i],y[i]);
    If x[i]<xmin Then xmin := x[i];
    If x[i]>xmax Then xmax := x[i];
    If y[i]<ymin Then ymin := y[i];
    If y[i]>ymax Then ymax := y[i];
    End;
  xmax := xmax+(xmax-xmin)/5;
  ymax := ymax+(ymax-ymin)/5;
  Writeln('X REICHT VON ',xmin:10:4,' BIS ',xmax:10:4);
  Writeln('Y REICHT VON ',ymin:10:4,' BIS ',ymax:10:4);
  End;


Procedure logax(von, bis:Integer; Var a, b, korr : Real; Var err : Boolean);
  Var
    x1, x2, y1, y2, xy, logx :Real;
    i, n : Integer;
  Begin
  err := False;
  x1 := 0; x2 := 0; y1 := 0; y2 := 0; xy := 0;
  n := bis-von+1;
  For i:=von To bis Do
    Begin
    logx := Ln(x[i]);
    x1 := x1+logx;
    y1 := y1+y[i];
    x2 := x2+logx*logx;
    y2 := y2+y[i]*y[i];
    xy := xy+logx*y[i];
    End;
  korr :=(x2-x1*x1/n)*(y2-y1*y1/n);
  If korr>0 Then
    korr :=(xy-x1*y1/n)/Sqrt(korr)
  Else korr := 0;
  x1 := x1/n; y1 := y1/n;
  b := x2-x1*x1*n;
  If b=0 Then
    Begin
    err := True;
    a := 0;
    End
  Else
    Begin
    b := (xy-n*x1*y1)/b;
```

```
    a := y1-b*x1;
   End;
  End;

Procedure zeichne_kurve;
  Var i: Integer;
      dx, dy, xx, yy, xs : Real;
  Begin
  dx := xdots/(xmax-xmin);
  dy := ydots/(ymax-ymin);
  xs := (xmax-xmin)/steps;
  For i:=1 To anzahl Do
    Mark((x[i]-xmin)*dx,(y[i]-ymin)*dy);
  logax(1,anzahl,a,b,korr,error);
  Writeln('KORRELATIONSKOEFFIZIENT: ',korr:6:4);
  If Not error Then
    Begin
    moveto((x[1]-xmin)*dx,(y[1]-ymin)*dy);
    For i:=1 To steps Do
      Begin
      xx := xmin+i*xs;
      If xx>0 Then
        Begin
        yy := a+b*Ln(xx);
        drawto((xx-xmin)*dx,(yy-ymin)*dy);
        End;
      End;
    End;
  End;

Procedure zeichne_achsen;
  Var x,y: Real;
  Begin
  y := (ydots*(-ymin))/(ymax-ymin);
  x := (xdots*(-xmin))/(xmax-xmin);
  If (0<=x) And (x<=xdots) Then
    Begin moveto(x,0); drawto(x,ydots) End;
  If (0<=y) And (y<=ydots) Then
    Begin moveto(0,y); drawto(xdots,y) End;
  End;

Begin
messwert_eingabe;
```

```
initplot;
zeichne_rahmen;
zeichne_kurve;
zeichne_achsen;
moveto(0,0);
End.
```

7.9 Expotentielle Approximation

Während bei der liniaren Approximation die Steigung der Kurve gleich bleibt und beim logarithmischen Typ abnimmt, hat sie bei der expotentiellen Approximation eine ständige Zunahme.

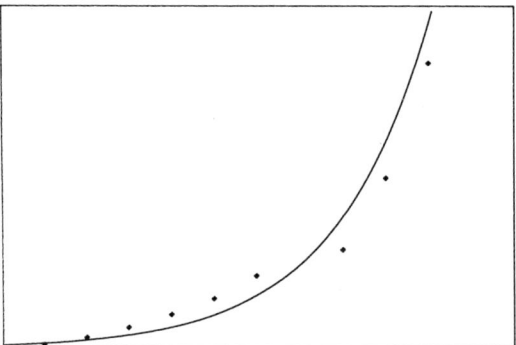

Abb. 7-22 Meßpunkte expotentiell angenähert

Der Lösungsansatz ist hier:

$$Y = A + e^{(B*X)} = A + EXP(B*X)$$

Das Berechnungsschema in der Prozedur EXPAS des folgenden Programms ist nach dem bewährten Muster geschneidert. Die Bestimmungsgleichung für A und B entsprechen wieder jenen der linearen Approximation:

$$B = \frac{\Sigma(\ln(Yi)) - \Sigma Xi * \Sigma(\ln(Yi)/n)}{\Sigma Xi^2 - (\Sigma Xi)^2/n}$$

$$A = EXP(\Sigma(\ln(Yi)) - B * \Sigma Xi)$$

$$i = 1 \dots n$$

In Abb. 7-22 sehen Sie eine Meßpunktreihe mit expotentiellen Verlauf und die entsprechende Approximationskurve.

```
Program messwerte_plot;
Const
  xdots=1800.0 (* PUNKTE IN X-RICHTUNG*);
  ydots=1200.0 (* PUNKTE IN Y-RICHTUNG*);
  steps=300    (* MAXIMALZAHL MESSPUNKTE*);

Var
  a, b, korr, xmin, xmax, ymin, ymax : Real;
  x, y : Array [1..steps] Of Real;
  anzahl : Integer;
  error : Boolean;

Procedure moveto(x,y: Real);
  Begin
  Writeln(Lst,'M',Round(x),',',Round(y));
  End;

Procedure drawto(x,y: Real);
  Begin
  Writeln(Lst,'D',Round(x),',',Round(y));
  End;

Procedure initplot;
  Begin (* PLOTTER IN DEN GRUNDZUSTAND *)
  Writeln(Lst); Writeln(Lst); Writeln(Lst);
  Writeln(Lst,':');
  End;
```

```
Procedure Mark(x,y : Real);
  Begin
  Writeln(Lst,'M',Round(x),',',Round(y));
  Writeln(Lst,'N 2');
  End;

Procedure zeichne_rahmen;
  Begin
  moveto(0,0);
  drawto(xdots,0);
  drawto(xdots,ydots);
  drawto(0,ydots);
  drawto(0,0);
  End;

Procedure messwert_eingabe;
  (* MESSWERTE EINLESEN, XMIN,XMAX,YMIN,YMAX BEST.*)
  Var i : Integer;
  Begin
  Repeat
    Write('ANZAHL MESSWERTE: '); Readln(anzahl);
    If anzahl>steps Then Writeln('ZUVIELE WERTE');
  Until anzahl<=steps;
  Write('MESSWERT 1 (X Y): ');
  Readln(x[1],y[1]);
  xmin := x[1]; xmax := xmin;
  ymin := y[1]; ymax := ymin;
  For i:=2 To anzahl Do
    Begin
    Write('MESSWERT ',i,' (X Y): ');
    Readln(x[i],y[i]);
    If x[i]<xmin Then xmin := x[i];
    If x[i]>xmax Then xmax := x[i];
    If y[i]<ymin Then ymin := y[i];
    If y[i]>ymax Then ymax := y[i];
    End;
  xmax := xmax+(xmax-xmin)/5;
  ymax := ymax+(ymax-ymin)/5;
  Writeln('X REICHT VON ',xmin:10:4,' BIS ',xmax:10:4);
  Writeln('Y REICHT VON ',ymin:10:4,' BIS ',ymax:10:4);
  End;
```

```
Procedure expax(von, bis:Integer; Var a, b, korr : Real; Var err : Boolean);
  Var
    x1, x2, y1, y2, xy, logy :Real;
    i, n : Integer;
  Begin
  err := False;
  x1 := 0; x2 := 0; y1 := 0; y2 := 0; xy := 0;
  n := bis-von+1;
  For i:=von To bis Do
    Begin
    logy := Ln(y[i]);
    x1 := x1+x[i];
    y1 := y1+logy;
    x2 := x2+x[i]*x[i];
    y2 := y2+logy*logy;
    xy := xy+x[i]*logy;
    End;
  korr :=(x2-x1*x1/n)*(y2-y1*y1/n);
  If korr>0 Then
    korr :=(xy-x1*y1/n)/Sqrt(korr)
  Else korr := 0;
  x1 := x1/n; y1 := y1/n;
  b := x2-x1*x1*n;
  If b=0 Then
    Begin
    err := True;
    a := 0;
    End
  Else
    Begin
    b := (xy-n*x1*y1)/b;
    a := Exp(y1-b*x1);
    End;
  End;

Procedure zeichne_kurve;
  Var i: Integer;
      dx, dy, xx, yy, xs : Real;
  Begin
  dx := xdots/(xmax-xmin);
  dy := ydots/(ymax-ymin);
  xs := (xmax-xmin)/steps;
  For i:=1 To anzahl Do
```

```
    Mark((x[i]-xmin)*dx,(y[i]-ymin)*dy);
  expax(1,anzahl,a,b,korr,error);
  Writeln('KORRELATIONSKOEFFIZIENT: ',korr:6:4);
  If Not error Then
    Begin
    moveto((x[1]-xmin)*dx,(y[1]-ymin)*dy);
    For i:=1 To steps Do
      Begin
      xx := xmin+i*xs;
      yy := a+Exp(b*xx);
      If yy <= ymax Then
        drawto((xx-xmin)*dx,(yy-ymin)*dy);
      End;
    End;
  End;


Procedure zeichne_achsen;
  Var x,y: Real;
  Begin
  y := (ydots*(-ymin))/(ymax-ymin);
  x := (xdots*(-xmin))/(xmax-xmin);
  If (0<=x) And (x<=xdots) Then
    Begin moveto(x,0); drawto(x,ydots) End;
  If (0<=y) And (y<=ydots) Then
    Begin moveto(0,y); drawto(xdots,y) End;
  End;


Begin
messwert_eingabe;
initplot;
zeichne_rahmen;
zeichne_kurve;
zeichne_achsen;
moveto(0,0);
End.
```

7.10 Gleitender Durchschnitt

Vielfach decken sich die Meßpunkte weder mit der Regressionsgeraden noch mit logarithmischen oder expotentiellen Verlauf. Besonders bei saisonal schwankenden Wirtschaftsdaten ergibt sich oft der in Abb. 7-23 gezeigte Verlauf von Meßpunkten. Derart oszillierende Daten lassen oft erst einen Trend erkennen, wenn man jeweils den Mittelwert aus 3 bis 9 Werten bildet und diesen dann aufträgt.

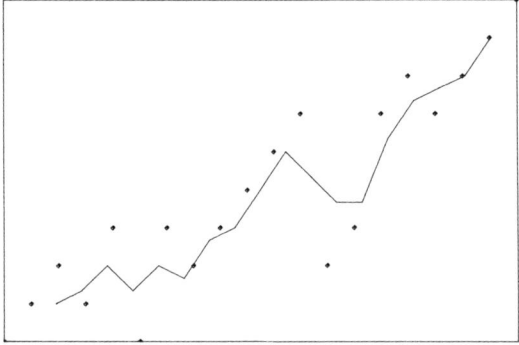

Abb. 7-23 Meßpunkte durch gleitenden Durchschnitt geglättet

Für den Pi nimmt man die Werte, deren Index im Bereich

        - K div 2 ... + K div 2

liegt. K ist dabei die Zahl der zu mittelnden Werte. K muß in jedem Fall ungerade sein. Es fallen natürlich die ersten und letzten (K/2) Werte weg. Da für die Berechnung der Mittelwerte immer die Nachbarwerte eines Yi genommen werden, "gleitet" der Mittelwert durch alle Punkte; Trends werden offenbar. Das Programm nimmt für K den Wert 3. Die einzelnen Punkte werden dann nach folgendem Schema berechnet:

```
y2 = (y1 + y2 + y3)/3
y3 = (y2 + y3 + y4)/3
        .
yn-1 = (yn-2 + yn-1 + yn)/3
```

K ist im Programm als Konstante definiert, die beliebig geändert werden kann. Bitte beachten Sie, daß K immer ungerade sein muß.

```
Program messwerte_plot;
Const
   xdots=1800.0 (* PUNKTE IN X-RICHTUNG*);
   ydots=1200.0 (* PUNKTE IN Y-RICHTUNG*);
   steps=300    (* MAXIMALZAHL MESSPUNKTE*);
   k=3          (* ZUSAMMENFASSUNG VON K WERTEN (K UNGERADE)*);


Var
   xmin, xmax, ymin, ymax : Real;
   x, y : Array [1..steps] Of Real;
   anzahl : Integer;

Procedure moveto(x,y: Real);
   Begin
   Writeln(Lst,'M',Round(x),',',Round(y));
   End;

Procedure drawto(x,y: Real);
   Begin
   Writeln(Lst,'D',Round(x),',',Round(y));
   End;

Procedure initplot;
   Begin (* PLOTTER IN DEN GRUNDZUSTAND *)
   Writeln(Lst); Writeln(Lst); Writeln(Lst);
   Writeln(Lst,':');
   End;

Procedure Mark(x,y : Real);
   Begin
   Writeln(Lst,'M',Round(x),',',Round(y));
   Writeln(Lst,'N 2');
   End;

Procedure zeichne_rahmen;
   Begin
   moveto(0,0);
   drawto(xdots,0);
   drawto(xdots,ydots);
```

```
  drawto(0,ydots);
  drawto(0,0);
  End;

Procedure messwert_eingabe;
  (* MESSWERTE EINLESEN, XMIN,XMAX,YMIN,YMAX BEST.*)
  Var i : Integer;
  Begin
  Repeat
    Write('ANZAHL MESSWERTE: '); Readln(anzahl);
    If anzahl>steps Then Writeln('ZUVIELE WERTE');
  Until anzahl<=steps;
  Write('MESSWERT 1 (X Y): ');
  Readln(x[1],y[1]);
  xmin := x[1]; xmax := xmin;
  ymin := y[1]; ymax := ymin;
  For i:=2 To anzahl Do
    Begin
    Write('MESSWERT ',i,' (X Y): ');
    Readln(x[i],y[i]);
    If x[i]<xmin Then xmin := x[i];
    If x[i]>xmax Then xmax := x[i];
    If y[i]<ymin Then ymin := y[i];
    If y[i]>ymax Then ymax := y[i];
    End;
  Writeln('X REICHT VON ',xmin:10:4,' BIS ',xmax:10:4);
  Writeln('Y REICHT VON ',ymin:10:4,' BIS ',ymax:10:4);
  End;

Procedure zeichne_kurve;
  Var i, j : Integer;
      dx, dy, xx, yy, xs : Real;
      Move : Boolean;
  Begin
  dx := xdots/(xmax-xmin);
  dy := ydots/(ymax-ymin);
  xs := (xmax-xmin)/anzahl;
  For i:=1 To anzahl Do
    Mark((x[i]-xmin)*dx,(y[i]-ymin)*dy);

    Move := True;
    For i:=(1+k Div 2) To (anzahl-k Div 2) Do
      Begin
```

```
    xx := xmin+i*xs;
    yy := 0;
    For j:=(i-k Div 2) To (i+k Div 2) Do
       yy := yy+y[j];
    yy := yy/k;
    If Move Then
       Begin (*1.PUNKT ANFAHREN*)
       Move := False;
       moveto((xx-xmin)*dx,(yy-ymin)*dy);
       End
    Else
       drawto((xx-xmin)*dx,(yy-ymin)*dy);
    End;
  End;

Procedure zeichne_achsen;
  Var x,y: Real;
  Begin
  y := (ydots*(-ymin))/(ymax-ymin);
  x := (xdots*(-xmin))/(xmax-xmin);
  If (0<=x) And (x<=xdots) Then
    Begin moveto(x,0); drawto(x,ydots) End;
  If (0<=y) And (y<=ydots) Then
    Begin moveto(0,y); drawto(xdots,y) End;
  End;

Begin
messwert_eingabe;
initplot;
zeichne_rahmen;
zeichne_kurve;
zeichne_achsen;
moveto(0,0);
End.
```

7.11 Polynom-Interpolation

Bei den meisten Aufgaben der grafischen Datenverarbeitung besteht das Problem darin, eine relativ geringe Menge von Stützpunkten durch eine möglichst glatte Kurve zu verbinden. Man braucht also ein Verfahren,

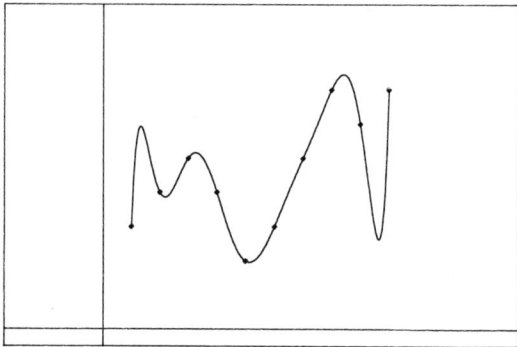

Abb. 7-24 Beispiel zur Polynom-Interpolation

das zu den gegebenen Stützpunkten beliebig viele Zwischenwerte berechnet. Die bisherigen Approximationsverfahren scheiden hier aus, da bei diesen Methoden die Stützpunkte fast nie in der Kurve enthalten sind.
Mit der Newton-Interpolation kann man zu einer Menge von Stützpunkten (xi,yi) ein Polynom angeben, dessen Grad gleich der Anzahl der Stützpunkteminus 1 (n-1) ist:

```
Qn(X) = ao + al*(X-X0) + a2*(X-X0)*(X-X1) + ...
... + an*(X-X0)*(X-X1)* ... *(X-Xn)
```

Die Koeffizienten ao ... an lassen sich mit dem Newton-Verfahren expliziert berechnen. Sie werden mit Hilfe der dividierten Differenzen

```
f(X , X    , ... ,X   )
   i   i+1         i+n
```

ermittelt. Diese sind rekursiv definiert durch:

```
F(X ) = Y
   i     i
                  F(X   ) - F(X )
                     i+1        i
F(X ,X   ) = ------------------
   i  i+1        X    - X
                  i+1    i
```

und so weiter. Die Koeffizienten ai werden dann durch

```
ai = f(X0, x1, ... ,xi)
```

bestimmt. Sie werden also rekursiv berechnet; das Interpolationspoly-
nom kann mit dem Hornerschema berechnet werden.
Das Programm ermittelt die Koeffizienten ai in der Prozedur BERECHNE-
POLYNOM. Zunächst werden die dividierten Differenzen gebildet und im
Ordinatenvektor Y gespeichert. Danach werden die Koeffizienten des
Polynoms mit Hilfe des Hornerschemas berechnet. Einen Nachteil hat die
Polynom-Interpolation. Wenn die Stützwerte stark oszillieren wie in
Abb. 7-24, dann zeigt die interpolierende Kurve starke Überschwinger,
besonders am Anfang und am Ende und bei vielen Stützpunkten. Wie sich
dieses Problem lösen läßt, zeigt der folgende Abschnitt.

```
Program polynom_interpolation;

   xdots=1800.0 (* PUNKTE IN X-RICHTUNG*);
   ydots=1200.0 (* PUNKTE IN Y-RICHTUNG*);
   steps=500    (* MAXIMALZAHL PUNKTE*);
   mpmax=50     (* MAXIMALZAHL MESSPUNKTE*);

Type
   wertefeld = Array [1..steps] Of Real;

Var
   xmin, xmax, ymin, ymax : Real;
   a, b, x, y : wertefeld;
   anzahl : Integer;

Procedure moveto(x,y: Real);
   Begin
   Writeln(Lst,'M',Round(x),',',Round(y));
   End;

Procedure drawto(x,y: Real);
   Begin
   Writeln(Lst,'D',Round(x),',',Round(y));
   End;

Procedure initplot;
   Begin (* PLOTTER IN DEN GRUNDZUSTAND *)
```

```
  Writeln(Lst); Writeln(Lst); Writeln(Lst);
  Writeln(Lst,':');
  End;

Procedure Mark(x,y : Real);
  Begin
  Writeln(Lst,'M',Round(x),',',Round(y));
  Writeln(Lst,'N 2');
  End;

Procedure zeichne_rahmen;
  Begin
  moveto(0,0);
  drawto(xdots,0);
  drawto(xdots,ydots);
  drawto(0,ydots);
  drawto(0,0);
  End;

Procedure messwert_eingabe;
  (* MESSWERTE EINLESEN, XMIN,XMAX,YMIN,YMAX BEST.*)
  Var
    i : Integer;
    h : Real;
  Begin
  Repeat
    Write('ANZAHL MESSWERTE: '); Readln(anzahl);
    If anzahl>mpmax Then Writeln('ZUVIELE WERTE');
  Until anzahl<=mpmax;
  Write('MESSWERT 1 (X Y): ');
  Readln(x[1],y[1]);
  xmin := x[1]; xmax := xmin;
  ymin := y[1]; ymax := ymin;
  For i:=2 To anzahl Do
    Begin
    Write('MESSWERT ',i,' (X Y): ');
    Readln(x[i],y[i]);
    If x[i]<xmin Then xmin := x[i];
    If x[i]>xmax Then xmax := x[i];
    If y[i]<ymin Then ymin := y[i];
    If y[i]>ymax Then ymax := y[i];
    End;
  h := xmax-xmin;
```

```
    xmax := xmax+h/2;
    xmin := xmin-h/2;
    h := ymax-ymin;
    ymax := ymax+h/2;
    ymin := ymin-h/2;
    End;

Procedure berechne_polynom(Var x,y,a,b : wertefeld);
    Var
       i, j, k : Integer;
    Begin
    (* DIVIDERTE DIFFERENZEN *)
    a[1] := y[1];
    For j:=1 To anzahl-1 Do
      Begin
      For i:=1 To anzahl-j Do
        y[i] := (y[i+1]-y[i])/(x[i+j]-x[i]);
      a[j+1] := y[1];
      End;
    (* HORNERSCHEMA *)
    b[anzahl] := a[anzahl];
    For k:=anzahl-1 Downto 1 Do
      Begin
      For j:=anzahl-1 Downto 1 Do
        b[j] := a[j];
      For i := anzahl-1 Downto k Do
        a[i] := a[i]-b[i+1]*x[k];
      End;
    (* KOEFFIZIENTEN IN A *);
    Writeln('POLYNOMKOEFFIZIENTEN:');
    For k:=anzahl Downto 1 Do
      Writeln('A[',k,'] = ',a[k],'.');
    Writeln;
    End;

Procedure zeichne_kurve;
    Var i, k : Integer;
        dx, dy, xx, yy, xs : Real;
    Begin
    dx := xdots/(xmax-xmin);
    dy := ydots/(ymax-ymin);
    xs := (x[anzahl]-x[1])/steps;
    For i:=1 To anzahl Do
```

```
    Mark((x[i]-xmin)*dx,(y[i]-ymin)*dy);
    berechne_polynom(x,y,a,b);
    moveto((x[1]-xmin)*dx,(y[1]-ymin)*dy);
    For i:=1 To steps Do
      Begin
      xx := x[1]+i*xs;
      (* POLYNOM AUSWERTEN*)
      yy := a[anzahl];
      For k:=anzahl-1 Downto 1 Do
        yy := yy*xx+a[k];
        drawto((xx-xmin)*dx,(yy-ymin)*dy)
      End;
    End;

Procedure zeichne_achsen;
  Var x,y: Real;
  Begin
  y := (ydots*(-ymin))/(ymax-ymin);
  x := (xdots*(-xmin))/(xmax-xmin);
  If (0<=x) And (x<=xdots) Then
    Begin moveto(x,0); drawto(x,ydots) End;
  If (0<=y) And (y<=ydots) Then
    Begin moveto(0,y); drawto(xdots,y) End;
  End;

Begin
messwert_eingabe;
initplot;
zeichne_rahmen;
zeichne_kurve;
zeichne_achsen;
moveto(0,0);
End.
```

7.12 Spline-Interpolation

Einen glatten Verlauf der interpolierenden Kurve erhält man, wenn man
zwischen den Stützstellen mit kubischen Polynomen interpoliert. Das
Polynom hat also den Grad 3, es muß zweimal stetig differenzierbar
sein und als Randbedingungen gilt, daß die zweiten Ableitungen der

Randpunkte Null sein müssen:

```
S"(X0) = 0
S"(Xn) = 0
```

Die Stützpunkte (x_i, y_i) müssen geordnet sein, also

```
X0 < X1 < ... < Xn-1 < Xn .
```

Mann kann sich das Verfahren bildlich so vorstellen, daß man ein elastisches Stahlband an den Stützpunkten befestigt. Auch im Straßenbau verwendet man für Einmündungen und Abzweigungen Kubische Splines, damit die Straßen "glatt" ineinanderlaufen. Betrachten wir das Intervall von x_i bis x_{i+1}, dann gilt der Ansatz:

$$Si = ai + bi*(x - xi) + ci*(x - xi)^2 + di*(x - xi)^3$$

Es ergeben sich so die folgenden Bedingungen.

```
si(xi)  = yi           i = 0, ...., n
si(xi)  = si-1(xi)     i = 1, ...., n
s'i(xi) = s'i-1(xi)    i = 1, ...., n-1
s"i(xi) = s"i-1(xi)    i = 1, ...., n-1
```

Unter Berücksichtigung dieser Bedingungen kann man für die Koeffizienten der Kubischen Spline folgendes Gleichungssystem aufstellen:

```
ai = yi                      i = 0, ...., n

co = 0, cn = 0               (Randbedingungen)

bi = (ai+1 - ai)/(xi+1 - xi)
        - (ci+1 + 2ci)*(3(xi+1 - xi))

di = (ci+1 - ci)/(3(xi+1 - xi))
```

Die Koeffizienten c_i lassen sich aus dem tridiagonalen, linearen Gleichungssystem berechnen.

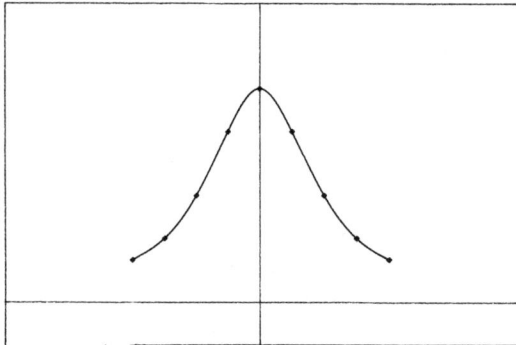

Abb. 7-25 Spline-Interpolation

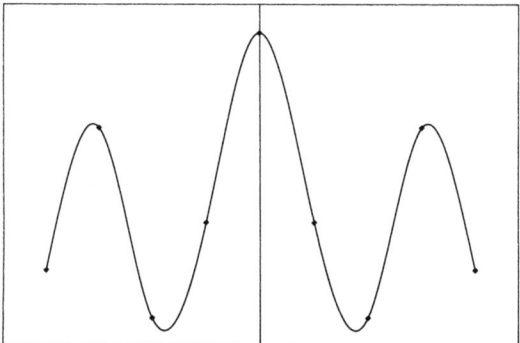

Abb. 7-26 Spline-Interpolation bei stark schwankenden Werten

Mit   `hi = xi+1 - xi`   gilt:

```
ci-1 * hi + 2 * ci(hi-1 + hi) + ci+1hi =
     = 3(ai+1 - ai)/hi - 3(ai - ai-1)/hi-1;
```

Die Matrix heißt Tridiagonalmatrix weil nur die Hauptdiagonale und die beiden Nebendiagonalen besetzt sind. Das so entstandene Gleichungssystem läßt sich mit relativ wenig Aufwand lösen. Die Spline-Interpolation ist im Buch von Stoer sehr ausführlich erläutert.
Im Programm werden zunächst die Spline-Koeffizienten ai, bi, ci, und di berechnet. Die Prozedur besteht aus zwei Teilen. Im ersten Teil

wird das Gleichungssystem für die ci aufgestellt. Im zweiten Teil
werden diese Koeffizienten dann berechnet. Mit den ci werden dann die
restlichen Koeffizienten bi und di ermittelt. Beim Plotter wird dann
das Polynom nach der Formel

```
Y = ((di*(X - xi) + ci)*(X - xi) + bi)*(X - xi) + ai
```

ausgewertet. Vorher muß jedoch erst festgestellt werden, in welchem
Intervall X liegt, damit auch die richtige Koeffizientengruppe verwendet wird. Abb. 7-25 zeigt, wie sich die Splinefunktion an die
Stützpunkte anschmiegt. Abb. 7-26 beweist, daß sich die Spline-Interpolation auch bei einem üblen Stützpunktwirrwarr ausgesprochen "gut-
mütig" verhält.

```
Program spline_interpolation;
Const
   xdots=1800.0 (* PUNKTE IN X-RICHTUNG*);
   ydots=1200.0 (* PUNKTE IN Y-RICHTUNG*);
   steps=500    (* MAXIMALZAHL PUNKTE*);
   mpmax=50     (* MAXIMALZAHL MESSPUNKTE*);


Type
   wertefeld = Array [1..steps] Of Real;

Var
   xmin, xmax, ymin, ymax : Real;
   a, b, c, d, e, g, h, r, s, u, x, y : wertefeld;
   anzahl : Integer;

Procedure moveto(x,y: Real);
   Begin
   Writeln(Lst,'M',Round(x),',',Round(y));
   End;

Procedure drawto(x,y: Real);
   Begin
   Writeln(Lst,'D',Round(x),',',Round(y));
   End;

Procedure initplot;
   Begin (* PLOTTER IN DEN GRUNDZUSTAND *)
   Writeln(Lst); Writeln(Lst); Writeln(Lst);
```

```
  Writeln(Lst,':');
  End;

Procedure Mark(x,y : Real);
  Begin
  Writeln(Lst,'M',Round(x),',',Round(y));
  Writeln(Lst,'N 2');
  End;

Procedure zeichne_rahmen;
  Begin
  moveto(0,0);
  drawto(xdots,0);
  drawto(xdots,ydots);
  drawto(0,ydots);
  drawto(0,0);
  End;

Procedure messwert_eingabe;
  (* MESSWERTE EINLESEN, XMIN,XMAX,YMIN,YMAX BEST.*)
  Var
    i : Integer;
    h : Real;
  Begin
  Repeat
    Write('ANZAHL MESSWERTE: '); Readln(anzahl);
    If anzahl>mpmax Then Writeln('ZUVIELE WERTE');
  Until anzahl<=mpmax;
  Write('MESSWERT 1 (X Y): ');
  Readln(x[1],y[1]);
  xmin := x[1]; xmax := xmin;
  ymin := y[1]; ymax := ymin;
  For i:=2 To anzahl Do
    Begin
    Write('MESSWERT ',i,' (X Y): ');
    Readln(x[i],y[i]);
    If x[i]<xmin Then xmin := x[i];
    If x[i]>xmax Then xmax := x[i];
    If y[i]<ymin Then ymin := y[i];
    If y[i]>ymax Then ymax := y[i];
    End;
  h := xmax-xmin;
  xmax := xmax+h/10;
```

```
xmin := xmin-h/10;
h := ymax-ymin;
ymax := ymax+h/10;
ymin := ymin-h/10;
End;


Procedure spline_koeffizienten;
  Var
    i, j, k : Integer;
  Begin
  (*AUFSTELLEN TRIDIAGONALSYSTEM*)
  For i:=1 To anzahl-1 Do
    Begin
    h[i] := x[i+1]-x[i];
    a[i] := y[i];
    End;
  For i:=1 To anzahl-2 Do
    Begin
    r[i] := 2*(h[i]+h[i+1]);
    s[i] := h[i];
    End;
  s[anzahl-2] := 0;
  For i:=1 To anzahl-2 Do
    u[i] := 3*((y[i+2]-y[i+1])/h[i+1]-(y[i+1]-y[i])/h[i]);
  (* LOESUNG DES GLEICUNGSSYSTEMS*)
  d[1] := r[1]; g[1] := u[1]/d[1];
  For j:=2 To anzahl-2 Do
    Begin
    e[j-1] := s[j-1]/d[j-1];
    d[j] := r[j]-h[j-1]*e[j-1];
    g[j] := (u[j]-h[j-1]*g[j-1])/d[j];
    End;
  c[anzahl-2] := g[anzahl-2];
  For i:= anzahl-3 Downto 1 Do
    c[i] := g[i]-e[i]*c[i+1];
  For i:=anzahl-1 Downto 2 Do
    c[i] := c[i-1];
  c[1] := 0; c[anzahl] := 0;
  For i :=1 To anzahl-1 Do
    Begin
    b[i] := (y[i+1]-y[i])/h[i]-(2*c[i]+c[i+1])*h[i]/3;
    d[i] := (c[i+1]-c[i])/(3*h[i]);
    End;
```

```
Writeln('SPLINE-KOEFFIZIENTEN:');
For k:=1 To anzahl-1 Do
   Writeln(k,':',d[k]:8:4,',',c[k]:8,',',b[k]:8:4,',',a[k]:8:4);
Writeln;
End;

Procedure zeichne_kurve;
   Var i, k : Integer;
       dx, dy, xx, yy, xs : Real;
       Draw : Boolean;
   Begin
   Draw := True;
   dx := xdots/(xmax-xmin);
   dy := ydots/(ymax-ymin);
   xs := (x[anzahl]-x[1])/steps;
   For i:=1 To anzahl Do
      Mark((x[i]-xmin)*dx,(y[i]-ymin)*dy);
   spline_koeffizienten;
   moveto((x[1]-xmin)*dx,(y[1]-ymin)*dy);
   For i:=1 To steps Do
      Begin
      xx := x[1]+i*xs;
      (* POLYNOM AUSWERTEN*)
      k := 0;
      Repeat
         k := k+1
      Until ((x[k]<xx) And (xx<=x[k+1])) Or (k=anzahl);
      yy := xx-x[k];
      yy := ((d[k]*yy+c[k])*yy+b[k])*yy+a[k];
      If (yy>=ymin) And (yy<=ymax) Then
         If Draw Then
            drawto((xx-xmin)*dx,(yy-ymin)*dy)
         Else
            Begin
            Draw := True;
            moveto((xx-xmin)*dx,(yy-ymin)*dy);
            End
      Else
         Draw := False;
      End;
   End;
```

```
Procedure zeichne_achsen;
  Var x,y: Real;
  Begin
  y := (ydots*(-ymin))/(ymax-ymin);
  x := (xdots*(-xmin))/(xmax-xmin);
  If (0<=x) And (x<=xdots) Then
    Begin moveto(x,0); drawto(x,ydots) End;
  If (0<=y) And (y<=ydots) Then
    Begin moveto(0,y); drawto(xdots,y) End;
  End;

Begin
messwert_eingabe;
initplot;
zeichne_rahmen;
zeichne_kurve;
zeichne_achsen;
moveto(0,0);
End.
```

7.13 Bezier-Kurven

Sieht man sich den Befehlsvorrat von grafikfähigen Computern genauer an, so wird man feststellen, daß es meist nur Grafik-Befehle gibt, die entweder einfache Punkte setzen oder aber gerade Linien als Verbindung zwischen Koordinatenpaaren ziehen können. Durch die Methode von Bezier können beliebig gekrümmte Kurven entwickelt werden, ohne eine mathematische Funktion bestimmen zu müssen.

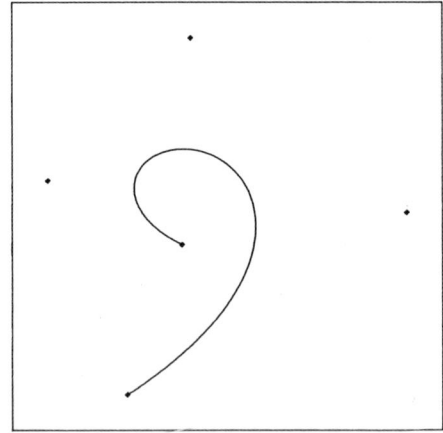

Abb. 7-27 Beispiel einer Bezier-Kurve

Das Problem ist nur, wie sind beliebige Kurven zu definieren? Für jede gewünschte Kurve eine mathematische Funktion zu bestimmen, ist so gut

wie unmöglich. Man braucht also eine möglichst einfache Methode gekrümmte Linien interaktiv zu formen. P. Bezier entwickelte für die
französische Autofirma Renault ein System zur Gestaltung gekrümmter
Automobilteile mittels Computer-Grafik. Hier soll ein kurzes Programm
vorgestellt werden, das auf seiner Methode basiert.

Die Bezier-Kurve verhält sich
ähnlich wie ein Stahlband, das
zwischen zwei Punkten einge-
spannt ist (wobei man einmal
annehmen möge, daß es auch
noch dehnbar wie ein Gummiband
sei). Wenn man nun in der
Mitte das Stahlband nach außen
zieht, wird es sich verformen,
aber wegen seiner Elastizität
wird es keinen Knick machen
oder brechen, sondern eine
Ausbeulung zeigen. Nun könnte
man noch weitere Zugpunkte an
dem Band anbringen, die an
unterschiedlichen Stellen in
verschiedenen Richtungen und
mit anderer Kraft ziehen.

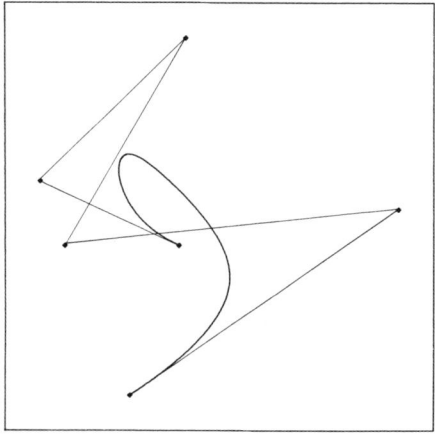

Abb. 7-28 Ein Punkt mehr als bei Abb. 7-27

Auf diese Art könnte man beliebige Kurven gestalten, die
keine Ecken aufweisen würden.
Um bei diesem Beispiel zu
bleiben: Bei der Bezier-Kurve
bilden die Kontrollpunkte die
Stellen, mit denen die Kurven
geformt wird, und die "Zug-
kraft" wird durch die Position
der Kontrollpunkte und ihrer
Entfernung zur Kurve sowie
durch zusammenlegen mehrerer
Punkte zu einem sogenannten
Mehrfachpunkt oder Multi-
Punkt bestimmt.

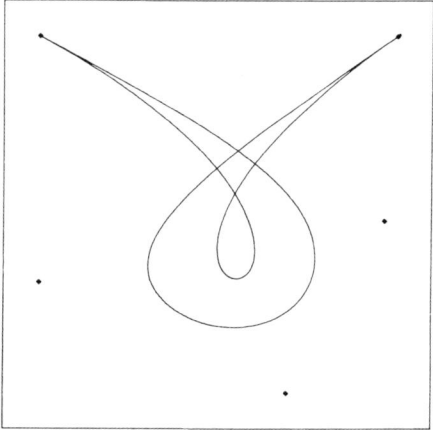

Abb. 7-29 Bezierkurve mit und ohne Mehrfachpunkten

Bis auf die Endpunkte liegen alle Kontrollpunkte außerhalb der Kurve (es sei denn, die Kurve geht genau durch einen hindurch). Eine Eigenschaft der Bezier-Kurve ist, daß sich bei Änderung eines Kontrollpunktes dieses auf die gesamte Kurve überträgt, man spricht hier von globalem Einfluß.

Mathematisch gesehen wird die Kurve berechnet, indem der Einfluß der Kontrollpunkte auf eine beliebig große Zahl von Kurvenpunkten nach einer bestimmten Funktion gewichtet wird. Diese Gewichtung erfolgt nach einer statistischen Verteilung, die für jeden Kontrollpunkt den entsprechenden Einfluß auf die Kurvenform festlegt. So ist der Einfluß in der Nähe am größten. Und auf die Endpunkte hat ein Kontrollpunkt in der Mitte überhaupt keinen Einfluß, denn diese liegen für ihn fest. In der unteren angegebenen Parameter-Darstellung der Gleichung zur Bestimmung der Bezier-Kurve ist folgendes zu erkennen:

Für jeden Kurvenpunkt c, von denen es beliebig viele gibt, je nach Schrittweite, wird der Einfluß aller Kontrollpunkte k von i = 0 bis n (aber: Anzahl aller Kontrollpunkte = n + 1) nach einer Funktion bestimmt, welche in Abhängigkeit vom jeweils nächstliegenden Kontrollpunkt nach einer Binominal-Verteilung den Kurvenwert aufsummiert. Die Inkrementierung des Parameters u läuft von 0 bis 1 und bestimmt die Anzahl der Kurvenpunkte.

Das Programm berechnet zu den Stützpunkten die jeweiligen Koordinaten für die Bezier-Kurve. Zunächst wird der Binominal-Koeffizient

```
n!/(i! * (n - i)!)
```

berechnet und anschließend der Ausdruck mit

$$C(u) = \Sigma \; Ki * n!/(i!*(u - i)!)*u^{i} * (1 - u)^{u-i}$$

$$i = 0 \ldots n$$

multipliziert.

Abb. 7-27 zeigt ein Beispiel mit den Wertepaaren:

240, 10   80, 100   250, 300   500, 60   180,-200

Durch Einfügen eines weiteren Punktes zwischen dem dritten und vierten Punkt ergibt sich die Kurve von Abb. 7-28. Die Punkte sind zur besseren Übersicht durch gerade Linien miteinander verbunden worden. Man sieht sehr deutlich die lokale Wirkung des neuen Punktes. Wie man sieht sind Bezier-Kurven auch unabhängig von der Lage der Achsen. Man kann durch Wahl des Parameters u den Einfluß der Kontrollpunkte auf die Kurve festlegen. Eine weiter Möglichkeit, die Dominanz einzelner Kontrollpunkte zu steigern, zeigt Abb. 7-29. Die kleine Schleife ist mit 5 Kontrollpunkten gezeichnet (die Punkte liegen überkreuz!), für die größere Schleife werden die drei Punkte in der unteren Bildhälte jeweils zweimal angegeben (H. J. Andree).

```
Program bezier_kurven;
Const
    xdots=1500.0 (* PUNKTE IN X-RICHTUNG*);
    ydots=1500.0 (* PUNKTE IN Y-RICHTUNG*);
    steps=100    (* MAXIMALZAHL KURVENPUNKTE*);
    punkte=20    (* MAXIMALZAHL ST]ETZPUNKTE*);

Var
    xmin, xmax, ymin, ymax : Real;
    x, y : Array [0..steps] Of Real;
    anzahl : Integer;

Procedure moveto(x,y: Real);
    Begin
    Writeln(Lst,'M',Round(x),',',Round(y));
    End;

Procedure drawto(x,y: Real);
    Begin
    Writeln(Lst,'D',Round(x),',',Round(y));
    End;

Procedure initplot;
    Begin (* PLOTTER IN DEN GRUNDZUSTAND *)
    Writeln(Lst); Writeln(Lst); Writeln(Lst);
    Writeln(Lst,':');
    End;
```

```
Procedure Mark(x,y : Real);
  Begin
  Writeln(Lst,'M',Round(x),',',Round(y));
  Writeln(Lst,'N 2');
  End;


Procedure zeichne_rahmen;
  Begin
  moveto(0,0);
  drawto(xdots,0);
  drawto(xdots,ydots);
  drawto(0,ydots);
  drawto(0,0);
  End;


Procedure messwert_eingabe;
  (* MESSWERTE EINLESEN, XMIN,XMAX,YMIN,YMAX BEST.*)
  Var
    i : Integer;
    h :  Real;
  Begin
  Repeat
    Write('ANZAHL MESSWERTE: '); Readln(anzahl);
    If anzahl>steps Then Writeln('ZUVIELE WERTE');
  Until anzahl<=steps;
  anzahl := anzahl-1;
  Write('MESSWERT 0 (X Y): ');
  Readln(x[0],y[0]);
  xmin := x[0]; xmax := xmin;
  ymin := y[0]; ymax := ymin;
  For i:=1 To anzahl Do
    Begin
    Write('MESSWERT ',i,' (X Y): ');
    Readln(x[i],y[i]);
    If x[i]<xmin Then xmin := x[i];
    If x[i]>xmax Then xmax := x[i];
    If y[i]<ymin Then ymin := y[i];
    If y[i]>ymax Then ymax := y[i];
    End;
  h := (xmax-xmin)/10;
  xmax := xmax+h; xmin := xmin-h;
  h := (ymax-ymin)/10;
  ymax := ymax+h; ymin := ymin-h;
```

```
End;

Procedure bezier(schritt:Integer; Var p1,p2:Real);
  Var
    u, v : Real;
    i, j : Integer;
  Begin
  u := schritt/steps;
  p1 := 0.0; p2 := 0.0;
  For i := 0 To anzahl Do
    Begin
    v := 1.0;
    If i<> anzahl Then
      Begin
      (* BERECHNE BINIMIAL-KOEFFIZIENTEN:
         ANZAHL!/(I!*(ANZAHL-I)!) *)
      For j:=i+1 To anzahl Do
        v := v*j;
      For j:=1 To anzahl-i Do
        v := v/j;
      End;
    For j:=1 To i Do
      v := v*u;   (* U^I *)
    For j:=1 To anzahl-i Do
      v := v*(1-u);   (* (1-U)^(ANZAHL-I) *)
    p1 := p1+x[i]*v;
    p2 := p2+y[i]*v;
    End;
  End;

Procedure zeichne_kurve;
  Var i: Integer;
      dx, dy, xx, yy : Real;
  Begin
  dx := xdots/(xmax-xmin);
  dy := ydots/(ymax-ymin);
  For i:=0 To anzahl Do
    Mark((x[i]-xmin)*dx,(y[i]-ymin)*dy);
  moveto((x[0]-xmin)*dx,(y[0]-ymin)*dy);
  For i:=1 To steps Do
    Begin
    bezier(i,xx,yy);
    drawto((xx-xmin)*dx,(yy-ymin)*dy);
```

```
    End;
  End;

Begin
messwert_eingabe;
initplot;
zeichne_rahmen;
zeichne_kurve;
moveto(0,0);
End.
```

8 Schildkrötengrafik (Turtle-Grafik)

Die Schildkrötengrafik ist durch die Programmiersprache LOGO bekannt geworden. In keiner anderen Sprache kann man so schnell und leicht auch beliebig komplexe Grafiken erstellen. Es war auch das pädagogische Ziel beim Entwurf von LOGO, den Programmieranfänger schnell zu einem Erfolgserlebnis zu führen. Die klare Struktur und Mächtigkeit der Sprache LOGO führt auch zu übersichtlichen und lesbaren Programmen. An dieser Stelle soll aber nur ein Teilaspekt von LOGO, die Schildkrötengrafik behandelt werden.

Die Schildkröte, auf dem Bildschirm ein kleines Dreieck, kann sich in "Blickrichtung" vorwärts oder rückwärts bewegen. Außerdem kann sie sich um einen bestimmten Winkel drehen. Sie lebt also nicht in einem Karthesischen Koordinatensystem, wie es bisher verwendet wurde, sondern in einem Polarkoordinatensystem. Betrachten Sie dazu Abb. 8-1. Dort werden schon einige Schildkrötenbefehle verwendet, die ich gleich erklären will:

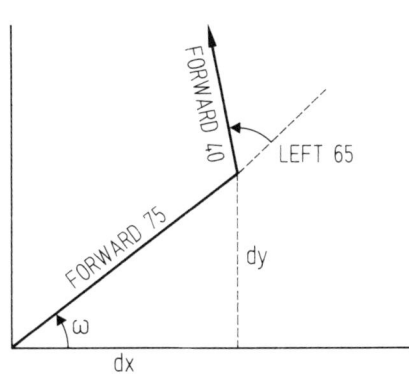

Abb. 8-1 Die Turtle kennt Polarkoordinaten

FORWARD   Schreite in Blickrichtung vorwärts um
            eine bestimmte Zahl von Schritten

BACK   Schreite in Blickrichtung rückwärts um
            eine bestimmte Zahl von Schritten

RIGHT   Drehung im Uhrzeigersinn (in Grad)

LEFT   Drehung gegen den Uhrzeigersinn

Nachdem die Turtle auch eine Spur hinterlassen soll gibt es noch zwei
weitere Befehle:

```
PENUP      Ab da hinterläßt die Turtle keine Spur

PENDOWN    Ab da zeichnet die Turtle
```

Zurück zu Abb. 1-8. Um die Turtle-Grafik auf einen Plotter zu implementieren müssen also die Polar-Koordinaten in Karthesische Koordinaten überführt werden. Richtig, - das hatten wir schon weiter vorne.
Für die Umrechnung in Karthesische Koordinaten gilt:

```
Dy = S * cos(Winkel)
Dy = S * sin(Winkel)
```

Mehr an Mathematik braucht man schon nicht. Die Arbeit mit der Schildkröte wird vereinfacht, wenn man noch einige zusätzliche Befehle ein-
führt:

```
MOVETO     Positionieren auf einen bestimmten Punkt

TURNTO     Turtle auf einen Winkel W stellen.
```

8.1 Realisierung der Schildkrötengrafik

Für den Betrieb der Schildkröte müssen einige Informationen gespeichert werden. Das Programm muß sich immer die aktuelle Position der
Schildkröte merken, den aktuellen Winkel der Turtle und die Stellung
des Stiftes (gehoben/gesenkt).

Das führt zur Datenstruktur für den Verwaltungs-Verbund der Schildkrötengrafik:

```
Type
  Turtle = Record
            Xpos, Ypos : integer;
            Richtung   : 0..359 ;
            Pen        : (up, down)
          End;
```

Nun zu den Prozeduren. In den Turtle-Befehlen werden grundsätzlich
drei Aktionen ausgeführt. Erstens die Umrechnung der Werte in das
Koordinatensystem des Plotters, zweitens die Ausführung der zeichne-
rischen Aktionen und drittens das Setzen der Werte in einer Variablen
vom Typ Turtle. Alle Turtle-Prozeduren stützen sich auf die beiden
Prozeduren MOVETO und DRAWTO. Neu ist hier jedoch, daß bei Befehlen,
bei denen nicht gezeichnet wird überhaupt keine Grafikaktionen statt-
finden. Wenn die Schildkröte mit gehobenem Stift wandert, werden nur
die Werte von Xpos, Ypos und Richtung auf neuesten Stand gebracht.
Erst beim Zeichnen wird mit dem Stift zur Ausgangsposition gefahren
und von dort aus gezeichnet. Das Schema sieht dann so aus:

```
Moveto (Xpos, Ypos);
Drawto (Xneu, Yneu);
Xpos := Xneu;
Ypos := Yneu;
```

Bei vielen Grafiksystemen gibt es einen Befehl LINE, der eine Linie
vom Startpunkt zum Endpunkt zieht (beim Apple II heißt es zum Beispiel
"HPLOT Xpos, Ypos TO Xneu, Yneu"; beim IBM-PC-Turbo-Pascal wird das
gleiche mit "DRAW(Xpos, Ypos, Xneu, Yneu, Farbe)" erreicht).

Bei der Turtle-Grafik gibt es noch ein weiteres Problem. Da es keinen
Ursprung im üblichen Sinn gibt, wird die Schildkröte zu Anfang in die
Bildmitte gesetzt, mit Blick nach Norden. Dazu gibt es meist den Be-
fehl INITTURTLE.

Alle Zeichenaktionen der Turtle-Grafik werden im Programm von der
Prozedur Line ausgeführt, die auch den Clipping-Algorithmus enthält.
Wegen des Betriebs am Plotter hat LINE noch eine Besonderheit. Damit
bei aufeinanderfolgenden Zeichenbefehlen der Stift durch den Befehl
MOVETO des Plotters nicht unnötig oft abgehoben und aufgesetzt werden
muß, merkt sich die Prozedur die letzte Position, zu der gezeichnet
wurde, in den Variablen "LastX" und "LastY", und positioniert nur,
wenn der neue Startpunkt sich von diesen unterscheidet. Beachten Sie
auch, daß die Turtle-Prozedur MOVETO von der bisher üblichen Definition abweicht, denn je nach Stiftstellung wird gezeichnet oder nicht.

Der verwendete Turbo-Pascal-Compiler erlaubt es, das gesamte Paket für
die Turtle-Grafik als Quelle in andere Programme einzubinden. Die
Grundroutinen der Turtle-Grafik befindet sich in einer eigenen Datei
TURTLE.INC. Wie es verwendet wird zeigt das darauffolgende Programm
TURTLE_GRAPICS. Durch die Compilerdirektive `{$I TURTLE.INC }`

wird die Include-Datei mit den Turtle-Grundroutinen eingelesen und mitübersetzt. Das aufgelistete Prozedurenpaket wird dann von allen folgenden Programmen verwendet.

```
(* --------- T U R T L E  -  I N C L U D E -------------- *)


  tturtle = Record
                xpos : Integer (*TURTLEPOSITION X*);
                ypos : Integer (*TURTLEPOSITION Y*);
                richtung : 0..359;
                stift : (up, down);
             End;


Var
  (* VARIABLEN DER TURTLE-GRAFIK *)
  turtle : tturtle;
  lastx, lasty : Integer (*MERKER F]R LINE*);



(* ---------- SCHILDKROETENGRAFIK - PROZEDUREN ---------- *)

Procedure line (x1, y1,(* TO *) x2, y2 : Integer);
  Var
    empty : Boolean;

  Procedure clip(Var x1, y1, x2, y2:Integer;
                 Var empty:Boolean);

    Type richtung=Set Of (l,r,o,u);

    Var x,y: Integer;
        c1,c2,c: richtung;

    Procedure check(x,y: Integer; Var c: richtung);
      Begin
      c := [];
      If x<xmin Then c := [l];
      If x>xmax Then c := [r];
      If y<ymin Then c := c+[u];
      If y>ymax Then c := c+[o];
      End;
```

```
Begin
check(x1,y1,c1);
check(x2,y2,c2);
While ((c1<>[]) Or (c2<>[])) And ((c1*c2)=[]) Do
  Begin
  If c1<>[] Then c:=c1 Else c:=c2;
  If l In c Then
    Begin
    x := xmin;
    y := Trunc(y1+(y2-y1)*(xmin-x1)/(x2-x1));
    End
  Else If r In c Then
    Begin
    x := xmax;
    y := Trunc(y1+(y2-y1)*(xmax-x1)/(x2-x1));
    End
  Else If u In c Then
    Begin
    y := ymin;
    x := Trunc(x1+(x2-x1)*(ymin-y1)/(y2-y1));
    End
  Else If o In c Then
    Begin
    y := ymax;
    x := Trunc(x1+(x2-x1)*(ymax-y1)/(y2-y1));
    End;
  If c=c1 Then
    Begin x1 := x; y1 := y; check(x,y,c1) End
  Else
    Begin x2 := x; y2 := y; check(x,y,c2) End;
  End (*WHILE...*);
empty := (c1<>[]);
End (*CLIP*);

Begin (*LINE*)
clip(x1,y1,x2,y2,empty);
If Not empty Then
  Begin
  (* MOVETO X1, Y1 *)
  If (lastx<>x1) Or (lasty<>y1) Then
    Writeln(Lst,'M ',x1,',',y1);
  (* DRAWTO X2, Y2 *)
  Writeln(Lst,'D ',x2,',',y2);
```

```
    lastx := x2; lasty := y2;
    End;
  End (*LINE*);


Procedure initturtle;
  Begin
  (* INIT PLOTTER *)
  Writeln(Lst);Writeln(Lst); Writeln(Lst);
  Writeln(Lst,':');
  (* INIT TURTLE *)
  Writeln(Lst,'M ',xmax Div 2,',',ymax Div 2);
  With turtle Do
    Begin
    xpos := xmax Div 2;
    ypos := ymax Div 2;
    richtung := 90;
    stift := up;
    End;
  End (*INITTURTLE*);


Procedure moveto(x, y : Integer);
  Begin
  If turtle.stift=down Then
    line(turtle.xpos,turtle.ypos,x,y);
  turtle.xpos := x;
  turtle.ypos := y;
  End (*MOVETO*);


Procedure forwrd(n : Integer);
  Const
    Pi=3.141592654;
  Var
    x, y : Integer;
  Begin
  x := turtle.xpos+Round(n*Cos(turtle.richtung/180*Pi));
  y := turtle.ypos+Round(n*Sin(turtle.richtung/180*Pi));
  If turtle.stift=down Then
    line(turtle.xpos,turtle.ypos,x,y);
  turtle.xpos := x;
  turtle.ypos := y;
  End (*FORWRD*);
```

```
Procedure back(n : Integer);
  Const
    Pi=3.141592654;
  Var
    x, y : Integer;
  Begin
  x := turtle.xpos-Round(n*Cos(turtle.richtung/180*Pi));
  y := turtle.ypos-Round(n*Sin(turtle.richtung/180*Pi));
  If turtle.stift=down Then
    line(turtle.xpos,turtle.ypos,x,y);
  turtle.xpos := x;
  turtle.ypos := y;
  End (*BACK*);

Procedure turnto(w : Integer);
  Begin
  turtle.richtung := w Mod 360;
  End (*TURNTO*);

Procedure right(w : Integer);
  Begin
  If turtle.richtung-w<0 Then
    turtle.richtung := turtle.richtung+360-w
  Else
    turtle.richtung := turtle.richtung-w;
  End (*RIGHT*);

Procedure left(w : Integer);
  Begin
  turtle.richtung := (turtle.richtung+w) Mod 360;
  End (*LEFT*);

Procedure penup;
  Begin
  turtle.stift := up;
  End (*PENUP*);

Procedure pendown;
  Begin
  turtle.stift := down;
  End (*PENDOWN*);
```

Doch nun zum ersten Schildkrötenprogramm. Es zeichnet 36 mal ein Quadrat, jeweils um den Winkel 10 Grad versetzt. Dabei liegt die erste Ecke des Quadrats immer auf dem selben Punkt.

```
CONST
  (* ZEICHENFELDBEGRENZUNG - DIESE 4 KONSTANTE
     MUESSEN IMMER VORHANDEN SEIN! *)
  xmin=0; xmax=1500;
  ymin=0; ymax=1500;

VAR
  (* VARIABLEN DES PROGRAMMS*)
  i, j : Integer;

(*$I TURTLE.INC   TUTLEGRAFIK EINBINDEN*)

BEGIN (* HAUPTPROGRAMM *)
initturtle;
pendown;
FOR i:=1 TO 36 DO
  BEGIN
  FOR j:=1 TO 4 DO
    BEGIN
    forwrd(400);
    right(90);
    END;
  right(10);
  END;
penup;
END.
```

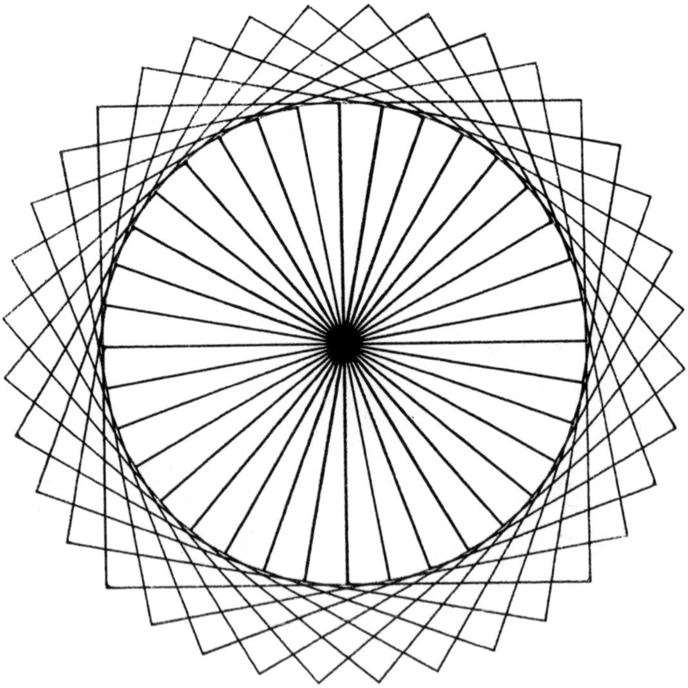

Abb. 8-2 Der erste Versuch mit der Turtle-Grafik

Ist Ihnen übrigens aufgefallen, daß die Prozedur FORWARD im Turtle-Include ihres A beraubt wurde und nun FORWRD heißt? Der Grund dafür ist, daß in Pascal das Wort FORWARD bereits reserviert ist und nicht verwendet werden darf.

Im nächsten Programm wird es schon interessanter. Dort haben wir eine LOGO typische Konstruktion, eine recursive (selbstaufrufende) Prozedur. In der Spiralprozedur findet sich übrigens auch das Quadrat wieder. Sie zeichnet um einen bestimmten Winkel versetzt, spiralförmig wachsende Quadrate (Abb. 8-3).

```
Program turtle_graphics;

CONST
  xmin=0; xmax=1500;
  ymin=0; ymax=1500;

VAR
  i, j : Integer;

(*$I TURTLE.INC  TUTLEGRAFIK EINBINDEN*)

Procedure spirale(seite, winkel : Integer);
  VAR i : Integer;
  BEGIN
  IF seite< 400 THEN
    BEGIN
    FOR i:=1 TO 4 DO
      BEGIN
      forwrd(seite);
      right(90);
      END;
    left(winkel);
    spirale(seite+10,winkel);
    END;
  END;


BEGIN (* HAUPTPROGRAMM *)
Writeln('SEITE UND WINKEL EINGEBEN');
Readln(i,j);
initturtle;
```

```
pendown;
spirale(i,j);
initturtle;
END.
```

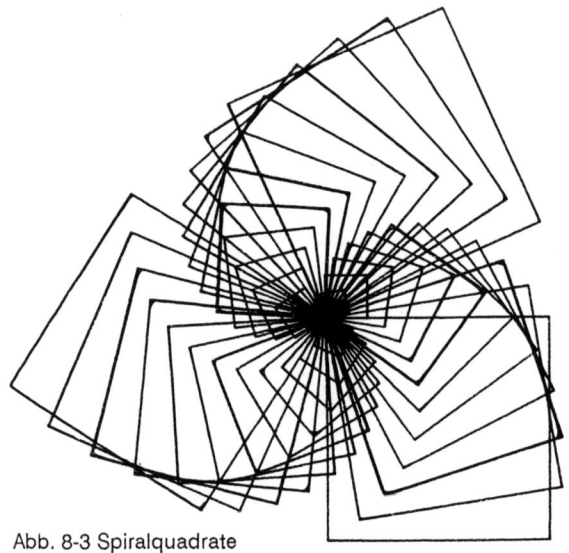

Abb. 8-3 Spiralquadrate

Es lohnt sich, mit verschiedenen Winkeln und Seiten zu experimentieren. In Abb. 8-4 wurde beispielsweise das Quadrat weggelassen. Die Eingabewerte waren hier 10,144. Sie sehen die Schildkrötengrafik bietet recht viele Möglichkeiten mit wenigen Programmzeilen.

```
Program turtle_graphics;

CONST
    xmin=0; xmax=1500;
    ymin=0; ymax=1500;

VAR
    i, j : Integer;

(*$I TURTLE.INC  TUTLEGRAFIK EINBINDEN*)
```

```
Procedure vspirale(seite, winkel : Integer);
  BEGIN
  IF seite< 1000 THEN
    BEGIN
    forwrd(seite);
    right(winkel);
    vspirale(seite+10,winkel);
    END;
  END;

BEGIN (* HAUPTPROGRAMM *)
Writeln('SEITE UND WINKEL EINGEBEN');
Readln(i,j);
initturtle;
pendown;
vspirale(i,j);
initturtle;
END.
```

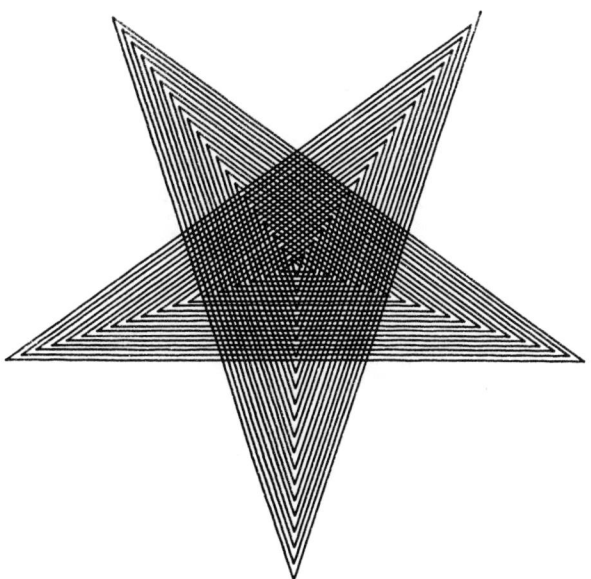

Abb. 8-4 Spiralprogramm ohne Quadrate

Beim Programmieren wachsen die Bäume oft nicht in den Himmel, sondern nach unten (weil bei der Darstellung von Bäumen die Wurzel immer ganz oben gezeichnet wird, und die Äste nach unten verzweigen).

In Logo, also mit der Schildkrötengrafik, können wir den Baum nach oben wachsen lassen. Ich möchte das Programm einmal Schritt für Schritt entwicklen. Dazu nehme ich einen sehr einfachen Baum, bei dem sich die Äste nur in zwei Zweige gabeln, die jeweils nach links und rechts im Winkel von 45 Grad abgehen. Das recursive Schema scheint sofort klar:

Ein Baum teilt sich in zwei Äste, die sich selbst wieder in je zwei Äste teilen, die.... und so fort. Also:

```
Procedure Baum (Höhe, Level);
 begin
 falls Level = 0
    fertig!
 sonst:
    Forward (Höhe)          (* Stamm des Astes  *)
    Left (45)               (* der linke        *)
    Baum (Höhe/2, Level-1)  (*           Zweig  *)
    Right (45)              (* wieder auf Mitte *)
    Right (45)              (* der rechte       *)
    Baum (Höhe/2, Level-1)  (*           Zweig  *)
    Left (45)               (* wieder auf Mitte *)
    end;
```

Wichtig ist der letzte Befehl. Denn nur wenn der vorhanden ist, verlassen wir einen Ast so, wie wir ihn betreten haben. In Abb. 8-5 sehen Sie das Ergebnis meiner Bemühungen.

```
Program turtle_graphics;
(*$A-*)
CONST
  xmin=0; xmax=1500;
  ymin=0; ymax=1500;

VAR
  i,j : Integer;

(*$I TURTLE.INC  TUTLEGRAFIK EINBINDEN*)

Procedure baum(h, l : Integer);
  BEGIN
  IF l>0 THEN
    BEGIN
```

```
      forwrd(h);
      left(45);
      baum(h DIV 2,l-1);
      right(90);
      baum(h DIV 2,l-1);
      left(45);
      back(h);
      END;
  END;

BEGIN (* HAUPTPROGRAMM *)
Writeln('H UND L EINGEBEN');
Readln(i,j);
initturtle;
moveto(xmax DIV 2,10);
pendown;
baum(i,j);
initturtle;
END.
```

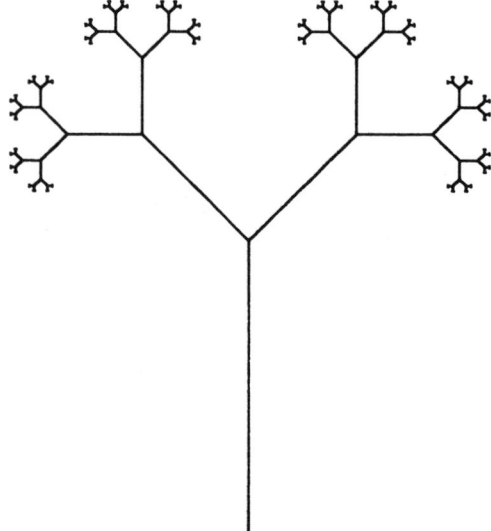

Abb. 8-5 ein "Schildkrötenbaum"

Wenn Sie es natürlich lieber etwas buschiger hätten, bitte sehr. Dann ist das folgende Programm genau richtig für Sie. Dort ist der Baum etwas "aufgemotzt". Es wird ein Winkel zusätzlich eingeführt und der ganze Baum etwas linkslastig gemacht. Die Zeichnung im Abb. 8-6 wurde mit den Parametern 60, 15 und 8 angefertigt. Auch hier lohnt es sich einmal verschiedene Büsche zu probieren. Weitere Beispiele für die Turtle-Grafik finden Sie im letzten Kapitel, das den schönen Titel trägt: "Zeit verschwenden mit dem Plotter".

```
Program turtle_graphics;
(*$A-*)
CONST
  xmin=0; xmax=1500;
  ymin=0; ymax=1500;

VAR
  i, j, k : Integer;

(*$I TURTLE.INC  TUTLEGRAFIK EINBINDEN*)

Procedure baum(h, w, l : Integer);
  BEGIN
  IF l>0 THEN
    BEGIN
    left(w);
    forwrd(2*h);
    baum(h,w,l-1);
    back(2*h);
    right(2*w);
    forwrd(h);
    baum(h,w,l-1);
    back(h);
    left(w);
    END;
  END;

BEGIN (* HAUPTPROGRAMM *)
Writeln('HOEHE, WINKEL UND LEVEL EINGEBEN');
Readln(i,j,k);
initturtle;
moveto(2*(xmax DIV 3),ymax DIV 5);
pendown; baum(i,j,k);
END.
```

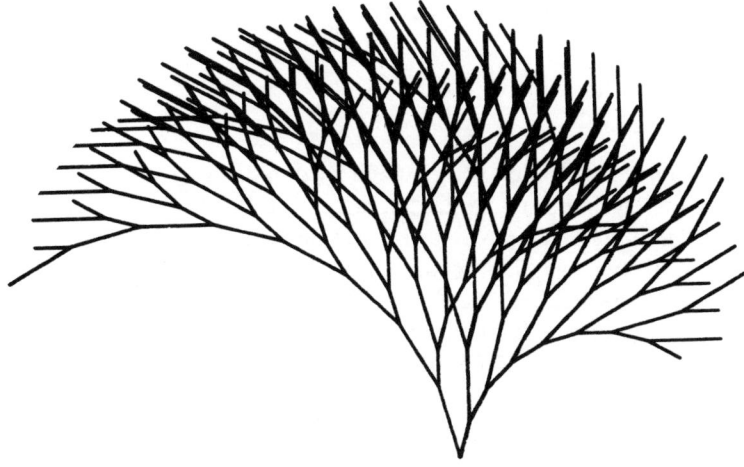

Abb. 8-6 Der "Schildkrötenbusch"

Haben Sie bemerkt, daß die gesamtge Turtle-Geometrie mit Integer-Zahlen arbeitet?

Das macht die Turtle-Grafik auch für die Assembler-Programmierung interessant. Man kommt hier schon mit 16-Bit-Zahlen aus. Auch für Sinus und Cosinus gibt es Lösungen. Da der kleinste Schritt ein Grad beträgt, legt man eine Tabelle der Sinus-werte für den Bereich von 0 bis 99 Grad fest. Alle anderen Sinus- und Cosinuswerte lassen sich aus dieser Tabelle entnehmen. Multipliziert man den Sinus mit 2 hoch 15, erhält man auch ganze Zahlen für den Sinus. Die Tabelle und das Programm dazu lassen sich in einem Viertel Kilobyte unterbringen. Das Ganze läuft nach folgendem Schema ab:

```
1)   β := β MOD 360;
2)   cos(β) = sin(β) + 90;
3)   β im Bereich   β berechen nach      Vorz.
     ---------------------------------------------
          0.. 89       β := Tabelle(β)       +
         90..179       β := 180 - β          +
        180..269       β := β - 180          -
        270..359       β := 360 - β          -
```

9 Schraffieren und Flächenfüllen

Ein Algorithmus zum (farbigen) Füllen von Flächen wird in der Präsentations-Grafik (s. Balkendiagramme) bei der Zeichnung von Werkstücken mit Schnittflächen und im CAD-Bereich benötigt. Man muß bei den Verfahren zum Füllen von Flächen zwischen Routinen für den Bildschirm und solchen für den Plotter unterscheiden. Die Möglichkeit, beim Bildschirm die Farbe eines Bildpunktes feststellen zu können, macht die Füll-Algorithmen sehr viel einfacher. Da das Füllen immer als Folge von Punkten, also in Form von Linien erfolgt, kann man das Schraffieren als Sonderform des Flächenfüllens betrachten oder das Füllen als Sonderform des Schraffierens.

Da die Schrittweiten beim Plotter oder Bildschirm immer eine minimale, ganzzahlige Länge besitzen, kann man alle darstellbaren Flächen, also auch Kreisflächen, als Polygon (= Vieleck) betrachten, also als eine, von beliebigen geraden Linien begrenzte, Fläche. Sie erinnern sich, auch der Plotter setzt Linien aus Einzelschritten zusammen. Diese Polygone sind in fast allen Fällen durch die Folge ihrer Eckpunkte definiert.

9.1 Flächenfüllen am Bildschirm

Mit Fläche ist hier eine Region gemeint, die durch eine ununterbrochene Reihe von Bildpunkten umschlossen ist. Nebenbei - alles, was hier über Schwarzweiß-Grafik gesagt wird, läßt sich auch auf Farbe übertragen. Unsere Aufgabe ist es, ein weißes Polygon mit dunkler Innenfläche Weiß auszufüllen. In nahezu allen Realisierungen von Grafikbildschirmen läßt sich feststellen, ob ein bestimmter Bildpunkt (= Pixel) hell oder dunkel ist. Dann ergibt sich als erster Ansatz für einen Flächenfüll-Algorithmus in schwarz-weiß:

1) Wähle einen Punkt innerhalb des Polygons.
2) Ist der Punkt schwarz, dann mache ihn Weiß.
3) Versuche es mit allen vier benachbarten Punkten.
4) Sind alle Nachbarpunkte weiß, dann ist das Polygon gefüllt.

Es bietet sich also das folgende recursive Programmstück an.

```
Procedure füllen (X,Y : integer);
  begin
  if  Pixel(X,Y) = schwarz then
    begin
    Pixel(X,Y) := weiß;
    Fülle(X,Y - 1);
    Fülle(X,Y + 1);
    Fülle(X -1,Y);
    Fülle(X + 1, Y);
    end;
end;
```

Der Nachteil der Prozedur Fülle liegt auf der Hand. Durch die recursiven Aufrufe wird beliebig viel Speicher belegt und der Algorithmus ist zudem recht langsam. Es muß also eine Lösung gefunden werden, die weniger recursiv ist und effizienter arbeitet. Um das zu erreichen, bearbeitet man die Fläche nicht Punkt für Punkt - sondern zeilenweise. Betrachten Sie dazu Abb. 9-1. Der Algorithmus ist komplexer:

1) Beginne etwa in der Bildmitte.

2) Fülle diejenige Zeile mit weißen Punkten, in der der Startpunkt liegt.

3) Untersuche die darüberliegende Zeile, von rechts nach links, und speichere alle Punkte, deren Nachbar bereits hell ist, in dieser Reihenfolge auf einem Stack.

4) Verfahre genauso mit allen Punkten in der darunterliegenden Zeile.

5) Verwende das oberste Element des Stacks als neuen Startpunkt. Wenn der Stack nicht leer ist, mache weiter bei 1) im anderen Fall ist das Polygon gefüllt.

Damit der Algorithmus nicht ins Leere läuft, wenn der Bildrand erreicht ist, kann man zusätzlich eine Randüberwachung einbauen, die den Wert "Weiß" zurückgibt, wenn der Rand erreicht ist.

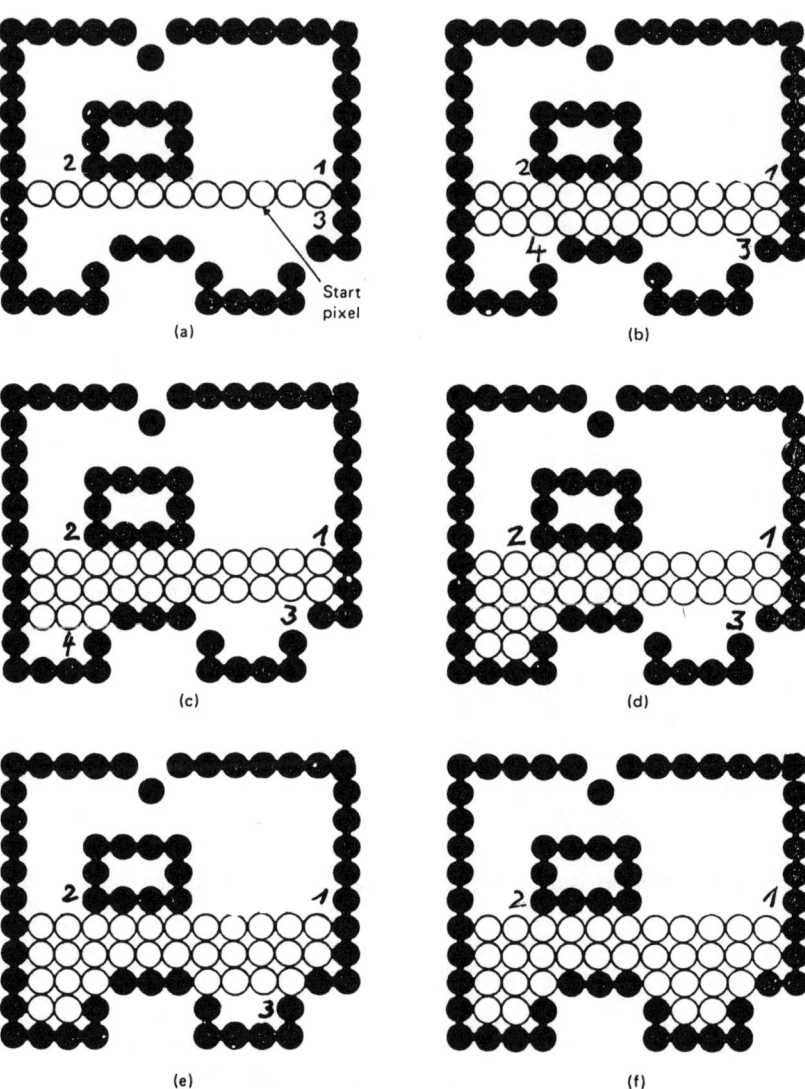

Abb. 9-1 Flächenfüllen auf dem Rasterschirm

Das sieht etwa so aus:

```
Function Point_Drawn (X,Y: integer) : farbe;
  begin
  if  (X<xmin) or (X>xmax) or (Y<ymin) or (Y>ymax) then
     pixelwert := weiß
  else
     pixelwert := pixel(X,Y);
  end;
```

Der fertige Flächenfüll-Algorithmus ist folgenden Programm ausgeführt.
Für das Speichern der Punkte ist ein Stack realisiert, der über die
Prozeduren Push (= Werte auf dem Stack ablegen) und Pop (= Werte aus
dem Stack holen) sowie über die Leertestfunktion angesprochen werden
kann. Für den Zugriff auf den Bildschirm wurden zwei Pseudo-Routinen
eingeführt: "Point_Drawn", die feststellt, ob das Pixel hell oder
dunkel ist, und "Draw_Point", die das entsprechende Pixel setzt. Die
Recursion wird also durch einen einfachen Werte-Stack ersetzt.

```
Function Point_Drawn(X, Y :Integer): Boolean;
  { Feststellen, ob der Punkt gezeichnet ist }
  begin
  Point_Drawn := GetDotColor(X,Y) <> 0
  { Point_Drawn > 0, wenn Punkt gesetzt ist,
    Point_Drawn < 0, wenn Rand erreicht ist,
    Point_Drawn = 0, Wenn Punkt schwarz ist. }
  end;

Procedure Draw_Point(X, Y : Integer);
  { Punkt (X, Y) setzen }
  begin Plot(X,Y,1) end;

Procedure Fill_Area(X, Y : Integer);
  { Flaechen fuellen }
  Type Stack_Ptr = ^ Stack;
       Stack     = Record
                       X, Y : Integer;
                       Next : Stack_Ptr;
                   End;
```

```
Var Root         : Stack_Ptr;
    Up_Gesetzt   : Boolean;
    Down_Gesetzt : Boolean;
    Finish       : Boolean;

Procedure Push (XP, YP : Integer);
  { Punkt auf den Stack }
  Var P : Stack_Ptr;
  Begin
  New (P);
  with P^ do
    begin X := XP; Y := YP; Next := Root end;
  Root := P;
  End;

Procedure Pop (var XP, YP : Integer);
  { Punkt vom Stack holen }
  Var P : Stack_Ptr;
  Begin
  P := Root;
  with P^ do
    begin XP := X; YP := Y; Root := Next end;
  Dispose (P);
  End;

Begin { Fill_Area }
  Root   := nil;
  Finish := False;
  Repeat
    While not Point_Drawn (Succ(X), Y) do { ganz nach rechts gehen }
      X := Succ(X);
    Up_Gesetzt   := True;
    Down_Gesetzt := True;
    Repeat
      Draw_Point (X, Y);                    { aktuellen Punkt setzen }
      If Point_Drawn (X, Succ(Y)) then { darueberliegende Zeile }
        Up_Gesetzt := True                  { merken: Punkt gesetzt }
      else
        If Up_Gesetzt then                  { Punkt (X+1,Y+1) war gesetzt }
          Begin
            Push (X, Succ(Y));              { Punkt-Position speichern }
            Up_Gesetzt := False;
          End;
```

```
      If Point_Drawn (X, Pred(Y)) then    { darunterliegende Zeile }
        Down_Gesetzt := True              { merken: Punkt gesetzt }
      else
        If Down_Gesetzt then              { Punkt (X+1,Y-1) war gesetzt }
          Begin
            Push (X, Pred(Y));            { Punkt-Position speichern }
            Down_Gesetzt := False;
          End;
        X := Pred(X);                      { einen Punkt nach links }
      until Point_Drawn (X, Y);           { bis die Zeile gefllt ist }
      If Root <> nil then                 { anschlieaend Stack abarbeiten }
        Pop (X, Y)
      else                                { Wenn der Stack leer ist -> fertig }
        Finish := True;
    until Finish;
End { Fill_Area };
```

9.2 Schraffieren von Rechteckflächen

Beim Schraffieren auf dem Plotter geht es nicht so leicht, wie beim
Bildschirm. Denn dort sind meist nur die Eckpunkte eines Polygons
bekannt, nicht aber die Punkte der Linie. Außerdem ist das Berechnen
der Linienpunkte viel zu aufwendig.

Fangen wir doch mit etwas Einfachem an, nämlich dem Schraffieren von
achsenparallelen Rechtecken. Mit den bereits in Kapitel 6 behandelten
Transformationsroutinen kann man damit beliebig orientierte Rechteckflächen bearbeiten. Das Programm ist ein Ableger des weiter vorne
behandelten Histogramm-Zeichners. Neu ist hier die Prozedur HATCH, die
das Schraffieren der Balken übernimmt. Als Angaben braucht sie die
linke, untere Ecke des Rechteckes (X,Y), seine Breite und Höhe
(BREITE,HÖHE), den Abstand der einzelnen Schraffurlinien und den
Schraffurwinkel. Es gibt beim Winkel nur vier Varianten:

0) waagerechte Linien
1) Linien 45 Grad zu X-Achse
2) vertikale Linien
3) Linien 135 Grad zur X-Achse

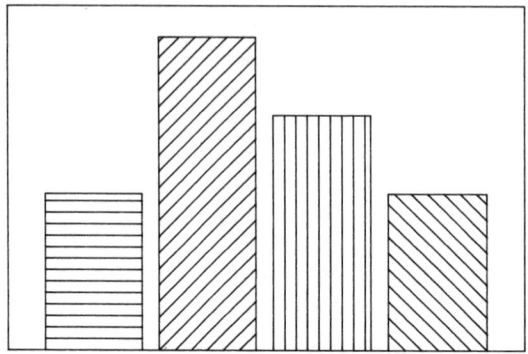

Abb. 9-2 Schraffieren von Rechteckflächen

Die Programmteile für waagerechte und vertikale Linien sind simpel.
Bei den schrägen Linien stellt sich das Problem, daß in der unteren
und oberen Ecke die Linien richtig abgeschnitten werden müssen. Wir
könnten an dieser Stelle auch den generellen Clipping-Algorithmus
verwenden.

Der ist aber viel zu leistungsfähig für den Schraffuralgorithmus, da
ja nur die X-Werte gekappt werden müssen. Darum hat die Prozedur einen
eigenen, einfachen Abschneide-Algorithmus. Um auch die untere Ecke
vollständig auszufüllen, muß nicht bei Y sondern bei Y-BREITE angefangen werden. Das Y-Inkrement ist bei den schrägen Linien gleich dem
Arcustangens von der Wurzel aus zwei.
Wie das Histogramm dann aussieht, zeigt Abb. 9-2. Man kann weitere
Balkenunterscheidungen erzeugen, indem man zum Beispiel die Typen 0
und 2 oder die Typen 1 und 3 kombiniert. Versuchen Sie doch ein Programm zu schreiben, daß einen Balken horizontal unterteilt und die
einzelnen Felder unterschiedlich schraffiert. Damit lassen sich dann
zweidimensionale Datenfelder als Histogramm darstellen.

```
Program histogramm;

Const
   xdots=1800.0 (* PUNKTE IN X-RICHTUNG*);
   ydots=1200.0 (* PUNKTE IN Y-RICHTUNG*);
   steps=300    (* MAXIMALZAHL MESSPUNKTE*);
```

```
Var
  xmin, xmax, ymax : Real;
  x, y : Array [1..steps] Of Real;
  anzahl : Integer;

Procedure moveto(x,y: Real);
  Begin
  Writeln(Lst,'M',Round(x),',',Round(y));
  End;

Procedure drawto(x,y: Real);
  Begin
  Writeln(Lst,'D',Round(x),',',Round(y));
  End;

Procedure initplot;
  Begin (* PLOTTER IN DEN GRUNDZUSTAND *)
  Writeln(Lst); Writeln(Lst); Writeln(Lst);
  Writeln(Lst,':');
  End;

Procedure hatch(x, y, breite, hoehe, abstand : Real;
                winkel : Integer);
  Const
    Pi=3.1415926;
  Var
    xa, ya, xe, ye, yz : Real;

  Procedure clip(Var xa ,ya, xe, ye : Real;
                 xmi, ymi, xma, yma : Real);
    Begin
    If ya<ymi Then
      Begin
      xa := xa+(xe-xa)*(ymi-ya)/(ye-ya);
      ya := ymi;
      End;
    If ye>yma Then
      Begin
      xe := xa+(xe-xa)*(yma-ya)/(ye-ya);
      ye := yma;
      End;
    End (*CLIP*);
```

```
Begin (*HATCH*)
  winkel := winkel Mod 4;
  If winkel=0 Then (*HORIZONTAL*)
    Begin
     ya := y+abstand;
     While (ya<y+hoehe) Do
       Begin
        moveto(x,ya);
        drawto(x+breite,ya);
        ya := ya+abstand;
       End;
    End
  Else If winkel=1 Then (*45 GRAD *)
    Begin
     abstand := abstand*Sqrt(2);
     yz := y-breite;
     While (yz<y+hoehe) Do
       Begin
        xa := x;
        xe := x+breite;
        ya := yz;
        ye := ya+breite;
        clip(xa,ya,xe,ye, x,y,x+breite,y+hoehe);
        moveto(xa,ya);
        drawto(xe,ye);
        yz := yz+abstand;
       End;
    End
  Else If winkel=2 Then (*VERTIKAL*)
    Begin
     xa := x+abstand;
     While (xa<x+breite) Do
       Begin
        moveto(xa,y);
        drawto(xa,y+hoehe);
        xa := xa+abstand;
       End;
    End
  Else (* IF WINKEL = 3 THEN 135 GRAD *)
    Begin
     abstand := abstand*Sqrt(2);
     yz := y-breite;
     While (yz<y+hoehe) Do
```

```
        Begin
        xa := x+breite;
        xe := x;
        ya := yz;
        ye := ya+breite;
        clip(xa,ya,xe,ye, x,y,x+breite,y+hoehe);
        moveto(xa,ya);
        drawto(xe,ye);
        yz := yz+abstand;
        End;
      End;
End (*HATCH*);


Procedure zeichne_rahmen;
  Begin
  moveto(0,0);
  drawto(xdots,0);
  drawto(xdots,ydots);
  drawto(0,ydots);
  drawto(0,0);
  End;


Procedure messwert_eingabe;
  Var i : Integer;
      h : Real;
  Begin
  Repeat
    Write('ANZAHL MESSWERTE: '); Readln(anzahl);
    If anzahl>steps Then Writeln('ZUVIELE WERTE');
  Until anzahl<=steps;
  Write('MESSWERT 1 (X Y): ');
  Readln(x[1],y[1]);
  xmin := x[1]; xmax := xmin;
  ymax := y[1];
  For i:=2 To anzahl Do
    Begin
    Write('MESSWERT ',i,' (X Y): ');
    Readln(x[i],y[i]);
    If x[i]>xmax Then xmax := x[i];
    If x[i]<xmin Then xmin := x[i];
    If y[i]>ymax Then ymax := y[i];
    End;
  h := xmax-xmin;
```

```
xmax := xmax+h/anzahl; xmin := xmin-h/anzahl;
ymax := ymax+0.1*ymax;
End;


Procedure zeichne_histogramm;
  Var i: Integer;
      dx, dy, breite, xakt, yakt : Real;
  Begin
  dx := xdots/(xmax-xmin);
  dy := ydots/ymax;
  breite := xdots/(anzahl+1)-20;
  For i := 1 To anzahl Do
    If x[i]<>0 Then
      Begin
      xakt := (x[i]-xmin)*dx;
      yakt := y[i]*dy;
      moveto(xakt-breite/2,0);
      drawto(xakt-breite/2,yakt);
      drawto(xakt+breite/2,yakt);
      drawto(xakt+breite/2,0);
      hatch(xakt-breite/2,0,breite,yakt,40,i-1);
      End;
  End;


Begin
messwert_eingabe;
initplot;
zeichne_rahmen;
zeichne_histogramm;
moveto(0,0);
End.
```

9.3 Schraffur von Polygonflächen

Das Problem beim Polygon ist das Hinterschneiden von Kanten.
Betrachten wir dazu Abb. 9-3, die ein Polygon mit 10 Ecken zeigt. Eine
Schraffurlinie besteht unter Umständen aus mehreren Teilstücken. Da in
der Regel auch nur die Koordinaten der Eckpunkte des Polygonzugs be-
kannt sind, müssen für jede Schraffur gerade die Schnittpunkte mit den
Kanten (Verbindunglinien) des Plygons berechnet werden.

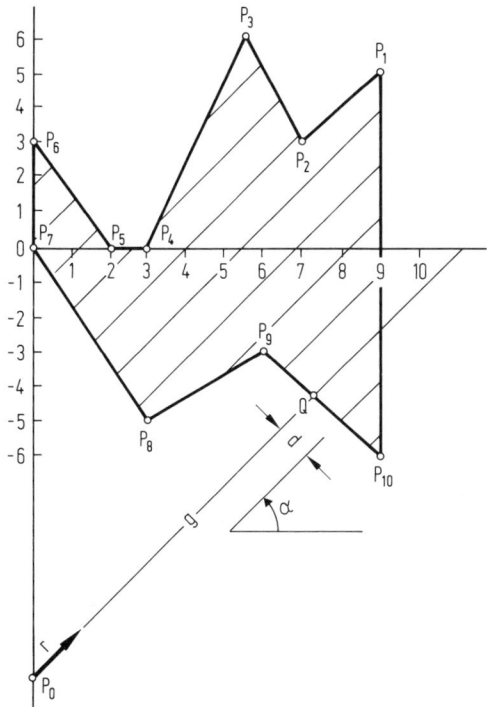

Abb. 9-3 Schraffieren eines Zehnecks im Winkel von 45 Grad

Ein Punkt auf der Schraffurgeraden befindet sich genau dann innerhalb des Polygons, wenn die Zahl der Schnittpunkte ungerade ist. Mit anderen Worten, muß der erste Schnittpunkt mit dem zweiten, der dritte mit dem vierten verbunden werden und so weiter. Gefährlich wird es, wenn eine Schraffurlinie auf einen Eckpunkt des Polygons trifft. Wenn zum Beispiel eine Gerade durch P9 in Abb. 9-3 laufen würde, ergäben sich bei der Berechnung unter Umständen zwei Schnittpunkte, die beide gleich P9 wären. Die Linie hinter P9 würde dann nicht gezeichnet. P9 darf dann nur einmal gezählt werden.

Anders wäre es bei einer waagerechten Schraffurlinie durch P9; in diesem Falle muß P9 zweimal gezählt werden. Wir sehen, der Sonderfall hängt auch noch vom Schraffurwinkel ab. Man geht solchen Sonderfällen am einfachsten aus dem Weg, wenn man die Schraffurgerade um einen minimalen, nicht sichtbaren Betrag verlegt und so den Schnitt mit einem Eckpunkt vermeidet.

In der Literatur sind zwei Algorithmen für die Polygonschraffur weit
verbreitet, die auch noch eine annähernd gleiche Bezeichnung tragen,
der (YX)-Algorithmus und der Y-X-Algorithmus.

9.3.1 Der (YX)-Algorithmus:

Zunächst werden alle Schnittpunkte aller Schraffurgeraden (Scan-Line)
mit dem Polygon berechnet. Anschließend wird die Schnittpunktliste
zuerst nach Y und dann nach X sortiert. Die Sortiervorschrift lautet:

wenn $y_i < y_i + 1$ ist, steht (x_i, y_i) vor $(x_i + 1, y_i + 1)$;

wenn $y_i = y_i + 1$ ist, steht (x_i, y_i) vor $(x_i + 1, y_i + 1)$ nur dann,
  wenn $x_i < x_i + 1$ ist.

Danach werden Linien von (x_i, y_i) nach $(x_i + 1, y_i + 1)$ gezeichnet, wobei i
bei 1 beginnt.

9.3.2 Der Y-X-Algorithmus

Diese Methode ist der vorhergehenden sehr ähnlich. Es werden auch hier
zunächst die Schnittpunkte der Schraffurgerade mit dem Polygon ermittelt. Man betrachtet hier aber nicht alle, sondern nur eine Schraffurgerade, die meist nur aus einem Dutzend Werten oder weniger besteht.
Es wird nur diese kleine Anzahl von Werten nach Y und X sortiert und
dann die eine Scan-Linie gezeichnet.
Um nicht das gesamte Zeichenfeld bearbeiten zu müssen, werden bei
allen Algorithmen zunächst die Minima und Maxima für X und Y, für das
gesamte Polygon bestimmt, und so nur in einem hypotetischen Rechteck
gearbeitet, von dem das Polygon umschlossen wird.

9.3.3 Der Plotter-Algorithmus

Es soll nun ein Schraffur-Algorithmus vorgestellt werden, der nach dem
Y-X-Algorithmus arbeitet und mit möglichst wenig Rechenaufwand aus-
kommt. Der Algorithmus arbeitet in Plotterkoordinaten und läßt
Schraffurlinien mit beliebigem Winkel und Abstand zu. Das Polygon wird
in zwei Vektoren X und Y übergeben, welche die Koordinaten der N Poly-
gon-Ecken enthalten. Das Programm ergänzt den geschlossenen Polygon-
Zug durch die Annahme $XN + 1 = X1$ und $YN + 1 = Y1$.

Die zu schraffierende Fläche ist also durch die fortlaufend numerierten Eckpunkte P1 bis P10 gegeben. Für die Erläuterung des Algorithmus können wir eine Schraffurlinie herausgreifen. In Abb. 9-3 ist dies die Gerade G. Sie schneidet die Polygon-Kante P9-P10 in einem Punkt Q, den es zu berechnen gilt.

Den Schnittpunkt zweier Geraden bestimmt man durch Gleichsetzen der beiden Geraden-Gleichungen. Es müssen also diese Gleichungen ermittelt werden. Die Gleichung der Geraden durch P9 und P10 lautet:

```
p = P9 + t * (P10 - P9),
```

Wobei P9 und P10 nicht zusammenfallen dürfen. Wenn t im Intervall von 0 bis 1 liegt, erhalten wir alle Punkte zwischen P9 und P10. Für andere Werte des Parameters t liefert die Gleichung beliebige Punkte auf der Geraden durch P9 und P10, die hier jedoch nicht von Interesse sind. Für die Komponenten von p gilt demnach:

```
X = X9 + t * (X10-X9)
Y = Y9 + t * (Y10-Y9)
```

Bleibt noch die Gerade g. Hier ist die Gleichung nicht so einfach zu ermitteln. Wir können jedoch einen Punkt P0 bestimmen, durch den g verläuft und daraus mit Hilfe des Richtungsvektors r, der vom Winkel der Schraffurlinien (den wollen wir w nennen) abhängt, die Geraden-Gleichung von g ermitteln:

```
g = P0 + s * r,
```

in Parameterform:

```
g:  X = X0 + s * cos (w)
    Y = Y0 + s * sin (w)
```

Der Schnittpunkt Q hat dann die Gleichung

```
P0 + s * r = P9 + t * (P10-P9)
```

oder in Parameterform:

```
X0 + s * cos (w) = X9 + t * (X10-X9)
Y0 + s * cos (w) = y9 + t * (Y10-Y9)
```

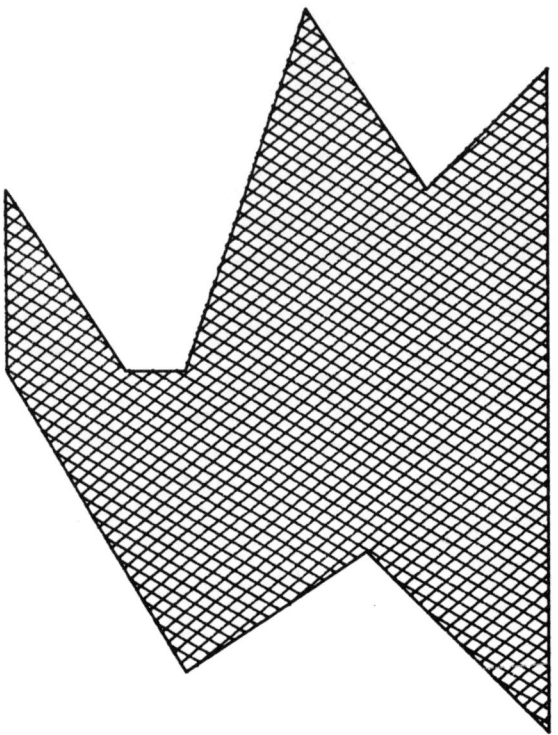

Abb. 9-4 Schraffur des Polygons aus Abb. 9-3

Aus diesen beiden Gleichungen lassen sich s und t berechnen. Der
Schnittpunkt hat die Gleichung

```
u = X9 + h * (X10-X9)
v = Y9 + h * (Y10-Y9)
```

wobei

```
      (Y0-Y9) * cos(w) - (X0-X9) * sin(w)
h = ---------------------------------------
      (Y10-Y9) * cos(w) - (X10-X9) * sin(w)
```

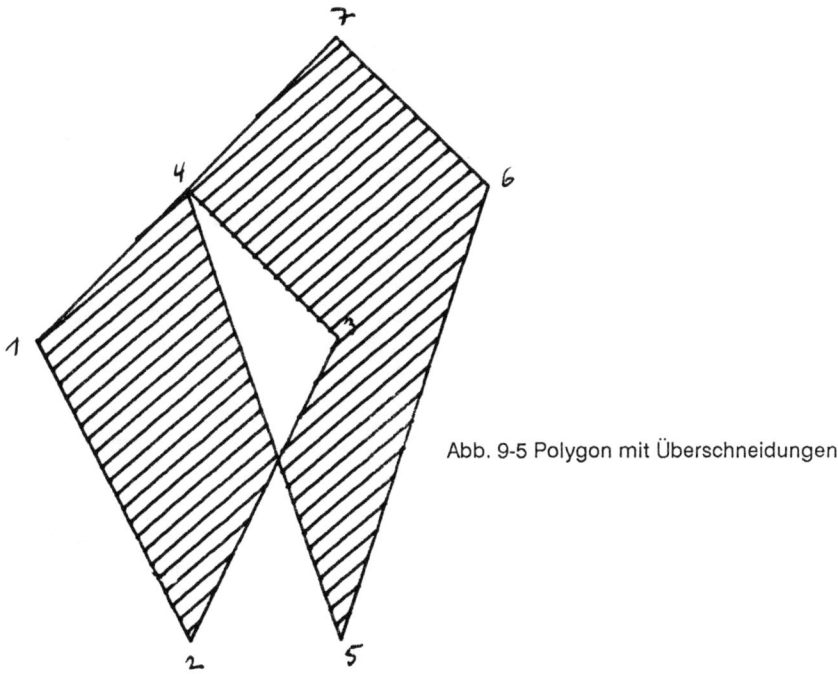

Abb. 9-5 Polygon mit Überschneidungen

ist. Der Schnittpunkt liegt genau dann zwischen P9 und P10, wenn gilt:

```
0 <= h <= 1.
```

Auf diese Weise werden alle Schraffurlinien berechnet. Was bisher verschwiegen wurde, war die Berechnung von P0. Dazu muß zunächst ermittelt werden, in welchem Bereich die Schraffurlinien liegen. Man könnte hier die gesamte Zeichenfläche nehmen und ähnlich wie beim Rechteck-Schraffieren die Schnittpunkte mit den Kanten der Zeichenfläche nehmen. Das würde die Berechnung jedoch sehr ungenau werden lassen. Es wird zunächst der unterste, linke Punkt und der oberste, rechte Punkt des Polygons gesucht. Alle Schraffurlinien liegen dann logischerweise in dem von diesen Punkten aufgespannten Rechteck. Für P0 ergibt sich dann:

```
X0 = Xi - sin (w) * Abst
Y0 = Xi - cos (w) * Abst
```

"Abst" ist der Abstand vom linken, unteren Punkt des Rechtecks. Diesen Rechenvorgang durchläuft man nun beginnend vom untersten Punkt des gedachten Rechtecks.

Es werden bei jeder Schraffurlinie die Schnittpunkte mit allen Polygon-Kanten berechnet und in den Feldern U und V gespeichert. Dabei werden, wie oben angegeben, nur jene beachtet, für die t im Bereich von 0 bis ausschließlich 1 liegt.

Wenn man das Programm nun laufen lassen würde und zum Schraffieren die Punkte (U,V) paarweise verbände, scheint zunächst alles in Ordnung - jedenfalls beim Beispiel aus Abb. 9-3. In Abb. 9-4 sehen Sie das Ergebnis, wobei mit zwei verschiedenen Schraffurwinkeln zweimal über das Polygon gegangen wurde. Will man aber ein Polygon mit Überschneidungen zeichnen, würde man Fehler feststellen. Die Fehler häufen sich mit zunnehmender Zahl der Überschneidungen.

Der Grund liegt im ungeordneten Vorliegen der Schnittpunkte in den Feldern U und V, da diese in der Reihenfolge der Kanten berechnet wurden. In Abb. 9-5 sind die Ecken des Polygons numeriert. Nimmt man eine Schraffurlinie in der oberen Hälfte des Polygons, dann würden die Schnittpunkte in der Reihenfolge der Kanten ermittelt.

```
Q1 von P1 - P2
Q2 von P4 - P5
Q3 von P3 - P4
Q4 von P6 - P7
```

Wenn diese Punkte paarweise verbunden werden, ergeben sich Linien von den Kanten P1-P2 nach P4-P5 und P3-P4 nach P6-P7, also eindeutig das Falsche.

Aus diesem Grund werden die Schnittpunkte in solchen Fällen der Größe nach sortiert und zwar abhängig vom Winkel der Schraffurlinien. Der Schraffurwinkel ist von 0 bis 179 Grad begrenzt. Liegt er im Bereich von 45 bis 135 Grad, gilt die Y-Komponente als Sortierkriterium, bei anderen Winkeln die X-Komponente. Das fertige Programm zeigt Abb. 133. Um die Prozedur "Hatchp" wurde noch ein Testrahmen herumgebaut. Bei der Wahl der Feldgröße für die Schnittpunkte (Typ "Kurzvektor") muß man die maximal mögliche Zahl der Schnittpunkte berücksichtigen. Im

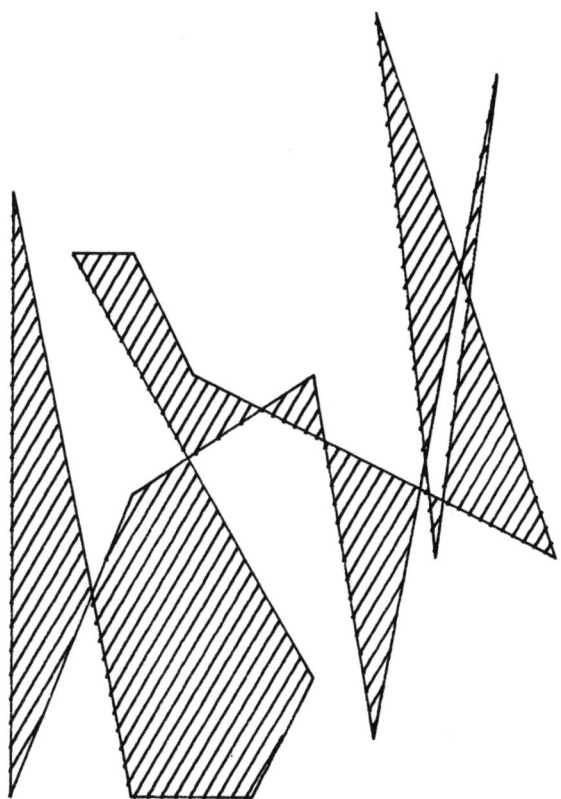

Abb. 9-6 Schraffur eines Polygons mit "verzwickter" Strutur

Testprogramm wird mit Plotter-Koordinaten gearbeitet, was aber keinen Einfluß auf den Schraffur-Algorithmus hat.

```
Program schraffur;
(*$R+*)
Const
  xdots=1800.0 (* PUNKTE IN X-RICHTUNG*);
  ydots=1800.0 (* PUNKTE IN Y-RICHTUNG*);
  steps=300    (* MAXIMALZAHL MESSPUNKTE*);


Type
  plotvektor = Array [1..steps] Of Real;
```

```
Var
  x, y : plotvektor;
  anzahl : Integer;
  w, dl:Real;

Procedure moveto(x,y: Real);
  Begin
  Writeln(Lst,'M',Round(x),',',Round(y));
  End;

Procedure drawto(x,y: Real);
  Begin
  Writeln(Lst,'D',Round(x),',',Round(y));
  End;

Procedure initplot;
  Begin (* PLOTTER IN DEN GRUNDZUSTAND *)
  Writeln(Lst); Writeln(Lst); Writeln(Lst);
  Writeln(Lst,':');
  End;

Procedure hatchp(w,abst:Real; n:Integer;
                 Var x,y:plotvektor);
  Const
    Pi=3.141592654;
    eps = 1.0e-15;
  Type
    kurzvektor = Array[1..30] Of Real;
  Var
    u, v: kurzvektor;
    hilf, t, co, si, x0, y0, max, min, d, dist : Real;
    i, m, imax, imin : Integer;

  Procedure minimax(Var min, max : Real; Var imin, imax : Integer);
    Var
      i : Integer;
      z : Real;
    Begin
    z := co*y[1]-si*x[1];
    max := z; min := z;
    imin := 1; imax := 1;
    For i:=2 To n Do
      Begin
```

```
    z := co*y[i]-si*x[i];
    If z<min Then Begin min := z; imin := i; End;
    If z>max Then Begin max := z; imax := i; End;
    End;
  End;

Procedure sort(n : Integer; Var u, v : kurzvektor);
  Var
    i, j : Integer;
    h : Real;
  Begin
  For i:=2 To n Do
    For j:=n Downto i Do
      If u[j-1]>u[j] Then
        Begin
        h := u[j-1]; u[j-1] := u[j]; u[j] := h;
        h := v[j-1]; v[j-1] := v[j]; v[j] := h;
        End;
  End;

Begin
co := Cos(w*Pi/180);
si := Sin(w*Pi/180);
x[n+1] := x[1]; y[n+1] := y[1];
minimax(min,max,imin,imax);
dist := co*(y[imax]-y[imin])-si*(x[imax]-x[imin]);
d := abst; dist := dist-abst/2;
Repeat
  x0 := x[imin]-si*d;
  y0 := y[imin]+co*d;
  m := 0;
  For i:=1 To n Do
    Begin
    hilf := co*(y[i+1]-y[i])-si*(x[i+1]-x[i]);
    If abs(hilf)>eps Then
      Begin
      t := co*(y0-y[i])/hilf-si*(x0-x[i])/hilf;
      If (0<=t) And (t<1) Then
        Begin
        m := m+1;
        u[m] := x[i]+t*(x[i+1]-x[i]);
        v[m] := y[i]+t*(y[i+1]-y[i]);
        End;
```

```
        End;
      End;
   If m<>0 Then
      Begin
      If m>2 Then
         If (45<w) And (w<135) Then
            sort(m,v,u)
         Else
            sort(m,u,v);
      i := 1;
      Repeat
         moveto(u[i],v[i]);
         drawto(u[i+1],v[i+1]);
         i := i+2;
      Until i>m;
      End;
   d := d+abst;
   Until d>=dist;
End;


Procedure polynom_eingabe;
   Var i : Integer;
       h : Real;
   Begin
   Repeat
      Write('ANZAHL ECKEN: '); Readln(anzahl);
      If anzahl>steps Then Writeln('ZUVIELE WERTE');
   Until anzahl<=steps;
   Write('ECKE 1 (X Y): ');
   Readln(x[1],y[1]);
   For i:=2 To anzahl Do
      Begin
      Write('ECKE ',i,' (X Y): ');
      Readln(x[i],y[i]);
      End;
   End;


Procedure zeichne;
   Var i: Integer;
   Begin
   moveto(x[1],y[1]);
   For i := 2 To anzahl Do
      drawto(x[i],y[i]);
```

```
   drawto(x[1],y[1]);
   hatchp(w,dl,anzahl,x,y);
   End;


Begin
Write('SCHRAFFURWINKEL  '); Readln(w);
Write('SCHRAFFURABSTAND '); Readln(dl);


polynom_eingabe;
initplot;
zeichne;
moveto(0,0);
End.
```

Abb. 9-6 zeigt, daß der Algortihmus nun auch mit komplizierten Polygonen gut fertig wird. An einigen senkrechten Kanten sieht man übrigens, daß die Linie durch die Schraffur leicht "ausgefranst" wirkt. Das ist auf die mangelnde Genauigkeit der Real-Arithmetik, besonders bei der Berechnung von Sinus und Cosinus, zurückzuführen.

10 Ein Grafikpaket

Die meisten Plotter, deren Preis in einem vernünftigen Verhältnis zum Preis des Tisch- oder Mikrocomputers steht, haben keine Möglichkeit, die Zeichnung in Benutzer-Koordinaten zu skalieren. Auch besitzen nur wenige Plotter die Möglichkeit, Kurven zu interpolieren.

Man könnte nun generell in jedem Programm, das den Plotter verwendet, eigene Prozeduren für Skalierung und andere Dienste wie Kreiszeichnen und Interpolieren einbinden. Das führt neben einiger Mehrarbeit auch dazu, daß Routinen des einen oder anderen Programms nur nach Änderung in ein neues Programm eingebunden werden können. Ganz schlimm wird es, wenn ein neuer Plotter angeschafft werden muß. Dann sind alle vorhandenen Programme zu ändern. In diesem Kapitel soll ein komfortables Grafikpaket vorgestellt werden, das sich in beliebige Programme einbinden läßt und auch an verschiedene Plotter anpassen läßt, also auch an den Selbstbauplotter aus dem folgenden Kapitel. Die Anpaßbarkeit des System geht so weit, daß sich Grafiken sogar auf einem Epson-Kompatiblen, grafikfähigen Drucker ausgeben lassen.

10.1 Die Standardschnittstelle

Die Standardschnittstelle bildet eine Schicht zwischen den geräteabhängigen Zeichenbefehlen in Plotter- oder Druckerkoordinaten. Alle Benutzerprogramme bauen auf dieser Schnittstelle auf. Durch Anpassen oder Konfiguration der gerätespezifischen Teile der Standardschnittstelle sind sofort alle Benutzerprogramme auf neuen Geräten ablauffähig. Eine alternative Methode wäre es, wenn die Anwenderprogramme die Plotterbefehle in eine Datei schreiben und diese Datei dann von einem gerätespezifischen Plottertreiber bearbeitet wird.

Man kann sich dann zum Beispiel eine Kontrollzeichnung auf dem Drucker ausgeben und diese dann schön plotten, ohne nocheinmal zeitraubende Berechnungen durchführen zu müssen.

Eine solche Standardschnittstelle läßt sich recht einfach an verschiedene Plotter anpassen. Die plotterspezifischen Befehle werden in einer Datei, zum Beispiel mit dem Namen DEV.DEF (Device-Definition), gespeichert. Das Benutzerprogramm liest dann die Definitionen ein und verhält sich entsprechend.

Für Spezialgeräte wie Drucker, hochauflösender Bildschirm und Selbstbauplotter müssen die Treiber gesondert geschrieben werden. Diese lassen sich per Include-Anweisung oder anderen Methoden der Programmkombination einbinden.

Auf Quellniveau ist bei vielen Interpretern oder Compilern die Möglichkeit der Kombination von einzelnen Dateien möglich. Beim Turbo-Pascal-Compiler, der für die Beispiele in diesem Buch verwendet wurde, kann durch die Anweisung

```
(*$I Datei*)
```

an beliebiger Stelle eine Datei mit Quelltext eingelesen werden. In Basic-Interpretern gibt es meist die Option MERGE, mit der eine Datei mit Quelltext eingelesen werden kann. Die Grafikroutinen belegen dabei Zeilennummern, die für das Benutzerprogramm "verboten" sind; zum Beispiel alle Nummern von 50000 aufwärts. Ein weiterer Nachteil der meisten Basic-Dialekte besteht im Mangel an lokalen Variablen und Parameterlisten beim Aufruf von Unterprogrammen, also dem Fehlen einer Möglichkeit, die man sogar beim Assembler über Makros realisieren kann. Hier kann man sich nur durch einige Tricks behelfen. So kann man zum Beispiel alle lokalen Variablen der Prozeduren mit P und Q beginnen. Solche Variablen sind dann im Benutzerprogramm verboten. Parameternamen müssen fest vereinbart werden.

Doch zurück zum Plotterpaket. Soll das Paket universell anwendbar sein, muß man sich eigentlich auf den kleinsten Nenner der verwendeten Geräte festlegen, was zum Beispiel bedeuten würde, daß das Plotterpaket einen Kreisalgorithmus enthalten muß, wenn nur eines der Geräte keine eingebaute Kreisfunktion besitzt. Besser ist es jedoch, im Plotterpaket gerätespezifische Treiber vorzusehen, welche die Möglichkeiten des angeschlossenen Gerätes ausnützen. Man hat also mehrere Include-Dateien mit Plotter-Grundsoftware, deren Schnittstelle zum Benutzerprogramm immer gleich ist, deren Plot-Software aber geräteabhängig ist.

Das Plotterpaket besteht demnach immer aus zwei Teilen, einem gerätespezifischen Teil 1 und einem darauf aufbauenden allgemeinen Teil. Viele Routinen des Plotterpakets haben Sie schon als alleinstehende Prozeduren kennengelernt, sie tauchen im Plotterpaket wieder auf.

10.2 Die Grundsoftware

In diesem Abschnitt sollen die Routinen des Plotterpaketes mit ihren Aufgaben detailliert vorgestellt werden. Fangen wir mit der Zeichenfläche an. Der Plotter hat meist eine Zeichenfläche im Format DIN A4, DIN A3 oder größer, der Koordinatenursprung liegt in der linken, unteren Ecke. Alle Zeichenoperationen erfolgen in Plotterkoordinaten mit einer Schrittweite von 0.1 mm oder 0.01 mm. Alle Plotbefehle müssen also in Benutzerkoordinaten umgesetzt (= skaliert) werden. Für jeden Plotter brauchen wir also die Konstanten:

EPS
> Zahl der Plotterschritte für eine Strecke von 1 mm. Sind die Werte für die X-Achse und die Y- Achse unterschiedlich, muß sogar ein Korrekturfaktor für eine der Achsen eingeführt werden.

HMAX
> Maximaler Y-Wert in Plotterschritten

WMAX
> Maximaler X-Wert in Plotterschritten

Zu Beginn des Zeichnens muß der Plotter auf den Einschaltzustand zurückgesetzt und ein Zeichenfenster definiert werden.

Window (Xo,Yo,B,H)
> Definieren eines Zeichenfensters auf der Plotterzeichenfläche, das seine linke, untere Ecke am Punkt (Xo,Yo) hat und B Schritte breit, sowie H Schritte hoch ist. Gleichzeitig wird der Plotter zurückgesetzt. Alle Linien, die außerhalb des Fensters liegen, werden nicht gezeichnet.

Frame
> zeichnet einen Rahmen um das mit Window ausgewählte Fenster.

Scale (X1, X2, LX, Y1, Y2, LY)
> Skalieren des Zeichenfensters von X1 bis X2 auf der X-Achse und von Y1 bis Y2 auf der Y-Achse. Ist LX = True, wird die X-Achse logarithmisch, skaliert. Das gleiche gilt für die Y-Achse, wenn LY = True ist. Alle Zeichenbefehle arbeiten in den durch Scale festgelegten Koordinaten.

Moveto (X,Y)
>   Fahre mit gehobenem Stift zum Punkt (X,Y), in Benutzerkoordinaten!

Moverel (X,Y)
>   Bewege den Stift um den Vektor (X,Y) weiter (= relativ zur aktuellen Position).

Drawto (X,Y)
>   Fahre mit gesenktem Stift zum Punkt (X,Y).

Drawrel (X,Y)
>   Fahre mit gesenktem Stift um den Vektor (X,Y) weiter.

Hline (Y)
>   Zieht eine waagerechte Linie in der Höhe Y.

Vline (X)
>   Zieht eine senkrechte Linie auf der Position X.

Circle (R, W1, W2)
>   Zeichne einen Kreis um die aktuelle Stiftposition mit dem Radius R. Es wird beim Winkel W2 aufgehört. Es sind maximal 360 Segmente je Vollkreis gestattet. Die neue Stiftposition liegt am Ende des Bogens.

Hatch (N,X,Y,W,D)
>   Schraffiere das Polygon, dessen N Ecken in X und Y gespeichert sind. Der Winkel der Schraffurlinien wird durch W, ihr Abstand durch D festgelegt.

Print (X,Y, Text)
>   Der angegebene Text wird ab der Position (X,Y) ausgegeben.

Size (N,W)
>   Einstellen von Schriftwinkel W und Schriftgröße. Diese Prozedur ist stark geräteabhängig.

Curve (N,X,Y,Type, Mark)
 Zeichnen einer Kurve durch N Stüztpunkte in X und Y. Type
 bestimmt den Kurventyp:
 1. Punkte mit dem durch Mark vorgegebenen Symbol markieren.
 2. Polygon-Zug - Verbinden der Punkte durch gerade Linien.
 3. Spline-Interpolation

Xaxis (Y,N,XA,XE, Oben)
 Zeichnen einer X-Achse in der Höhe Y. Die Achse erhält N
 Skalenmarken, besteht also aus N-1 Segmenten. Sie wird von
 XA bis XE gezeichnet (XA < XE). Für OBEN = TRUE werden die
 Marken nach oben gezeichnet, sonst nach unten.

Yaxis (X,N,YA,YE, RECHTS)
 Zeichnen einer Y-Achse an der Stelle X. Die Achse wird in N-
 1 Segmente geteilt, hat also N Marken. Die Achse verläuft
 von YA bis YE. Falls RECHTS = TRUE, werden die Marken rechts
 der Achse angebracht, im anderen Falle links.

Natürlich enthält das Plotterpaket auch die Prozeduren für die Schild-
kröten-Grafik, die in Plotter-Schritten arbeitet:

Initturtle
 initialisieren der Schildkröte, Richtung auf 90 Grad (also
 nach oben), Turtle auf Bildmitte, legt die Länge eines
 Plotterschrittes fest.

Moveturtle (X,Y)
 Positionieren auf (X,Y) mit gesenktem oder gehobenem Stift.

Back (N)
 N Schritte rückwärts

Forward (N)
 N Schritte vorwärts

Turnto (W)
 Winkel W einstellen

Right (W)
 Rechtsdrehen um W Grad

Left (W)
   Linksdrehen um W Grad

Penup
   Stift heben

Pendown
   Stift senken

Die Turtle-Grafik arbeitet in Plotterschritten und nicht in Benutzer-
Koordinaten. So gilt zwar die Fensterbegrenzung mit "Windows", nicht
aber die Skalierung. Die Turtle wird in die Fenstermitte gesetzt.
Falls ein Mehrfarbenplotter angeschlossen ist, kann man noch die Prozedur

Select (color)

zur Auswahl eines Stiftes einsetzen.

Alle Werte, die das Plotpaket intern benötigt, werden in einer Variablen PLOT vom Typ PLOTREC gespeichert. Den Aufbau des Records PLOTREC
sehen wir im Programmlisting des folgenden Abschnitts. Außerdem müssen
noch einige gerätespezifischen Konstanten eingeführt werden, die die
Zeichenfläche und die Zahl der Farben festlegen.

10.3 Das Grafikpaket für den Plotter

Nun müssen alle Prozeduren aus 10.2 realisiert werden. Kern der Zeichenroutinen bildet die Prozedur LINE, die Sie von der Schildkrötengrafik her kennen. Diese Prozedur enthält den Clipping-Algorithmus und
arbeitet in Plotterkoordinaten. Alle Prozeduren des Plotterpakets
zeichnen mit Hilfe dieser Prozedur. Lediglich die Schriftausgabe wird
getrennt behandelt. Auch die Skalierung wurde bereits besprochen.

Neu ist lediglich die logarithmische Skalierung. Wird LX gesetzt, dann
rechnen die Prozeduren mit LN (X) statt mit X. Das gleiche gilt für
LY. So lassen sich zum Beispiel Kennlinien bequem zeichnen. Die Benutzerkoordinaten werden auf die internen Koordinaten XX und YY nach
folgendem Schema berechnet:

```
XX = P * (X-X1) + S
YY = Q * (Y-Y1) + T
```

mit

```
P = (Xmax-Xmin)/(X2-X1)
Q = (Ymax-ymin)/(Y2-Y1)
S = Xmin
T = Ymin
```

Xmax und Xmin werden in "Windows" festgelegt:

```
Xmax = X0 + B
Xmin = X0
Ymax = Y0 + H
Ymin = Y0
```

Voreinstellung für das Fenster ist Window (0.0, Wmax, Hmax).

Bei Moveto wird der Stift überhaupt nicht bewegt. Erst wenn gezeichnet werden muß, fährt der Stift den Anfangspunkt einer Linie an und zeichnet bis zum Endpunkt der Linie. So werden unnötige Plotterbewegungen bei aufeinanderfolgenden Move-Befehlen vermieden. Die anderen Algorithmen wurden schon weiter vorne besprochen.
Vom Gerät abhängig sind nur drei Prozeduren, "Line" für das Ziehen einer geraden Verbindung zwischen zwei Punkten, "Print" für die Textausgabe und "Size" für das Einstellen der Schriftgröße und des Schriftwinkels. Als letzte geräteabhängige Prozedur kommt noch eine weitere, oben nicht erwähnte, hinzu:

Initplot

Diese Prozedur muß mindestens einmal zu Beginn des Programms aufgerufen werden. In ihr wird der Plotter auf "Normalzustand" gebracht und der Verwaltungsrecord für das Plotterpaket vorbesetzt. Das gesamte Zeichenfeld wird als Fenster belegt und in beiden Richtungen in Plotterkoordinaten skaliert.

Der Kreisradius bei Circle und die Schritte der Schilkrötengrafik werden in Plotterkoordinaten angegeben. Alle anderen Routinen verarbeiten Weltkoordinaten. Im folgenden Programm ist das Plot-Paket aufgelistet.

```
(*----------- PLOT - PACKAGE ----------------------- *)

   plotrec = Record
                 xpos, ypos : Integer (* STIFTPOSITION *);
                 lastx,lasty: Integer (* FUER LINE *);
                 lx , ly    : Boolean (* LOG. SKALIERUNG *);
                 richtung   : 0..359  (* TURTLE-RICHTUNG *);
                 stift      : (up,dn) (* STELLUNG DES STIFTES *);
                 size       : Integer (* SCHRIFTGROESSE *);
                 angle      : 0..359  (* SCHRIFTWINKEL *);
                 color      : 0..cmax (* STIFTFARBE *);
                 xmin, xmax,
                 ymin, ymax : Integer (* FENSTERKOORDINATEN *);
                 p, q, s, t : Real    (* WELTKOORDINATEN *);
              End;

   plotvektor = Array [0..steps] Of Real;
   anystring = String[255];

Var
    Plot : plotrec (* DIESE VARIABLE BRAUCHT JEDES PROGRAMM *);

(*----------- GERAETEABHAENGIGE PROZEDUREN ---------- *)

Procedure initplot;
(*        ========
INITIALISIEREN DES PLOTTERS UND
DER VARIABLEN PLOT *)
  Begin
  Writeln(Lst,#13#13#13#13#13,':');
  With Plot Do
    Begin
    xpos := 0; ypos := 0;
    lastx := 0; lasty := 0;
    lx := False; ly := True;
    richtung := 0;
    stift := up;
    size := 3; angle := 0;
    xmin := 0; ymin := 0;
    xmax := wmax; ymax := hmax;
    p := 1.0; q := 1.0;
    s := 0.0; t := 0.0;
```

```
    End;
  End;

Procedure line (x1, y1,(* TO *) x2, y2 : Integer);
(*          ====
ZEICHNE GERADE LINIE VON (X1,Y1) NACH (X2,Y2) IN
PLOTTERKOORDINATEN
*)
  Var
    empty : Boolean;
  Procedure clip(Var x1, y1, x2, y2:Integer;
                 Var empty:Boolean);
    Type richtung=Set Of (l,r,o,u);
    Var x,y: Integer;
        c1,c2,c: richtung;
        h : Real;
    Procedure check(x,y: Integer; Var c: richtung);
      Begin
        c := [];
        If x<Plot.xmin Then c := [l];
        If x>Plot.xmax Then c := [r];
        If y<Plot.ymin Then c := c+[u];
        If y>Plot.ymax Then c := c+[o];
      End;
    Begin
    check(x1,y1,c1);
    check(x2,y2,c2);
    While ((c1<>[]) Or (c2<>[])) And ((c1*c2)=[]) Do
      Begin
      (* REAL-ARITHMETIK WEGEN MAXINT<=32768 *)
      If c1<>[] Then c:=c1 Else c:=c2;
      If l In c Then
        Begin
        x := Plot.xmin;
        h := 1.0*(y2-y1)*(Plot.xmin-x1)/(x2-x1);
        y := y1+Round(h);
        End
      Else If r In c Then
        Begin
        x := Plot.xmax;
        h := 1.0*(y2-y1)*(Plot.xmax-x1)/(x2-x1);
        y := y1+Round(h);
        End
```

```
    Else If u In c Then
       Begin
       y := Plot.ymin;
       h := 1.0*(x2-x1)*(Plot.ymin-y1)/(y2-y1);
       x := x1+Round(h);
       End
    Else If o In c Then
       Begin
       y := Plot.ymax;
       h := 1.0*(x2-x1)*(Plot.ymax-y1)/(y2-y1);
       x := x1+Round(h);
       End;
    If c=c1 Then
       Begin x1 := x; y1 := y; check(x,y,c1) End
    Else
       Begin x2 := x; y2 := y; check(x,y,c2) End;
    End (*WHILE...*);
  empty := (c1<>[]);
  End (*CLIP*);

Begin (*LINE*)
clip(x1,y1,x2,y2,empty);
If Not empty Then
  Begin
  If (x1<>Plot.lastx) Or (y1<>Plot.lasty) Then
     Writeln(Lst,'M ',x1,',',y1);
  If (x2<>x1) Or (y2<>y1) Then
     Writeln(Lst,'D ',x2,',',y2);
  End;
Plot.lastx := x2; Plot.lasty := y2;
End (*LINE*);

Procedure size(n, w : Integer);
(*         ====
EINSTELLEN DER SCHRIFT AUF GROESSE N UND
AUF WINKEL W
*)
  Begin
  Plot.angle := w Mod 360;
  Plot.size := n Mod 255;
  Writeln(Lst,'S ',Plot.size);
  Writeln(Lst,'Q ',Plot.angle*10);
  End;
```

```
Procedure pprint(s : anystring);
(*          ======
SCHRIFTAUSGABE AN DER POSITION (XPOS,YPOS) MIT DEM
VOREINGESTELLTEM WINKEL UND GROESSE.
*)
  Begin
  Writeln(Lst,'M ',Plot.xpos,',',Plot.ypos);
  Writeln(Lst,'P',s);
  End;

Procedure select (color : Integer);
(*          ======
STIFTFARBE WAEHLEN
*)
  Begin
  color := color Mod (cmax+1);
  If color<>Plot.color Then
    Begin
    Plot.color := color;
    Writeln(Lst,'J ',Plot.color);
    End;
  End;

Procedure markiere(m:Integer);
(*          ========
MARKIERT DIE AKTUELLE STIFTPOSITION MIT
DEM ZEICHEN M
*)
  Begin
  Writeln(Lst,'M ',Plot.xpos,',',Plot.ypos);
  Writeln(Lst,'N ',m);
  End;

(*----------- ENDE  GERAETEABH. PROZEDUREN ---------- *)


Procedure Window(x0, y0, b, h : Integer);
(*          ======
DEFINIEREN DES ZEICHENFENSTERS IN PLOTTER-
KOORDINATEN
*)
  Begin
```

```
With Plot Do
  Begin
  If x0>=0 Then xmin := x0 Else xmin := 0;
  If y0>=0 Then ymin := y0 Else ymin := 0;
  If x0+b<=wmax Then xmax := x0+b Else xmax := wmax;
  If y0+h<=hmax Then ymax := y0+h Else ymax := hmax;
  End;
End;


Procedure frame;
(*        =====
EINRAHMEN DES AKTUELLEN FENSTERS
*)
  Begin
  With Plot Do
    Begin
    line(xmin,ymin,xmin,ymax);
    line(xmin,ymax,xmax,ymax);
    line(xmax,ymax,xmax,ymin);
    line(xmax,ymin,xmin,ymin);
    End;
  End;


Procedure scale(x1,x2 : Real; lx : Boolean; y1,y2 : Real; ly : Boolean);
(*        =====
SKALIEREN DES GEWAEHLTEN ZEICHENFELDES AUF DER X-ACHSE VON X1 BIS X2,
AUF DER Y-ACHSE VON Y1 BIS Y2. LX UND LY FUER LOG. SKALIERUNG
*)
  Begin
  Plot.lx := lx;
  If lx Then
    Begin x1 := Ln(x1); x2 := Ln(x2) End;
  Plot.ly := ly;
  If ly Then
    Begin y1 := Ln(y1); y2 := Ln(y2) End;
  With Plot Do
    Begin
    p := (xmax-xmin)/(x2-x1);
    q := (ymax-ymin)/(y2-y1);
    s := (xmin*x2-xmax*x1)/(x2-x1);
    t := (ymin*y2-ymax*y1)/(y2-y1);
    End;
  End;
```

```
Procedure moveto(x, y : Real);
(*        ======
ANFAHREN DES PUNKTES (X,Y)
*)
  Begin
  With Plot Do
    Begin
    If lx Then xpos := Round(p*Ln(x)+s) Else xpos := Round(p*x+s);
    If ly Then ypos := Round(q*Ln(y)+t) Else ypos := Round(q*y+t);
    End;
  End;

Procedure moverel(x, y : Real);
(*        =======
WEITERFAHREN UM (X,Y)
*)
  Begin
  moveto(Plot.xpos+x,Plot.ypos+y);
  End;

Procedure drawto(x, y : Real);
(*        ======
MIT GESENTEM STIFT NACH (X,Y) FAHREN
*)
  Var
    xk, yk : Real;
  Begin
  With Plot Do
    Begin
    If lx Then xk := p*Ln(x)+s Else xk := p*x+s;
    If ly Then yk := q*Ln(y)+t Else yk := q*y+t;
    line(xpos,ypos,Round(xk),Round(yk));
    xpos := Round(xk);
    ypos := Round(yk);
    End;
  End;

Procedure drawrel(x, y : Real);
(*        =======
MIT GESENKTEM STIFT UM (X,Y) WEITERZEICHNEN
*)
  Begin
```

```
    drawto(Plot.xpos+x,Plot.ypos+y);
    End;


Procedure hline(y : Real);
(*        =====
WAAGRECHTE LINIE IN DER HOEHE Y
*)
  Var yk : Real;
  Begin
  With Plot Do
    Begin
    If ly Then yk := q*Ln(y)+t Else yk := q*y+t;
    line(xmin,Round(yk),xmax,Round(yk));
    End;
  End;


Procedure vline(x : Real);
(*        =====
SENKRECHTE LINIE AN DER STELLE X
*)
  Var xk : Real;
  Begin
  With Plot Do
    Begin
    If lx Then xk := p*Ln(x)+s Else xk := p*x+s;
    line(Round(xk),ymin,Round(xk),ymax);
    End;
  End;


Procedure initturtle;
(*        ==========
TURTLE INITIALISIEREN, DIE KOORDINATEN VON "WINDOW" BLEIBEN GUELTIG,
ALLE BEWEGUNGEN SIND JEDOCH IN PLOTTERSCHRITTEN
*)
  Begin
  With Plot Do
    Begin
    xpos := (xmax-xmin) Div 2;
    ypos := (ymax-ymin) Div 2;
    richtung := 90;
    stift := up;
    End;
  End;
```

```
Procedure turtle_move(x, y : Integer);
(*      ===========
BEWEGE DIE TURTLE ZUM PUNKT X,Y
*)
  Begin
  If Plot.stift=dn Then
    line(Plot.xpos,Plot.ypos,x+Plot.xmin,y+Plot.ymin);
  Plot.xpos := x;
  Plot.ypos := y;
  End;

Procedure forwrd(n : Integer);
(*      ======
VORWAERTS UM N SCHRITTE
*)
  Const
    Pi=3.141592654;
  Var
    x, y : Integer;
  Begin
  x := Plot.xpos+Plot.xmin+Round(n*Cos(Plot.richtung/180*Pi));
  y := Plot.ypos+Plot.ymin+Round(n*Sin(Plot.richtung/180*Pi));
  If Plot.stift=dn Then
    line(Plot.xpos,Plot.ypos,x,y);
  Plot.xpos := x;
  Plot.ypos := y;
  End;

Procedure back(n : Integer);
(*      ====
ZURUECK UM N SCHRITTE
*)
  Const
    Pi=3.141592654;
  Var
    x, y : Integer;
  Begin
  x := Plot.xpos+Plot.xmin-Round(n*Cos(Plot.richtung/180*Pi));
  y := Plot.ypos+Plot.ymin-Round(n*Sin(Plot.richtung/180*Pi));
  If Plot.stift=dn Then
    line(Plot.xpos,Plot.ypos,x,y);
  Plot.xpos := x;
```

```
    Plot.ypos := y;
    End;

Procedure turnto(w : Integer);
(*            ======
WINKEL EINSTELLEN
*)
  Begin
  Plot.richtung := w Mod 360;
  End;

Procedure right(w : Integer);
(*            =====
RECHTSDREHEN UM W GRAD
*)
  Begin
  If Plot.richtung-w<0 Then
    Plot.richtung := Plot.richtung+360-w
  Else
    Plot.richtung := Plot.richtung-w;
  End;

Procedure left(w : Integer);
(*            ====
LINKSDREHEN UM W GRAD
*)
  Begin
  Plot.richtung := (Plot.richtung+w) Mod 360;
  End;

Procedure penup;
(*            ===== *)
  Begin
  Plot.stift := up;
  End;

Procedure pendown;
(*            ======= *)
  Begin
  Plot.stift := dn;
  End;
```

```
Procedure circle(r, w1, w2 : Real);
(*          ======
ZEICHNE KREIS UM DIE AKTUELLE POSITION MIT RADIUS
R VON WINKEL W1 BIS W2.
ACHTUNG! R IN PLOTTERSCHRITTEN!
*)
  Const
    Pi=3.141592654;
  Var
    x, y, xa, ya, xe, ye : Integer;
    z : Real;
    i, n : Integer;
  Begin
  x := Plot.xpos;
  y := Plot.ypos;
  n := Round(abs(w2)*Sqrt(abs(r)/2000)); (* FAKTOR 2000 FUER 0.1MM-SCHRITTE *)
  If n>360 Then n := 360;
  w2 := (w2-w1)/180*Pi;
  w1 := w1/180*Pi;
  z := w2/n;
  xe := Round(r*Cos(w1)+x);
  ye := Round(r*Sin(w1)+y);
  line(xe,ye,xe,ye);
  For i:=1 To n Do
    Begin
    w2 := i*z+w1;
    xe := Round(r*Cos(w2)+x);
    ye := Round(r*Sin(w2)+y);
    line(xa,ya,xe,ye);
    xa := xe; ya := ye;
    End;
  Plot.xpos := x; Plot.ypos := y;
  End;

Procedure print(x, y : Real; s : anystring);
(*          =====
TEXT AB DER POSITION (X,Y) AUSGEBEN. SCHRIFT-
RICHUNG UND -GROESSE WIRD MIT "SIZE" EINGESTELLT.
*)
  Begin
  moveto(x,y);
  pprint(s);
  End;
```

```
Procedure hatchp(w,abst:Real; n:Integer; Var x,y:plotvektor);
(*       ======
SCHRAFFIEREN DES DURCH X UND Y DEFINIERTEN POLYGONS MIT
LINIEN DES ABSTANDES "ABST" IND DES WINKELS"W". N GIBT AN,
WIEVIELE PUNKTE IN X UND Y GESPEICHERT SIND
*)
  Const
    Pi=3.141592654;
    eps = 1.0e-15;
  Type
    kurzvektor = Array[1..30] Of Realv
  Var
    u, v: kurzvektor;
    hilf, t, co, si, x0, y0, max, min, d, dist : Real;
    i, m, imax, imin : Integer;
  Procedure minimax(Var min, max : Real; Var imin, imax : Integer);
    Var
      i : Integer;
      z : Real;♣    Begin
      z := co*y[1]-si*x[1];
      max := z; min := z;
      imin := 1; imax := 1;
      For i:=2 To n Do
        Begin
        z := co*y[i]-si*x[i];
        If z<min Then Begin min := z; imin := i; End;
        If z>max Then Begin max := z; imax := i; End;
        End;
      End;
  Procedure sort(n : Integer; Var u, v : kurzvektor);
    Var
      i, j : Integer;
      h : Real;
    Begin
    For i:=2 To n Do
      For j:=n Downto i Do
        If u[j-1]>u[j] Then
          Begin
          h := u[j-1]; u[j-1] := u[j]; u[j] := h;
          h := v[j-1]; v[j-1] := v[j]; v[j] := h;
          End;
    End;
```

```
Begin
co := Cos(w*Pi/180);
si := Sin(w*Pi/180);
x[n+1] := x[1]; y[n+1] := y[1];
minimax(min,max,imin,imax);
dist := co*(y[imax]-y[imin])-si*(x[imax]-x[imin]);
d := abst; dist := dist-abst/2;
Repeat
  x0 := x[imin]-si*d;
  y0 := y[imin]+co*d;
  m := 0;
  For i:=1 To n Do
    Begin
    hilf := co*(y[i+1]-y[i])-si*(x[i+1]-x[i]);
    If abs(hilf)>eps Then
      Begin
      t := co*(y0-y[i])/hilf-si*(x0-x[i])/hilf;
      If (0<=t) And (t<1) Then
        Begin
        m := m+1;
        u[m] := x[i]+t*(x[i+1]-x[i]);
        v[m] := y[i]+t*(y[i+1]-y[i]);
        End;
      End;
    End;
  If m<>0 Then
    Begin
    If m>2 Then
      If (45<w) And (w<135) Then
        sort(m,v,u)
      Else
        sort(m,u,v);
    i := 1;
    Repeat
      moveto(u[i],v[i]);
      drawto(u[i+1],v[i+1]);
      i := i+2;
    Until i>m;
    End;
  d := d+abst;
Until d>=dist;
End;
```

```
Procedure curve(n : Integer; x, y : plotvektor; typ, Mark : Integer);
(*      =====
ZEICHNE DEN PLOTVEKTOR (X,Y) MIT N+1 STUETZWERTEN.
TYP GIBT DIE KURVENFORM AN:
    1. PUNKTE DURCH DAS ZEICHEN "MARK" MARKIEREN
    2. POLYGONZUG
    3. SPLINE-INTERPLOLATION
*)
   Var
     m : plotvektor;
     j, schritte : Integer;
     dx : Real;

  Procedure spline_koeffizienten(anzahl : Integer; x, y : plotvektor;
                                 Var m : plotvektor);
     Var
       i : Integer;
       a, b : plotvektor;
       p, q, h : Real;
     Begin
     a[0] := 0; b[0] := 0; m[0] := 0;
     For i:=1 To anzahl-1 Do
       Begin
       p := (x[i+1]-x[i])/(x[i+1]-x[i-1]);
       q := 1-p;
       a[i] := q*b[i-1]+2;
       b[i] := (-p)/a[i];
       h := (y[i+1]-y[i])/(x[i+1]-x[i])-(y[i]-y[i-1])/(x[i]-x[i-1]);
       m[i] := (h*6/(x[i+1]-x[i-1])-q*m[i-1])/a[i];
       End;
     m[n] := 0;
     For i:=anzahl-1 Downto 1 Do
       m[i] := b[i]*m[i+1]+m[i];
     End;

  Function splinewert(anzahl : Integer; Var x,y,m : plotvektor; arg : Real) : Real;
     Var
       t, h : Real;
       i : Integer;
     Begin
     i := -1;
     Repeat
       i := i+1
```

```
      Until (i=(anzahl-1)) Or ((x[i]<=arg) And (x[i+1]>arg));
      t := (arg-x[i])/(x[i+1]-x[i]);
      h := (x[i+1]-x[i]);
      h := m[i]*h*h*(t*t/2-t/3-t*t*t/6)+m[i+1]*h*h*(t*t*t/6-t/6);
      splinewert := y[i]*(1-t)+y[i+1]*t+h;
      End;

  Begin
  Case typ Of
    1: Begin
       For j:=0 To n Do
         Begin
         moveto(x[j],y[j]);
         markiere(Mark);
         End;
       End;
    2: Begin
       moveto(x[0],y[0]);
       For j:=1 To n Do
         drawto(x[j],y[j]);
       End;
    3: Begin
       spline_koeffizienten(n,x,y,m);
       moveto(x[0],y[0]);
       schritte := (Plot.xmax-Plot.xmin) Div 2;
       dx := (x[n]-x[0])/schritte;
       For j := 1 To schritte Do
           drawto(x[0]+j*dx,splinewert(n,x,y,m,x[0]+j*dx));
       End;
     End;
  End;

Procedure xaxis(y : Real; n : Integer; xa, xe : Real; oben : Boolean);
(*         =====
ZEICHNE X-ACHSE ZWISCHEN XA UND XE MIT N MARKEN
IN DER HOEHE Y
*)
   Var
     dx : Real;
     i : Integer;
   Begin
   dx := (xe-xa)/(n-1);
   moveto(xe,y);
```

```
drawto(xa,y);
For i:=0 To n-1 Do
  Begin
  moveto(xa+i*dx,y);
  If oben Then
    line(Plot.xpos,Plot.ypos,Plot.xpos,Plot.ypos+10)
  Else
    line(Plot.xpos,Plot.ypos,Plot.xpos,Plot.ypos-10);
  End;
End;


Procedure yaxis(x : Real; n : Integer; ya, ye : Real; rechts : Boolean);
(*      =====
ZEICHNE Y-ACHSE ZWISCHEN YA UND YE MIT N MARKEN
AN DER STELLE X
*)
  Var
    dy : Real;
    i : Integer;
  Begin
  dy := (ye-ya)/(n-1);
  moveto(x,ye);
  drawto(x,ya);
  For i:=0 To n-1 Do
    Begin
    moveto(x,ya+i*dy);
    If rechts Then
      line(Plot.xpos,Plot.ypos,Plot.xpos+10,Plot.ypos)
    Else
      line(Plot.xpos,Plot.ypos,Plot.xpos-10,Plot.ypos);
    End;
  End;
```

Das folgende Listing zeigt den Rumpf eines Hauptprogrammes für die Anwendung des Plotpaketes. Durch Ändern oder Austauschen des maschinenabhängigen Teils kann man das Paket an verschiedene Plotter, Grafikbildschirme und grafische Ausgabegeräte anpassen.

```
Program plot_package_test;
(*$R+*)


(* ----- KONSTANTE FUER PLOT-PAKET ----- *)
Const
  wmax = 3600 (* SCHRITTE MAX. X *);
  hmax = 2700 (* SCHRITTE MAX. Y *);
  cmax = 6    (* FARBENBEREICH: 0..CMAX *);
  steps= 100  (* LAENGE PLOTVEKTOR *);


(*$I PP.PAS PLOT-PACK EINLESEN *)


(* ----- KONSTANTE, VARIABLE UND TYPEN DES PROGAMMS ----- *)



(* ---------- HAUPTPROGRAMM ----------*)
Begin
initplot;
  .
  .
  .
  .
  .
End.
```

10.4 Das Grafikpaket für den Drucker

Man kann die Grafikausgabe auch auf einem Matrixdrucker ausgeben, der
die Möglichkeit besitzt, über die Ansteuerung der Drucknadeln, Bilder
auszugeben. Dazu geht man vor, wie im folgenden Listing skizziert (den
Ausbau überlasse ich Ihnen).

Die Grafik wird zunächst im Speicher aufgebaut, denn beim Grafikmodus
des Druckers wird das Bild ja zeilenweise von oben nach unten gedruckt. In jeder Zeile werden jeweils 8 übereinanderliegende "Rasterzeilen" der Druckergrafik aufs Papier gebracht. Damit wir beliebig
zeichnen können, bauen wir zunächst ein Feld von Bildpunkten auf -
genau wie bei der Rastergrafik des Bildschirms. Damit nicht zuviel vom

Speicher gebraucht wird, und auch für das leichtere Ausdrucken der
Grafik, nimmt man ein Feld, dessen Elemente Bytes sind.

Die Plot-Routine setzt ein bestimmtes Bit in diesem "virtuellen Bildschirm". Beim Drucken werden später die Eins-Bits als Punkt gedruckt.
In X-Richtung ist das einfach, man nimmt einfach die X-te Position.
Bei der Y-Richtung ist es ein wenig komplizierter, denn eine Feldkom-
ponente enthält ja 8 Bit, also 8 Zeilen. Man muß also da ein wenig
rechnen:

```
Feldkomponente   I := X div 8;
Zu setzendes Bit K := X mod 8;
```

Um ein Bit zu setzen, nimmt man die logischen Oder-Funktion, die sich
bei Turbo auf ganze Bytes anwenden läßt. Um das richtige Bit auszusu-
chen nimmt man den Wert 128, das ist binär die Zahl 10000000, und
schiebt es nach rechts (statt 128 SHR K hätte man auch 128 div K nehmen können).

```
Feld[I, Y] := Feld[I, Y] or (128 shr K);
```

Der Nullpunkt der Plotterkoordinaten ist die linke, untere Ecke des
Zeichenfeldes, das eine knappe DIN-A4-Seite groß ist. Im Gegensatz zur
normalen Druckweise eines Druckers, verläuft die Unterkante der Zeich-
nung entlang der Papierkante - das Bild wird also um 90 Grad gedreht
ausgegeben. Das bei EPSON-kompatiblen Druckern die Auflösung in X-
Richtung nur 800 Punkte beträgt, obwohl dies die längere Seite ist
(Quer über das Blatt - in Y-Richtung - haben wir 960 Punkte), würden
Quadrate oder Kreise verzerrt. Will man das vermeiden, muß man die X-
Werte durch 1,66 teilen.

Wenn Sie nachgerechnet haben, braucht das Zeichenfeld 800 * 960 Punkte, das sind 96000 Byte oder knapp 94 KByte. Turbo-Pascal erlaubt aber
für Datenfelder eine Maximalgröße von 64 KByte. Aus diesem Grund ist
das Zeichenfeld in zwei Felder aufgeteilt, die mit weniger als 47
KByte klein genug sind. Da aber auch das Datensegment nur 64 KByte
groß sein darf, werden die beiden Felder auf dem Heap angelegt und
über Zeiger angesprochen. Bei genügend Speicher könnten man noch weitere "Streifen" hinzufügen und Zeichnungen realisieren, die über zwei
Seiten Endlospapier hinweglaufen.

Doch nun zum Programm. Alle internen Konstanten, Variablen und
Routinen beginnen mit "dp_" um Interferenzen mit dem aufrufenden
Programm auszuschließen.

DP_INIT

Beim allerersten Aufruf wird Platz für die beiden Teile des Plot-
Feldes auf dem Heap reserviert und die Befehle für die Drucker-
ausgabe definiert. Anschließend wird das Feld gelöscht. Diese
Prozedur muß vor allen anderen aufgerufen werden, da sonst die
Plot-Routinen irgendwo in den Speicher schreiben - was zum Pro-
grammabsturz führen kann.

PLOT

setzt einen Bildpunkt. Dabei wird gleich festgelegt in welche
Hälfte der Zeichnung der Bildpunkt zu liegen kommt. Auch die
Randüberwachung wird hier erledigt.

LINE

zeichnet eine gerade Linie zwischen zwei Punkten. Aud diese Prozedur stützen sich die Routinen PLOTABS, PLOTREL, MOVEABS und
MOVEREL.

DRAWCHAR

erlaubt die Ausgabe von ASCII-Zeichen an beriebiger Stelle auf
der Zeichnung Das Programm verwendet dazu einen am Anfang definierten 4*6-Zeichensatz. Die Koordinaten beziehen sich auf die
linke, untere Ecke des Zeichens. Die Variable "Size" ist ein
Vergrößerungsfaktor, man kann so die Größe der Schrift variieren.
Size = 0 liefert die kleinste Schrift.

DRAWSTRING

verwendet DRAWCHAR zum plotten von Zeichenketten.

EJECT

druckt die komplette Zeichnung Zeile für Zeile aus. Der
Zeilenvorschub des Druckers wird auf 24/216 Zoll festgelegt,
damit die Rasterzeilen ohne Lücke aufeinanderfolgen. Danach wird
der Drucker auf Druck in nur einer Richtung eingestellt (wegen
der Bildqualität). Dann wird eine Grafikzeile ausgegeben. Dieser
Vorgang wird wiederholt, bis alle Grafikzeilen gedruckt sind.
Durch Drücken der ESCAPE-Taste kann die Ausgabe abgebrochen
werden.

```
{ ---------------------------------------------------------------- }
{                  Steuerung eines Druckerplotters.                }
{ ---------------------------------------------------------------- }

const
  dp_xxmax = 800;        { Anzahl Punkte in X-Richtung }
  dp_yymax = 959;        { Anzahl Punkte in Y-Richtung }
                         { Verhältnis x:y fuer korrekte Ausgabe:
                                    1.66:1.00                      }
  dp_xxmaxdiv16 = 50;    { dp_xxmax div 16 }
  dp_init_called : boolean = false; { Merker fr Init }


  dp_font_4x6 : array [32..126,0..5] of 0..15 =
                    { 4 x 6 - Zeichensatz }
(( 0, 0, 0, 0, 0, 0 (*   *) ), ( 0, 2, 0, 2, 2, 2 (* ! *) ),
 ( 0, 0, 0, 5, 5, 5 (* " *) ), ( 0,10,14, 9, 7, 5 (* # *) ),
 ( 4,14, 3,12, 7, 2 (* $ *) ), ( 0, 9, 4, 2, 9, 0 (* % *) ),
 ( 0, 7,11, 4,10, 4 (* & *) ), ( 0, 0, 0, 2, 2, 2 (* ' *) ),
 ( 0, 2, 4, 4, 4, 2 (* ( *) ), ( 0, 4, 2, 2, 2, 4 (* ) *) ),
 ( 0, 9, 6,15, 6, 9 (* * *) ), ( 0, 0, 2, 7, 2, 0 (* + *) ),
 ( 4, 2, 0, 0, 0, 0 (* , *) ), ( 0, 0, 0, 7, 0, 0 (* - *) ),
 ( 0, 2, 0, 0, 0, 0 (* . *) ), ( 0, 8, 4, 2, 1, 0 (* / *) ),
 ( 0, 6, 9, 9, 9, 6 (* 0 *) ), ( 0, 7, 2, 2, 6, 2 (* 1 *) ),
 ( 0,15, 4, 2, 9, 6 (* 2 *) ), ( 0,14, 1, 6, 1,14 (* 3 *) ),
 ( 0, 2, 2,15,10,10 (* 4 *) ), ( 0,14, 1,14, 8,15 (* 5 *) ),
 ( 0, 6, 9,14, 8, 7 (* 6 *) ), ( 0, 8, 4, 2, 1,15 (* 7 *) ),
 ( 0, 6, 9, 6, 9, 6 (* 8 *) ), ( 0,14, 1, 7, 9, 6 (* 9 *) ),
 ( 0, 2, 0, 0, 2, 0 (* : *) ), ( 4, 2, 0, 0, 2, 0 (* ; *) ),
 ( 0, 1, 2, 4, 2, 1 (* < *) ), ( 0, 0,15, 0,15, 0 (* = *) ),
 ( 0, 8, 4, 2, 4, 8 (* > *) ), ( 0, 2, 0, 2, 1,14 (* ? *) ),
 ( 0, 7, 8,11, 9, 6 (* @ *) ), ( 0, 9, 9,15, 9, 6 (* A *) ),
 ( 0,14, 9,14, 9,14 (* B *) ), ( 0, 7, 8, 8, 8, 7 (* C *) ),
 ( 0,14, 9, 9, 9,14 (* D *) ), ( 0,15, 8,14,·8,15 (* E *) ),
 ( 0, 8, 8,14, 8,15 (* F *) ), ( 0, 7, 9,11, 8, 7 (* G *) ),
 ( 0, 9, 9,15, 9, 9 (* H *) ), ( 0, 7, 2, 2, 2, 7 (* I *) ),
 ( 0, 4,10, 2, 2, 7 (* J *) ), ( 0, 9,10,12,10, 9 (* K *) ),
 ( 0,15, 8, 8, 8, 8 (* L *) ), ( 0, 9, 9, 9,15, 9 (* M *) ),
 ( 0, 9, 9,11,13, 9 (* N *) ), ( 0,15, 9, 9, 9,15 (* O *) ),
 ( 0, 8, 8,14, 9,14 (* P *) ), ( 0, 7,11, 9, 9, 6 (* Q *) ),
 ( 0, 9,10,14, 9,14 (* R *) ), ( 0,14, 1, 6, 8, 7 (* S *) ),
 ( 0, 2, 2, 2, 2, 7 (* T *) ), ( 0,15, 9, 9, 9, 9 (* U *) ),
 ( 0, 6, 9, 9, 9, 9 (* V *) ), ( 0, 9,15, 9, 9, 9 (* W *) ),
```

```
( 0, 9, 9, 6, 9, 9 (* X *) ), ( 0, 6, 6, 6, 9, 9 (* Y *) ),
( 0,15, 4, 2, 1,15 (* Z *) ), ( 0, 7, 4, 4, 4, 7 (* [ *) ),
( 0, 1, 2, 4, 8, 0 (* \ *) ), ( 0,14, 2, 2, 2,14 (* ] *) ),
( 0, 0, 0, 0, 9, 6 (* ^ *) ), (15, 0, 0, 0, 0, 0 (* _ *) ),
( 0, 0, 0, 1, 2, 4 (* ` *) ), ( 0, 7,15, 1,14, 0 (* a *) ),
( 0,14, 9, 9,14, 8 (* b *) ), ( 0, 7, 8, 8, 7, 0 (* c *) ),
( 0, 7, 9, 9, 7, 1 (* d *) ), ( 0, 7, 8,15, 6, 0 (* e *) ),
( 0, 4, 4,15, 4, 3 (* f *) ), (14, 1, 7, 9, 7, 1 (* g *) ),
( 0, 9, 9, 9,14, 8 (* h *) ), ( 0, 2, 2, 2, 0, 2 (* i *) ),
( 2, 5, 1, 1, 0, 1 (* j *) ), ( 0, 5, 6, 5, 4, 4 (* k *) ),
( 0, 2, 2, 2, 2, 2 (* l *) ), ( 0, 9, 9,15, 9, 0 (* m *) ),
( 0, 9, 9, 9,14, 0 (* n *) ), ( 0, 6, 9, 9, 6, 0 (* o *) ),
( 8,14, 9, 9,14, 0 (* p *) ), ( 1, 7, 9, 9, 7, 0 (* q *) ),
( 0, 8, 8,12,11, 0 (* r *) ), ( 0,14, 3,12, 7, 0 (* s *) ),
( 0, 2, 5, 4,15, 4 (* t *) ), ( 0, 7, 9, 9, 9, 0 (* u *) ),
( 0, 6, 9, 9, 9, 0 (* v *) ), ( 0, 9,15, 9, 9, 0 (* w *) ),
( 0, 9, 9, 6, 9, 0 (* x *) ), ( 8, 4, 6, 9, 9, 0 (* y *) ),
( 0,15, 4, 2,15, 0 (* z *) ), ( 0, 3, 2, 6, 2, 3 (* { *) ),
( 2, 2, 2, 2, 2, 2 (* ¦ *) ), ( 0,12, 4, 6, 4,12 (* } *) ),
( 0, 0, 0, 0,10, 5 (* ~ *) ));

type
  dp_gbr = array [0..dp_xxmaxdiv16,0..dp_yymax] of Byte;
  Text_String = string[255];

var
  line_spacing   : string[3]; { Druckersteuerung, siehe Init }
  unidirectional : string[2];
  graf_mode      : string[2];
  printer_reset  : string[2];

  dp_xpos, dp_ypos : integer;        { "Stiftposition" }
  dp_area : array [1..2] of ^dp_gbr; { Rasterfeld f. Plot }

Procedure dp_plot(X,Y:integer);
  var I,K:integer;
  begin
  if (0<=X) and (X<=dp_xxmax) and (0<=Y) and (Y<=dp_yymax) then
    begin
    I := X DIV 8;
    K := X MOD 8;
    if i<dp_xxmaxdiv16 then
      dp_area[1]^[I,Y] := dp_area[1]^[I,Y] OR (128 SHR K)
```

```
   else
     begin
     I := I-(dp_xxmaxdiv16);
     dp_area[2]^[I,Y] := dp_area[2]^[I,Y] OR (128 SHR K);
     end;
   end;
 end;


Procedure dp_line(X1, Y1, X2, Y2 : integer);
{ Bresenham-Linienalgorithmus }
  var
    x, y, z, a, b, d, dx, dy, dp, dq : integer;
  begin
  dx := abs(x2-x1); dy := abs(y2-y1);
  if (dx<>0) and (dy<>0) then
    begin
    if dy<=dx then
      begin
      x := x1; y := y1; z := x2;
      if x1<=x2 then a := 1 else a := -1;
      if y1<=y2 then b := 1 else b := -1;
      dp := dy + dy; d := dp - dx; dq := dp - (dx + dx);
      dp_plot(x,y);
      while x<>z do
        begin
        x := x + a;
        if d<0 then
          d := d + dp
        else
          begin y := y + b; d := d + dq end;
        dp_plot(x,y);
        end;
      end
    else
      begin
      y := y1; x := x1; z := y2;
      if y1<=y2 then a := 1 else a := -1;
      if x1<=x2 then b := 1 else b := -1;
      dp := dx + dx; d := dp - dy; dq := dp - (dy + dy);
      dp_plot(x,y);
      while y<>z do
        begin
        y := y + a;
```

```
              if d<0 then
                d := d + dp
              else
                begin x := x + b; d := d + dq end;
              dp_plot(x,y);
              end;
            end;
          end
        else
        if (DX=0) and (DY<>0) then
          begin
          x := x1; y := y1; z := y2;
          if y1<=y2 then b := 1 else b := -1;
          dp_plot(x,y);
          repeat
            Y := Y + b;
            dp_plot(X,Y);
          until y=z;
          end
        else
        if (DX<>0) and (DY=0) then
          begin
          x := x1; y := y1; z := x2;
          if x1<=x2 then a := 1 else a := -1;
          dp_plot(x,y);
          repeat
            X := X + a;
            dp_plot(X,Y);
          until x=z;
          end;
        end;


procedure dp_init;      { Plotter initialisieren }
{ wird zu beginn jeder Zeichnung aufgerufen.      }
var i : integer;
begin
  if not dp_init_called then { only first time }
    begin
    line_spacing := #27+'3'+#24; { Zeilenvorschub 24/216" }
    unidirectional := #27+'<';   { unidirektional drucken }
    graf_mode := #27+'L';        { Grafikmodus 960 Punkte/8" }
    printer_reset := #27+#64;    { Drucker in Normalzustand }
    new(dp_area[1]);             { dynamische Variable einrichten }
```

```
   new(dp_area[2]);              { Speicherbedarf: ca. 96 KByte }
   dp_init_called := true; { diesen Teil fuer weitere Aufrufe sperren }
   end;
 For i:=1 to 2 do
   Fillchar(dp_area[i]^,Sizeof(dp_gbr),#0);  { löschen }
 dp_xpos := 0; dp_ypos := 0;                 { Ursprung unten links }
 end;

procedure plotabs(x, y : integer); { zeichne absolut }
 begin
 dp_line(dp_xpos,dp_ypos,x,y);
 dp_xpos := X; dp_ypos := Y;
 end;

procedure plotrel(x, y : integer); { zeichne relativ }
 begin Plotabs(dp_xpos+X, dp_ypos+Y) end;

procedure moveabs(x, y : integer); { positioniere absolut }
 begin dp_xpos := X; dp_ypos := Y; end;

procedure moverel(x, y : integer); { positioniere relativ }
 begin moveabs(dp_xpos+X, dp_ypos+Y); end;

procedure eject;                 { Papier freigeben }
{ wird nach Beendigung jeder Zeichnung aufgerufen. }
var
 i, j, k : integer;
 ch : Char;
begin
 Writeln(lst);
 For k:=1 to 2 do
   begin
   For I := 0 TO dp_xxmaxdiv16-1 DO
     begin                        { Zeile drucken }
     Write(lst,line_spacing);
     Write(lst,unidirectional);
     Write(lst,graf_mode,Chr((dp_yymax+1) MOD 256),
                    Chr((dp_yymax+1) DIV 256));
     For J := 0 to dp_yymax do
       Write(lst,Chr(dp_area[k]^[I,J]));
     writeln(lst);
     If keypressed then { Abbruch mit ESC }
       begin
```

```
      read(kbd,ch);
      if ch=#27 then
        begin Write(lst,#12,printer_reset); exit end;
      end { Keypressed };
    end { For i .. };
  end { For k .. };
Write(lst,#12,printer_reset);
end;


procedure drawchar(x, y : integer; ch: char; size: byte);
  { ASCII-Ausgabe }
  const
    bitmap : array [0..7] of byte = (1,2,4,8,16,32,64,128);
  var i, j, k, l, c, xs, xe, ys, ye : integer;
  begin
  c := ord(ch);
  if c in [32..126] then
    begin
    for i:=0 to 5 do
      for j:=0 to 3 do
        if (dp_font_4x6[c,i] and bitmap[3-j])<>0 then
          begin
          xs := x+j*size; xe := xs+size-1;
          ys := y+1+(i-2)*size; ye := ys+size-1;
          for l:=ys to ye do
            for k:=xs to xe do
              dp_plot(k,l);
          end;
    end;
  end;


procedure drawstring(x, y : integer; s : Text_String; Size : Byte);
  var k : integer;
  begin
  for k:=1 to length(s) do
    drawchar(x+(k-1)*(4*(Size+1)+2),y,s[k],Size);
  end;
```

11 Der Selbstbauplotter

Wer sich mit Computergrafik befaßt, kommt auf die Dauer nicht um einen Plotter herum. Weil Fertiggeräte im allgemeinen ziemlich teuer sind, wollen wir Ihnen zeigen, wie Sie sich selbst einen brauchbaren Plotter zusammenbauen können ("wir" das sind Dipl.-Ing. Rudolf Hofer und meine Wenigkeit). Sie haben dabei die Wahl, alles selbst zu machen, oder einen Bausatz (Fa. Neucom, Hangweg 4, Hilgertshausen) zu beziehen und nur den Zusammenbau zu übernehmen.

In den Abschnitten 11.1 bis 11.6 besprechen wir den grundsätzlichen Aufbau und die Software. Dann folgt in 11.7 die genaue Aufbauanleitung. Der Preis eines fertigen Plotters hängt im wesentlichen von drei Faktoren ab: vom Papierformat, von der Geschwindigkeit und von der Genauigkeit. Unser Selbstbaugerät bietet für wenig Geld einen ausgezeichneten Kompromiß zwischen diesen drei Kriterien. Es verarbeitet DIN-A4-Blätter oder 24 cm breites Endlospapier und erreicht bei 0,1 mm Auflösung eine Geschwindigkeit von 28 mm/s.

Das Manko der Flachbettplotter, bei denen der Stift auf einem beweglichen Arm sitzt, besteht darin, daß sehr große Massen bewegt werden müssen. Das erfordert große Drehmomente und dementsprechen teure Motoren. Die gesamte Ansteuerelektronik einschließlich Netzteil muß für große Ströme ausgelegt sein. Setzt man den Gedankengang fort, kommt man zu dem Schluß, daß ein preiswertes Gerät das Papier in der einen Richtung (z.B. entlang der X-Achse) und den Stift in der anderen Richtung (entlang der Y-Achse) bewegen muß. Damit ist man beim Prinzip des Rollenplotters angelangt.

Beim Selbstbauplotter wird das Papier von Andruckrollen auf eine Antriebswalze "gepreßt", die für die Bewegung in Längsrichtung sorgt. Senkrecht dazu bewegt sich der Stift. Der Seilantrieb dafür sitzt auf der Unterseite des Gerätes (Abb. 11-1). Beide Antriebe arbeiten mit einem Schrittmotor und einem zweistufigen Getriebe.

Unser Plotter ist im wesentlichen aus 6-mm-starken Hart-PVC-Teilen aufgebaut. Die detaillierten Maßzeichnungen sind in Abschnitt 11.7 zu sehen. Auf die Grundplatte sind von unten her zwei Seitenteile im Abstand von 250 mm angeschraubt. Zwischen den Seitenteilen sitzen die Papierantriebswalze, Wellen für die Andruckrollen und den Stifthalter

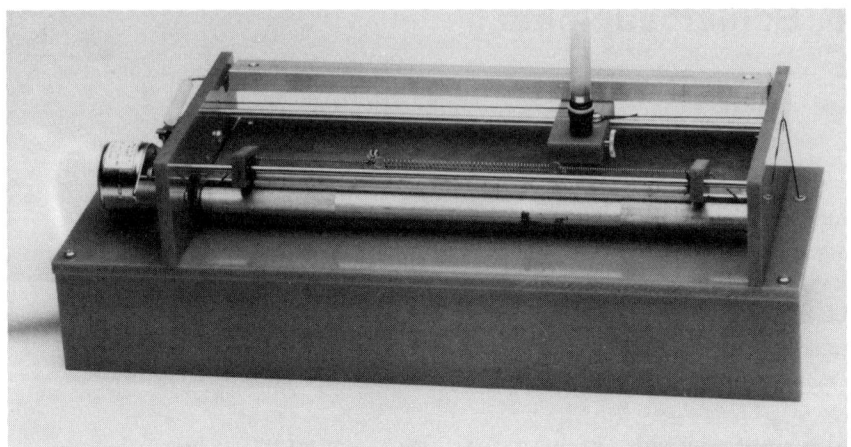

Abb. 11-1 so sieht der Plotter von vorne aus

sowie eine Alu-Schiene, die den Stifthalter beim Zeichnen nach vorne kippen läßt.Einige Millimeter über der Stifthalterwelle, befinden sich die Seildurchführungen für den Querantrieb. Im linken Seitenteil sitzt eine Achse mit Zahnrädern für den Papierantrieb. An diesem Teil sind auch der Motor für den Papiertransport und der Magnet für die Stiftbewegung befestigt.

11.1 Der Stiftantrieb

Die restlichen Seitenteile sitzen auf der Geräteunterseite (Abb. 11-2). Dort stehen sie in Seilrichtung und stellen die Halterung für die Seilrolle dar. Zugleich dienen sie als Standfuß für den Plotter. Auf der gegenüberliegenden Längsseite der Grundplatte stützt eine durchgehende PVC-Platte (Blende) das Gerät.

Motorbefestigung und Getriebe sind identisch mit der Anordnung beim Papierantrieb - dazu später mehr. Für den Antrieb sind zwei 60 cm lange Seilstücke (möglichst glattes, dünnes Skalenseil) erforderlich. Man befestigt sie mit Hilfe kleiner Schrauben oder Stifte auf der Seilrolle und wickelt sie gegenläufig zur Mitte hin um die Rolle (Abb. 11-3). Die beiden Enden verlassen die Rolle in entgegengesetzter Richtung. Sie werden am Stifthalter befestigt. Auf dem Weg dorthin tritt

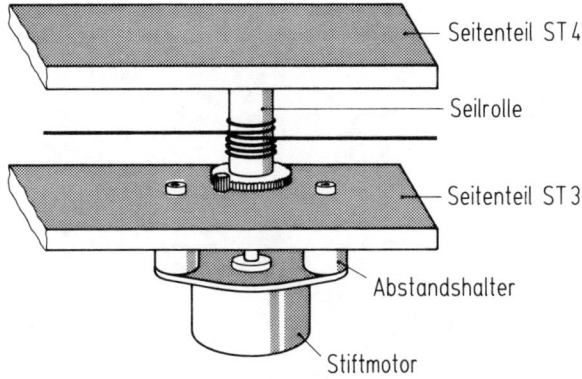

Seitenteil ST 4

Seilrolle

Seitenteil ST 3

Abstandshalter

Stiftmotor

Abb. 11-2 So schlingt man das Seil um die Rolle.

jedes Seilstück durch eine Bohrung in der Grundplatte und eine weitere Bohrung im Seitenteil hindurch, die mit Hohlnieten versehen sind, damit das Seil nicht an den PVC-Teilen scheuert (Abb. 11-4).

11.2 Der Papierantrieb

Als Antriebswelle dient ein 12-mm-Alu-Stab, der zum Teil gekordelt ist. An beiden Seiten werden kurze Achsstücke eingepreßt. Auf der einen Achse sitzt ein Zahnrand mit 75 Zähnen (alle verwendeten Zahnräder: Modul 0.3, Achsdurchmesser 2 mm). In dieses Zahnrand greift ein Ritzel mit 12 Zähnen ein, das über eine Achse (im Seitenteil gelagert) starr mit einem weiteren Zahnrad (30 Zähne) verbunden ist (Abb. 11-6).

Letzteres treibt der Motor (Ritzel mit 12 Zähnen) direkt an. Der Motor ist über zwei 15 mm lange Abstandshalter am Seitenteil befestigt. Einfache Abstandsbolzen genügen hier nicht, da die Motorachse exakt senkrecht zum Seitenteil stehen muß, damit sich die Zahnräder nicht verkanten. Völlig identisch zu dieser Anordnung sind Motorbefestigung und Getriebe für den Stiftantrieb aufgebaut. Anstelle der Papierwalze sitzt lediglich die Seilrolle.
Die gleichen Drehteile verwendet man als Abstandshalter für eine 2 mm dicke Alu-Platte, die als Schreibunterlage für den Stift dient. Sie muß völlig eben sein.

Abb. 11-4 Der Plotter von unten

Auf die Andruckrolle für das Papier sind zwei Ringe aus hartem Kunst-
stoff aufgepreßt. Die Alu-Rolle selbst ist in zwei Halterungen
schwenkbar gelagert. Angepret wird das Ganze von einem Skalenseil, das
um die Alu-Platte geschlungen und mit einer Spiralfeder gespannt ist.

11.3 So wird der Stift bewegt

Ein Alu-Winkel hält den Stifthalter im Ruhezustand so, daß der Stift 2
bis 3 mm über dem Papier "schwebt". Soll der Plotter zeichnen, wird
der assymmetrisch gelagerte Winkel angehoben, und der Stifthalter
kippt nach vorne.

Abb. 11-5 Magnet und Papiermotor sind am linken Seitenteil befestigt

An den beiden Enden des Winkels sind PVC-Klötzchen angeschraubt, in
die zwei kurze Achsen eingepreßt sind. Auf der einen Seite schraubt
man in das Klötzchen einen Winkelhaken so ein, daß er zwar festsitzt,
aber ohne weiteres mit der Hand verdreht werden kann. Die große Bohrung im Seitenteil gibt ihm genügend Bewegungsfreiheit. Verlängert
wird der Haken mit einer Kunststoff-Distanzhülse, die an seinem Ende
von einem Elektromagneten auf und ab bewegt wird.

Noch ein Wort zum Aufbau: Die
Präzision des Plotters hängt
natürlich zum großen Teil von
der Genauigkeit der mechanischen Bauteile ab. Besonders
wichtig ist es, daß die Aufla-

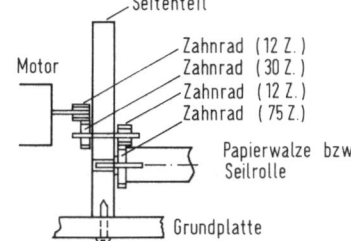

Abb. 11-6 Das zweistufige Getriebe

gefläche der Seitenteile absolut senkrecht geschnitten ist. Die Be-
schaffenheit ihrer Oberfläche ist dagegen vergleichsweise unwichtig.
Die Löcher für Zahnradachsen und Antriebswellen müssen ebenfalls genau
senkrecht gebohrt sein. Zur Befestigung der verschiedenen Teile verwendet man am besten Blechschrauben, die sich ihr Gewinde selbst in
das PVC schneiden.

11.4 Ansteuerung

Die Ansteuerschaltung (Abb. 11-7) ist denkbar einfach. Für jeden Motor
(Typ 32CA24 von Seikosha) sind vier Ansteuerleitungen erforderlich -
also ein 8-Bit-Port. Eine weitere Leitung benötigt man für den Magneten. Obwohl es sich um 12-V-Schrittmotoren handelt, werden sie nur mit
5 V betrieben. Das reicht völlig aus, um das erforderliche Drehmoment
zu erzielen, was aber der Laufruhe und der Wärmeentwicklung zugute
kommt. Anders ausgedrückt: Der Plotter gibt nur ein leises Schnurren
von sich (sieht man vom Geräusch ab, das beim Bewegen des Stiftes
erzeugt wird), und die Motoren werden auch bei Dauerbetrieb kaum hand-
warm. Im Stillstand fließt durch jeden einzelnen ein Gesamtstrom von
200 mA. Berücksichtigt man den Strom für den Magneten (max. 500 mA,
bei 12 V), dann ist ein 10-W-Netzteil mehr als ausreichend.

Eine geeignete Ein-/Ausgabe-Karte für den Apple II wird vom Bausatz-
lieferanten (siehe Kapitelanfang) angeboten. Ohne Zusatzhardware kommen C-64-Besitzer aus. Sie benutzen einfach den User-Port.

11.5 Was kann der Selbstbauplotter?

Bevor die Software näher erläutert wird, ein Wort dazu, was der
Selbstbauplotter überhaupt kann: Wie eingangs schon erwähnt, beträgt
die maximale Geschwindigkeit 28mm/s. Dieser Wert ergibt sich aus 20
mm/s in jeder Achse bei einem 45-Grad-Winkel. Wer schon mit Plottern
gearbeitet hat, der weiß, daß höhere Geschwindigkeiten oft nicht mehr
sehr viel bringen, weil das Gerät gerade bei berechneten Kurven mei-
stens auf den Rechner warten muß.

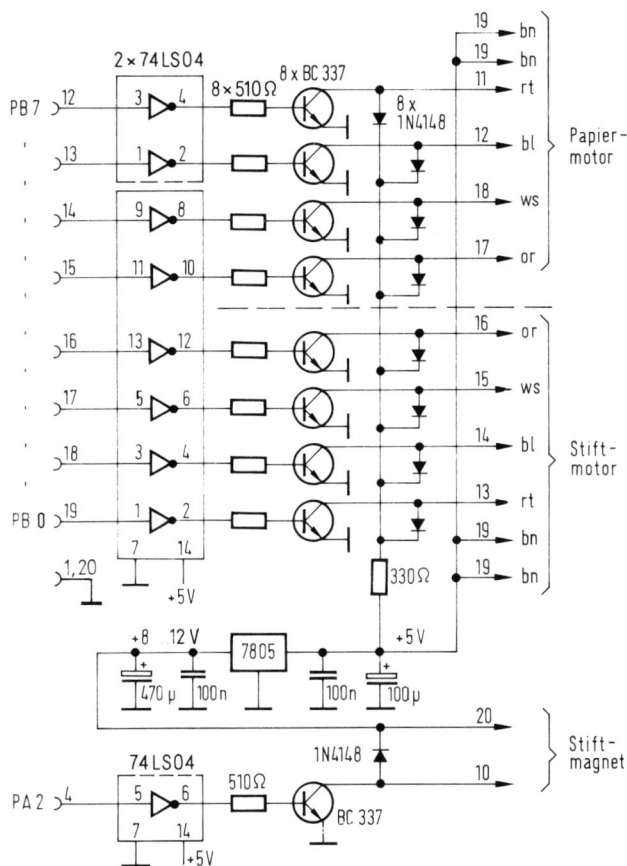

Abb. 11-7 Die Ansteuerschaltung ist recht einfach

Die Wiederkehrgenauigkeit kann nicht exakt in Schritten angegeben werden, da sie davon abhängt, wie sorgfältig die Mechanik aufgebaut ist. Zeichnungen der Art, wie sie in den Abbildungen dargestellt sind, stellen aber in keinem Fall ein Problem für unseren Plotter dar. Einen Härtetest sehen Sie in Abb. 11-9, weil diese sehr viel Schrift enthält. Wie man sieht, gibt es auch hier kaum Abweichungen. Übrigens stellt dieses Struktogramm gleich den Ablauf des wesentlichen Programmteils der ganzen Software dar: "Ziehen einer Linie von den Ist-Koordinaten zu den Soll-Koordinaten".

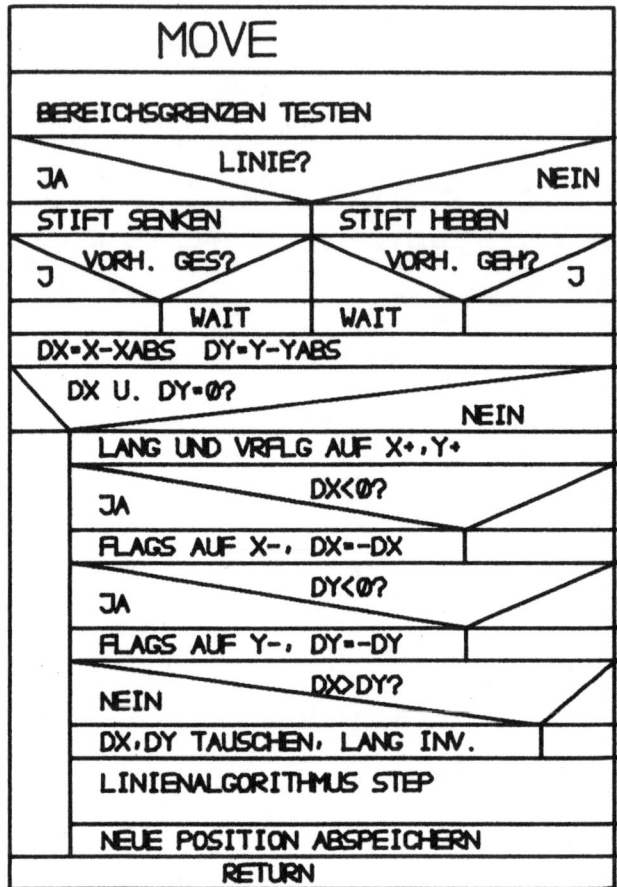

Abb. 11-8 Hier hat der Plotter das Struktogramm des wichtigsten Unterprogramms gezeichnet

11.6 Software in Turbo-Pascal

Das folgende Listing zeigt ein Rumpfprogramm für den Betrieb des Plotters. Systemspezifisch ist nur die Ansteuerung der Ausgabe-Ports. Sie werden in der Prozedur "init" initialisiert. Natürlich müssen die Ports auch richtig adressiert werden. Falls ihnen nicht die Speicheradressen zugewiesen sind (Memory-mapped-I/O), ist anstelle des "mcm-Arrays" das "port-Array" zu verwenden. Korrigieren muß man unter Um-

ständen auch die Verzögerungszeit "ntime", die die Impulslänge der
Motorsteuersignale bestimmt.

Bevor man den Plotter zum ersten Mal anspricht, ist die Prozedur
"init" aufzurufen. Sie stellt die Vorgabewerte für die Parameter ein
und bietet die Möglichkeit, einzelne Werte zu ändern. Außerdem sorgt
sie dafür, daß man den Stift und das Papier positionieren kann. Die
Lage vor dem Start des Anwenderprogramms ist der Koordinaten-Null-
punkt. Die Prozedur Move entspricht übrigens zum großen Teil dem
Struktogramm von Abb. 11-8. Eine zusätzliche Spielerei ist eine mehr-
stufige Rampensteuerung für die Schrittmotoren, die in der Prozedur
"step" realisiert ist. Sie sorgt dafür, daß die Motoren nach dem Start
langsam beschleunigt und vor dem Ziel wieder abgebremst werden.

```
{---------------- Programm zum Selbstbau-Plotter ------------------}

const  { diese Werte sind individuell durch Test zu ermitteln }
   xspiel = 2;  { individuelles mechanisches Spiel des Plotters }
   yspiel = 5;  { dito y-Richtung }
   ntime  = 10; { Hochlaufzeit fr Motor in ms }
   magnetdelay = 200; { Schaltzeit des Magneten in ms }


   xmax   = 2400; { Papierabmessungen }
   ymax   = 1800;

var
   xalt, yalt   : Integer; { augenblickliche Stiftposition }
   unten        : Boolean; { Stiftstellung }
   yrvor, xrvor : Boolean; { fuer Richtungsumkehr }
   Portval      : Integer; { Merker fuer letzten Ausgabewert am Port }

{ Anfang ---------- maschinenabhaengige Routinen -------------------}

Procedure putport(wert : Byte);
   begin


        { Das Byte "wert" wird auf dem Port PB (Abb. 11-7) ausgegeben }
        { Bit 0 .. 3 Stiftmotor, Bit 4 .. 7 Papiermotor              }


   Portval := wert;
   end;
```

```
Procedure stift(senken : Boolean);
  begin


        { Stift heben (senken = FALSE) oder senken (senken = TRUE) }
        { ueber das Bit PA 2 des Ports (siehe Abb. 11-7)           }


  unten := senken;
  end;

{ Ende ------------ maschinenabhaengige Routinen -------------------}

Procedure movestift(plus : Boolean; N : Integer);
  { Stift in die Richtung "plus" um  "N" Schritte bewegen }
  var
    lauf : Integer;
    mot_b, mot_a : Byte; { Motore }
  begin
  for lauf := 1 to N do
    begin
    mot_b := (Portval and $F0) or (Portval div 16);
    mot_a := (Portval and $0F) or (Portval * 16);
    { Schrittimpuls }
    if plus then mot_a := mot_a shr 3
            else mot_a := mot_a shr 1;
    delay(ntime);
    putport((mot_b and $F0) or (mot_a and $F0));
    end;
  end;

Procedure movepap(plus : Boolean; N : Integer);
  { Papier in die Richtung "plus" um  "N" Schritte bewegen }
  var
    lauf : Integer;
    mot_b, mot_a : Byte; { Motore }
  begin
  for lauf := 1 to N do
    begin
    mot_b := (Portval and $F0) or (Portval div 16);
    mot_a := (Portval and $0F) or (Portval * 16);
    { Schrittimpuls }
```

```
  if plus then mot_b := mot_b shl 1
          else mot_b := mot_b shl 3;
  delay(ntime);
  putport((mot_b and $F0) or (mot_a and $F0));
  end;
end;

Procedure movex(xlang, xvor: Boolean; delaytime : Integer);
  { Stift in x- oder y-Richtung bewegen, abh. von "xlang" }
  var
    mot_a, mot_b : Byte;
  begin
  mot_b := (Portval and $F0) or (Portval div 16);
  mot_a := (Portval and $0F) or (Portval * 16);
  { Schrittimpuls }
  if xlang then
    if xvor then mot_b := mot_b shl 1
            else mot_b := mot_b shl 3
  else
    if xvor then mot_a := mot_a shr 3
            else mot_a := mot_a shr 1;
  delay(delaytime);
  putport((mot_b and $F0) or (mot_a and $F0));
  end;

Procedure movexy(xvor, yvor : Boolean; delaytime : Integer);
  { Stift in x- und y-Richtung bewegen }
  var
    mot_a, mot_b : Byte;
  begin
  mot_b := (Portval and $F0) or (Portval div 16);
  mot_a := (Portval and $0F) or (Portval * 16);
  { Schrittimpuls }
  if xvor then
    if yvor then
      begin mot_b := mot_b shl 1; mot_a := mot_a shr 3 end
    else
      begin mot_b := mot_b shl 1; mot_a := mot_a shr 1 end
  else
    if yvor then
      begin mot_b := mot_b shl 3; mot_a := mot_a shr 3 end
    else
      begin mot_b := mot_b shl 3; mot_a := mot_a shr 1 end;
```

```
      delay(delaytime);
      putport((mot_b and $F0) or (mot_a and $F0));
      end;


Procedure move(x,y : Integer; senken: Boolean);
  { mit gehobenem oder gesentem Stift zum Punkt (x,y) fahren }
  var
    dx, dy, hilf, time : Integer;
    xlang, xvor, yvor : Boolean;
  Procedure step(dx, dy : Integer; xvor, yvor, xlang : Boolean);
    var
      px, py, rest : Integer;
      mot_b, mot_a : Byte;
    begin
    px := 0; py := 0; rest := dx div 2; time := ntime;
    repeat
      px := succ(px); rest := rest + dy;
      { Rampensteuerung der Schrittmotoren }
      if time > 5 then
        begin
        if (dx - px) > 320 then
          time := 7 - (px shr 6)
        else
          time := 7 - ((dx - px) shr 6);
        if time < 5 then time := 5;
        end;
      { Schritt ausfuehren }
      if rest >= dx then
        begin
        py := succ(py);
        rest := rest - dx;
        movexy(xvor, yvor, time);
        end
      else
        movex(xlang, xvor, time);
    until px >= dx;
    end;
  begin { move }
  { Randberwachung }
  if (x <= xmax) and (x >= 0) and (y <= ymax) and (y >= 0) then
    begin
    { Stift heben oder senken }
    if senken then
```

```
      begin
        if not unten then
          begin Stift(true); delay(magnetdelay) end;
        end
      else { heben }
        begin
        if unten then
          begin Stift(false); delay(magnetdelay) end;
        end;
      { linie ziehen }
      dx := x - xalt; dy := y - yalt;
      if (dx <> 0) or (dy <> 0) then
        begin
        xlang := true; xvor := true; yvor := true;
        if dx < 0 then
          begin xvor := false; dx := - dx end;
        if dy < 0 then
          begin yvor := false; dy := - dy end;
        { Spiel ausgleichen }
        if (dy <> 0 ) and (yvor <> yrvor) then
          begin movestift(yvor,yspiel); yrvor := yvor end;
        if (dx <> 0) and (xvor <> xrvor) then
          begin movepap(xvor,xspiel); xrvor := xvor end;
        { Linie ziehen }
        if dx <= dy then
          begin hilf := dx; dx := dy; dy := hilf; xlang := false end;
        step(dx, dy, xvor, yvor, xlang);
        xalt := x; yalt := y;
        end;
      end;
    end;


Procedure init;
  { Initialisierungsroutine }
  var
    x, y, i, weg : Integer;
    ch : Char;
  begin
  putport($33); Stift(false); { Anfangswerte }
  xrvor := false; yrvor := false; weg := 100;
  clrscr;
  Writeln('Programm fuer den Selbstbauplotter');
  Writeln('---------------------------------');
```

```
  Writeln;
  Writeln('Papier einlegen - Anfangsposition einstellen');
  Writeln('mit  j, k, i, m -Starten mit Return');
  { Positionieren }
  repeat
    read(kbd, ch); ch := upcase(ch);
    case ch of
      'M': move(weg, 0, false);
      'I': begin xalt := weg; move(0, 0, false) end;
      'J': move(0, weg, false);
      'K': begin yalt := weg; move(0, 0, false) end;
    end;
  until ch = #13;
  end;

Procedure drawto(x, y : Integer);
  begin move(x, y, true) end;

Procedure moveto(x, y : Integer);
  begin move(x, y, false) end;

Procedure drawrel(x, y : Integer);
  begin move(xalt + x, yalt + y, true) end;

Procedure moverel(x, y : Integer);
  begin move(xalt + x, yalt + y, false) end;

Procedure Papierauswurf;
  begin
  move(2400, 0, false);
  xalt := 0; yalt := 0;
  move(500,0,false);
  end;

{--------------------------------------------------------------------}
```

11.7 Aufbau und Test

In diesem Kapitel setzen wir voraus, daß Sie alle Teile gemäß der Stückliste (Tabelle 4) und den entsprechenden Zeichnungen (Abb. 11-9) vorliegen haben. Kurzbezeichnungen, die im folgenden verwendet werden, entnehmen Sie bitte der Stückliste. An Werkzeugen brauchen Sie:

- einen Kreuzschlitz-Schraubenzieher
- eine Pinzette
- einen Hammer
- eine Zange
- Werkzeug für Hohlnieten

Setzen Sie zuerst an den Enden der beiden Alu-Stäbe und der Seilrolle die 2-mm-Stahlachsen ein. An der Transportwalze und an der Seilrolle ist außerdem je ein großes Zahnrad mit der Nabe nach innen zu befestigen. Am besten nimmt man dazu etwas Metallkleber.

Zur Befestigung des Seils an der Seilrolle werden in die beiden 1,4-mm-Bohrungen zwei 8 bis 10 mm lange Kupferdrahtstücke eingepreßt.

Die beiden als Aufpreßringe bezeichneten PVC-Teile - sie können auch aus Metall gefertigt sein - müssen auf die Andruckwalze aufgestreift und dort angeklemmt werden. Ihr Abstand ist etwas kleiner als die Breite eines DIN-A4-Blatts.

Nehmen Sie nun Seitenteil ST1 so zur Hand, wie es in Abb. 11-9 dargestellt ist. Die Bohrung soll eine Achse aufnehmen, an deren Enden je ein Zahnrad aufgepreßt wird. Und zwar eines mit 30 Zähnen auf der Ihnen zugewandten Seite (Nabe zum Seitenteil hin) und eines mit zwölf Zähnen auf der gegenüberliegenden Seite. Nehmen Sie bei Bedarf etwas Klebstoff, aber achten Sie darauf, daß sich das Ganze noch leicht drehen läßt. Verfahren Sie nun ebenso bei Seitenteil ST3.

In den Seitenteilen ST1 und ST2 (Bohrung K) und in der Grundplatte (2 x Bohrung A) müssen dann noch die Hohlnieten angebracht werden. Legen Sie sich die beiden Seitenteile ST1 und ST3 zurecht. Die Schrauben S3 jeweils in die beiden Bohrungen drehen, die sich auf gleicher Höhe mit den Zahnrädern befinden, und zwar von der Seite des kleineren Zahnrades her. Von der Seite des größeren Zahnrades her werden dann die Motorhalter aufgeschraubt.

Tabelle 4: Stückliste für den Selbstbauplotter

Anzahl	Bezeichnung	Bemerkung
1	Grundplatte	
4	Seitenteil	ST1 ... ST4
2	Winkelhalter	WH1 ... WH2
1	Blende	
2	Rollenhalter	
1	Stifthalter	
1	Seilrolle	
4	Abstandhalter	
4	Motorhalter	
1	Alu-Grundplatte	
1	Transportwalze	
1	Andruckwalze	
1	Aluwinkel	
1	Führungswelle	4mm-Welle, 260mm WL1
1	Haltewelle	4mm-Welle, 260mm WL2
		beide Silberstahl
10	Zylinderkopfschraube 2,6 x 16	S1
8	Senkkopfschraube 2,2 x 13	S2
2	Senkkopfschraube M3 x 8	S3
4	Zylindekopfschraube 2,2 x 6,5	S4
4	Zylinderkopfschraube 2,2 x 9,5	S5
4	Senkkopfschraube 2,2 x 9,5	S6
1	Zylinderkopfschraube 2,9 x 6,5	S7
1	Rändelschraube M3 x 16	für Stifthalter
1	Schraubhaken 25 x 10 x 2	
2	Hohlniete 4mm	
2	Hohlniete 3mm	
1	Distanzhülse M3 x 3	für Magnet
20	Beilagscheiben M3	Metall
2	Beilagscheiben	Kunststoff f. Mag.
2	Sicherungsscheiben für 4mm Achse	
1	Zugfeder nach DIN 17223	Z 05-17, d=0,5,
		Da=4,5, Lo=31,1

Tabelle 4: Stückliste für den Selbstbauplotter (Fortsetzung)

Anzahl Bezeichnung   Bemerkung

 2m   Skalenseil

 2cm Kupferdraht 1,4mm Ø

10   Achse 2mm x 20mm
 2   Achse 2mm x 10mm

 2   Zahnräder 75 Zähne, 2mm-Achse, Modul 0,3
 2   Zahnräder 30 Zähne, 2mm-Achse, Modul 0,3
 4   Zahnräder 12 Zähne, 2mm-Achse, Modul 0,3

 2   Schrittmotoren 32CA24 von Seikosha   Spezial Elektronik,
                                           München
 1   GS-Hubmagnet, Harting (08292 130120)

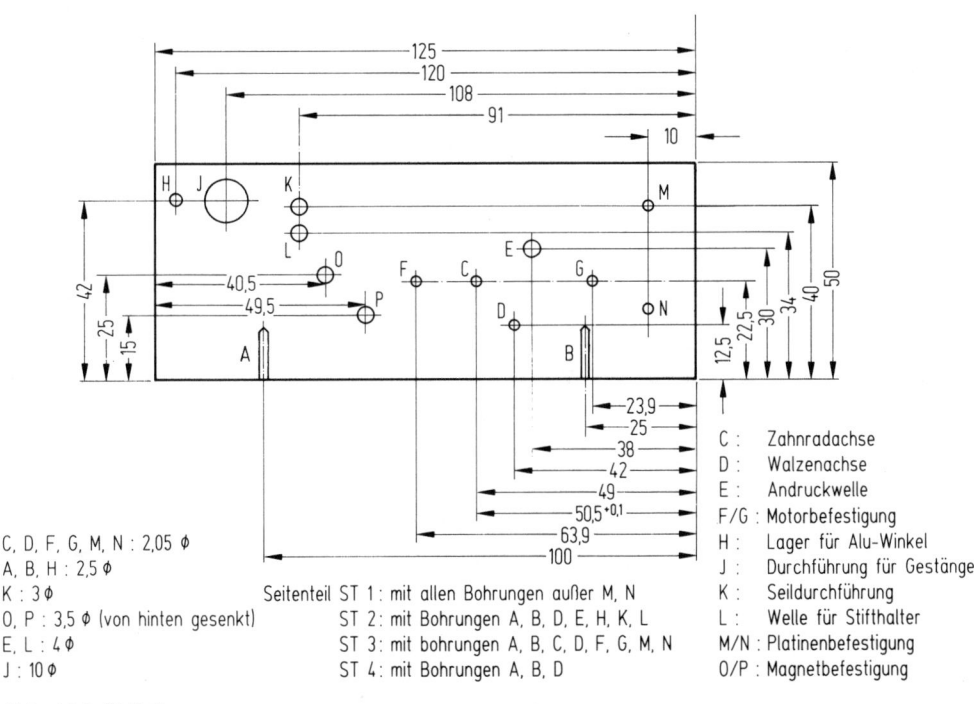

C, D, F, G, M, N : 2,05 Φ
A, B, H : 2,5 Φ
K : 3 Φ
O, P : 3,5 Φ (von hinten gesenkt)
E, L : 4 Φ
J : 10 Φ

Seitenteil ST 1: mit allen Bohrungen außer M, N
ST 2: mit Bohrungen A, B, D, E, H, K, L
ST 3: mit bohrungen A, B, C, D, F, G, M, N
ST 4: mit Bohrungen A, B, D

C : Zahnradachse
D : Walzenachse
E : Andruckwelle
F/G : Motorbefestigung
H : Lager für Alu-Winkel
J : Durchführung für Gestänge
K : Seildurchführung
L : Welle für Stifthalter
M/N : Platinenbefestigung
O/P : Magnetbefestigung

Abb. 11-9 (Teil 1)

Grundplatte, PVC, 6 mm dick

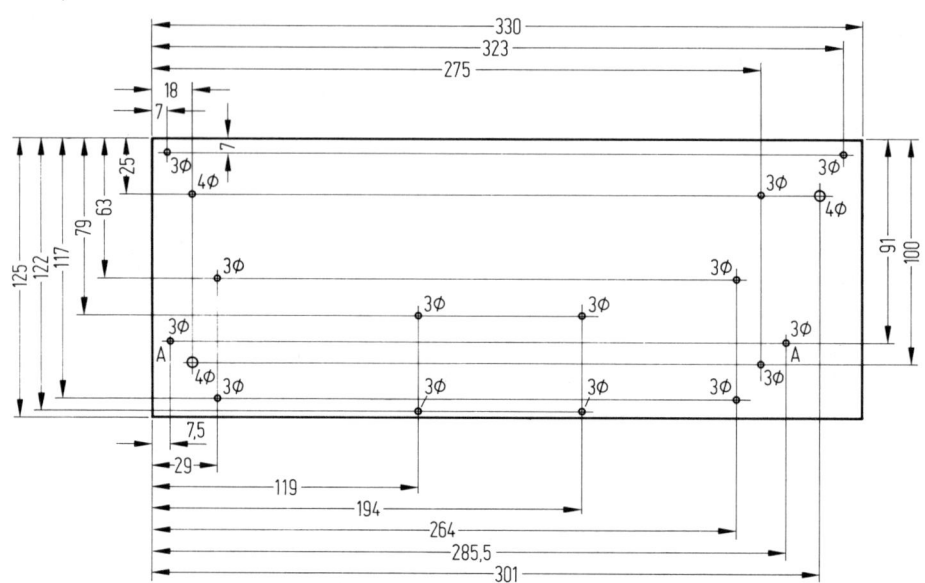

Transportwalze: Alu-Stab, 12ɸ

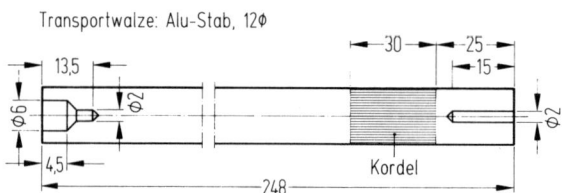

Kordel

Andruckwalze: Alu-Stab, 10ɸ

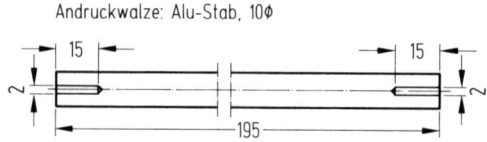

Blende, PVC, 6 mm dick

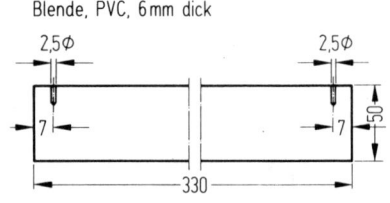

Seilrolle, PVC, 11,6ɸ

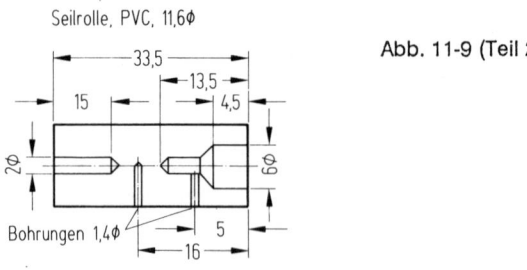

Bohrungen 1,4ɸ

Abb. 11-9 (Teil 2)

2 × Rollenhalter, PVC, 6 mm dick

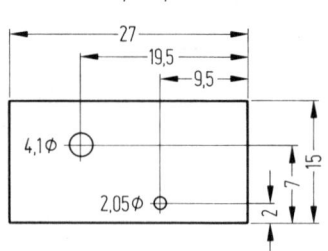

Winkelhalter: PVC, 6 mm dick

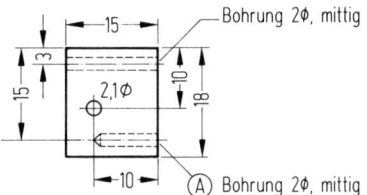

Bohrung 2φ, mittig

2,1φ

Ⓐ Bohrung 2φ, mittig

WH 1: mit allen Bohrungen
WH 2: ohne Bohrung A

Stifthalter, PVC

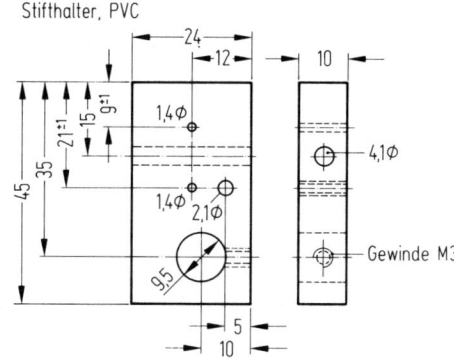

Gewinde M3

Abstandshalter (Motorhalter),
PVC, rund

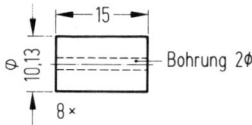

Bohrung 2φ

Alu-Platte, 2 mm dick

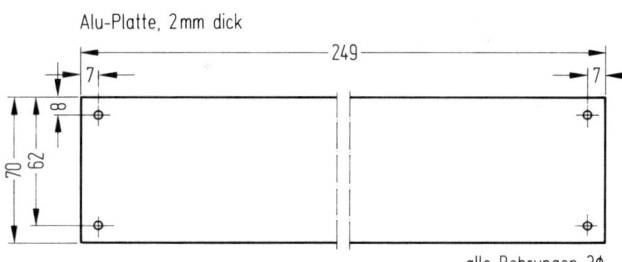

alle Bohrungen 3φ

Alu-Winkel

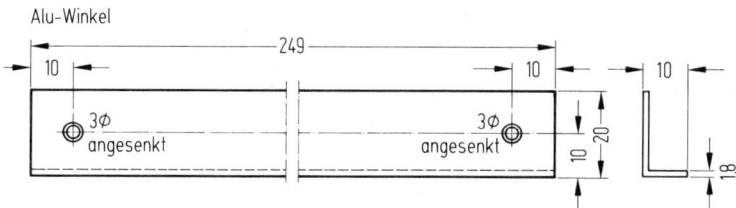

Aufpreßring, PVC, 2×

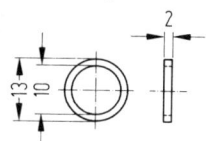

Abb. 11-9 (Teil 3) Die Teile bestehen aus Hart-PVC und Aluminium

An ST1 wird der Magnet mit
Schrauben S3 so befestigt, daß
er auf der Seite des größeren
Zahnrades sitzt. Der Stößel
muß sich von unten her (die
Seite mit den beiden Stirn-
bohrungen im Seitenteil) einsetzen lassen.
Zuerst wird der Stifthalter
vorbereitet. Biegen Sie sich
einen Drahtbügel zurecht und
stecken Sie ihn in die dafür
vorgesehene Bohrung (Abb. 11-10).

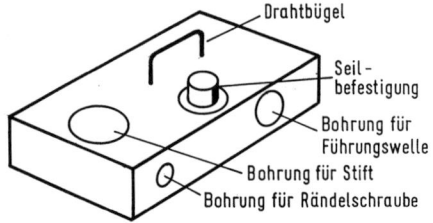

Abb. 11-10 Der Stifthalter

Drehen Sie dann die Schraube S7 (Beilagsscheibe unterlegen) ein, und
schieben Sie den Stifthalter über die Führungswelle.

Jetzt wird der Mechanismus vorbereitet, der das Papier gegen die
Transportwalze preßt. Abb. 11-11 zeigt, wie er zusammengesetzt ist.
Zuerst sind die beiden Sicherungsscheiben systematisch auf die Halte-
welle aufzupressen. Ihr Abstand (innen) soll so groß sein, daß die
Andruckwalze locker dazwischenpaßt (gut 195 mm). Lassen Sie im Augenblick lieber etwas "Luft", verringern kann man den Abstand immer noch.
Am besten bekommt man die Sicherungsscheiben auf die Welle, indem man
sie auf einen Schraubstock legt, der einen Spalt breit geöffnet ist,
und die Welle mit dem Hammer vorsichtig durchklopft. Von außen schiebt
man jetzt die beiden Rollenhalter gemäß Abb. 11-11 auf die Welle.

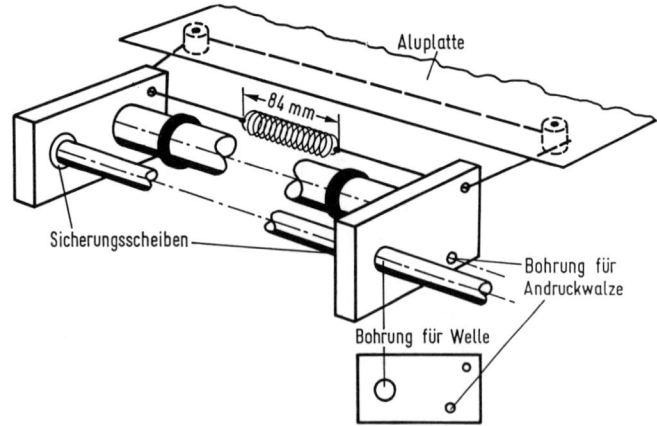

Abb. 11-11 Befestigung des Skalenseils an der Feder.

Nehmen Sie dann ein Stück Skalenseil und führen Sie die Enden durch
die dafür vorgesehenen Bohrungen in den Rollenhaltern. Jetzt kommt
eine etwas knifflige Angelegenheit: Die Seilenden sind zwischen den
Rollenhaltern zu Schlingen zu knüpfen, an denen später die Feder ein-
gehängt wird. Das Seil sollte von Schlinge zu Schlinge genau 422 mm
lang sein. Zum Messen nehmen Sie die Rollenhalter am besten nochmals
ab. Abb. 11-11 zeigt auch, wie das Seil später hinter den Abstandshaltern für die Alu-Platte verläuft.

Legen Sie jetzt die Grundplatte so vor sich hin, daß links hinten die
Niete ist, die vom Rand weiter entfernt ist. Das Seitenteil ST1
schrauben sie jetzt etwa 1 cm rechts davon so an, daß die Motorhalter
nach links weisen (Schrauben S1).

Die Nieten müssen von oben gesehen auf gleicher Höhe liegen. Sie dienen als Seildurchführung. Setzen Sie vorher den Magnetstößel - mit
einer Plastikbeilagescheibe auf dessen dünneren Teil - ein. Rechts,
unmittelbar neben dem Seitenteil, befinden sich zwei weitere Bohrungen. Sie sind für die Abstandshalter vorgesehen, die mit Schrauben S2
auf der Grundplatte befestigt werden. Die beiden restlichen Abstandshalter sitzen symmetrisch dazu etwa 3 cm vom rechten Rand der Grundplatte entfernt.

Stecken Sie jetzt von rechts her die Transportwalze so in das Seitenteil ST1, daß die beiden Zahnräder ineinandergreifen. Zwischen Transportwalze und ST1 fügen Sie eine Beilagscheibe ein. Auch die Wellen
WL1 (mit Stifthalter) und WL2 (mit Andruckmechanismus) sind jetzt von
rechts her in das Seitenteil zu stecken (WL1 in die hintere 4-mm-Boh-
rung). Orientieren Sie sich bitte an der Gesamtansicht des Plotters.

Jetzt können Sie das rechte Seitenteil ST2 von rechts her auf die
Welle aufstecken und auf die Grundplatte schrauben. Fügen Sie wieder
eine Beilagscheibe zwischen Transportwalze und Seitenteil ein. Auch
den Befestigungsschrauben sind jetzt Beilagscheiben unterzulegen. Das
Seitenteil sollten Sie so positionieren, daß die Walze noch leicht
läuft, aber das Spiel der Walze minimal ist.

Zwischen den beiden Seitenteilen verbleiben jetzt noch vier unbenutzte
Bohrungen. Sie dienen der Befestigung der beiden Seitenteile ST3 und
ST4, auf der Unterseite der Grundplatte. ST3 schrauben (mit Schrauben
S1) Sie durch die beiden Bohrungen an, die mehr zur Mitte hin liegen.

Stellen Sie den Plotter jetzt so vor sich hin, daß Sie auf das kleine
Zahnrad von ST3 schauen. In die Bohrung stecken Sie die Achse der
Seilrolle, so daß die beiden Zahnräder ineinandergreifen (Beilagscheibe dazwischenlegen): Zwei 60 cm lange Skalenselstücke werden nun so an
der Seilrolle befestigt und um sie herumgeschlungen, wie in Abb. 11-5
gezeigt. Das jeweils andere Seilende wird am Stifthalter befestigt.
Gehen Sie am besten so vor:

• Ein Seilstück mit doppeltem Knoten am Drahtbügel des Stifthalters
  befestigen, nach links durch die beiden Hohlnieten führen und
  ebenfalls mit doppeltem Knoten an dem Stift der Seilrolle befestigen, der etwas weiter vom Zahnrad entfernt ist. Durch Rechtsdrehen des Zahnrads das Seil so weit aufwickeln, daß der Stifthalter am Seitenteil anschlägt und das Seil straff ist. Jetzt
  können Sie z.B. mit Tesafilm das Zahnrad fixieren, damit es sich
  nicht mehr drehen kann.

• Das zweite Seilstück befestigen Sie jetzt am anderen Stift der
  Seilrolle und Schlingen es zweimal im Uhrzeigersinn um die Rolle
  herum - am besten mit einer Pinzette. Fixieren Sie es ebenfalls
  mit einem Stück Tesafilm auf der Grundplatte.

• Wenn Sie von oben auf die Anordnung schauen, dann verlassen die
  Seile die Rolle in entgegengesetzter Richtung. Auch das zweite
  Seilstück führt durch die beiden Hohlnieten in der Grundplatte
  und im Seitenteil. Am Stifthalter befestigen Sie es, indem Sie es
  über den Drahtbügel umlenken, unter der Schraube und Beilagscheibe durchführen und die Schraube festdrehen. Im Augenblick sollte
  das Seil nicht zu straff gespannt werden.

Sie können nun den Tesafilm entfernen und das restliche Seitenteil ST4
so aufschrauben, daß die Welle der Seilrolle in dessen Bohrung paßt
(wieder eine Beilagscheibe dazwischenlegen). Jetzt sollte sich der
Stifthalter per Hand vom linken zum rechten Seitenteil ohne große
Kraftanstrengung bewegen lassen.

Jetzt können Sie die Blende an der Frontseite des Plotters befestigen
(Schrauben S1). Allerdings muß sie später nochmals abgenommen werden,
wenn Sie den Stiftmotor anschrauben.

Nun schrauben Sie (mit Schraube S6) die Alu-Platte auf die vier Ab-
standhalter, die an der Grundplatte befestigt sind. Die Abb. 11-11)
führt hinter den Abstandshaltern vorbei, die der Transportwalze am

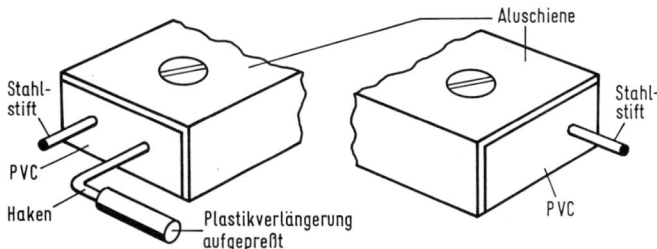

Abb. 11-12 Die PVC-Klötzchen werden seitlich an den Winkel geschraubt

nächsten sind. Nun setzen Sie die Andruckwalze in die beiden Bohrungen
der Rollenhalter ein (mit je einer Beilagscheibe dazwischen) und hängen die Stahlfeder in die Schlinge des Seils ein. Sie sollte dann auf
eine Länge von 84 mm gedehnt sein (einschließlich Haken).

Im folgenden wird davon ausgegangen, daß Sie den Plotter in Grundstel-
lung betrachten, also links ST1 (mit Motorbefestigung) und rechts ST2.

Montieren Sie WH1 und WH2 nach Abb. 11-12. Die 2-mm-Achsen sind so
einzupressen, daß sie noch etwa 6 mm aus den PVC-Teilen herausragen
(schrauben S4). Damit Sie das ganze in die beiden hinteren Bohrungen
der Seitenteile einsetzen können, müssen Sie erst WH2 anschrauben, die
Achse in das rechte Seitenteil einsetzen, dann die Achse WH1 ins linke
Seitenteil einsetzen (Der Haken wird durch die große Bohrung gesteckt)
und erst dann WH2 festschrauben. Etwas Spiel ist erforderlich, damit
sich der Winkel sehr leicht bewegen läßt. Ist das Spiel allerdings
sehr groß, können Sie einige Beilagscheiben einfügen. Den Haken so
eindrehen, daß er mit der Plastikverlängerung auf dem Stößel des Magneten aufliegt.

Damit ist der mechanische Aufbau so gut wie fertig. Sie können jetzt
das Seil noch etwas nachspannen. Allerdings sollte es relativ locker
bleiben. Das Spiel wird vom Programm ausgeglichen.

Wir gehen jetzt davon aus, daß sie die Motoren gemäß Abb. 11-7 an die
Elektronik angeschlossen haben und das Maschinenprogramm und Basic-
Programm geladen sind. Zum Test können Sie folgendes kleine Programm
eingeben:

```
begin
init;
repeat
  moveto(300,300);
  moveto(  0,  0);
until Keypressed;
end.
```

Die beiden Motoren müssen jetzt abwechselnd nach links und nach rechts laufen. Sie können deshalb bequem die Impulse vom Eingang der Schaltung bis zu den Motoranschlüssen verfolgen.

Mit dem gleichen Programm, mit dem Sie die Elektronik getestet haben, können Sie jetzt die Schrittmotoren optimal an die Mechanik ankoppeln. Schrauben Sie (S5) die Motoren mit dazwischengelegter Beilagscheibe locker auf die Motorhalter, so daß sie noch mit der Hand verschoben werden können. Der Stifthalter sollte etwa in der Mitte stehen. Jetzt starten Sie das Testprogramm. Positionieren Sie die Motoren so, daß das Laufgeräusch minimal ist, und ziehen Sie die Schrauben dann fest. Übrigens können Sie die Motoren und den Magneten beim Apple jederzeit mit Reset stromlos schalten.

Im Grunde sind Sie jetzt fertig. Falls noch nicht alles wie vorgesehen klappt, hier einige Hinweise.

Im folgenden wird immer vorausgesetzt, daß das Papier eingelegt und der Stift mit den Tastenfunktionen der Prozedur "init" auf die linke, untere Ecke positioniert ist. Nur so ist die Randüberwachung gewährleistet.

Führen Sie nun folgende Tests durch, und sehen Sie in der Fehlertabelle nach, wie Sie den Plotter optimal einstellen können. Spannen Sie einen Stift so ein, daß er in Ruhestellung etwa 2 mm über dem Papier schwebt. Verstellen können Sie seine Höhe, indem Sie den Haken verdrehen.

Wenn Sie einen gewöhnlichen Filzstift benutzen wollen, kann es nötig sein, daß sie eine Schutzkappe opfern müssen. Manche Stifte verringern nähmlich gerade dort ihren Querschnitt konisch, wo die Rändelschraube angreifen soll. Schneiden Sie in diesem Fall die Spitze der Schutzkappe ab, und spannen Sie den Stift mitsamt der gestutzten Kappe ein.

Testprogramm 1: Quadrat mit 50 mm Seitenlänge

```
begin
init;
drawto(500,0); drawto(500,500);
drawto(0,500); drawto(0,0);
moveto(0,0); { Stift heben }
end.
```

Testprogramm 2: Spiel einstellen
Die erste Ecke zeigt, ob das Y-Spiel stimmt.
Die zweite Ecke zeigt, ob das X-Spiel stimmt.

```
begin
init;
moveto(0,100);
drawto(100,200)
drawto(200,100);
drawto(100,0);
moveto(0,0);
end;
```

• Tippen Sie Testprogramm 1 ein und starten Sie es. Die Motoren
  sollten in allen Richtungen ruhig und ohne ruckartige Bewegungen
  laufen.

• Lassen Sie jetzt Testprogramm 2 laufen, und ändern Sie die Kor-
  rekturschritte in Papier- und Stiftrichtung so lange, bis das
  Testbild saubere rechtwinklige Ecken zeigt.

• Stellen Sie jetzt anhand von Testprogramm 1 fest, ob die Wieder-
  kehr-Genauigkeit des Plotters zufriedenstellend ist. Lassen Sie
  Testprogramm 1 zu diesem Zweck mehrmals ablaufen.

Unter Umständen kann man die Zeichenqualität erhöhen, wenn man
dafür sorgt, daß das Papier sich nicht von der Unterlage abhebt. Dafür
gibt es eine einfache Möglichkeit: Man sorgt dafür, daß sich das Papier vorne und hinten nach oben wölbt (z.B. mit aufgebogenen Büro-
klammern, die man auf den Plotter klebt). Besonders gut ist die Wiederkehrgenauigkeit des Plotters übrigens mit glattem Transparentpa-
pier.

Tabelle 5: Fehlerunrsachen und Fehlerbeseitigung

Fehler	Ursache	Abhilfe
Motor läuft ruckar- tig und verliert Schritte oder läuft garnicht	mechanisch zu stark belastet	Seil für Stiftan- trieb lockern oder Feder weniger straff spannen
	Motor erhält falsche Impulse: Elektronik oder Pro- gramm fehlerhaft	Computer ausschalten und neu starten. Programm überprüfen. Elektronik prüfen. Bauteile auswechseln.
Schlechte Weiderhol- genauigkeit beim Zeichnen	Spielkorrektur im Pro- gramm falsch einge- stellt	Testprogramm 2, Zeile 145 (C-64: Zeile 180) im Basic-Programm korrigieren
	Kraft der Andruckrolle zu gering	Feder straffer span- nen
	ungleichmäßige Kraft- verteilung auf der Andruckrolle	Für symetrische Kraft- verteilung sorgen
Striche am Anfang oder Ende unsauber	Stift zu schwer	Leichteren Stift be- sorgen
	Hubweg des Magneten falsch justiert	Hubweg justieren

11.8 Schrittmotoren

Der Selbstbauplotter verwendet für die Bewegung von Stift und Papier sogenannte Schrittmotoren. Was sind das eigentlich für Motoren? Ein Schrittmotor kann eine Anzahl fester Drehstellungen einnehmen. Dazu besitzt er einen Festmagneten auf der Achse des Schrittmotors und Elektromagnete, die zum Beispiel wie in Abb. 11-13 angeordnet sind. Mit den beiden Schaltern S1 und S2 wird bestimmt, welcher Strang der Wicklung der Elektromagneten unter Strom stehen soll.

Durch die in Abb. 11-13 links eingestellte Stromrichtung werden Nord- und Südpol am Stator erzeugt. Der Permanentmagnet auf der Achse des Schrittmotos richtet sich entsprechend aus. Wenn man jetzt S1 umschaltet, so ergibt sich die neue Orientierung der Magnetpole. Der Anker hat sich um 90 Grad gedreht, denn die Polarität am Stator PQ und dessen Magnetfeld haben sich umgekehrt, weil der Strom durch die Spule Q in der Gegenrichtung gegenüber der ersten Situation läuft. Wenn man nun anschließend S2 umschaltet, so dreht sich der Motor wieder um 90 Grad entgegen dem Uhrzeigersinn. Will man ihn dann nochmals drehen, so muß man S1 wieder umschalten, dann S2 usw.

Es stehen also immer zwei Spulen unter Strom. Wenn man kleinere Drehwinkel erhalten will, so kann man die Stromkreise durch je einen weiteren Schalter auch noch wahlweise auftrennen, so daß dann nur eine Spule unter Strom steht. Mit der vorgeschlagenen Anordnung lassen sich dann 45-Grad-Stufungen erreichen.

Neben dem in Abb. 11-13 gezeigten sogenannten Unipolar-Schrittmotor gibt es auch den bipolaren Schrittmotor. Abb. 11-14 zeigt dessen Schema. Zunächst fällt auf, daß die Mittelanzapfung der Spulen entfällt. Die Schalter sind nun so verdrahtet, daß man den Stromfluß durch die Spule umpolen kann. Damit läßt sich der gleiche Effekt wie beim unipolaren Motor erreichen.

Allerdings stehen jetzt alle Spulen unter Strom. Damit ergibt sich ein besserer Wirkungsgrad. Bipolare Motore besitzen daher höhere Drehmomente als unipolare Motoren. Wichtig! Unipolare Motoren könnte man zwar auch so verschalten, wie es Abb. 11-14 zeigt, doch erzeugen die Ströme in den Wicklungen auch Wärme, und unipolare Motoren sind nicht dafür ausgelegt, daß alle Spulen ständig unter Strom gehalten werden. Da die Ansteuerschaltung für bipolare Motoren komplizierter ist, haben wir hier Unipolar-Schrittmotoren verwenden.

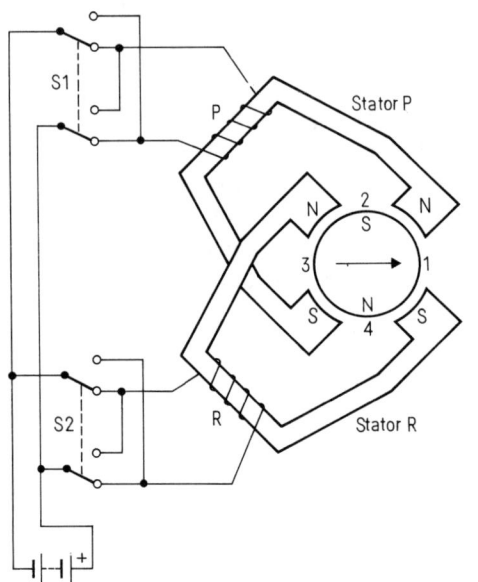

Abb. 11-13 Ein bipolarer Schrittmotor

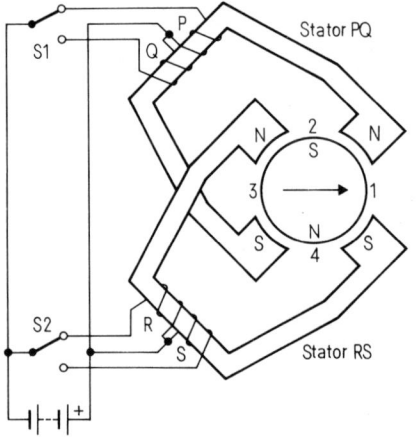
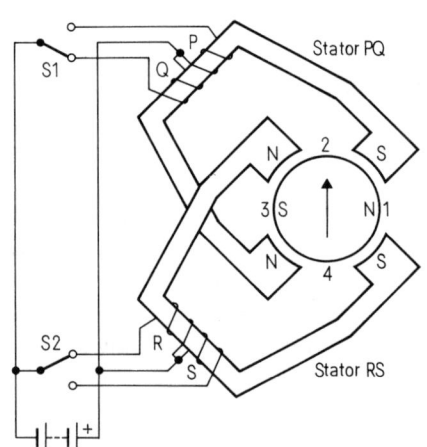

Abb. 11-14 Ein unipolarer Schrittmotor

12 Grundlagen dreidimensionaler Grafik

Der Bildschirm des Computers und die Zeichenfläche des Plotters sind zweidimensionale Anzeigen. Um ein dreidimensionales Objekt, etwa einen Würfel, darzustellen, muß man diese auf die Zeichenfläche projizieren. Es müssen mathematische Grundlagen für die Projektion gefunden werden, damit die Abbildung auf dem Papier ähnlich realistisch wirkt, wie zum Beispiel ein Foto.

Die mathematischen Grundlagen zur dreidimensionalen Grafik lassen sich in zwei Bereiche teilen. Einmal werden Verabredungen benötigt, wie ein dreidimensionaler Körper im Raum beschrieben werden soll. Zum anderen braucht man Algorithmen, um den Körper dann auf die Zeichenebene zu projizieren.

12.1 Koordinatensysteme in drei Dimensionen

In Kapitel 6 war von zweidimensionalen Koordinatensystemen die Rede. Man kann alles dort gesagte auf die dreidimensionale Darstellung übertragen.
Das Kartesische Koordinatensystem erfordert drei Achsen, die senkrecht aufeinanderstehen. Die X- und Y-Achsen des zweidimensionalen Raums werden um die Z-Achse erweitert, die senkrecht auf der X-Y-Ebene steht (und durch den Ursprung geht). Man hat hier die Wahl zwischen einem rechtshändigen System, bei dem die Z-Achse auf einen Betrachter der X-Y-Ebene zeigt, oder einem linkshändigen System, bei dem die Z-Achse vom Betrachter weg orientiert ist (Abb. 12-1). Punkte werden im dreidimensionalen Koordinatensystem durch Zahlentripel (X,Y,Z) eindeutig dargestellt. Die im weiteren Verlauf behandelten Algorithmen werden für ein karthesisches Koordinatensystem angegeben.

So wie es im zweidimensionalen Raum die Polarkoordinaten gegeben hat, gib es sie auch in drei Dimensionen. Sie werden auch als spährisches Koordinatensystem bezeichnet.

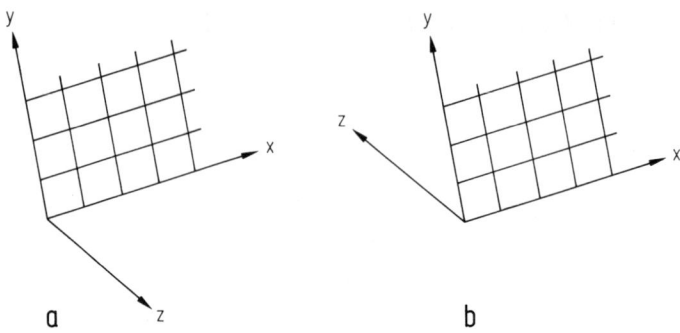

Abb. 12-1 Rechtshändiges(a) und linkshändiges(b) Koordinatensystem

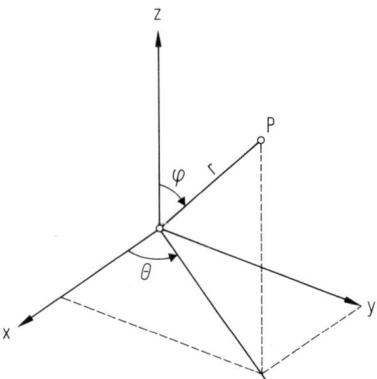

Abb. 12-2 Spärische Koordinaten

Bei diesen wird jeder Punkt durch das geordnete Zahlentripel (r, theta, phi) festgelegt. r ist der Abstand des Punktes P vom Ursprung, theta der Winkel zur X-Achse, phi der Winkel zur Z-Achse. Abb. 12-2 verdeutlicht den Zusammenhang. Wir werden später sehen, daß oft der Standpunkt des Betrachters in Polarkoordinaten angegeben wird. Dabei gilt:

```
r ist der Abstand Betrachter - Ursprung
theta und phi sind die Betrachterwinkel
```

Da man einen Punkt sowohl in Karthesischen Koordinanten (X,Y,Z) als
auch in Polarkoordinanten (r, theta, phi) darstellen kann, sind die
Koordinaten auch ineinander umzurechnen:

```
x       = r * sin (phi) * cos (theta)
y       = r * sin (phi) * sin (theta)
z       = r * cos (phi)
r²      = x² + y² + z²
phi     = arctan (y/x)
theta = arctan(sqrt(x² + y²)/z)
```

12.2 Transformationen in 3-D

Um dreidimensionale Objekte im Raum manipulieren zu können muß man sie
Transformationen unterziehen können. Sie haben das im Kapitel 6 schon
kennengelernt. Es ist hier, genau das gleiche wie im Zweidimensionalen
Raum, es kommt lediglich eine weitere Komponente hinzu.

Ein Punkt (x,y,z) wird in homogenen Koordinaten (wie man auf die homogenen Koordinaten kommt, steht in Kapitel 6) dargestellt als

```
| x |
| y |
| z |
| 1 |
```

Die Transformationsmatrizen sind nun 4 x 4 - Matrizen. Die Abbildungs-
arten sind die gleichen, wie in Kapitel 6, nur jetzt dreidimensional.
Es genügt also, die Abbildungsvorschriften kurz durchzugehen:

Skalierung:
Skalierungen werden durch Diagonalmatrizen dargestellt:

```
| a  0  0  0 |   | x |   | a*x |
| 0  b  0  0 | * | y | = | b*y |
| 0  0  c  0 |   | z |   | c*z |
| 0  0  0  1 |   | 1 |   |  1  |
```

Werden alle Dimensionen mit dem gleichen Faktor a skaliert, sieht die Transformationsmatrix so aus:

```
¦ a  0  0  0 ¦                    ¦ 1  0  0  0   ¦
¦ 0  a  0  0 ¦  oder normiert:    ¦ 0  1  0  0   ¦
¦ 0  0  a  0 ¦                    ¦ 0  0  1  0   ¦
¦ 0  0  0  1 ¦                    ¦ 0  0  0 1/a  ¦
```

Translation:
Hier zeigt sich, wie sinnvoll die Einführung homogener Koordinaten war:

```
¦ x ¦   ¦ 1  0  0  0 ¦   ¦ x+a ¦
¦ y ¦ * ¦ 0  1  0  0 ¦ = ¦ y+b ¦
¦ z ¦   ¦ 0  0  1  0 ¦   ¦ z+c ¦
¦ 1 ¦   ¦ a  b  c  1 ¦   ¦  1  ¦
```

Um die Übersichtlichkeit der Abbildungen zu erhöhen, lasse ich ab jetzt den Vektor (x, y, z, 1) weg, und gebe nur noch die Abbildungsmatrizen an.

Spiegelung:
Es gibt drei Typen von Spiegelungen, an der xy-Ebene, an der xz-Ebene und an der yz-Ebene:

```
   xy-Ebene          xz-Ebene          yz-Ebene
¦ 1  0  0  0 ¦    ¦ 1  0  0  0 ¦    ¦ -1  0  0  0 ¦
¦ 0  1  0  0 ¦    ¦ 0 -1  0  0 ¦    ¦  0  1  0  0 ¦
¦ 0  0 -1  0 ¦    ¦ 0  0  1  0 ¦    ¦  0  0  1  0 ¦
¦ 0  0  0  1 ¦    ¦ 0  0  0  1 ¦    ¦  0  0  0  1 ¦
```

Rotation:
Es genügt, wenn man einen Körper umd drei Koordinatenachsen rotieren kann, da man das Koordinatensystem durch andere Transformationen immer passend verschieben kann.

Drehung um die x-Achse:

```
¦ 1      0          0      0 ¦
¦ 0   cos(phi)  -sin(phi)  0 ¦
¦ 0   sin(phi)   cos(phi)  0 ¦
¦ 0      0          0      1 ¦
```

Drehung um die y-Achse:

```
¦ cos(phi)   0  -sin(phi)   0 ¦
¦    0       1     0        0 ¦
¦ sin(phi)   0   cos(phi)   0 ¦
¦    0       0     0        1 ¦
```

Drehung umd die z-Achse:

```
¦ cos(phi)  -sin(phi)   0   0 ¦
¦ sin(phi)   cos(phi)   0   0 ¦
¦    0          0       1   0 ¦
¦    0          0       0   1 ¦
```

Zusammengesetzte Abbildungen lassen sich genau wie in Kapitel 6 durch die Kombination der oben gezeigten Matrizen erzeugen. Dazu ein Beispiel:
Ein Körper soll 45 Grad um die Gerade P-Q, P = (0,3,6), Q = (4,5,6), gedreht werden.

1.Translation:

```
        ¦ 1   0   0   0 ¦
  T  =  ¦ 0   1   0   0 ¦
        ¦ 0   0   1   0 ¦
        ¦ 0  -3  -6   1 ¦
```

2. Drehung:

$$
R = \begin{vmatrix} 1 & 0 & 0 & 0 \\ 0 & \cos(45) & \sin(45) & 0 \\ 0 & -\sin(45) & \cos(45) & 0 \\ 0 & 0 & 0 & 1 \end{vmatrix}
$$

3. Rücktranslation:

$$
T' = \begin{vmatrix} 1 & 0 & 0 & 0 \\ 0 & 1 & 0 & 0 \\ 0 & 0 & 1 & 0 \\ 0 & 3 & 6 & 1 \end{vmatrix}
$$

Als Gesamtabbildung ergibt sich dann M = TRT'

$$
M = \begin{vmatrix} 1 & 0 & 0 & 0 \\ 0 & \cos(45) & \sin(45) & 0 \\ 0 & -\sin(45) & \cos(45) & 0 \\ 0 & a & b & 1 \end{vmatrix}
$$

mit:

```
a = -3*cos(45) + 6*sin(45) + 3
b = -3*sin(45) - 6*cos(45) + 6
```

Mit Hilfe der vorangegangenen Transformationen kann man beliebige Objekte im dreidimensionalen Raum manipulieren. Desgleichen lassen sich Koordinatensysteme transformieren, indem man die Koordinatenachsen transformiert.

Das nächste Problem ist nun, den Raum auf eine Bildebene abzubilden, d. h. zu projizieren.

12.3 Abbildung von Raum auf eine Bildebene

Der Bildschirm oder das Zeichenpapier sind zweidimensionale Flächen. Um die zweidimensionale Abbildung eines dreidimensionalen Objektes zu erhalten, muß eine Methode gefunden werden, mit der jeder Objektpunkt auf einen Bildpunkt projeziert werden kann.

Es soll also von einem Gegenstand (Ding) ein zweidimensionales Bild entworfen werden - mit korrekter Perspektive, wie es eine ideale, verzerrungsfreie Kamera mit der Brennweite 1 liefern kann.

Im mathematischen Sinn handelt es sich um eine Abbildung des dreidimensionalen Dingraums auf eine zweidimensionale Bildebene, wie es bei einer Fotografie geschieht. Jeder Punkt des Dingraums mit den Karthesischen Koordinaten (x,y,z) wird auf einen Punkt in der Zeichenebene mit den Kathesischen Koordinaten (u,v) abgebildet.

```
(x,y,z)   --->   (u,v)
```

Derartigen Abbildungen nennt man ganz allgemein Projektionen. Uns soll eine besondere Form der Projektionen interessieren, die Zentralprojektion.

Den allgemeinen Fall der Zentralprojektion erhält man, wenn sich der Betrachtungspunkt an einem gegebenen Punkt

```
(XB,YB,ZB)
```

befindet und die optische Achse von dort aus zu einem gegebenen Punkt (dem Fluchtpunkt)

```
(XM,YM,ZM)
```

läuft. Die beiden Punkte müssen selbstverständlich verschieden sein, um eine optische Achse zu definieren. Für die Zentralprojektion gilt dann:

```
        s*q*(x-XB) - t*q*(y-YB)
u  =    -----------------------
                   r
```

$$v = \frac{-t*c*(x-XB) - s*c*(y-YB) + p*(z-ZB)}{r}$$

Dabei gilt:

```
c = ZM - ZB
p = SQRT( (XM-XB)*(XM-XB) + (YM-YB)*(XM-YB) )
q = SQRT( (XM-XB)*(XM-XB) + (YM-YB)*(YM-YB)
                         + (ZM-ZB)*(ZM-ZB) )
r = (XM-XB)*(x-XB) + (YM-YB)*(y-YB)
                   + (ZM-ZB)*(z-ZB)


falls p≠0:     s = (YM-YB)/p
sonst:         s = 1


falls p≠0:     t = (XM-XB)/p
sonst:         t = 0
```

r ist also positiv, für alle Punkte, die in Blickrichtung vor dem Betrachterstandpunkt liegen, negativ für alle Punkte, die hinter ihm liegen (Abb. 12-3).

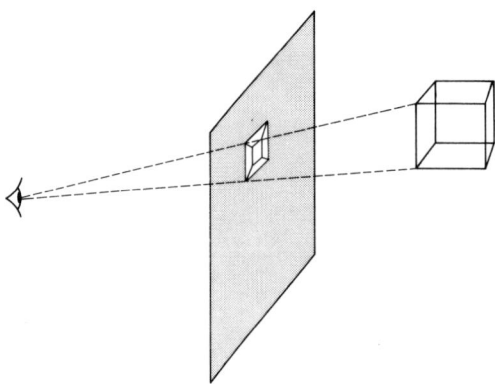

Abb. 12-3 (Perspektive) Zentralprojektion

Für den Winkel phi zwischen der optischen Achse, also der Verbindung (XM,YM,ZM) - (XB,YB,ZB), und der Achse Dingpunkt - Betrachterstandpunkt gilt:

```
tan(phi) = SQRT( u*u + v*v )
```

Man erhält durch diesen Wert einen guten Eindruck von der Größe des Bildes. Wird der Betrachter-Standpunkt so weit entfernt vom abzubildenden Objekt gewählt, daß nur Bildwinkel bis zu 45 Grad auftreten, dann ist der Tangens nie größer als 1; das Bild liegt also im Einheitskreis. Bei Winkeln bis 30 Grad liegt das Bild im Kreis mit Radius 1/SQRT(3) und so fort.

Bei der Zentralprojektion wird der perspektive Eindruck durch das Verhältnis von Bildfensterkante zu Brennweite bestimmt. In der Fotografie ist die Kantenlänge durch das Filmformat vorgegeben, man ändert die Brennweite durch Objektiv-Wechsel oder Zoomen. Bei der vorliegenden Abbildung ist es genau umgekehrt: Die Brennweite bleibt fest auf 1 und das Bildfenster wird geändert - es wird sozusagen eine Ausschnittvergrößerung angefertigt.

Wenn der Betrachterstandpunkt (XB,YB,ZB) und der Achsenpunkt (XM,YM,ZM) extrem weit außerhalb des abzubildenden Objekts gewählt werden, können bei der Berechnung Rundungsfehler auftreten. Man kann dieses Problem umgehen, indem der Betrachtungsstandpunkt (XB,YB,ZB) relativ nahe gewählt wird, und man den Achsenpunkt weit entfernt plaziert.

Setzt man den Betrachterstandpunkt weit genug weg vom abzubildenden Objekt und den Fluchtpunkt nahe oder mitten in der Szene, erhält man eine (angenäherte) Parallelprojektion. Durch fortlaufende Änderung des Betrachtungsstandpunktes kann man beispielsweise durch die dargestellte Szene hindurchfahren.

Für die Programmierung der Zentralperspektiven-Abbildung wird ein Paket aus 5 Prozeduren vorgestellt.

Window_2_D (xo,yo,B,H,x1,x2,y1,y2)
        stellt ein Zeichenfenster zur Verfügung. Die linke
        untere Ecke ist (xo,yo), seine Breite B und seine Höhe
        H. Das Fenster wird in x-Richtung von x1 bis x2 und in
        y-Richtung von y1 bis y2 skaliert.

Viewpoint_2_D (xB,yB,zB,xM,yM,zM)
        legt Betrachtungsstandpunkt und Fluchtpunkt fest.

Map_2_D (x,y,z,R,U,V)
        Dieser Aufruf ist erst nach dem Aufruf der vorhergegan-
        genen Prozeduren Window_2_D und VIEWPOINT_2_D zulässig.
        Es werden die Koordinaten U, V, und R aus (x,y,z) be-
        rechnet. Für r kleiner 0 liegt der Punkt (U,V) hinter
        dem Betrachter, für R größer 0 vor ihm. Ist R = 0, sind
        U und V undefiniert.

Move_2_D (x,y,z)
        Es werden die Zielwerte U und V berechnet und zum ent-
        sprechenden Bildpunkt gefahren. Ist R = 0 wird R: = 10
        -15 gesetzt. Das R wird gespeichert.

Draw_2_D (x,y,z)
        Es werden die Zielwerte U, V, und R wie bei MOVE_2_D
        berechnet.
        War der vorhergehende Wert von R(RA) positiv und ist R
        positiv, wird zum Punkt U, V gezeichnet. Ist einer von
        beiden Werten negativ, wird nur der sichtbare Teil der
        Linie gezeichnet. Sind RA und R negativ, wird nicht
        gezeichnet.

Für Hilfsvariablen und Zwischenergebnisse ist ein globaler Verbund
DATA_2D notwendig, der am Anfang des Hauptprogramms definiert werden
muß. Auch den bereits erläuterten Clipping-Algorithmus finden wir hier
neben anderen Prozeduren aus Kapitel 10 wieder. im Programm ist das
Grafikpaket für die Zentralperspektive. Im darauf folgenden Listing
wird die Anwendung des Pakets gezeigt. Zunächst wird ein dreidimensionaler Gegenstand, hier als Beispiel ein Strommast, definiert. Dies
geschieht in der Prozedur Zeichne-Mast, die ausschließlich mit den
Routinen MOVE_2D und DRAW_2D arbeitet.

```
   plotrec = Record
                xpos, ypos : Integer (* STIFTPOSITION *);
                lastx,lasty: Integer (* FUER LINE *);
                xmin, xmax,
                ymin, ymax : Integer (* FENSTERKOORDINATEN *);
                p, q, s, t : Real   (* WELTKOORDINATEN *);
                xb,yb,zb,            (* BETRACHTERSTANDP.*)
                xm,ym,zm,            (* FLUCHTPUNKT *)
                a, b, c,
                ux,uy,ta,           (* HILFSWERTE *)
                ua,va,ra,           (* ALTE WERTE *)
                vx,vy,vz   : Real   (* FUER PERSPEKTIVE *);
             End;


Var
   Plot : plotrec (* DIESE VARIABLE BRAUCHT JEDES PROGRAMM *);


Procedure initplot;
(*          ========
INITIALISIEREN DES PLOTTERS UND
DER VARIABLEN PLOT *)
   Begin
   Writeln(Lst,#13#13#13#13#13,':');
   With Plot Do
     Begin
     xpos := 0; ypos := 0;
     lastx := 0; lasty := 0;
     xmin := 0; ymin := 0;
     xmax := wmax; ymax := hmax;
     p := 1.0; q := 1.0;
     s := 0.0; t := 0.0;
     End;
   End;


Procedure line (x1, y1,(* TO *) x2, y2 : Integer);
(*          ====
ZEICHNE GERADE LINIE VON (X1,Y1) NACH (X2,Y2) IN
PLOTTERKOORDINATEN *)
   Var
     empty : Boolean;
```

```
Procedure clip(Var x1, y1, x2, y2:Integer;
               Var empty:Boolean);
  Type richtung=Set Of (l,r,o,u);
  Var x,y: Integer;
      c1,c2,c: richtung;
      h : Real;
  Procedure check(x,y: Integer; Var c: richtung);
    Begin
      c := [];
      If x<Plot.xmin Then c := [l];
      If x>Plot.xmax Then c := [r];
      If y<Plot.ymin Then c := c+[u];
      If y>Plot.ymax Then c := c+[o];
    End;
  Begin
  check(x1,y1,c1);
  check(x2,y2,c2);
  While ((c1<>[]) Or (c2<>[])) And ((c1*c2)=[]) Do
    Begin
    (* REAL-ARITHMETIK WEGEN MAXINT<=32768 *)
    If c1<>[] Then c:=c1 Else c:=c2;
    If l In c Then
      Begin
      x := Plot.xmin;
      h := 1.0*(y2-y1)*(Plot.xmin-x1)/(x2-x1);
      y := y1+Round(h);
      End
    Else If r In c Then
      Begin
      x := Plot.xmax;
      h := 1.0*(y2-y1)*(Plot.xmax-x1)/(x2-x1);
      y := y1+Round(h);
      End
    Else If u In c Then
      Begin
      y := Plot.ymin;
      h := 1.0*(x2-x1)*(Plot.ymin-y1)/(y2-y1);
      x := x1+Round(h);
      End
    Else If o In c Then
      Begin
      y := Plot.ymax;
      h := 1.0*(x2-x1)*(Plot.ymax-y1)/(y2-y1);
```

```
          x := x1+Round(h);
        End;
      If c=c1 Then
        Begin x1 := x; y1 := y; check(x,y,c1) End
      Else
        Begin x2 := x; y2 := y; check(x,y,c2) End;
      End (*WHILE...*);
    empty := (c1<>[]);
    End (*CLIP*);


  Begin (*LINE*)
  clip(x1,y1,x2,y2,empty);
  If Not empty Then
    Begin
    If (x1<>Plot.lastx) Or (y1<>Plot.lasty) Then
      Writeln(Lst,'M ',x1,',',y1);
    If (x2<>x1) Or (y2<>y1) Then
      Writeln(Lst,'D ',x2,',',y2);
    End;
  Plot.lastx := x2; Plot.lasty := y2;
  End (*LINE*);


Procedure window_2d(x0, y0, breite, hoehe : Integer; x1, x2, y1, y2 : Real);
(*              ======
DEFINIEREN DES ZEICHENFENSTERS IN PLOTTERKOORDINATEN
SKALIEREN DER ZEICHENFLAECHE *)
  Begin
  With Plot Do
    Begin
    If x0>=0 Then xmin := x0 Else xmin := 0;
    If y0>=0 Then ymin := y0 Else ymin := 0;
    If x0+breite<=wmax Then xmax := x0+breite Else xmax := wmax;
    If y0+hoehe<=hmax Then ymax := y0+hoehe Else ymax := hmax;
    p := (xmax-xmin)/(x2-x1);
    q := (ymax-ymin)/(y2-y1);
    s := (xmin*x2-xmax*x1)/(x2-x1);
    t := (ymin*y2-ymax*y1)/(y2-y1);
    End;
  End;
```

```
Procedure moveto(x, y : Real);
(*        ======
ANFAHREN DES PUNKTES (X,Y) *)
  Begin
  With Plot Do
    Begin
    xpos := Round(p*x+s);
    ypos := Round(q*y+t);
    End;
  End;


Procedure drawto(x, y : Real);
(*        ======
MIT GESENTEM STIFT NACH (X,Y) FAHREN *)
  Var
    xk, yk : Real;
  Begin
  With Plot Do
    Begin
    xk := p*x+s;
    yk := q*y+t;
    line(xpos,ypos,Round(xk),Round(yk));
    xpos := Round(xk);
    ypos := Round(yk);
    End;
  End;


Procedure viewpoint_2d(xbet, ybet, zbet, xfl, yfl, zfl : Real);
(*        ============
SETZEN BETRACHTERSTANDPUNKT (XBET,YBET,ZBET)
UND FLUCHTPUNKT (XFL,YFL,ZFL)
A*A + B*B + C*C MUSS OHNE REAL-UEBERLAUF BERECHENBAR SEIN! *)
  Var x, y : Real;
  Begin
  With Plot Do
    Begin
    xb := xbet; yb := ybet; zb := zbet;
    xm := xfl; ym := yfl; zm := zfl;
    a := xm - xb; b := ym - yb; c := zm - zb;
    vx := -x*c; vy := -y*c; vz := Sqrt(a*a + b*b);
    If vz>0.0 Then
      Begin x := a/vz; y := b/vz; End
    Else
```

```
       Begin x := 0.0; y := 1.0 End;
    ra := a*a + b*b + c*c;
    ta := 0.5*ra (* FUER TEST VOR/HINTER BETRACHTER *);
    ux :=  y*Sqrt(ra);
    uy := -x*Sqrt(ra);
    End;
  End;


Procedure map_2d(x, y, z : Real; Var rad, u, v : Real);
(*            ======
ABBILDEN (X,Y,Z) AUF U,V,R *)
  Var xh,yh,zh : Real;
  Begin
  With Plot Do
    Begin
    xh := x - xb; yh := y - yb; zh := z - zb;
    rad := a*xh + b*yh + c*zh;
    If rad<>0.0 Then
      Begin
      If (rad>0.0) And ((rad-ta)>0.0) Then
        Begin xh := x - xm; yh := y - ym; zh := z - zm End
      End
    Else
      rad := 1e-15;
    u := (ux*xh + uy*yh)/rad;
    v := (vx*xh + vy*yh + vz*zh)/rad;
    End;
  End;


Procedure move_2d(x, y, z : Real);
(*             =======
ANFAHREN DES PUNKTES (X,Y,Z), ABGEBILDET AUF (U,V) *)
  Var rad, u, v : Real;
  Begin
  map_2d(x,y,z,rad,u,v);
  Plot.ra := rad;
  If rad>1e-15 Then
    Begin
    moveto(u,v);
    Plot.ua := u; Plot.va := v;
    End;
  End;
```

```
Procedure draw_2d(x, y, z : Real);
(*      =======
MIT GESENTEM STIFT NACH (X,Y,Z), ABGEBILDET AUF (U,V), FAHREN *)
  Var u, v, rad : Real;
  Begin
  map_2d(x,y,z,rad,u,v);
  With Plot Do
    Begin
    If ra>0.0 Then
      If rad>0.0 Then
        Begin
        moveto(ua,va);
        drawto(u,v);
        End
      Else
        Begin
        moveto(ua,va);
        drawto(ua+(ua-u)*1e15,va+(va-v)*1e15);
        End
    Else
      If (ra<0.0) And (rad>0.0) Then
        Begin
        moveto(u,v);
        drawto(u+(u-ua)*1e15,v+(v-va)*1e15);
        End;
    ua := u; va := v; ra := rad;
    End;
  End;
```

Im Hauptprogramm wird zunächst der Fluchtpunkt festgelegt. Mit den Werten (-15000, - 8000, -16000) ergibt sich annähernd eine Parallelprojektion. Man sollte ihn nicht zu nahe wählen, da sonst ein Überlauf bei der Berechnung auftreten kann.

Danach wird der Mast in vier verschiedenen Ansichten gezeichnet (Abb. 12-4). Links oben sehen Sie die Gesamtansicht, rechs oben ist der Betrachter-Standpunkt näher dem Objekt. Links unten wurde der Bildausschnitt vergrößert, wie man es mit einem Vergrößerungsgerät bei einer Fotografie machen würde. Rechts unten sind schließlich Betrachterstandpunkt und Bildausschnitt geändert worden. Versuchen Sie einmal mit anderen Werten für den Fluchtpunkt oder die Skalierung zu experimentieren.

```
Program perspektive;
(*$R+*)


   wmax = 3600;
   hmax = 2700;
   w = 1800;
   h = 2500;


Var
  xf,yf,zf,xscale,yscale : Real;
  xl,yl : Integer;


(*$I PERSPP.PAS *)


Procedure zeichne_mast;
  Var
     r,z : Array [0..6] Of Real;
     i,k : Integer;
     rr,u,v,ta,tb,tc,td : Real;
  Begin
  For i:=0 To 6 Do
    Begin z[i] := 40*i; r[i] := 50*Exp(-i*0.25); End;
  ta := r[0]; tb := z[0];
  For i := 1 To 6 Do
    Begin
    tc := ta; td := tb;
    ta := r[i]; tb := z[i];
    move_2d(ta,0.0,tb);
    draw_2d(0.0,ta ,tb );
    draw_2d(0.0,tc ,td );
    draw_2d(ta ,0.0,tb );
    draw_2d(tc ,0.0,td );
    draw_2d(0.0,ta ,tb );
    draw_2d(-ta,0.0,tb );
    draw_2d(-tc,0.0,td );
    draw_2d(0.0,ta ,tb );
    draw_2d(0.0,tc ,td );
    draw_2d(-ta,0.0,tb );
    draw_2d(0.0,-ta,tb );
    draw_2d(0.0,-tc,td );
    draw_2d(-ta,0.0,tb );
    draw_2d(-tc,0.0,td );
```

```
   draw_2d(0.0,-ta,tb );
   draw_2d(ta ,0.0,tb );
   draw_2d(tc ,0.0,td );
   draw_2d(0.0,-ta,tb );
   draw_2d(0.0,-tc,td );
   draw_2d(ta ,0.0,tb );
   End;
  End;

Procedure rahmen;
  Begin
  moveto(-xscale,-yscale);
  drawto(xscale,-yscale); drawto(xscale,yscale);
  drawto(-xscale,yscale); drawto(-xscale,-yscale);
  End;

Begin
initplot;
xf := -1000.0; yf := -500.0; zf := -1200.0; (* FLUCHTPUNKT *)

xscale := 0.3; yscale := 0.5;

(* GESAMTANSICHT *)
xl := 0; yl := h Div 2;
window_2d(xl,yl,w Div 2,h Div 2,-xscale,xscale,-yscale,yscale);
rahmen;
viewpoint_2d(0.025*(-xf),0.025*(-yf),0.025*(-zf),xf,yf,zf);
zeichne_mast;

(* AENDERN DES KAMERASTANDPUNKTES *)
xl := w Div 2; yl := h Div 2;
window_2d(xl,yl,w Div 2,h Div 2,-xscale,xscale,-yscale,yscale);
rahmen;
viewpoint_2d(0.020*(-xf),0.020*(-yf),0.020*(-zf),xf,yf,zf);
zeichne_mast;

xscale := 0.15; yscale := 0.25;

(* AENDERN DES BILDFENSTERS *)
xl := 0; yl := 0;
window_2d(xl,yl,w Div 2,h Div 2,-xscale,xscale,-yscale,yscale);
rahmen;
viewpoint_2d(0.025*(-xf),0.025*(-yf),0.025*(-zf),xf,yf,zf);
```

```
zeichne_mast;

(* AENDERN VON FENSTER UND KAMERASTANDPUNKT *)
xl := w Div 2; yl := 0;
window_2d(xl,yl,w Div 2,h Div 2,-xscale,xscale,-yscale,yscale);
rahmen;
viewpoint_2d(0.020*(-xf),0.020*(-yf),0.020*(-zf),xf,yf,zf);
zeichne_mast;
End.
```

Es gibt noch eine recht bekannte und gleichzeitig sehr einfache Form der Projektion, die Parallelprojektion. Bei der einfachsten Form der Parallelprojektion wird der Körper orthogonal auf einer der drei Koordinatenebenen abgebildet. Wer einmal mit technischen Zeichnungen zu tun gehabt hat, kennt sicher diese drei Projektionen als Vorderansicht, Seitenansicht und Grundriß eines Körpers.

Der Punkt (X,Y,Z) wird auf (X,Y,0), (X,0,Z) oder (0,Y,Z) abgebildet. Abbildungen aus anderen Richtungen lassen sich realisieren, indem der Körper passend gedreht und dann entsprechend der oben genannten Abbildungsvorschriften gezeichnet wird.

12.4 Stereobilder

Wir Menschen können dreidimensional sehen und so zum Beispiel Entfernungen schätzen, weil wir zwei Augen besitzen. Man muß für stereoskopische Bilder also zwei perspektivische Bilder erzeugen, deren Betrachterabstände sich geringfügig unterscheiden.

Bei der Bildschirmausgabe stellt sich das Problem, daß jedes Auge nur ein Bild wahrnehmen darf. Eine Lösung wäre die Filtermethode, die auch bei Plotterzeichnungen angewendet werden kann. Der Betrachter trägt eine Brille mit farbigen Filtergläsern, Rot für das linke Auge, Grün für das rechte Auge. Der Computer erzeugt zwei Bilder Grün für das linke Auge und Rot für das rechte Auge. Da die Filtergläser genau die umgekehrte Farbe haben, sieht jedes Auge nur das für dieses Auge bestimmte Bild.

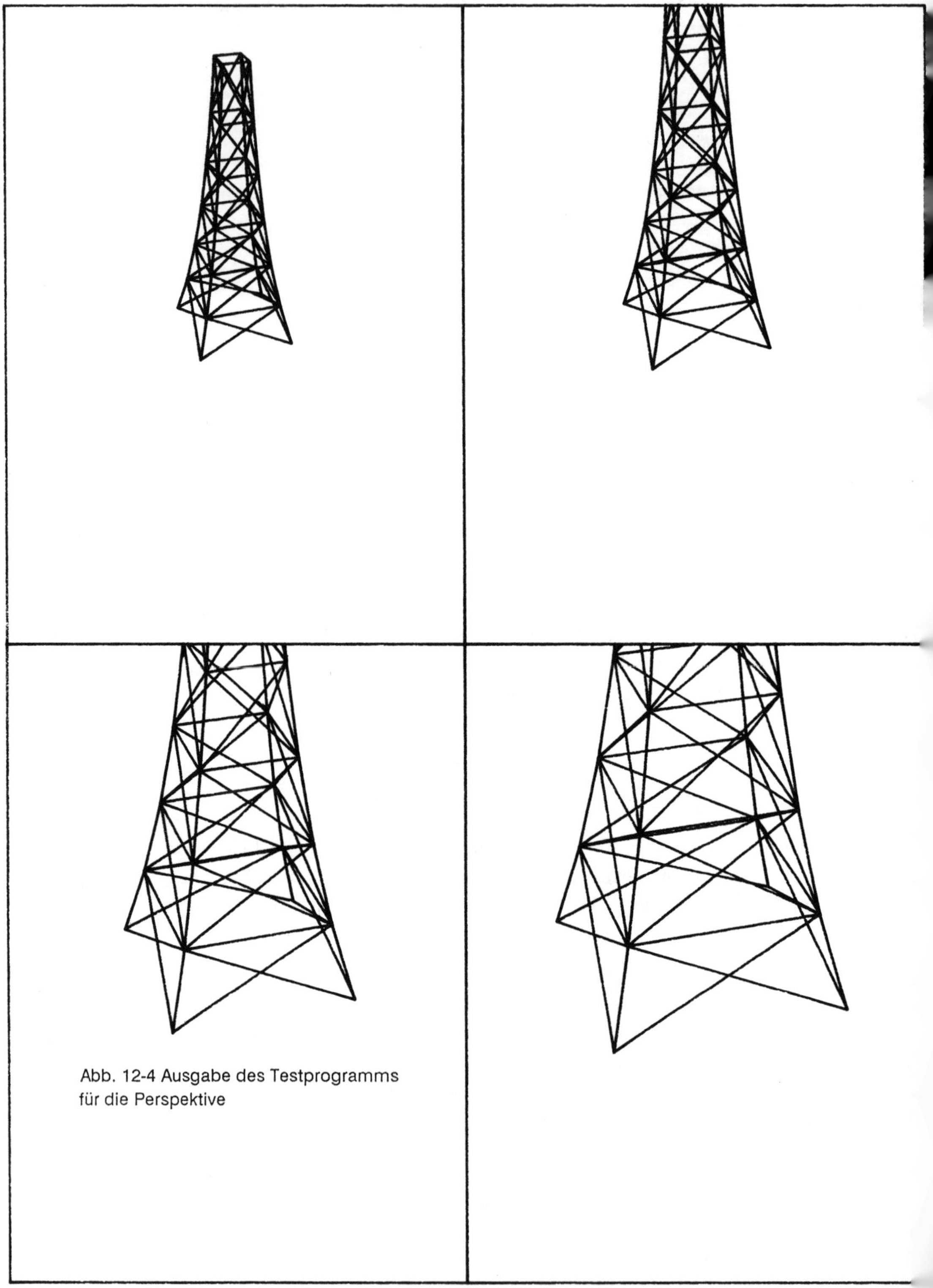

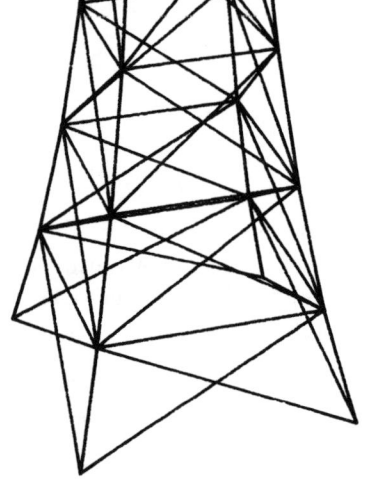

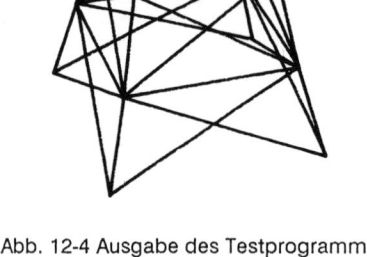

Abb. 12-4 Ausgabe des Testprogramms
für die Perspektive

Bei Zeichnungen kann man zum Betrachten der Stereobilder auch ein
Stereoskop verwenden. Dazu werden zwei Bilder (in Schwarzweiß oder
Farbe) erzeugt, die dann mit dem Stereoskop betrachtet werden. Das
Stereoskop besitzt für jedes Auge ein eigenes optisches System (wie es
auch beim Feldstecher der Fall ist), so daß auch hier jedes Auge nur
eines der Bilder sehen kann.

Der Betrachterstandpunkt wird für die beiden Bilder um den gleichen
Betrag in positiver und negativer X-Richtung verschoben. Der Punkt
(X,Y,Z) geht dann einmal in (x + e,y,z) und zum anderen in (x-e,y,z)
über.

12.5 Darstellung von Oberflächen

Setzt man die Abbildungsgleichungen aus 12.2 und 12.3 in ein Programm
um, das die karthesischen Koordinaten (X,Y,Z) einer Oberfläche in
Bildschirmkoordinaten (SX,SY) abbildet, kann man diese Punkte einer
zweidimensionalen Funktion Z = F(X,Y) zeichnen, indem man die Oberfläche als Gitternetz berechnet und zeichnet. In Abb. 12-6 sehen Sie
eine solche Fläche.

Der Betrachterstandpunkt wird in einer etwas anderen Form als bei 12.3
festgelegt. Hier wird ein Betrachterabstand D und die Betrachtungswinkel (Rho, Theta, Phi) festgelgt, wie es in 12.2 schon kurz angedeutet worden ist.

```
gegeben:     Rho, Theta, Phi
             Rad = 57.2957795 = (180/Pi)

dann gilt:   C0 = cos (-Theta/Rad);
             S0 = sin (-Theta/Rad);
             C1 = cos ((90-Phi)/Rad);
             S1 = sin ((90-Phi)/Rad);
```

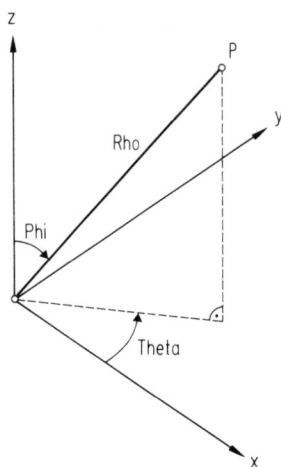

Abb. 12-5 Rho, Theta und Phi bestimmen die Darstellung eines Punktes

```
gegeben:        X, Y, Z, und u , v

dann gilt:      SX = X * C0 - Y * S0
                SY = X * S0 + y * C0
                RX = Y * S1 + SX * C1
                RZ = Z * C1 - SX * S1
                Ab = Rho/(Rho-RX)

                U = SY * AB
                V = RZ * AB
```

Die dargestellten Kurven sind die Schnittlinien parallel zu YZ-Ebene.
In diesem Abschnitt soll gezeigt werden, wie Flächen als Gitternetz
dargestellt werden können. Das Programm soll Sie anregen, mit verschiedenen Funktionen und Betrachtungsrichtungen zu spielen. Sie werden bald bemerken, daß sich einige Funktionen nur unschön darstellen
lassen, weil sich die Kurvenlinien überschneiden. Das führt zur Not-
wendigkeit, Verfahren zu entwickeln, unsichtbare Kurven- oder Flächen-
teile zu ermitteln und diese von der Darstellung auszuschließen.

Abb. 12-5 zeigt die Bedeutung der Winkel Phi und Theta, sowie des
Abstandes eines Punktes P vom Ursprung Rho. Der vierte vom Programm
verlangte Wert, Delta, ist ein Vergrößerungsfaktor der es erlaubt, die
Fläche formatfüllend darzustellen. In Abb. 12-6 sehen wir die im
Programm verwendete Fläche unter zwei verschiedenen Blickwinkeln, oben
wurde Theta = 0, Phi = 30, Rho = 100 und unten Theta = -30, Phi = 45
und Rho = 100 verwendet. Für Delta ist bei beiden Bildern der Wert 10
eingegeben worden.

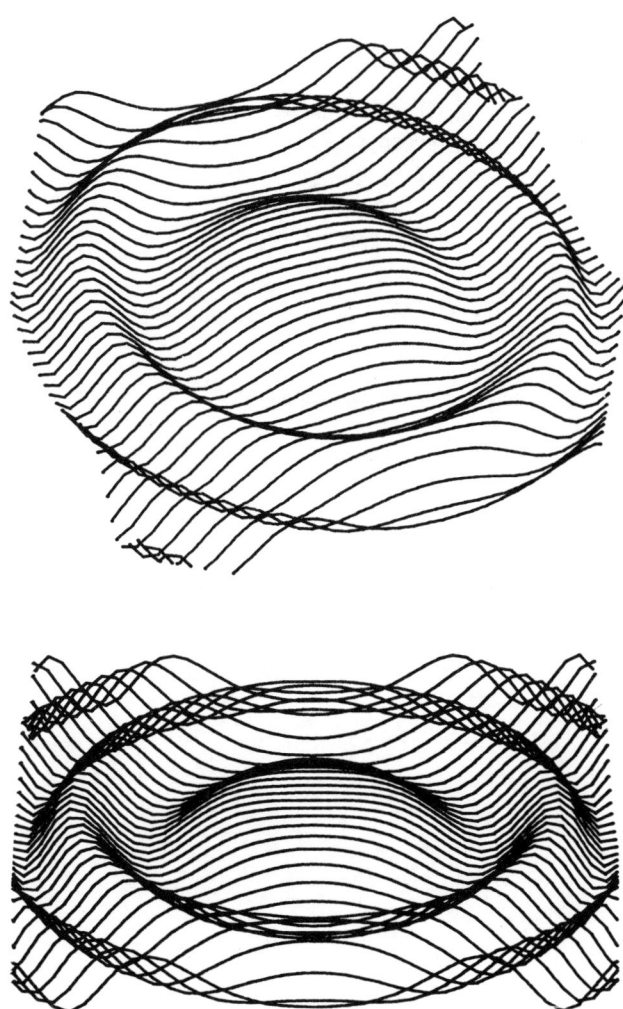

Abb. 12.6 Zwei Ansichten der gleichen Oberfläche

```
Program plot_3d;

Const
   wmax = 3600;         (* PLOTTERMAXIMA *)
   hmax = 2700;
   rad  = 57.2957795;   (* 180 / PI *)

Type
   plotrec = Record
                  xpos, ypos : Integer (* STIFTPOSITION *);
                  lastx,lasty: Integer (* FUER LINE *);
                  xmin, xmax,
                  ymin, ymax : Integer (* FENSTERKOORDINATEN *);
                  p, q, s, t : Real    (* WELTKOORDINATEN *);
                  theta      : Real    (* WINKEL GEGEN DIE X-ACHSE *);
                  phi        : Real    (* WINKEL GEGEN DIE Z-ACHSE *);
                  rho        : Real    (* ABST. BETRACHTER-OBJEKT *);
                  delta      : Real    (* ABST. BETRACHTER-BILDEBENE *);
               End;

Var
   Plot : plotrec (* DIESE VARIABLE BRAUCHT JEDES PROGRAMM *);
   x, y, z : Real;

Procedure initplot;
(*        ========
INITIALISIEREN DES PLOTTERS UND
DER VARIABLEN PLOT *)
  Begin
  Writeln(Lst,#13#13#13#13#13,':');
  With Plot Do
    Begin
    xpos := 0; ypos := 0;
    lastx := 0; lasty := 0;
    xmin := 0; ymin := 0;
    xmax := wmax; ymax := hmax;
    p := 1.0; q := 1.0;
    s := 0.0; t := 0.0;
    End;
  End;
```

```
Procedure line (x1, y1,(* TO *) x2, y2 : Integer);
(*         ====
ZEICHNE GERADE LINIE VON (X1,Y1) NACH (X2,Y2) IN
PLOTTERKOORDINATEN *)
  Var
    empty : Boolean;
  Procedure clip(Var x1, y1, x2, y2:Integer;
                Var empty:Boolean);
    Type richtung=Set Of (l,r,o,u);
    Var x,y: Integer;
        c1,c2,c: richtung;
        h : Real;
    Procedure check(x,y: Integer; Var c: richtung);
      Begin
        c := [];
        If x<Plot.xmin Then c := [l];
        If x>Plot.xmax Then c := [r];
        If y<Plot.ymin Then c := c+[u];
        If y>Plot.ymax Then c := c+[o];
      End;
    Begin
    check(x1,y1,c1);
    check(x2,y2,c2);
    While ((c1<>[]) Or (c2<>[])) And ((c1*c2)=[]) Do
      Begin
      (* REAL-ARITHMETIK WEGEN MAXINT<=32768 *)
      If c1<>[] Then c:=c1 Else c:=c2;
      If l In c Then
        Begin
        x := Plot.xmin;
        h := 1.0*(y2-y1)*(Plot.xmin-x1)/(x2-x1);
        y := y1+Round(h);
        End
      Else If r In c Then
        Begin
        x := Plot.xmax;
        h := 1.0*(y2-y1)*(Plot.xmax-x1)/(x2-x1);
        y := y1+Round(h);
        End
      Else If u In c Then
        Begin
        y := Plot.ymin;
        h := 1.0*(x2-x1)*(Plot.ymin-y1)/(y2-y1);
```

```
       x := x1+Round(h);
       End
     Else If o In c Then
       Begin
       y := Plot.ymax;
       h := 1.0*(x2-x1)*(Plot.ymax-y1)/(y2-y1);
       x := x1+Round(h);
       End;
     If c=c1 Then
       Begin x1 := x; y1 := y; check(x,y,c1) End
     Else
       Begin x2 := x; y2 := y; check(x,y,c2) End;
     End (*WHILE...*);
   empty := (c1<>[]);
   End (*CLIP*);

 Begin (*LINE*)
 clip(x1,y1,x2,y2,empty);
 If Not empty Then
   Begin
   If (x1<>Plot.lastx) Or (y1<>Plot.lasty) Then
       Writeln(Lst,'M ',x1,',',y1);
   If (x2<>x1) Or (y2<>y1) Then
       Writeln(Lst,'D ',x2,',',y2);
   End;
 Plot.lastx := x2; Plot.lasty := y2;
 End (*LINE*);

Procedure window_3d(x0, y0, breite, hoehe : Integer; x1, x2, y1, y2 : Real);
(*            ======
DEFINIEREN DES ZEICHENFENSTERS IN PLOTTERKOORDINATEN
SKALIEREN DER ZEICHENFLAECHE *)
  Begin
  With Plot Do
    Begin
    If x0>=0 Then xmin := x0 Else xmin := 0;
    If y0>=0 Then ymin := y0 Else ymin := 0;
    If x0+breite<=wmax Then xmax := x0+breite Else xmax := wmax;
    If y0+hoehe<=hmax Then ymax := y0+hoehe Else ymax := hmax;
    p := (xmax-xmin)/(x2-x1);
    q := (ymax-ymin)/(y2-y1);
    s := (xmin*x2-xmax*x1)/(x2-x1);
    t := (ymin*y2-ymax*y1)/(y2-y1);
```

```
      End;
   End;

Procedure moveto(x, y : Real);
(*        ======
ANFAHREN DES PUNKTES (X,Y) *)
   Begin
   With Plot Do
      Begin
      xpos := Round(p*x+s);
      ypos := Round(q*y+t);
      End;
   End;

Procedure drawto(x, y : Real);
(*        ======
MIT GESENTEM STIFT NACH (X,Y) FAHREN *)
   Var
      xk, yk : Real;
   Begin
   With Plot Do
      Begin
      xk := p*x+s; yk := q*y+t;
      line(xpos,ypos,Round(xk),Round(yk));
      xpos := Round(xk); ypos := Round(yk);
      End;
   End;

Procedure map_3d (x, y, z : Real; Var u, v : Real);
(*        ======
ABBILDUNG DER KOORDINATEN (X,Y,Z) AUF DIE ZEICHENFLAECHE
(U,V) IN PARALLELPROJEKTION *)
   Var
      sin_theta, cos_theta, sin_phi, cos_phi, xh, yh, zh, ab : Real;
   Begin
   sin_theta := Sin(-Plot.theta);
   cos_theta := Cos(-Plot.theta);
   sin_phi := Sin(Plot.phi);
   cos_phi := Cos(Plot.phi);
   xh := x*cos_theta - y*sin_theta;
   yh := x*sin_theta + y*cos_theta;
   zh := z*cos_phi - xh*sin_phi;
   ab := Plot.rho/(Plot.rho - z*sin_phi - xh*cos_phi);
```

```
  u := Plot.delta*yh*ab;
  v := Plot.delta*zh*ab;
  End;


Procedure move_3d (x, y, z : Real);
(*        =======
POSITIONIERE ZUM PUNKT (X,Y,Z) UNTER BERUECKSICHTIGUNG
DER ABBILDUNGSVORSCHRIFTEN *)
  Var u, v : Real;
  Begin map_3d(x,y,z,u,v); moveto(u,v) End;


Procedure draw_3d (x, y, z : Real);
(*        =======
ZEICHNE ZUM PUNKT (X,Y,Z) UNTER BERUECKSICHTIGUNG
DER ABBILDUNGSVORSCHRIFTEN ... *)
  Var
    u, v : Real;
  Begin map_3d(x,y,z,u,v); drawto(u,v) End;


Begin
Write('THETA : '); Readln(Plot.theta);
Plot.theta := Plot.theta/rad; (* GRAD --> BOGENMASS *)
Write('PHI   : '); Readln(Plot.phi);
Plot.phi := Plot.phi/rad;
Write('RHO   : '); Readln(Plot.rho);
Write('DELTA : '); Readln(Plot.delta);
initplot;
window_3d(200,200,1000,1000,-100,100,-100,100);
x := 10.0;
Repeat
  y := -10.0;
  z := Cos(0.1*(x*x + y*y));
  move_3d(x,y,z);
  Repeat
    z := Cos(0.1*(x*x + y*y));
    draw_3d(x,y,z);
    y := y + 0.5;
  Until y>10.0;
  x := x - 0.5;
Until x<-10.0;
End.
```

13 Hidden-Line und Hidden-Surface

Bei der perspektivischen Darstellung dreidimensionaler Szenerien ist
es notwendig, die Sichtbarkeit der Körper in Betracht zu ziehen, da
sonst der dreidimensionale Eindruck oftmals verloren geht. Bei der
Funktionsdarstellung im letzten Kapitel könnte man das ganz einfach
erreichen, indem man mit der am weitesten "hinten" liegenden Kurve
beginnt und jeweils die Bildschirmfläche unterhalb der Kurve löscht.
So werden Überschneidungen mit weiter hinten liegenden Kurven elemi-
niert. Für den Plotter ist dies Verfahren nicht geeignet, weil bei
diesem ja keine Linien gelöscht werden können; ebensowenig funktioniert es bei allen Blickrichtungen korrekt. Für die Entwicklung eines
Algorithmus zur realistischen Darstellung dreidimensionaler Körper ist
zunächst einmal eine Menge Vorarbeit nötig.

13.1 3D-Modelle

Für die Darstellung von 3D-Modellen gibt es drei Betrachtungsweisen,
das Drahtmodell, das Flächenmodell und das Volumenmodell.

Beim Drahtmodell sind die Ecken eines dreidimensionalen Körpers durch
Linien verbunden. Es sind alle Kanten sichtbar und es ist nicht fest-
stellbar, ob Linien durch irgendeine Fläche verdeckt werden. Bei
Schnitten kann es zu falschen Ergebnissen kommen.

Beim Flächenmodell hat man die Information, zwischen welchen Kanten
sich Flächen befinden. Meist wird ein Körper aus den ihn begrenzenden
Flächen zusammengesetzt. Man kann feststellen, welche Kanten sichtbar
sind und welche nicht. Bei Schnitten treten ähnliche Effekte auf, als
würde man entsprechend aussehende Pappschachteln zerschneiden.

Beim Volumenmodell wird jeder Gegenstand aus Grundbausteinen wie Würfel, Zylinder, Kugel oder Pyramide zusammengesetzt. Das Ganze wirkt
so, als würde man Bauklötze zusammensetzen. Hier wird die Implemen-
tierung aber wesentlich aufwendiger als beim Flächenmodell.

Für Sichtbarkeitsbetrachtungen genügt also das Flächenmodell. Es wird dabei wieder von der perspektiven Abbildung ausgegangen. Dabei werden diejenigen Kanten oder Flächen nicht gezeichnet, die vom Betrachterstandpunkt aus nicht sichtbar sind. Man spricht daher von Hidden-Line (versteckte Linien) oder Hidden-Surface (versteckte Flächen)-Eliminierung. Am häufigsten werden Körper durch die Flächen beschrieben, von denen sie begrenzt werden. Jede Fläche läßt sich durch das sie begrenzende Polygon beschreiben und die größte Zahl der Algorithmen basieren auf dieser Darstellung.

Für die Festellung, ob ein Polygon ganz oder teilweise sichtbar ist, gibt es zwei grundlegende Vorgehensweisen, den Punkt-Test und den Flächentest. Beim Punkt-Test wird für jeden auszugebenden Punkt festgestellt, ob dort eines der Polygone sichtbar ist. Der Rechenaufwand ist beträchtlich: Anzahl der Bildpunkte mal Anzahl der Polygone.

Beim Flächentest werden alle Polygone paarweise miteinander verglichen und unsichtbare Teile ausgeschlossen. Der Aufwand steigt mit dem Quadrat der Anzahl der Polygone. Im folgenden sollen einige Standard-Algorithmen vorgestellt werden.

13.2 Depth-Sort-Algorithmus (Newell, Newell, Sancha)

Dieser Algorithmus ermöglicht die Darstellung von Polygonen auf dem Bildschirm in korrekter Sichtbarkeit. Ganz grob wurde das Verfahren schon eingangs angesprochen. Die Polygone sind ausgefüllt (gegebenenfalls mit der Hintergrundfarbe) und von hinten nach vorn sortiert gezeichnet. Dabei werden die zu überdeckenden Teile von den später gezeichneten Polygonen überschrieben:

1) Sortieren aller Polygone nach ihrem entferntesten Z-Wert.

   Es wird davon ausgegangen, daß die Blickrichtung die Z-Richtung ist, was man durch geeignete Transformation erreichen kann.

2) Lösen der Mehrdeutigkeiten.

   Dabei werden die Polygone paarweise untersucht, ob ein nach der bei 1). ermittelten Reihenfolge ein weiter vorne stehendes Polygon von Teilen eines weiter hinten stehenden überdeckt wird.

2a) Ist der vorderste Z-Wert des hinten stehenden Polygons kleiner, also der hinterste Z-Wert des vorderen Polygons, dann ist alles in Ordnung.

2b) Beiden Polygonen wird ein achsenparalleles Rechteck umschrieben (ähnlich wie beim SchraffurAlgorithmus). Sind die Rechtecke disjunkt, ist alles in Ordnung (Minimax-Test).

2c) Liegen alle Punkte des hinteren Polygons hinter jener Ebene, die vom vorderen Polygon aufgespannt wird, ist alles in Ordnung.

2d) Sind die Bilder (nach der Projektion) von beiden Polygonen disjunkt, ist alles in Ordnung.

2e) Die Reihenfolge ist falsch, wenn die Tests 2a bis 2c nicht das Gegenteil bewiesen haben. Damit das Tauschen nicht zu einem Zyklus führt, muß über den Tauschvorgang Buch geführt werden.

3) Zeichnen der Polygone in der ermittelten Reihenfolge.
Dabei überschreibt jedes neue Polygon die unsichtbaren Teile der vorhergehenden Polygone.

13.3 Prioritätsverfahren (Encarnaçao)

Dieses Verfahren ist dem vorhergehenden sehr ähnlich, unterstützt aber Geräte, bei denen das Löschen von Zeichnungsteilen nicht möglich ist. Bei diesem Verfahren werden alle Polygone in Dreiecke zerlegt (das geht immer), sortiert und dann die verdeckten Dreiecke eliminiert.

1) Alle Polygone werden in Dreiecke zerlegt und diese Liste gespeichert.

2) Die Dreiecke werden in die Bildebene projiziert, entsprechend der perspektiven Transformation.

3) Die Dreiecke werden entsprechend ihrer gegenseitigen Abdeckung sortiert.

4) Jede Dreieckskante wird gegen alle weiter vorne stehenden Dreiecke verglichen und gegebenenfalls abgeschnitten.

5) Nun werden alle Dreieckskanten entfernt, die nicht zu den ursprünglichen Polygonen gehörten, und die übrigen Kanten gezeichnet.

13.4 Z-Puffer-Algorithmus

Diese Methode ist wieder nur für Rasterbildschirme geeignet. Es werden erst einmal alle Polygone unsortiert übernommen. Für jedes Polygon wird folgendermaßen vorgegangen:

1) Für jeden Punkt des Bildschirms wird der Z-Wert des aktuellen Bildteils gespeichert,

2) Ein neuer Punkt wird nur gezeichnet (und dessen Z-Wert eingetragen), wenn sein Z-Wert kleiner als der eingetragene ist (also wenn er näher am Betrachter liegt).

Dieser Algorithmus ist recht schnell, aber sehr speicherintensiv.

13.5 Scan-Line-Algorithmus

Dieser Algorithmus erinnert etwas an das Flächenfüllverfahren für Rasterbildschirme. Für jede Rasterzeile wird ein Wechsel der Farbe für jeden Punkt ermittelt. Dabei wird ausgenützt, daß sich die Sichtbarkeit von Kanten in benachbarten Bildschirmzeilen nur wenig unterscheidet, und zur Berechnung wird immer die vorhergehende Zeile herangezogen:

1) Anlegen einer Liste aller Polygone und einer Liste aller Polygon-Kanten.

2) Für jede Zeile geht man von links nach rechts vor:

2a) Stößt man auf eine Kante, wird das entsprechende Polygon markiert; war es schon markiert, wird die Markierung gelöscht.

2b) Unter dem markierten Polygonen sucht man das vorderste. Die Farbe kann sich nur beim Passieren einer Kante ändern. Ist die Reihenfolge der Kantenschnitte die gleiche, wie bei der vorhergehenden Zeile, kann die Suche nach dem vordersten Polygon entfallen.

13.6 Flächenteilungs-Algorithums (Area Subdivision)

Dieses Verfahren arbeitet anders als die bisher besprochenen und ähnelt einem Punkt-Test. Er eignet sich auch wieder nur für Rastergeräte, obwohl er keine Löschoperation im Bildspeicher vornimmt. Es werden jeweils nur achsenparallele Rechtecke auf dem Bildschirm betrachtet, die solange in kleinere Rechtecke unterteilt werden, bis die Entscheidung über die Sichtbarkeit trivial wird. Das ist spätestens dann der Fall, wenn man auf der Größe eines Bildpunktes angelangt ist. Es gibt genau vier Beziehungen zwischen einem Polygon und einem Fenster:

1) Das Fenster liegt ganz im Polygon, wird also von diesem umschlossen

2) Das Polygon liegt ganz im Fenster

3) Das Polygon liegt ganz außerhalb des Fensters

4) Fenster und Polygon überdecken sich teilweise.

Ausgehend von diesen vier Bedingungen kann der Algorithmus einfache Entscheidungen über die Sichtbarkeit treffen:

1) Das Fenster liegt außerhalb aller Polygone (Bedingung 3). Dann kann das Fenster mit der Hintergrundfarbe ausgefüllt werden.

2) Das Fenster wird von einem einzigen Polygon umschlossen (Bedingug 1). Dann wird das Fenster in der Polygon-Farbe gefüllt.

3) Das Fenster wird von genau einem Polygon teilweise überdeckt (Bedingung 4). Dann wird der vom Polygonteil belegte Teil des Fensters in der Polygonfarbe gefüllt, der Rest in der Hintergrundfarbe.

4) Das Polygon liegt vollständig im Fenster (Bedingung 2). Dann wird das Polygon in seiner Farbe gefüllt, der Rest des Fensters in der Hintergrundfarbe.

5) Ein Polygon umschließt das Fenster und überdeckt alle anderen Polygonteile im Fenster (Bedingung 1). Dann wird das Fenster in der Polygonfarbe gefüllt.

6) Ist die Fenstergröße gleich der Bildpunktgröße, erhält dieser die Farbe des vordersten Polygons.

7) Ist keine der Entscheidungen 1 bis 6 möglich, wird das Polygon in vier gleiche Teile zerlegt und jedes dieser Teile untersucht.

Der Algorithmus ist also recursiv und er stützt sich auf den Flächenfüll-Algorithmus aus Kapitel 9. Er eignet sich besonders gut bei farbigen Bildschirmdarstellungen.

13.7 Oberflächen in 3-D

Im Abschnitt 12.5 wurde ein einfaches Programm zum Darstellen von Oberflächen vorgestellt. Dieses Programm soll nun bis zum Hidden-Line-Algorithmus verfeinert werden. Als Beispieloberfläche soll, wie schon vorher die Fläche

```
Z = cos (0.1 * (X*X+Y*Y))
```

verwendet werden.

Zunächst muß das Programm aus 12.5 so modifiziert werden, daß automatisch skaliert wird (der Parameter Delta entfällt dann). Dazu wird zunächst ein Feld der Z-Werte berechnet. Diese Methode hat zudem den Vorteil, daß auch Messwerte dargestellt werden können, die nicht als Funktion darstellbar sind.

Die gesamte Darstellung übernimmt die neue Prozedur PLOT_XY_3D, die alle Arbeiten für die dreidimensionale Darstellung übernimmt: Reservierung der Zeichenfläche, Skalierung und Zeichnen. Die Prozedur besitzt eine stattliche Zahl von Parametern: X1, X2, Y1 und Y2 dienen der Skalierung für die X- und Y-Parameter der darzustellenden Fläche.

- Die X-Werte erstrecken sich im Bereich von X1 bis X2, die Y-Werte laufen von Y1 bis Y2.

- Rho, Theta und Phi haben die gleiche Bedeutung wie in Abb. 12-5, sie legen den Betrachterstandpunkt fest. Rho ist der Abstand zum Zentrum der Darstellung, Theta der Winkel gegenüber der X-Achse und Phi der Winkel gegenüber der Z-Achse.

- Die Parameter A,B, C und D legen die Zeichenfläche in Plotter-Koordinaten fest: auf der X-Achse von A bis B und auf der Y-Achse von C bis D.

- Der Parameter N teilt der Prozedur mit, wieviele Werte (-Punkte) in X- und Y-Richtung berechnet wurden. Dabei müssen die Werte äquidistant in aufsteigender Reihenfolge vorliegen. Z enthält die Z-Werte für X und Y. Die Abbildungsvorschrift entspricht jener des Programms von Abschnitt 12.5.

Für die Skalierung werden für alle Z-Werte die U- und V-Koordinaten berechnet und dann die Maxima und Minima für U und V festgestellt. Wenn der Speicherplatz es erlaubt, sollten die Werte für U und V in einem Feld gespeichert werden, da sie zum Zeichnen noch einmal gebraucht werden. Nach der Skalierung, die nach denselben Prinzipien verläuft, wie in Kapitel 6 beschrieben, wird dann gezeichnet. Das Ergebnis sieht dann genauso aus, wie in Abb. 12-6.

```
Program plot_3d;

Const
    wmax = 3600;        (* PLOTTERMAXIMA *)
    hmax = 2700;
    maxsteps = 40;

Type
    plotrec = Record
                xpos, ypos : Integer (* STIFTPOSITION *);
                lastx,lasty: Integer (* FUER LINE *);
                xmin, xmax,
                ymin, ymax : Integer (* FENSTERKOORDINATEN *);
              End;
    wertefeld = Array[0..maxsteps, 0.. maxsteps] Of Real;
```

```
Var
    Plot : plotrec (* DIESE VARIABLE BRAUCHT JEDES PROGRAMM *);
    rho, theta, phi, x, y : Real;
    z : wertefeld;
    i, j : Integer;

Procedure initplot;
(*         ========
INITIALISIEREN DES PLOTTERS UND
DER VARIABLEN PLOT *)
  Begin
  Writeln(Lst,#13#13#13#13#13,':');
  With Plot Do
    Begin
    xpos := 0; ypos := 0;
    lastx := 0; lasty := 0;
    xmin := 0; ymin := 0;
    xmax := wmax; ymax := hmax;
    End;
  End;

Procedure line (x1, y1,(* TO *) x2, y2 : Integer);
(*         ====
ZEICHNE GERADE LINIE VON (X1,Y1) NACH (X2,Y2) IN
PLOTTERKOORDINATEN *)
  Var
    empty : Boolean;
  Procedure clip(Var x1, y1, x2, y2:Integer;
                 Var empty:Boolean);
    Type richtung=Set Of (l,r,o,u);
    Var x,y: Integer;
        c1,c2,c: richtung;
        h : Real;
    Procedure check(x,y: Integer; Var c: richtung);
      Begin
        c := [];
        If x<Plot.xmin Then c := [l];
        If x>Plot.xmax Then c := [r];
        If y<Plot.ymin Then c := c+[u];
        If y>Plot.ymax Then c := c+[o];
      End;
    Begin
    check(x1,y1,c1);
```

```
check(x2,y2,c2);
While ((c1<>[]) Or (c2<>[])) And ((c1*c2)=[]) Do
  Begin
  (* REAL-ARITHMETIK WEGEN MAXINT<=32768 *)
  If c1<>[] Then c:=c1 Else c:=c2;
  If l In c Then
    Begin
    x := Plot.xmin;
    h := 1.0*(y2-y1)*(Plot.xmin-x1)/(x2-x1);
    y := y1+Round(h);
    End
  Else If r In c Then
    Begin
    x := Plot.xmax;
    h := 1.0*(y2-y1)*(Plot.xmax-x1)/(x2-x1);
    y := y1+Round(h);
    End
  Else If u In c Then
    Begin
    y := Plot.ymin;
    h := 1.0*(x2-x1)*(Plot.ymin-y1)/(y2-y1);
    x := x1+Round(h);
    End
  Else If o In c Then
    Begin
    y := Plot.ymax;
    h := 1.0*(x2-x1)*(Plot.ymax-y1)/(y2-y1);
    x := x1+Round(h);
    End;
  If c=c1 Then
    Begin x1 := x; y1 := y; check(x,y,c1) End
  Else
    Begin x2 := x; y2 := y; check(x,y,c2) End;
  End (*WHILE...*);
empty := (c1<>[]);
End (*CLIP*);

Begin (*LINE*)
clip(x1,y1,x2,y2,empty);
If Not empty Then
  Begin
  If (x1<>Plot.lastx) Or (y1<>Plot.lasty) Then
    Writeln(Lst,'M ',x1,',',y1);
```

```
    If (x2<>x1) Or (y2<>y1) Then
        Writeln(Lst,'D ',x2,',',y2);
    End;
  Plot.lastx := x2; Plot.lasty := y2;
  End (*LINE*);

Procedure plot_xy_3d  (x1, x2, y1, y2, rho, theta, phi : Real;
(*         =========*) a, b, c, d, n : Integer;
                       Var z : wertefeld);
(* 3-D-DARSTELLUNG MIT VERSTECKTEN LINIEN.
   DIE X-WERTE ERSTRECKEN SICH VON X1 BIS X2,
   DIE Y-WERTE ERSTRECKEN SICH VON Y1 BIS Y2,
   RHO, THETA UND PHI LEGEN DEM BETRACHTERSTANDPUNKT FEST,
   DAS FENSTER ERSTRECKT SICH VON A BIS B AUF DER X-ACHSE UND
   VON C BIS D AUF DER Y-ACHSE (IN PLOTTERKOORDINATEN),
   DIE N X-WERTE LIEGEN AEQUIDISTANT ZWISCHEN X1 UND X2,
   DIE N Y-WERTE LIGEN AEQUIDISTANT ZWISCHEN Y1 UND Y2,
   Z ENTHAELT DIE Z-WERTE FUER ALLE X[I], Y[I], I=0...N *)


  Const
    rad  = 57.2957795; (* 180 / PI *)
    maxh = 100;        (* ZAHL DER HORIZONTPUNKTE *)

  Var
    costh, sinth, cosphi, sinphi, dx, dy,
    ou, ov,xscl, yscl, ul, ur, vl, vr : Real;
    tv, bv : Array[0..maxh] Of Integer; (* HORIZONTE *)
    i, j, k : Integer;

  Procedure map_3d(x, y, z : Real; Var u, v : Real);
    Var
      sx, sy, dist : Real;
    Begin
    sx := x*costh - y*sinth;
    sy := x*sinth + y*costh;
    dist := rho/(rho - z*sinphi + sx*cosphi);
    u := sy*dist;
    v := (z*cosphi - sx*sinphi)*dist;
    End;

  Procedure initvalues;
  (* LEGT SKALIERUNG UND INITIALWERTE FEST *)
    Var u0, v0 : Real;
```

```
Begin
With Plot Do
  Begin
  xmin := a; xmax := b;
  ymin := c; ymax := d;
  End;
costh := Cos(-theta/rad); sinth := Sin(-theta/rad);
cosphi := Cos(phi/rad); sinphi := Sin(phi/rad);
dx := (x2-x1)/n; dy := (y2-y1)/n;
ul := 1e30; ur := -ul;
vl := 1e30; vr := -vl;
For i:=0 To n Do
  For j:=0 To n Do
    Begin
    map_3d(x1+i*dx,y1+j*dy,z[i,j],u0,v0);
    If u0<ul Then ul := u0;
    If u0>ur Then ur := u0;
    If v0<vl Then vl := v0;
    If v0>vr Then vr := v0;
    End;
xscl := (b-a)/(ur-ul);
yscl := (d-c)/(vr-vl);
ou := (a*ur - b*ul)/(ur-ul);
ov := (c*vr - d*vl)/(vr-vl);
For i:=0 To maxh Do
  Begin
  tv[i] := d;
  bv[i] := c;
  End;
End;

Procedure Move (x, y : Real);
  Begin
  Plot.xpos := Round(ou + x*xscl);
  Plot.ypos := Round(ov + y*yscl);
  End;

Procedure Draw(x,y : Real);
  Var
    ix,iy : Integer;
  Begin
  ix := Round(ou + x*xscl);
  iy := Round(ov + y*yscl);
```

```
      line(Plot.xpos,Plot.ypos,ix,iy);
      Plot.xpos := ix;
      Plot.ypos := iy;
      End;

  Procedure plotte;
    Var
      u0, v0 : Real;
      i, j : Integer;
    Begin
    For i:=0 To n Do
      Begin
      map_3d(x1+i*dx,y1,z[i,0],u0,v0);
      Move(u0,v0);
      For j:=1 To n Do
        Begin
        map_3d(x1+i*dx,y1+j*dy,z[i,j],u0,v0);
        Draw(u0,v0);
        End;
      End;
    End;

  Begin (*PLOT_3D*)
  Writeln('START PLOT_XY_3D');
  initvalues;
  line(a,c,b,c); line(b,c,b,d);
  line(b,d,a,d); line(a,d,a,c);
  Writeln('UL   = ',ul:10:3,', UR   = ',ur:10:3);
  Writeln('VL   = ',vl:10:3,', VR   = ',vr:10:3);
  Writeln('OU   = ',ou:10:3,', OV   = ',ov:10:3);
  Writeln('XSCL = ',xscl:10:3,', YSCL = ',yscl:10:3);
  plotte;
  End;

Begin (* HAUPTPROGRAMM *)
Write('THETA: '); Readln(theta);
Write('PHI  : '); Readln(phi);
Write('RHO  : '); Readln(rho);
Writeln('BERECHNUNG ...');
x := -10.0;
For i:=0 To 40 Do
  Begin
  y := -10.0;
```

```
For j:=0 To 40 Do
  Begin
    z[i,j] := Cos(0.1*(x*x + y*y));
    Write(i:5,j:5,z[i,j]:12:3,#13);
    y := y + 0.5;
  End;
  x := x + 0.5;
End;
plot_xy_3d(-10,10,-10,10,rho,theta,phi,100,1000,100,1000,40,z);
End.
```

Das Programm muß nun um die zur Bearbeitung versteckter Linien notwendigen Routinen erweitert werden. Dazu sind einige Änderungen in der Plot-Routine notwendig. Das Zeichnen einer Gitterlinie wird einer Prozedur mit Namen Hidden-Line übertragen, die bereits in Plotter-Koordinaten arbeitet. Es müssen also die Plotter-Koordinaten von zwei benachbarten Punkten (Point_u, Point_v) und (Next_u, Next_v) zur Verfügung gestellt werden.

Die Hidden-Line-Routine verwendet zwei Horizontlinien, einen oberen Horizont und einen unteren Horizont. Punkte einer Linie, die zwischen beiden Horizonten liegen, werden nicht gezeichnet. Die Horizontlinien enthalten für jeden Punkt des Plotters - oder Bildschirmrasters auf der X-Achse den jeweils gültigen Y-Wert für den Horizont. In der Hidden-Line-Prozedur wird nun ausgehend vom Punkt (Point _u, Point_v) für jeden Rasterpunkt die Lage gegenüber den Horizonten berechnet. Da mit Integer-Arithmetik gerechnet wird, geht das sehr rasch.

Es werden 3 Fälle unterschieden:

* Liegt der Punkt der Linie oberhalb des oberen Horizontes HV, wird der Horizontpunkt entsprechend angehoben, die Linie kann bis dahin gezeichnet werden.

* Liegt der Punkt unterhalb des unteren Horizontes BV wird der Horizontpunkt entsprechend abgesenkt, die Linie kann bis dahin gezeichnet werden.

* Liegt der Punkt zwischen den Horizonten, wird nichts gezeichnet.

Die Linien müssen vom Betrachter aus nach hinten fortlaufend erzeugt
werden, wenn der Algorithmus korrekt arbeiten soll. Daher sind nicht
alle Kombinationen von Theta und Phi erlaubt. Abschließend zeigt Abb.
13-1 zwei Ergebnisse des Programmes mit verschiedenen Winkeln.

```
Program plot_3d;

Const
    wmax = 2700;        (* PLOTTERMAXIMA *)
    hmax = 2700;
    maxsteps = 50;

Type
    plotrec = Record
                    xpos, ypos : Integer (* STIFTPOSITION *);
                    lastx,lasty: Integer (* FUER LINE *);
                    xmin, xmax,
                    ymin, ymax : Integer (* FENSTERKOORDINATEN *);
                    p, q, s, t : Real     (* SKALIERUNG *);
                End;
    wertefeld = Array[0..maxsteps, 0.. maxsteps] Of Real;

Var
    Plot : plotrec (* DIESE VARIABLE BRAUCHT JEDES PROGRAMM *);
    rho, theta, phi, x, y : Real;
    z : wertefeld;
    i, j : Integer;

Procedure initplot;
(*           ========
INITIALISIEREN DES PLOTTERS UND
DER VARIABLEN PLOT *)
  Begin
  Writeln(Lst,#13,':',#13);
  With Plot Do
    Begin
    xpos := 0; ypos := 0;
    lastx := 0; lasty := 0;
    xmin := 0; ymin := 0;
    xmax := wmax; ymax := hmax;
    p := 1.0; q := 1.0;
    s := 0.0; t := 0.0;
```

```
      End;
   End;

Procedure line (x1, y1,(* TO *) x2, y2 : Integer);
(*           ====
ZEICHNE GERADE LINIE VON (X1,Y1) NACH (X2,Y2) IN
PLOTTERKOORDINATEN
*)
   Var
      empty : Boolean;
   Procedure clip(Var x1, y1, x2, y2:Integer;
                  Var empty:Boolean);
      Type richtung=Set Of (l,r,o,u);
      Var x,y: Integer;
          c1,c2,c: richtung;
          h : Real;
      Procedure check(x,y: Integer; Var c: richtung);
         Begin
            c := [];
            If x<Plot.xmin Then c := [l];
            If x>Plot.xmax Then c := [r];
            If y<Plot.ymin Then c := c+[u];
            If y>Plot.ymax Then c := c+[o];
         End;
      Begin
      check(x1,y1,c1);
      check(x2,y2,c2);
      While ((c1<>[]) Or (c2<>[])) And ((c1*c2)=[]) Do
         Begin
         (* REAL-ARITHMETIK WEGEN MAXINT<=32768 *)
         If c1<>[] Then c:=c1 Else c:=c2;
         If l In c Then
            Begin
            x := Plot.xmin;
            h := 1.0*(y2-y1)*(Plot.xmin-x1)/(x2-x1);
            y := y1+Round(h);
            End
         Else If r In c Then
            Begin
            x := Plot.xmax;
            h := 1.0*(y2-y1)*(Plot.xmax-x1)/(x2-x1);
            y := y1+Round(h);
            End
```

```
    Else If u In c Then
      Begin
      y := Plot.ymin;
      h := 1.0*(x2-x1)*(Plot.ymin-y1)/(y2-y1);
      x := x1+Round(h);
      End
    Else If o In c Then
      Begin
      y := Plot.ymax;
      h := 1.0*(x2-x1)*(Plot.ymax-y1)/(y2-y1);
      x := x1+Round(h);
      End;
    If c=c1 Then
      Begin x1 := x; y1 := y; check(x,y,c1) End
    Else
      Begin x2 := x; y2 := y; check(x,y,c2) End;
    End (*WHILE...*);
  empty := (c1<>[]);
  End (*CLIP*);

Begin (*LINE*)
clip(x1,y1,x2,y2,empty);
If Not empty Then
  Begin
  If (x1<>Plot.lastx) Or (y1<>Plot.lasty) Then
    Writeln(Lst,'M ',x1,',',y1);
  If (x2<>x1) Or (y2<>y1) Then
    Writeln(Lst,'D ',x2,',',y2);
  End;
Plot.lastx := x2; Plot.lasty := y2;
End (*LINE*);


Procedure plot_xy_3d  (x1, x2, y1, y2, rho, theta, phi : Real;
(*        ==========*) a, b, c, d, n : Integer;
                      Var z : wertefeld);
(* 3-D-DARSTELLUNG MIT VERSTECKTEN LINIEN.
   DIE X-WERTE ERSTRECKEN SICH VON X1 BIS X2,
   DIE Y-WERTE ERSTRECKEN SICH VON Y1 BIS Y2,
   RHO, THETA UND PHI LEGEN DEM BETRACHTERSTANDPUNKT FEST,
   DAS FENSTER ERSTRECKT SICH VON A BIS B AUF DER X-ACHSE UND
   VON C BIS D AUF DER Y-ACHSE (IN PLOTTERKOORDINATEN),
   DIE N X-WERTE LIEGEN AEQUIDISTANT ZWISCHEN X1 UND X2,
   DIE N Y-WERTE LIGEN AEQUIDISTANT ZWISCHEN Y1 UND Y2,
```

```
 Z ENTHAELT DIE Z-WERTE FUER ALLE X[I], Y[I], I=0...N
*)
 Const
   rad  = 57.2957795; (* 180 / PI *)

 Var
   costh, sinth, cosphi, sinphi, dx, dy, ul, ur, vl, vr : Real;
   tv, bv : Array[0..wmax] Of Integer; (* HORIZONTE *)
   i, j, k : Integer;

 Procedure map_3d(x, y, z : Real; Var u, v : Real);
   Var
     sx, sy, dist : Real;
   Begin
   sx := x*costh - y*sinth;
   sy := x*sinth + y*costh;
   dist := rho/(rho - z*sinphi + sx*cosphi);
   u := sy*dist;
   v := (z*cosphi - sx*sinphi)*dist;
   End;


 Procedure initvalues;
 (* LEGT SKALIERUNG UND INITIALWERTE FEST *)
   Var u0, v0 : Real;
   Begin
   With Plot Do
     Begin
     xmin := a; xmax := b;
     ymin := c; ymax := d;
     End;
   costh := Cos(-theta/rad); sinth := Sin(-theta/rad);
   cosphi := Cos(phi/rad); sinphi := Sin(phi/rad);
   dx := (x2-x1)/n; dy := (y2-y1)/n;
   ul := 1e30; ur := -ul;
   vl := 1e30; vr := -vl;
   For i:=0 To n Do
     For j:=0 To n Do
       Begin
       map_3d(x1+i*dx,y1+j*dy,z[i,j],u0,v0);
       If u0<ul Then ul := u0;
       If u0>ur Then ur := u0;
       If v0<vl Then vl := v0;
       If v0>vr Then vr := v0;
```

```
      End;
  Plot.p := (b-a)/(ur-ul);
  Plot.q := (d-c)/(vr-vl);
  Plot.s := (a*ur - b*ul)/(ur-ul);
  Plot.t := (c*vr - d*vl)/(vr-vl);
  For i:=0 To wmax Do
    Begin tv[i] := d; bv[i] := c End;
  End;

Procedure plot_values;
  (* ZEICHNEN DER KURVEN *)
  Var
    i, j, point_u, point_v, next_u, next_v : Integer;
    u0, v0 : Real;

  Procedure Move (x, y : Integer);
    Begin
    Plot.xpos := x;
    Plot.ypos := y;
    End;

  Procedure Draw(x,y : Integer);
    Begin
    line(Plot.xpos,Plot.ypos,x,y);
    Plot.xpos := x;
    Plot.ypos := y;
    End;

  Procedure hidden_line;
    Var du, h, sgn_du : Integer;
        dv, m : Real;
        top, bottom, hidden : Boolean;
    Begin
    du := next_u-point_u;
    If du=0 Then
      Begin du := 1; point_u := next_u-1 End;
    m := (next_v-point_v)/abs(du);
    dv := point_v;
    Move(point_u,point_v);
    hidden := False;
    For h := point_u To next_u Do
      Begin
      top := dv<=tv[h]; bottom := dv>=bv[h];
```

```
          If top Then tv[h] := Round(dv);
          If bottom Then bv[h] := Round(dv);
          If Not hidden And Not (top Or bottom) Then
            Begin hidden := True; Draw(h,Round(dv)); End;
          If hidden And (top Or bottom) Then
            Begin hidden := False; Move(h,Round(dv)); End;
          dv := dv+m;
          End;
          If Not hidden Then Draw(next_u,next_v);
        End;

    Begin (* PLOT_VALUES *)
    For i:=n Downto 0 Do
      Begin
      map_3d(x1+i*dx,y1,z[i,0],u0,v0);
      point_u := Round(Plot.s+u0*Plot.p);
      point_v := Round(Plot.t+v0*Plot.q);
      Move(point_u,point_v);
      For j:=1 To n Do
        Begin
        map_3d(x1+i*dx,y1+j*dy,z[i,j],u0,v0);
        next_u := Round(Plot.s+u0*Plot.p);
        next_v := Round(Plot.t+v0*Plot.q);
        hidden_line;
        point_u := next_u; point_v := next_v;
        End;
      End;
    End;

  Begin (*PLOT_3D*)
  Writeln('START PLOT_XY_3D');
  initvalues;
  Writeln('UL   = ',ul:10:3,', UR   = ',ur:10:3);
  Writeln('VL   = ',vl:10:3,', VR   = ',vr:10:3);
  Writeln('S    = ',Plot.s:10:3,', T    = ',Plot.t:10:3);
  Writeln('P    = ',Plot.p:10:3,', Q    = ',Plot.q:10:3);
  line(a,c,b,c); line(b,c,b,d);
  line(b,d,a,d); line(a,d,a,c);
  plot_values;
  End;

Begin (* HAUPTPROGRAMM *)
Write('THETA: '); Readln(theta);
```

```
Write('PHI  : '); Readln(phi);
Write('RHO  : '); Readln(rho);
Writeln('BERECHNUNG ...');
x := -10.0;
For i:=0 To maxsteps Do
  Begin
  y := -10;
  For j:=0 To maxsteps Do
    Begin
    z[i,j] := Cos(0.1*(x*x + y*y));
    y := y + 0.5;
    End;
  x := x + 0.5;
  End;
initplot;
plot_xy_3d(-10,10,-10,10,rho,theta,phi,100,2700,100,2700,maxsteps,z);
End.
```

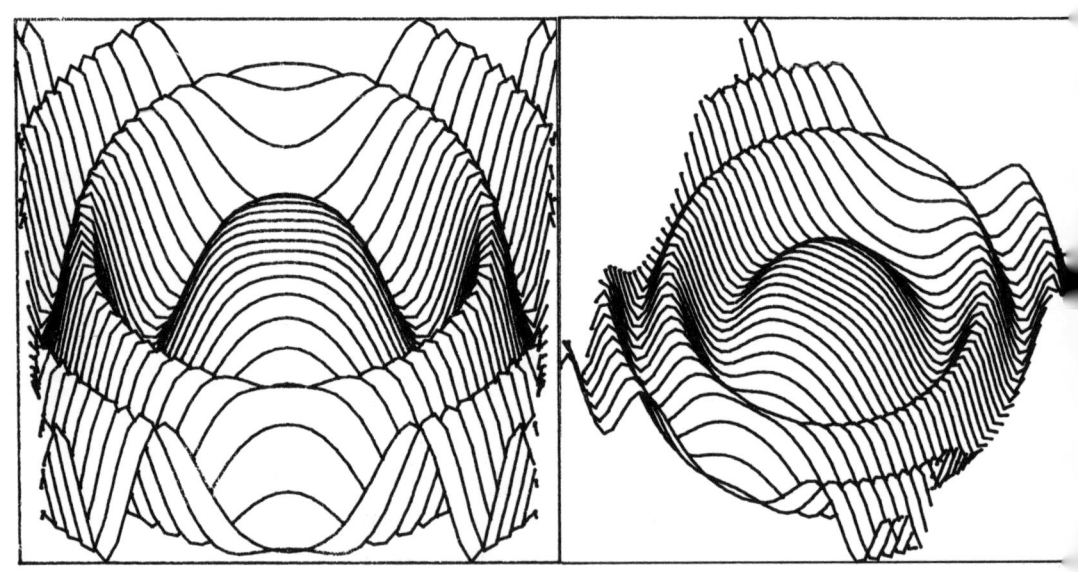

Abb. 13-1 Zwei Ansichten der Oberfläche

14 Zweidimensionale Flächen

Genau wie Kurven oft nur aus einer Menge von Stützpunkten gebildet werden, die durch gerade Linien verbunden sind, werden auch Flächen oft nur durch ein Stützgerippe beschrieben. Zur Glättung einer Fläche kann man, ähnlich wie in Kapitel 7, Interpolationsroutinen heranziehen, die Zwischenwerte berechnen. Anwendung finden solche Flächenglättungsalgorithmen in Bereich des Computer Aided Design (CAD) zur Beschreibung von Oberflächen, wie sie Schiffe, Flugzeuge und Automobile aufweisen. Die Algorithmen müssen hier im Gegensatz zu den Kurven den Einfluß der Stützpunkte in X-Richtung und in Y-Richtung berücksichtigen.

14.1 B-Splines

Die Flächenglättung mit B-Splines ist, wie schon die Kurvenglättung mit Splines, recht aufwendig. Die Berechnung erfolgt nach der Formel:

```
P(u,v) = Σ  Σ  (Z      * N      (u) * M      (v))
         i  j   i,j    i,k          j,l

i = 0 ... n
j = 0 ... n
```

Die B-Splines haben also zwei Freiheitsgrade K und l. Für die Parameter des karthesischen Produkts gilt:

```
falls X   <= u < X      : N    (u) = 1
      i          i+1      i,1

sonst                   : N    (u) = 0
                          i,1
```

```
falls Y  <= v < Y      : M     (v) = 1
       j         j+1      j,1

   sonst                 : M     (v) = 0
                           j,1
```

Man verwendet hier, wie schon in 7.12 das Hornerschema zur Berechnung der Splinekoeffizienten. Sehr viel einfacher ist die Berechnung von Bezier-Flächen.

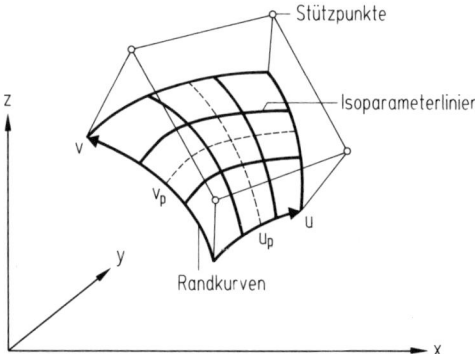

Abb. 14-1 Biparametrische Fläche im räumlichen Koordinatensystem

14.2 Bezier-Flächen

Auch hier wird das karthesische Produkt zweier Flächen gebildet:

```
P(u,v) = Σ Σ ( Z     * B    (u) * B    (v))
           i j   i,j    i,n        j,m

i = 0 ... n
j = 0 ... n
```

Die Parameter u und v laufen von 0 bis 1 und bestimmen damit jeden
Flächenpunkt im Parameterraum (Abb. 14-1). Die Parameter up und vp
legen eine beliebigen Flächenpunkt fest, dessen Koordinaten (X,Y,Z),
sich durch Auswerten oder Gleichung berechnen lassen.

Der Grad der Fläche, die Anzahl der Sattelpunkte hängt von der Zahl
der Stützstellen ab. Da die Eingabe der Stützstellen bei drei Dimensionen recht aufwendig ist, setzt man den Grad recht niedrig an und
bildet komplizierte Flächen durch Kombination von Einzelflächen.

Zur Darstellung werden Isoparameter-Linien berechnet. Das sind Kurven
auf der Fläche bei denen ein Parameter u oder v konstant bleibt, während der andere Parameter von 0 bis 1 läuft und eine Linie der Fläche
abfährt. Wird das in u- und v-Richtung mit äquidistanten Isoparametern
durchgeführt, erhält man ein anschauliches Bild der Fläche.

Bis auf die Randpunkte liegen die Stützstellen außerhalb der Fläche.
Im folgenden Programm ist die Berechnung der Bezier-Flächen skizziert.
Die Routinen MOVE_3D und DRAW_3D erledigen das Zeichnen gemäß den
Abbildungsvorschriften aus Kapitel 13. Im Programm wird noch ein klei-
ner Kunstgriff verwendet. Da die Parameter an den Rändern die Werte 0
bis 1 besitzen, würde ein Ausdruck der Form 0 Grad berechnet. Weil der
Computer das nicht kann, wird eine minimale (unsichtbare) Verschiebung
vorgenommen (H. J. Andree).

```
Procedure bezierflaechen (s, r, n, m : Integer; Var sp : koordinaten);
(*       ==============
PLOTTEN VON BEZIERFLAECHEN.
S SCHRITTE IN X-RICHTUNG,
R SCHRITTE IN Y-RICHTUNG,
N STUETZPUNKTE IN X-RICHTUNG,
M STUETZPUNKTE IN Y-RICHTUNG,
SP ENTHAELT DIE KOORDINATEN ALS
   ARRAY [1..N,1..M] OF RECORD X, Y, Z : REAL END;
*)
Const
  eps = 1e-15;
Var
  i, j, l, t, q : Integer;
  px, py, pz, f, u, v, w : Real;
Function power(x, y : Real): Real;
  (* BERECHNET X^Y *)
```

```
  Begin power := Exp(y*Ln(x)) End;
Begin
For t:=0 To s Do
  Begin
  u := t/s;
  If u=0.0 Then u := eps;
  If u=1.0 Then u := 1.0-eps;
  For q := 0 To r Do
    Begin
    f := q/r;
    If f=0.0 Then f := eps;
    If f=1.0 Then f := 1-eps;
    px := 0.0; py := 0.0; pz := 0.0;
    For i:=0 To n Do
      For l:=0 To m Do
        Begin
        v := 1.0; w := 1.0;
        If (i<>0) And (i<>n) Then
          Begin
          For j:=i+1 To n Do v := v*j;
          For j:=1 To n-i Do v := v/j;
          End;
        v := v*power(u,i)*power(1-u,n-i);
        If (l<>0) And (l<>n) Then
          Begin
          For j:=l+1 To m Do w := w*j;
          For j:=1 To m-l Do w := w/j;
          End;
        w := w*power(f,l)*power(1-f,m-l);
        px := px+sp[i,l].x*v*w;
        py := py+sp[i,l].y*v*w;
        pz := pz+sp[i,l].z*v*w;
        End;
      End;
    If q=0 Then move_3d(px,py,pz);
    draw_3d(px,py,pz);
    End;
  End;
End;
```

Abb. 14-2 Eine typische Höhenliniendarstellung

14.3 Höhenlinien

In der Geodäsie wird häufig nicht ein dreidimensionales Profil einer Landoberfläche gebraucht, sondern ein Schichtenmodell, bei dem alle Punkte, die auf dem gleichen Höhenniveau liegen, miteinander verbunden werden. Abb. 14-2 zeigt eine typische Höheliniendarstellung. Die Daten liegen wie bei der 3-D-Darstellung in einem zweidimensinalen Feld $Z = f(X,Y)$ vor. Die Höhenlinien haben jede einen konstanten Z-Wert:

$$Z = f(X,Y) = const.$$

Wählt man für die Konstante auf der rechten Seite eine Folge von Werten, erhält man verschiedene Höhenlinien und so ein Landschaftsprofil, wie man es aus der Kartografie kennt. Das Gebiet wird in ein Raster unterteilt, bei dem jeweils die Fläche zwischen vier Nachbarpunkten betrachtet wird. In Abb. 14-3 a sehen wir, was gemeint ist. Wir betrachten die vier Werte

$$Z(i,j), \quad Z(i+1,j), \quad Z(i,j+1), \quad Z(i+1,j+1)$$

Die Strecken $Z(i,j) - Z(i+1,j)$ und $Z(i,j+1) - Z(i+1,j+1)$ werden in N gleiche Teile geteilt und auf den Verbindungsstrecken dieses Rasters die Nullstellen der Funktion $Z = f(X,Y) = \texttt{const.}$ gesucht.

Genauso wird mit einem Raster auf der anderen Achse verfahren (Abb. 14-3 b). Durch die so gefundenen Stützpunkte der gesamten Fläche kann mit Hilfe bicubischer Splines eine glatte Kurve, die Höhenlinie, gelegt werden.

Am Rasterbildschirm gäbe es noch eine weitere, recht brutale Möglichkeit, Höhenlinien zu zeichnen. Man skaliert die Oberfläche auf die Größe des Bildschirms. Danach wird das Datenfeld einmal in X-Richtung und einmal in Y-Richtung untersucht und an den Nullstellen der entsprechende Bildpunkt gesetzt. Das kann man dann zugleich für alle interessierenden Niveaus erledigen.

In der Zeitschrift "Pascal" (DMV-Verlag), Heft 4/87 wurde eine interessante Lösung für die Realisierung mit dem Matrixdrucker gezeigt.

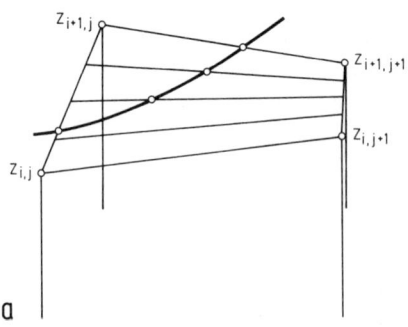
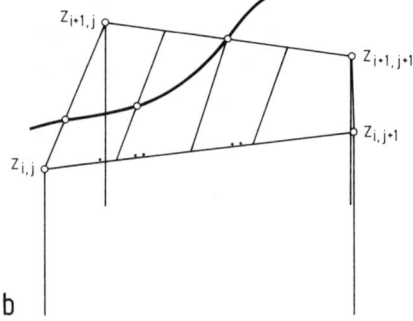

Abb. 14-3 Konstruktion der Höhenlinien

15 Bewegte Grafik

Ein interessanter Bereich der Computergrafik ist die Computer-Animation, die bewegte Grafik. Ein Thema, mit dem man ohne weiteres mehrere Bücher füllen könnte. Aus diesem Grund sollen an dieser Stelle nur einige grundlegende Punkte angerissen werden.

Hier müssen sich ändernde Teile der Grafik in Echtzeit gelöscht und neu gezeichnet werden - hauptsächlich ein Problem der Rechenzeit. Es gibt grundsätzlich zwei Wege, zu bewegter Grafik zu kommen. Das erste Verfahren ähnelt sehr stark dem Herstellen von Zeichentrickfilmen. Man läßt den Computer Bild für Bild einzeln zeichnen und nimmt jedes Bild mit einer Filmkamera auf, die auf "Einzelbild" geschaltet ist. Viele Tricksequenzen für Kino- und Werbefilme entstehen so. Der Vorteil dieser Methode ist, daß man mit beliebig großer Auflösung und mit vielen Farben arbeiten kann.

Vielfach ist es aber notwenig, zum Beispiel bei Konstruktions- und Überwachungsprogrammen, die Bewegung in Echtzeit darzustellen.

15.1 Das Problem der Rechenzeit

Bei der Echtzeit-Animation muß die Berechnung und Ausgabe zweier aufeinanderfolgender Bilder so schnell erfolgen, daß der Betrachter den Eindruck einer kontinuierlichen Bewegung gewinnt. Der Bildwechsel muß also mehr als fünfundzwanzigmal in der Sekunde erfolgen. Das ist auf verschiedene Weise zu erreichen:

- Durch besondere Hardware (spezielle Grafikprozessor-Bausteine, schnelle Prozessoren, Mehrseitendarstellung)

- Durch geeignete Software (Wechsel zu Assemblerprogrammierung, Vorausberechnung von Bildparametern).

Grundsätzlich sind die Verfahren zur Generierung und Transformation von Grafikdarstellungen dieselben wie bei allen Grafiken. Der Hauptfaktor ist hier die Zeit. In Kinofilmen, besonders aus dem Bereich

Science-Fiction, behilft man sich mit der althergebrachten Trickfilm-Methode: der Computer zeichnet ein Bild hoher Auflösung in aller Ruhe auf dem Bildschirm, das dann von der davorstehenden Kamera aufgenommen wird. Auf diese Weise wird der Film Bild für Bild, Bewegungsphase für Bewegungsphase, aufgenommen. Die Animation in realer Geschwindigkeit tritt erst bei der Vorführung zu Tage.

Solange nicht viel gerechnet werden muß, geht es auch auf dem Computermonitor ganz gut, bewegte Objekte darzustellen. Das Programmbeispiel weiter unten zeigt eine Anwendung am IBM-PC mit der Farbgrafikkarte im 640*200-Punkte-Modus.

Es leuchtet sofort ein, daß bei einer größeren Zahl von Bildpunkten dieser Effekt verloren gehen würde. Man muß dann zur Compilierung oder zur Assemblerprogrammierung übergehen. Aber auch dort trifft man irgendwann auf Grenzen. Eine Möglichkeit, komplexere Objekte zu bewegen, bildet die Mehrseitendarstellung.

15.2 Mehrseitendarstellung

Viele Grafik-Prozessoren und Computer besitzen die Möglichkeit, mehrere Bildseiten darzustellen. Das kann man sich zunutze machen, um komplexere Objekte zu bewegen. Während eine Bildseite dargestellt wird, kann auf eine andere unsichtbare, Bildseite gezeichnet werden. Durch Umschalten der Bildseiten kann man wieder den Eindruck kontinuierlicher Bewegung erzeugen, da das Umschalten sehr rasch vor sich geht. Abb. 15-1 zeigt ein Beispiel für den Apple II, bei dem ein kontinuierlich wachsendes Rechteck mit Diagonalen dargestellt wird. Hat das Rechteck seine Maximalgröße erreicht, schrumpft es wieder auf Punktgröße und so fort.
Es werden die Rechtecke mit ungerader Kantenlänge auf Seite 1 gezeichnet und jene mit gerader Kantenlänge auf Seite 2. Während ein Rechteck auf der gerade eingeschalteten Seite, der sogenannten Leseseite, gezeigt wird, löscht das Programm auf der unsichtbaren Seite, der Schreibseite, das alte Rechteck und zeichnet ein neues, größeres.

Verwendet man Grafik-Prozessoren mit mehreren Bildseiten und schneller Vektordarstellung zusammen mit Programmen, die möglichst viele Parameter vorher berechnen, kann man auch mit Tischcomputern recht weit kommen.

```
10  HGR : HGR2
20  A = 1:B =   - 1:C = 2:D = 1:X = 140:Y = 80
30  FOR I = 1 TO 20: FOR J = 1 TO 2: POKE 230,32 * J:
    REM  SCHREIBSEITE
40  A = A + B: HCOLOR= 0: REM  LOESCHEN
50  HPLOT X - A,Y - A TO X + A,Y - A TO X + A,Y + A TO X - A,Y +
           A TO X + A,Y + A TO X - A,Y + A TO X + A,Y - A
60  A = A + C: HCOLOR= 3: REM  ZEICNEN
70  HPLOT X - A,Y - A TO X + A,Y - A TO X + A,Y + A TO X - A,Y +
           A TO X - A,Y - A TO X + A,Y + A TO X - A,Y + A TO X + A,Y - A
80  POKE  - 16299 - D,0:D = 1 - D: REM  LESESEITE
90  NEXT J,I:B =   - B:C =   - C: GOTO 30
```

Abb. 15-1 Zoom-Effekt durch Bildseitenumschaltung

15.3 Hardware-Lösungen

Bei manchen Computern, speziell solchen, die für Computerspiele konzi-
piert werden, findet man besondere Hardware-Lösungen für (relativ
kleine) bewegte Objekte. Diese Objekte, die je nach Verhalten Shapes
oder Sprites genannt werden, müssen vor der Programmausführung in Form
und Farbe definiert sein). Sie lassen sich mit vorgegebener Geschwindigkeit und Richtung im ganzen über den Bildschirm bewegen, drehen und
strecken. Auch die Kollision und Überdeckung der Objekte untereinander
wird vom Grafik-Prozessor hardwaremäßg festgestellt. So kann der Prozessor die eigentliche Rechenarbeit erledigen.

Will man nicht nur Shapes und Sprites bewegen (die Hauptanwendung
liegt im Bereich der Computerspiele), sondern in Analyseprogrammen
mechanische Bauteile in direktem Dialog untersuchen, braucht man große
Rechner. Abb. 15-2 zeigt, wie eine Strebe in Schwingungen versetzt
wurde. Der Computer berechnet für jede Position die aktuelle Belastung
und zeigt die zugehörige Form und das Verhalten der Struktur am Bildschirm an (in Abb. 15-2 die jeweiligen Maxima). Durch den Computerein-
satz lassen sich die Bauteile bereits im Berechnungsstadium optimie-
ren, was die spätere Erprobungsphase erheblich verkürzt.

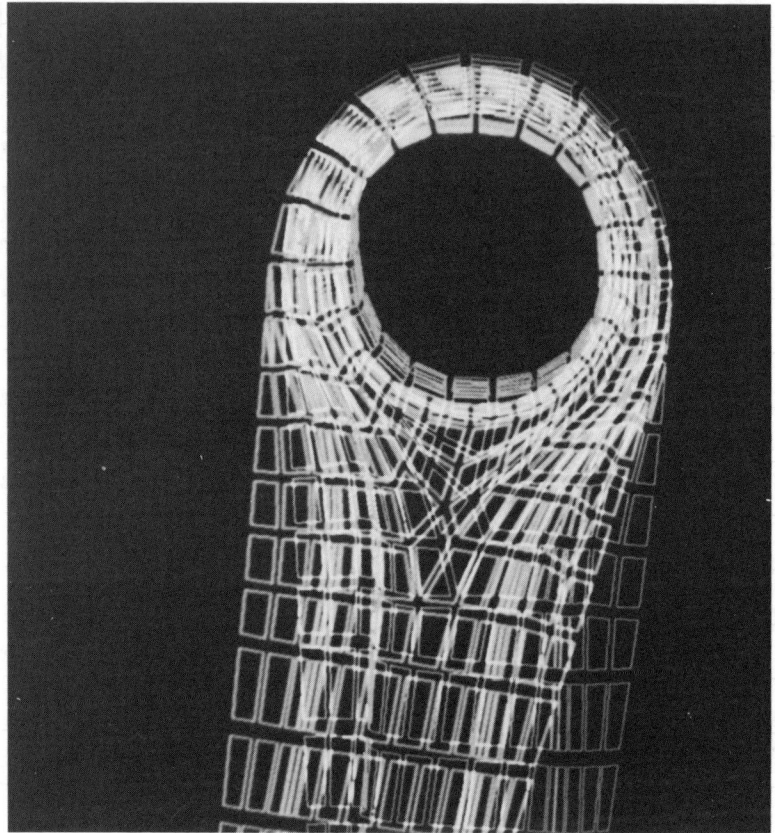

Abb. 15-2 Werkstückanalyse in Echtzeit (Foto: Computervision)

Die beiden Bücher von Foley/van Dam und Newman/Sproull (siehe Literaturanhang) beschäftigen sich umfassend mit den interaktiven Grafik-
Techniken.

15.4 3-D-Animation am PC

Das folgende Programm ist ein Beispiel für die Darstellung dreidimensionaler Objekte als Kantenmodell un hätte so auch in Kapitel 12 stehen können. Wenn man das Objekt jedoch zeichnet, nach kurzer Zeit
löscht und dann an neuer Position wieder zeichnet entsteht für den

Betrachter der Eindruck einer kontinuierlichen Bewegung. Das geht aber nur gut, wenn das Objekt aus wenigen Linien besteht. Selbst dann empfiehlt sich eine schnelle Assembler-Routine für das Linienzeichnen.

Lassen Sie mich zunächst erläutern, wie ein Objekt definiert wird. Das Objekt wird als Textdatei auf der Diskette abgelegt und kann mit jedem beliebigen Editor eingegebmit der Endung ".3D" auf der Platte gespeichert. Beim Programmstart wird diese Datei dann eingelesen. Der Aufbau der Datei ist relativ einfach; betrachten wir dazu einen Würfel:

```
Datei-Inhalt   Erläuterung
-------------------------------------------------------
8              Anzahl der Ecken
0 0 0          Ecke Nummer 1 (x, y, z)
1 0 0          Ecke Nummer 2 (x, y, z)
1 1 0          Ecke Nummer 3 (x, y, z)
0 1 0          Ecke Nummer 4 (x, y, z)
0 0 1          Ecke Nummer 5 (x, y, z)
1 0 1          Ecke Nummer 6 (x, y, z)
1 1 1          Ecke Nummer 7 (x, y, z)
0 1 1          Ecke Nummer 8 (x, y, z)
1 2            Kante von Ecke 1 nach Ecke 2
1 4            Kante von Ecke 1 nach Ecke 4
1 5            Kante von Ecke 1 nach Ecke 5
2 3            Kante von Ecke 2 nach Ecke 3
2 6            Kante von Ecke 2 nach Ecke 6
3 4            Kante von Ecke 3 nach Ecke 4
3 7            Kante von Ecke 3 nach Ecke 7
4 8            Kante von Ecke 4 nach Ecke 8
5 6            Kante von Ecke 5 nach Ecke 6
5 8            Kante von Ecke 5 nach Ecke 8
6 7            Kante von Ecke 6 nach Ecke 7
7 8            Kante von Ecke 7 nach Ecke 8
```

Als erste Zeile der Datei erfolgt die Angabe der Ecken (N) und anschließend die N dreidimensionalen Koordinaten der Ecken. In den folgenden Zeilen werden die Verbindungen zwischen den einzelnen Ecken definiert - es können beliebig viele Verbindungen definiert werden, das Programm liest bis zum Dateiende.

Das Programm skaliert zunächst den Körper, damit er auf den Bildschirm passt. Danach werden in rascher Folge die dreidimensionalen Koordinaten des Körpers berechnet (CALCCOORDS), dann das vorhergehende Bild des Körpers durch Zeichnen in der Hintergrundfarbe gelöscht und dann an der neuen Position gezeichnet (DRAWCOORDS). Die Zeit für die Berechnung der neuen Koordinaten ist gerade lang genug, um den Effekt einer kontinuierlichen Bewegung zu erreichen. Natürlich läßt sich das Programm in leicht veränderter Form auch für die allgemeine Darstellung dreidimensionaler Körper verwenden.

```
Program Dreidimensionale_Animation;
  { nach einer Idee von Jay Mallin, PC Tech Journal 5/84 }
Var
  manuell, exit : boolean;
  Anz_Lines, Anz_Ecken : integer;
  ch : Char;
  File_Name : String[20];
  Max, xmax, ymax, zmax, xmin, ymin, zmin : real;
  Center, Xcenter, Ycenter, Zcenter : Real;

  Rot   : Array [0..2, 0..2] of real;      { Rotationsmatrix }
  Lines : Array [0..149, 0..1] of integer; { Verbindungslinien-Koordinaten }
  XYZ   : Array [0..149, 0..2] of real;    { Koordinaten der Eckpunkte }
  UV,XY : Array [0..149, 0..1] of integer; { Koordinaten in der Bildebene }


Procedure Line(x1,y1,x2,y2,color:integer);
          External 'line.inv';

Procedure InitPrgm;
  { Felder Nullsetzten, Initialisieren }
  begin
  FillChar(Rot, SizeOf(Rot), 0);
  FillChar(Lines, SizeOf(Lines), 0);
  FillChar(XYZ, SizeOf(XYZ), 0);
  FillChar(XY, SizeOf(XY), 0);
  Max:= 0; Center:= 0;
  end;

Procedure ReadFile;
  { Daten aus der '.3D'-Datei einlesen }
  var f : Text;
      i, temp1, temp2 : Integer;
```

```
begin
{$i-}
assign(f,File_Name);
reset(f);
{$i+}
if IOResult <> 0 then
  begin Writeln('Datei nicht gefunden.'); Textmode; Halt end;
readln(f, Anz_Ecken); { Anzahl Ecken }
for i:= 0 to Anz_Ecken-1 do  { Ecken einlesen }
  read(f, XYZ[i,0], XYZ[i,1], XYZ[i,2]);
{ Verbindungslinien einlesen }
Anz_Lines:= -1;
while (Anz_Lines < 149) and not(EOF(f)) do
  begin
  Anz_Lines:= Anz_Lines + 1;
  read(f, temp1, temp2);
  Lines[Anz_Lines, 0]:= Temp1-1;
  Lines[Anz_Lines, 1]:= Temp2-1;
  end;
end;


Procedure SetupVars;
  { Figur auf dem Bildschirm zentrieren und passend skalieren }
  var
    i : Integer;
    Factor : Real;
  begin
  xmax:= XYZ[0,0]; ymax:= XYZ[0,1]; zmax:= XYZ[0,2];
  xmin:= xmax;      ymin:= ymax;      zmin:= zmax;
  for i:= 1 to Anz_Ecken do
    begin { Minima und Maxima ermitteln }
    if XYZ[i,0] > xmax then xmax:= XYZ[i,0];
    if XYZ[i,1] > ymax then ymax:= XYZ[i,1];
    if XYZ[i,2] > zmax then zmax:= XYZ[i,2];
    if XYZ[i,0] < xmin then xmin:= XYZ[i,0];
    if XYZ[i,1] < ymin then ymin:= XYZ[i,1];
    if XYZ[i,2] < zmin then zmin:= XYZ[i,2];
    end;
  { Zentrieren }
  Xcenter:= (xmax + xmin) / 2;
  Ycenter:= (ymax + ymin) / 2;
  Zcenter:= (zmax + zmin) / 2;
```

```
for i:= 0 to Anz_Ecken do
begin
  XYZ[i,0]:= XYZ[i,0] - Xcenter;
  XYZ[i,1]:= XYZ[i,1] - Ycenter;
  XYZ[i,2]:= XYZ[i,2] - Zcenter;
end;
{ Skalieren }
Max:= Xmax - Xcenter;
if Max < Ymax - Ycenter then Max:= Ymax - Ycenter;
if Max < Zmax - Zcenter then Max:= Zmax - Zcenter;
Factor:= 90 / Max;
for i:= 0 to Anz_Ecken do
  begin
  XYZ[i,0]:= Factor * XYZ[i,0];
  XYZ[i,1]:= Factor * XYZ[i,1];
  XYZ[i,2]:= Factor * XYZ[i,2];
  end;
end;


Procedure DrawIt;
  { Objekt zeichnen }
  var
    i, pta, ptb, Point : Integer;
  begin
  { Neue Koordinaten berechnen (einfache 3D-2D-Transformation) }
  for Point:= 0 to Anz_Ecken do
    begin
    UV[Point, 1] := XY[Point, 1];
    UV[Point, 0] := XY[Point, 0];
    XY[Point, 1]:= round(91 - (5*XYZ[Point,2]/12));
    XY[Point, 0]:= round(320 + XYZ[Point, 1]);
    end;
  { altes Bild loeschen - schwarz uebermalen }
  for i:= 0 to Anz_Lines do
    begin
    pta:= Lines[i,0];
    ptb:= Lines[i,1];
    Line(UV[pta,0],UV[pta,1],UV[ptb,0],UV[ptb,1],0);
    end;
  { an neuer Position zeichnen }
  for i:= 0 to Anz_Lines do
    begin
```

```
      pta:= Lines[i,0];
      ptb:= Lines[i,1];
      Line(XY[pta,0],XY[pta,1],XY[ptb,0],XY[ptb,1],1);
      end;
end;


Procedure GetCoords;
  { Koordinaten manuell einlesen }
    begin
      gotoXY(1,24);
      writeln('Rotationen fuer die drei Achsen in Grad ',
              'eingeben (361 fuer Ende).');
      gotoXY(1,25);
      write('X: '); read(Rot[0,0]);
      if Rot[0,0] = 361 then
        exit:= true
      else
        begin
        gotoXY(14,25);
        write('Y: '); read(Rot[1,0]);
        if Rot[1,0] = 361 then
          exit:= true
        else
          begin
          gotoXY(27,25);
          write('Z: '); read(Rot[2,0]);
          if Rot[2,0] = 361 then
            exit:= true;
          end;
        end;
    end;


Procedure CalcCoords;
  var
    i, Point : Integer;
    temp : Real;
  begin
  { Rotationsmatrix berechnen - Eingabe in
    Grad umrechnen, SIN und COS ber. }
  for i:= 0 to 2 do
    begin
```

```
      Rot[i,0]:= pi*(round(Rot[i,0]) mod 360)/180;
      Rot[i,1]:= sin(Rot[i,0]);
      Rot[i,2]:= cos(Rot[i,0]);
      end;
  { Rotation um die Z-Achse }
    if Rot[2,2] <> 1 then
      for Point:= 0 to Anz_Ecken do
        begin
        temp:= XYZ[Point,0];
        XYZ[Point,0]:= (Rot[2,2]*XYZ[Point,0]) - (Rot[2,1]*XYZ[Point,1]);
        XYZ[Point,1]:= (Rot[2,1]*temp) + (Rot[2,2]*XYZ[Point,1]);
        end;
    { Rotation um die Y-Achse }
    if Rot[1,2] <> 1 then
      for Point:= 0 to Anz_Ecken do
        begin
        temp:= XYZ[Point,0];
        XYZ[Point,0]:= (temp * Rot[1,2]) + (XYZ[Point,2] * Rot[1,1]);
        XYZ[Point,2]:= (XYZ[Point,2] * Rot[1,2]) - (temp * Rot[1,1]);
        end;
    { Rotation um die X_Achse }
    if Rot[0,2] <> 1 then
      for Point:= 0 to Anz_Ecken do
        begin
        temp:= XYZ[Point,1];
        XYZ[Point,1]:= (temp * Rot[0,2]) - (XYZ[Point,2] * Rot[0,1]);
        XYZ[Point,2]:= (temp * Rot[0,1]) + (XYZ[Point,2] * Rot[0,2]);
        end;
    end;


Procedure ProcessCoords;
  { Berechnung der schrittweisen Rotation der einzelnen Phasen }
  begin
  repeat
    exit := Keypressed;
    DrawIt;
    if manuell then
      GetCoords
    else
      begin
      Rot[0,0]:= Rot[0,0]+3;  { X axis rotation }
      Rot[1,0]:= Rot[1,0]+1;  { Y axis rotation }
```

```
      Rot[2,0]:= Rot[2,0]+6;  { Z axis rotation }
      end;
    CalcCoords;
  until exit;
  end;


begin { Hauptprogramm }
  Lowvideo;
  ClrScr;
  Write('Manuelle Koordinateneingabe oder Automatikbetrieb (m/a): ');
  repeat Read(kbd,ch); ch := Upcase(ch) until ch in ['M','A'];
  manuell := ch = 'M';
  Writeln(ch);
  Write('Welche 3D-Datei: '); Readln(File_Name);
  File_Name := File_Name + '.3D';
  InitPrgm;
  ReadFile;
  SetupVars;
  HiRes;
  HiResColor(7);
  if not manuell then
    begin GotoXY(1,25); Write('Zum Beenden Taste drcken.') end;
  ProcessCoords;
  TextMode;
  while Keypressed do Read(Kbd,ch); { ev. Eingaben aufraeumen }
end.
```

Im Programm wird eine schnelle Zeichenroutine für das Ziehen von Linien verwendet, die als Maschinenprogramm in der Date "LINE.INV" vorliegt (das Programm läuft aber auch mit der eingebauten DRAW-Routine von Turbo). Wenn Sie die Routine eingeben wollen verwenden Sie am besten den Debugger DEBUG. nach dem Befehl "e100" können Sie die Daten fortlaufend eingeben. Dabei darf die Adresse am Anfang jeder Zeile nicht mit eingetippt werden. Anschließend setzen Sie das CX-Register und schreiben die Datei mit den folgenden Eingaben auf Platte:

```
r cx
 1FE
n LINE.INV
w
```

```
0100   E8 5F 00 3F 00 3F 40 3F      80 3F C0 CF 00 CF 10 CF
0110   20 CF 30 F3 00 F3 04 F3      08 F3 0C FC 00 FC 01 FC
0120   02 FC 03 7F 00 FF 80 BF      00 FF 40 DF 00 FF 20 EF
0130   00 FF 10 F7 00 FF 08 FB      00 FF 04 FD 00 FF 02 FE
0140   00 FF 01 00 00 00 00 00      00 00 00 00 00 00 00 00
0150   00 00 00 00 00 00 00 00      00 00 00 00 00 00 00 00
0160   00 00 58 2D 03 00 8B DD      8B E8 59 58 2E 89 86 4C
0170   00 58 2E 89 86 4A 00 58      2E 89 86 46 00 58 2E 89
0180   86 48 00 58 2E 89 86 44      00 51 53 B8 40 00 8E C0
0190   26 A0 49 00 2E 88 86 43      00 B8 00 B8 8E C0 E8 02
01A0   00 5D C3 BE 01 00 BF 01      00 2E 8B 96 4A 00 2E 2B
01B0   96 48 00 7D 04 F7 DF F7      DA 2E 89 BE 5E 00 2E 8B
01C0   8E 46 00 2E 2B 8E 44 00      7D 04 F7 DE F7 D9 2E 89
01D0   B6 5C 00 3B CA 7D 08 BE      00 00 87 CA EB 04 90 BF
01E0   00 00 2E 89 8E 4E 00 2E      89 96 50 00 2E 89 B6 56
01F0   00 2E 89 BE 58 00 2E 8B      B6 44 00 2E 8B BE 48 00
0200   2E 8B 86 50 00 D1 E0 2E      89 86 5A 00 2B C1 8B D8
0210   2B C1 2E 89 86 60 00 41      2E 8B 96 4C 00 E8 2B 00
0220   83 FB 00 7D 14 2E 03 B6      56 00 2E 03 BE 58 00 2E
0230   03 9E 5A 00 E2 E7 EB 12      90 2E 03 B6 5C 00 2E 03
0240   BE 5E 00 2E 03 9E 60 00      E2 D3 C3 2E 80 BE 43 00
0250   06 74 03 EB 57 90 81 FF      C8 00 72 03 E9 9B 00 81
0260   FE 80 02 72 03 E9 92 00      53 56 50 8B C7 8A E0 25
0270   FE 01 D1 E0 D1 E0 D1 E0      8B D8 80 E7 07 D1 E0 D1
0280   E0 03 D8 8B C6 D1 F8 D1      F8 D1 F8 03 D8 81 E6 07
0290   00 D1 E6 81 E2 01 00 03      F2 D1 E6 2E 8B 82 23 00
02A0   26 22 07 0A C4 26 88 07      58 5E 5B C3 81 FF C8 00
02B0   72 03 EB 46 90 81 FE 40      01 72 03 EB 3D 90 53 56
02C0   50 8B C7 8A E0 25 FE 01      D1 E0 D1 E0 D1 E0 8B D8
02D0   80 E7 07 D1 E0 D1 E0 03      D8 8B C6 D1 F8 D1 F8 03
02E0   D8 81 E6 03 00 D1 E6 D1      E6 03 F2 D1 E6 2E 8B 82
02F0   03 00 26 22 07 0A C4 26      88 07 58 5E 5B C3
```

Die folgenden Spalten enthalten noch einige recht hübsche 3-D-Bilder.

20	6	5
0 1 0	0 0 0	0 0 0
1 0 0	1 0 0	2 0 0
2 0 0	1 1 0	2 2 0
3 1 0	0 1 0	0 2 0
3 2 0	0.5 0.5	1 1 2
2 3 0	0.5 0.5	1 2
1 3 0	1 2	1 4
3 4 0	1 4	1 5
3 5 0	1 5	2 3
2 6 0	1 6	2 5
1 6 0	2 3	3 4
0 5 0	2 5	3 5
4 3 0	2 6	4 5
6 3 0	3 4	
7 6 0	3 5	
9 6 0	3 6	
10 5 0	4 5	
10 1 0	4 6	
9 0 0		
7 0 0		
1 2		
2 3		
3 4		
4 5		
5 6		
6 7		
6 8		
8 9		
9 10		
10 11		
11 12		
13 14		
15 16		
15 20		
16 17		
17 18		
18 19		
19 20		

16 Grafikdateien

Es gibt mehrere Gründe, spezielle Dateien für die Computergrafik anzulegen:

- Grafiken, die mit hohem Rechenaufwand erstellt wurden, etwa im Bereich CAD (siehe Kapitel 17), können in Form von Plotter-Fahrbefehlen auf einer Datei gespeichert und so zu einem späteren Zeitpunkt leicht nocheinmal geplottet werden.

- Die Bilder einzelner Teile einer Gesamtdarstellung lassen sich wiederverwenden und werden beispielsweise als Folge von Vektoren gespeichert (CAD-Anwendungen).

- Grafiken müssen von einem Rechner zum anderen übertragen werden; sie müssen sich also auf einer Diskette oder einem Magnetband speichern lassen.

Wenn der Aufbau der Grafikdatei standardisiert wird, ist es möglich, geräteunabhängig Grafikprogramme zu erstellen, die ihre Ausgabe auf einer Datei ablegen. Diese Datei wird dann von Gerätetreibern für die unterschiedlichsten Ausgabegeräte bearbeitet. So kann man mit einem einzigen Grafikpaket und mehreren Geräte-Treibern (Nachbearbeitern) die Grafik wahlweise auf Plotter, Farbbildschirm oder Mikrofilm ausgeben. Da sich Dateien über Leitung (Telefon, lokale Netzwerke) auch an entfernte Rechner übertragen lassen, braucht man teurere Geräte (Farbplotter, Mikrofilmgerät) nur einmal anzuschaffen und kann von jedem Rechner und Tischcomputer aus Grafiken erzeugen.

Dabei braucht sich die Ausgabe des Nachbearbeiters nicht auf die Funktion eines Gerätetreibers beschränken. Die, gewissermaßen "neutrale", Grafikdatei kann weiterverarbeitet und für weitere Grafiken aufbereitet werden.

Im Bereich des computerunterstützten Entwurfs von elektrischen Schaltungen, Maschinenteilen oder ganzen Farbrikationsanlagen wird das Dateikonzept zur Datenbank für Grafikelemente, aus welcher der Konstrukteur vorher definierte Standardbauteile abrufen kann. Dabei kann es sich um geometrische Elemente (Kreise, Rechtecke, Zylinder, Quader, Kugeln, Kegel, etc.) handeln, aber auch um Normteile wie Schrauben,

Halbfertig-Produkte oder Schaltbilder elektronischer Bauteile oder Baugruppen. Aus solchen Grundelementen zusammengesetzte Teile (Teilebilder) werden als neues Element in die Grafikdatenbank eingebracht.

Eine weitere Anwendung für Grafikdateien wäre die Plotwegoptimierung. Die Ausgabe der Grafik ist mit Sicherheit der zeitaufwendigste Teil der Arbeit des Computers. Schreibt man die Plotbefehle in eine Datei, anstatt sie sofort auszugeben, dann kann man die Befehle nach X- und Y-Koordinaten sortieren und nicht notwendige Fahrbefehle mit gehobenem Stift sogar ganz weglassen.

Sie sollten auch bedenken, daß ein Plotter nicht ganz störunanfällig ist. Hat man das auszugebende Bild in Form von Fahrbefehlen auf Datei, bringt uns ein verstopfter oder leergeschriebener Stift nicht mehr aus der Ruhe.

Eine andere Anwendung ist das Speichern eines Rasterbildes auf der Platte. Man kann so Bilder schnell hintereinander anzeigen, deren Erzeugung viel Zeit beansprucht; etwa für Vorführungen. Als Problem tritt hier der Speicherplatzbedarf auf, ein Schwarzweißbild von 256 x 256 Punkten beansprucht schon 8 KByte, ein Farbbild von 512 x 512 Punkten bereits 64 KByte. Für platzsparende Speicherung oder für die Übertragung eines Bildes per Telefon (ähnlich wie beim Telekopierer) muß man die Daten komprimieren. Bei dem Tischrechnern hat sich schon ein einfaches Verfahren zur Bildübertragung bewährt. Die Bildinformation wird als Folge von Hexadezimalzahlen übertragen:

Die erste Zeile enthält die X-Ausdehnung in Punkten des Bildes, die zweite Zeile die Y-Ausdehnung. So können auch Ausschnitte übertragen werden. Danach wird dieser Ausschnitt zeilenweise übertragen, beginnend in der linken oberen Ecke. Es werden jeweils 16 Bit zu einer maximal vierstelligen Hexadezimalzahl ohne Vornullen umgeformt. Da sich bei einer Grafik aufeinanderfolgende Bitfelder recht oft wiederholen (z. B. waagerechte Linien, leere Flächen), gibt es Zeilen, die mit einem "R" beginnen (für repeat = wiederholen). Die Hexadezimalzahl nach dem R gibt an, wie oft der nach dem Komma stehende Wert zu wiederholen ist. So bedeutet R1,0 daß zweimal 16 Bit (32 Bits) mit dem Wert Null folgen.

Dieses Format spart relativ viel Platz und ist leicht zu verarbeiten. Solche Verfahren zur datenreduzierten Bildcodierung sind bei jeder Form der Übertragung von Bilddaten wichtig, etwa beim Fernkopierer (TELEFAX) oder beim Senden von Satellitenbildern. Ich will daher noch ein weiteres, einfaches Verfahren vorstellen. Man geht auch hier davon aus, daß mehrere Bildpunkte gleicher Farbe aufeinanderfolgen und man einen Gewinn erzielt, wenn man jeweils die Anzahl und die Farbe eines Punktes übermittelt (siehe oben). Das Verfahren heißt White-Block-Skipping:

Die Bildpunkte einer Zeile werden in zusammenhängene Blöcke von N Bit aufgeteilt (N hängt z.B. von der am schnellsten und einfachsten verarbeitbaren Wortlänge des Prozessors ab; möglicherweise aber auch von der Art der zu übertragenden Bilder). Für einen Block, der nur dunkle Punkte enthält, wird das 1-Bit-Codewort "0" verwendet. Ein Block, der mindestens einen schwarzen Punkt besitzt, erhält ein Codewort mit der Länge N + 1. Das erste Bit ist "1", die weiteren N Bits entsprechen den Bildpunkte-Werten. Bei allen Blöcken, die irgendwelche Zeichnungen enthalten, wird also ein zusätzliches Bit verschenkt. Da man aber davon ausgehen kann, daß die Zahl der dunklen Blöcke bei Weitem überwiegt, hat man einen recht hohen Platzgewinn.

Mehr über "Datenreduzierende Bildcodierung" finden sie in dem Buch von K. Riedel, das auch bei Franzis erschienen ist.

17 Computer Aided Design

CAD (Abb. 15-2 zeigte ein erstes Beispiel) ist, wie so vieles in der Computerei, eine Abkürzung. CAD bedeutet Computer Aided Design, zu deutsch: computerunterstützes Zeichnen und Entwerfen. Worum geht es dabei? Betrachten wir dazu Abb. 17-1. Dort ist eine teilweise aufge- schnittene Keilriemenscheibe zu sehen, die mit Computerhilfe entworfen und gezeichnet wurde. Die Riemenscheibe wurde mit Hilfe eines Compu- terprogrammes und grafischer Eingabegeräte gezeichnet. Dabei kann sich der Bearbeiter auf eine Menge vordefinierter Formen stützen. Davon später mehr.

Eng verbunden mit dem Begriff CAD haben sich weitere, verwandte Berei- che entwickelt. Lassen Sie mich zunächst diese Bereiche kurz erwähnen:

- CAM Computer Aided Manufactoring
  Fertigung mit Computerunterstützung durch numerisch gesteuerte Werkzeugmaschinen und Roboter.

- CAD/CAM CAD und CAM

- CAE Computer Aided Engineering
  Damit ist der ganze Bereich des rechnergestützten Ingenieurwesens gemeint. Also der vollständige Produktzyklus, angefangen beim Entwurf mit CAD über die Konstruktion, Berechnung, Stück listen bis zum CAM.

- CIM Computer integrated Manufacturing
  Neben CAE umfaßt dieser Bereich die datenverarbeitungstechnische Integration einer ganzen Firma (CAE, Text, Produk tion, Verwal- tung, Betriebsdatenerfassung, etc.).

Da der Übergang zwischen CAD und CAE in Bezug auf die Computergrafik gleitend ist, soll das auch im folgenden nicht so genau genommen wer- den.

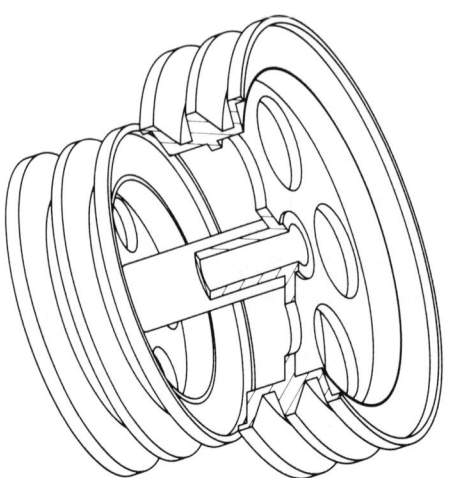

Abb. 17-1 Schnittbild einer Riemenscheibe (rotring)

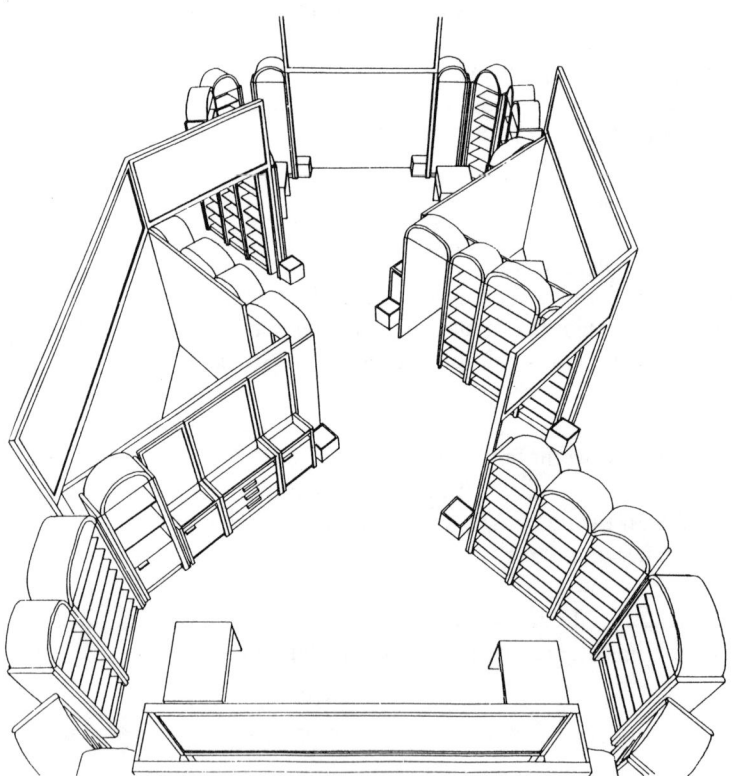

Abb. 17-2 Messestand-Konstrukteure können heute realistische Ansichten des Standes erzeugen
(Bild: Computervision)

17.1 Was ist CAD?

Der Begriff ist einleitend erklärt worden. Was kann man mit CAD/CAE machen und wie funktionieren solche Programme? Dazu nur ein paar Beispiele. Abb. 187 zeigt die dreidimensinale Ansicht eines Messestandes. Der Standbauer kann den Stand in wenigen Stunden am Computer aus vordefinierten Elementen kombinieren. Der Kunde kann sich das Ergebnis auf Papier oder direkt am Bildschirm ansehen. Änderungen lassen sich schnell einbringen, - die Kosten sind niedrig, der Kunde ist zufrieden.

Genauso kann ein Architekt noch im Planungsstadium feststellen, wie sich ein Neubau in das Ensemble der Nachbargebäude einfügt. Man kann sogar "per Trickfilm" durch die neuen Straßen oder Stadtviertel hindurchfahren. Verschiedene Lösungen lassen sich durchspielen (Abb. 17-3).

Abb. 17-3 Architekten können feststellen, wie ein Bauwerk in die Umgebung passt (Computervision)

Eine weitere Anwendung zeigt Abb. 17-4. Es wird der Typenhebel einer Schreibmaschine elektronisch entwickelt. Mit der Methode der Finiten Elemente (FEM) simuliert man die auftretenden Belastungen und Verformungen am Typenhebel und erhält so Hinweise auf Verbesserungsmöglichkeiten (Abb. oben). Der Typenhebel wird dann an den kritischen Stellen verstärkt. An weniger belasteten Stellen kann man dafür Material einsparen (Bildmitte). Das Volumenmodell zeigt das endgültige Aussehen des Typenhebels. Im unteren Teil der Abbildung sehen Sie dann die fertige Werkstattzeichnung des Typenhebels als Grundlage für die Fertigung. Mit CAE könnte man nun die Fertigungswerkzeuge automatisch herstellen und sogar die Produktion des Bauteils steuern.

Der ganze Entwurf läßt sich in weniger als einer halben Stunde erstellen. Die Gründe für die Einführung von CAD sind mannigfaltig, wobei die folgenden dominieren:

• CAD erlaubt die Vergrößerung der Produktpalette, da sich Varianten eines Werkstücks schnell erzeugen lassen.

• Unnötige und lästige Routinearbeiten fallen weg (so "weiß" der Computer zum Beispiel, wie eine Schraube M6 x20 aussieht, wie groß ein Normziegel ist, oder wie das Schaltbild eines Transistors aussieht).

• CAD dient der Rationalisierung und hilft so Kosten zu senken.

Viele hochtechnische Schlüsselprodukte, etwa integrierte Schaltkreise, lassen sich ohne CAD gar nicht mehr herstellen.

Prinzipiell arbeiten alle CAD-Systeme nach dem gleichen Muster. Die Zeichnung wird interaktiv am Bildschirm hergestellt. Zur Positionierung der Einzelelemente dienen grafische Eingabegeräte (Maus, Lichtgriffel, Grafiktablett). Das fertige Bild kann gespeichert oder auf verschiedenen Ausgabegeräten zu Papier gebracht werden.

Der Bildschirm ist in mehrere Felder aufgeteilt: die eigentliche Zeichenfläche, ein Menüfeld und ein Feld mit Erklärungen und Dialogführung. Oft verwendet man auch zwei Bildschirme, einen für Text und einen für die Grafik. Der Bediener kann aus einer Bibliothek von vordefinierten Elementen wählen und diese Elemente zu einem neuen Bildelement kombinieren. So erzeugte, komplexe Elemente lassen sich wieder in der Bibliothek speichern und später für eine andere Zeichnung aufrufen. So könnte man zum Beispiel aus Kreisen, Rechtecken und Drei-

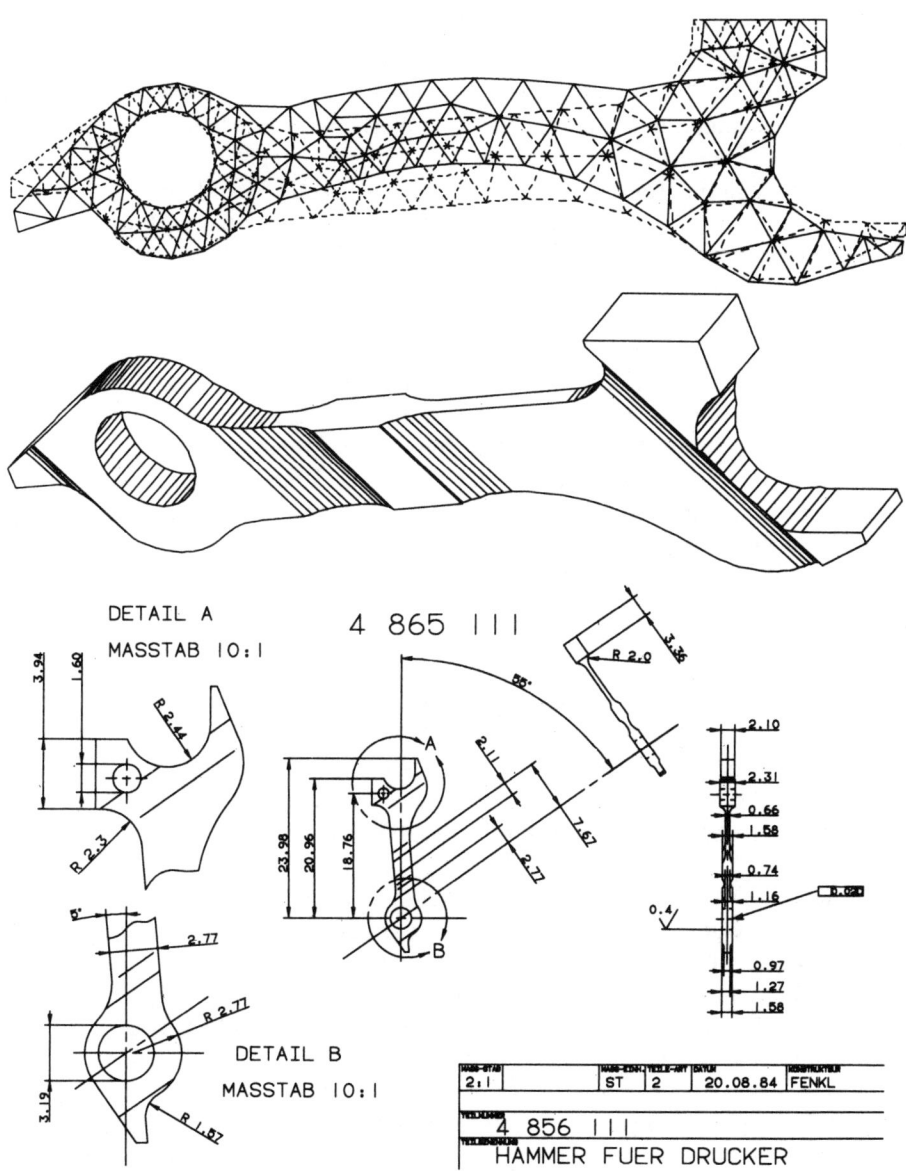

Abb. 17-4 Ein Typenhammer mit dem Computer entwickelt (IBM)

ecken ein Auto konstruieren. Durch die Kombination von Autos läßt sich
dann schnell eine ganze Autoschlange zeichnen.

Wer bisher ein Zeichenbrett von 1 m mal 1,50 m gewöhnt war, dem kommt
der Bildschirm als Zeichenfläche zunächst sehr klein vor. Man muß
deswegen aber nicht mit kleineren Maßstäben arbeiten - im Gegenteil.
Bei CAD-Systemen steht dem Zeichner eine nahezu unbegrenzte Zeichenfläche zur Verfügung. Im Prinzip kann man ein Auto oder Schiff im
Maßstab 1:1 konstruieren. Im Computer entsteht trotz des kleinen Bildschirms ein "lebensgroßes" Bild der Konstruktion. Das CAD-Programm
stellt einige Hilfen dafür bereit: die Fensterfunktion, die Zoomfunktion und das Arbeiten in mehreren Ebenen.

Ihr Bildschirm ist ein Fenster, das auf der Zeichnung hin- und herbe-
wegt werden kann. Innerhalb des Fensters können wir Zeichnungen erstellen und korrigieren. Wollen wir über den Fensterrahmen hinaus-
zeichnen, müssen wir ihn als Ganzes verschieben. So kann nach und nach
die gesamte Zeichnung im Maßstab 1:1 bearbeitet werden. Bei großen
Projekten verliert man so aber schnell den Überblick über die Gesamtansicht der Zeichnung, die man aber braucht, um ein Detail richtig
konstruieren zu können.

Dafür gibt es die Zoomfunktion. Sie arbeitet so ähnlich wie das Zoom-
objektiv einer Kamera. Da im Computer die gesamte Konstruktion mit
allen Einzelheiten gespeichert ist, können Sie sich jede beliebige
Vergrößerung (oder Verkleinerung) darstellen lassen. Schrittweise
ausgehend von der Gesamtszenerie kann man durch Wählen von immer kleineren Ausschnitten bis zum kleinsten Detail zoomen.

Der Anwender hat weiterhin die Möglichkeit, in Ebenen zu arbeiten. Er
kann jede Ebene getrennt bearbeiten und mit grafischen oder textlichen
Elementen versehen, - so als ob lauter unterschiedliche Folien bearbeitet würden. Diese Folien können nun getrennt oder in bestimmter
Reihenfolge übereinandergelegt dargestellt werden. So kann die Bemaßung und Beschriftung in unterschiedlichen Sprachen verfaßt werden.

Eine häufige Anwendung ist die Erfassung von Katasterplänen. Die erste
Ebene zeigt die Lage von Straßen und Gebäuden, die weiteren Ebenen die
Wasserversorgung, die Kanalisation, die Gasleitungen, die elektrischen
Versorgung und die Telefonleitungen. Auch könnte man Ebenen mit belie-
bigem Raster unter die Zeichnung legen.

Kern eines jeden CAD-Programmes ist die Bibliothek mit vordefinierten Symbolen. Man definiert ein Symbol (eine Schraube, ein elektronisches Bauteil, ein Fenster, ein Teil eines Autos usw.) einmal auf dem Bildschirm und legt diese Definition dann unter einem Namen auf der Platte ab. Abb. 17-5 zeigt ein Beispiel. Es wurde das Symbol eines integrierten Bausteins vom Typ 7472 definiert. Im oberen Teil des Bildes sehen Sie die Symboldefinition, wie sie intern vom Programm gespeichert wird. Es genügt ja nicht, ein Schirmbild zu erzeugen, sondern man muß später aus der Beschreibung der fertigen Zeichnung auch Fahrbefehle für Plotter oder Werkzeugmaschinen erzeugen können. Dieses und die folgenden Bilder wurden mit dem einfachen CAD-Programm erstellt, das weiter hinten besprochen wird.

Die vorher definierten Symbole können dann an beliebiger Stelle mit variabler Größe und Orientierung durch Aufruf ihres Namens komplett gezeichnet werden. Wichtig ist in diesem Zusammenhang, die Datenstruktur zur Verwaltung der Symbole und der gesamten Zeichnung, die ja nur noch aus Symbolaufrufen besteht. Das Bild selbst muß sich auch verschieben, drehen und in Teilausschnitten darstellen lassen, da der Bildschirm meist nur einen Teilausschnitt der fertigen Zeichnung darstellen kann. Der Bediener erhält Unterstützung, indem (besonders bei der Symboldefinition) ein Raster beliebiger Maschengröße unter die Zeichnung gelegt werden kann. Positioniert der Zeichner mit Maus, Joystick oder Cursortasten das Fadenkreuz an eine beliebige Stelle, wird automatisch der nächstgelegene Rasterpunkt angefahren.

Jeder Rasterpunkt und jede Linie besitzt also ein "Gravitationsfeld", das einen neuen Anfangs- oder Endpunkt ab einer bestimmten Entfernung anzieht. Ein äußerst wichtiger Punkt ist in der Datenstruktur das Löschen von Symbolen. Wenn der Zeichner gegen Ende der Zeichnung feststellt, daß die erste Linie falsch war, muß er diese definiert löschen können. Man verfährt meist so, daß man sich rückwärts durch die Zeichnung "hindurchtasten" kann, bis man an der richtigen Stelle angekommen ist.

Bei dreidimensionalen CAD-Programmen wird im Prinzip genauso verfahren, wie bei zweidimensionalen. Auch hier werden Symbole durch die Kombination von Quadern, Zylindern und Kugeln erzeugt. So wird eine Bohrung definiert, indem man vom Werkstück einen Zylinder mit passendem Durchmesser "subtrahiert". Bei solchen Programmen sind umfangreiche Berechnungen für die Darstellung des Bildes und komplizierte

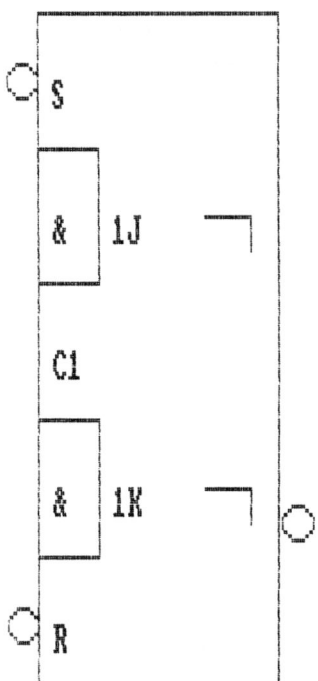

Abb. 17-5 Definition eines integrierten Bausteins

Datenstrukturen zur Speicherung der Bildkomponenten notwendig, so daß derartige CAD-Systeme mitunter mehrere hunderttausend Mark kosten.

17.2 Ein einfaches Zeichenprogramm

Das folgende CAD-Programm wurde von Herrn Dr. Peter Pernards erstellt und erstmals in der Zeitschrift mc 8/85 veröffentlicht und bietet trotz seiner Kürze viel Komfort. Man kann es nicht nur für technische Zwecke nützen, sondern auch eine kleine Szenerie wie in Abb. 17-6 oder eine Umsatzstatistik wie in Abb. 17-7 zeichnen. Jedes CAD-Programm ist zwangsläufig hardwareabhängig. Das hier besprochene Programm wurde mit Turbo-Pascal für den IBM-PC geschrieben. Das Programm ist menügesteuert, die Auswahl erfolgt über die 10 Funktionstasten.

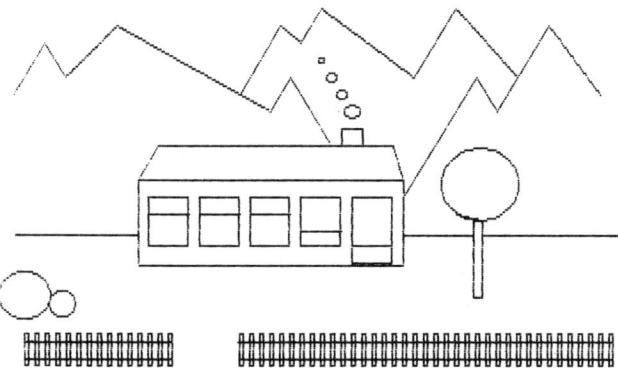

Abb. 17-6 Landschaft per Computer

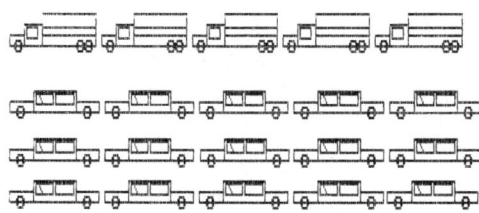

Verkauf LKW und PKW im Jahr 1985

Abb. 17-7 Umsatzvergleich mal anders

Das Programm teilt den Bildschirm in drei Bereiche:

- die unterste Textzeile, Zeile 25 ist für Systemmeldungen und - anfragen.

- Die Buchstabenspalten 75-80 auf der rechten Seite zeigen die Menüs an,

- der Rest des Bildschirms wird für die Grafik genutzt.

Der Grafikcursor ist ein kleines blinkendes Kreuz, das sich mit den Tasten des numerischen Tastenfeldes horizontal, vertikal und diagonal bewegen läßt. Die Taste "0" bringt den Cursor in die Bildmitte. Die

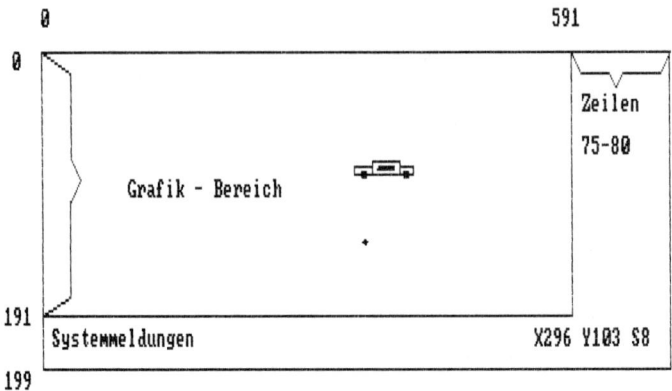

Abb. 17-8 Aufteilung des Bildschirms

Schrittweite für das Raster, in dem sich der Cursor bewegt läßt sich auf 1,2,4 oder 8 Bildpunkte einstellen. Bei dauernder Tastenbetätigung wird der Cursor immer schneller. Die Cursorposition und die Schrittweite werden recht unten angezeigt (Abb. 17-8).

Texte werden vom CAD-Programm mit den normalen Textausgabefehlen geschrieben. Der Text ist dadurch an 25 Zeilen zu 80 Zeichen gebunden. Die Zeichen lassen sich daher nicht vergrößern oder verkleinern und es stehen auch nur die Zeichen des ASCII-Zeichensatzes zur Verfügung. Mit Rücksicht auf den Aufbau der Bildtabelle darf ein Einzeltext auch nur 10 Zeichen lang sein. Für längeren Text müssen Einzeltexte aneinandergehängt werden.

Nun folgt die Beschreibung der Befehle in den einzelnen Menüs. Die Befehle müssen auf dem Bildschirm stark abgekürzt werden, sind aber trotzdem noch verständlich.

17.2.1 Die Menüs

Dieses Hauptmenü ist immer dann zu sehen, wenn ein Bild erstellt wird. Es erscheint beim Programmstart. Im Startmenü lassen sich folgende Punkte wählen (die Nummer bezeichnet jeweils die entsprechende Funktionstaste: 1 = F1, 2 = F2, ... , 0 = F10):

1 - E/A
ruft das Untermenü für die Ein- und Ausgabe auf.

2 - Symb
Eröffnet den Zugriff auf die Symbolbibliothek. Es lassen sich
einzelne Symbole aufrufen und zeichnen.

3 - Entw
Entwurf von Symbolen. Dieser Teil wird weiter unten behandelt.

4 - bwgn
Verschieben des ganzes Bildes auf dem Schirm.

5 - lstn
listet die Bildtabelle auf dem Schirm. Man kann sich über die
definierten Symbole und den Bildaufbau informieren.

6 - zchn
zeichnet das Bild nocheinmal neu.

7 - lsch
löscht das Bild, Symbole bleiben aber erhalten.

9 - NeuS
Neustart. Bild und Symbole werden gelöscht.

0 - Ende
Programm beenden.

Mit Ziffer 1 des Hauptmenüs gelangt man zum Ein-/Ausgabemenü.

1 - spch
speichern des Bildes auf Platte. Das Programm fragt nach einem
Dateinamen). Die alten Tabellen werden gelöscht.

2 - lad
Laden eines Bildes oder einer Symboltabelle von Platte. Das Programm fragt nach einem Namen. Die bisherigen Tabellen werden gelöscht.

3 - add
Laden eines Bildes ohne Löschen der alten Bildtabelle (addieren einer weiteren Tabelle).

4 - drck(k)
kleiner Bitmusterdruck auf Drucker

5 - drck(g)
großer Bitmusterdruck auf Drucker

0 - ende
Die Taste F10 führt zum Hauptmenü.

Das zweite Untermemü erlaubt das Aufrufen von Symbolen für die Zeichnung. Es sind einige Grundsymbole fest eingebaut, die anderen Symbole stammen aus der Symboltabelle.

Die Grundsymbole sind Linie, Rechteck, Kreis und Text:

1 - Linie
Zeichnen einer Linie. Es wird ein Untermenü angeboten.
1 - zchn
Linie zeichnen vom Anfangspunkt zum Cursor. Diese Position wird neuer Anfangspunkt.

2 - Lsch
erlaubt das Löschen von Linien (siehe unten)
3 - Auf
setzt die aktuelle Cursorposition als Anfangspunkt. Die Koordinaten des Anfangspunktes werden über dem Menü angezeigt.
5 - Schr
ändert die Schrittweite.

2 - Rechteck
zeichnet ein Rechteck. Die Cursorposition bezeichnet die Linke obere Ecke des Rechtecks. Die Breite B und Höhe H werden vorher festgelegt und oberhalb des Menüs angezeigt.
1 - zchn
zeichnet das Rechteck
2 - lsch
erlaubt das Löschen von Rechtecken

3 - Brte
>   legt die Breite fest

4 - Hoeh
>   legt die Höhe fest

5 - Schr
>   ändert die Schrittweite

3 - Kreis
zeichnen eines Kreises mit Radius R. Der Cursor legt den Mittelpunkt fest.

1 - zchn
>   zeichnen des Kreises

2 - lsch
>   löschen von Kreisen (siehe unten)

3 - Rad
>   legt den Radius fest

5 - Schr
>   ändert die Schrittweite

4 - Text
Textausgabe von bis zu 10 Zeichen.

1 - zchn
>   zeichnen des Textes. Zur Eingabe erscheint der Textcursor.

2 - lsch
>   löschen von Texten (siehe unten)

5- Symb
Ab Position 5 schließen sich die benutzerdefnierten Symbole an. Gibt es mehr als vier Symbole, kann man mit der Taste F9 in der Symbolbibliothek weiterblättern. Alle Benutzersymbole werden mit einem einheitlichen Menü dargeboten:

1 - zchn
>   zeichnen des Symbols an der Cursorposition in der mit
>   F3 festgelegten Größe G.

2 - lösch
>   löschen des Symbols (siehe unten)

3 - Groe
>   festlegen der Größe (0.1 ... 9.9) bei der Definition
>   wird die Größe 1.0 postuliert

Mit F10 kommt man immer wieder in das übergeordnete Menü zurück.

```
 1:      Design    ,  Version 1.2
 2:      SymNam    ,   NOTr
 3:      CallSym   , X    0 , Y    0 , G  100 ,      BUF
 4:      Kreis     , X   28 , Y   12 , R    4
 5:      SymEnd
 6:      SymNam    ,      BUF
 7:      Txt       , X    8 , Y   15 ,  1
 8:      Linie     ,XA    0 ,YA    4 ,XE   24 ,YE    4
 9:      Linie     ,XA   24 ,YA    4 ,XE   24 ,YE   20
10:      Linie     ,XA   24 ,YA   20 ,XE    0 ,YE   20
11:      Linie     ,XA    0 ,YA   20 ,XE    0 ,YE    4
12:      SymEnd
13:      SymNam    ,   NANDr
14:      CallSym   , X    0 , Y    0 , G  100 ,      AND
15:      Kreis     , X   28 , Y   12 , R    4
16:      SymEnd
17:      SymNam    ,      AND
18:      Txt       , X    8 -, Y   15 ,  &
19:      Linie     ,XA    0 ,YA    4 ,XE   24 ,YE    4
20:      Linie     ,XA   24 ,YA    4 ,XE   24 ,YE   20
21:      Linie     ,XA   24 ,YA   20 ,XE    0 ,YE   20
22:      Linie     ,XA    0 ,YA   20 ,XE    0 ,YE    4
23:      SymEnd
```

Abb. 17-9 Ein Ausschnitt aus der Bildtabelle

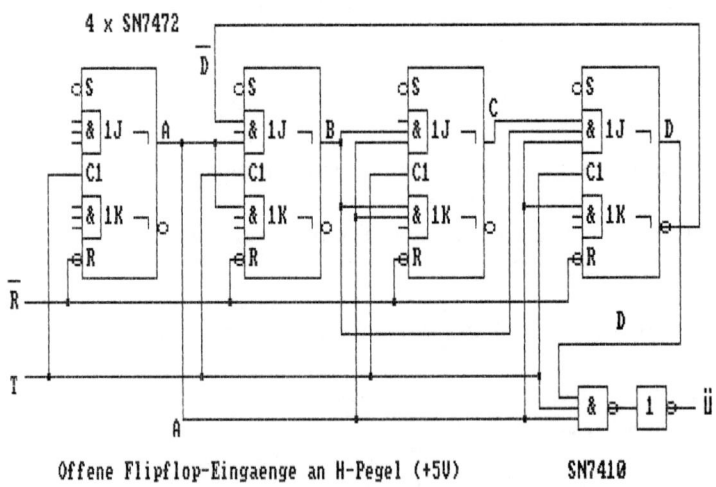

Abb. 17-10 Synchroner Vorwärtszähler mit dem Programm erstellt

Die Löschfunktion durchsucht die Bildtabelle vom Ende her nach dem
gewählten Symbol. Das Symbol wird abwechselnd gezeichnet und gelöscht
und erscheint so blinkend. Das blinkende Symbol wird zum Löschen
angeboten. Der Bediener hat drei Auswahlmöglichkeiten:

1 - weit
> weiter zum vorhergehenden Symbol, das angebotene Symbol bleibt
> erhalten.

2 - lsch
> löscht das angebotene Symbol und geht dann weiter zum vorherge-
> henden.

O - Ende
> Beenden des Löschvorganges

17.2.2 Definieren eigener Symbole

Grundsätzlich können eigene Symbole zu jedem beliebigen Zeitpunkt
entworfen werden. Es ist jedoch sinnvoll, zuerst die Symbole zu entwerfen, die man braucht und dann mit der Zeichnung zu beginnen. Mit
der Funktion 3(Entw) gelangt man vom Start-Menü in den Entwurfmodus
und wieder zurück. Zu Beginn des Entwurfmodus wird der Schirm gelöscht
und der Symbolname erfragt, der dann auch in der Statuszeile zu sehen
ist. Danach hat man dieselben Möglichkeiten wie im Startmenü. Man kann
das Symbol also wie eine ganz normale Zeichnung aus vorhandenen Symbolen aufbauen.

Lediglich das E/A-Menü ist abgeschaltet, da während des Entwurfs keine
Ein- und Ausgabe möglich ist, denn eine in diesem Zustand abgespei-
cherte Bildtabelle würde beim Laden zu Fehlern führen. Drückt man nach
dem Entwurf wieder F 3 fragt das Programm nach einen Referenzpunkt für
das Symbol. Dieser Referenzpunkt spielt eine Rolle bei der Positionierung des Symbols bei einem späterem Aufruf. Der Cursor wird auf den
Referenzpunkt gefahren und dann F 10 gedrückt, womit das Symbol gespeichert wird. Sollte der Curser zufällig schon auf dem Referenzpunkt
stehen, muß vorher die Leertaste gedrückt werden. Da Texte mit der
Schrittbreite 8 definiert werden müssen, sollte man beim Symbolentwurf
auch mit den Texten beginnen.

```
Program design;
(*$c-*)
(*$r-*)
(*                                                                      *)
(*-------------------------------------------------------------------- *)
(*                    Programm Design, Version 1.2                      *)
(*                       von Dr. Peter Pernards                         *)
(*                  Erstveroeffentlichung in mc 8/85                    *)
(*-------------------------------------------------------------------- *)
(*                                                                      *)
(*                                                                      *)
(*                                                                      *)
(*                    Liste der globalen Unterprogramme                 *)
(*                                                                      *)
(*   Name                 Abschnitt    Name                 Abschnitt  *)
(*   ----------------------------      ----------------------------    *)
(*   Auffrischen          05           BildBewegen          05         *)
(*   Cursor               03           CursorInMitte        03         *)
(*   EAFloppy             03           EinAusgabeMenue      05         *)
(*   Einlesen             01           EndeEntwerfen        05         *)
(*   ExeKreis             04           ExeLinie             04         *)
(*   ExeREck              04           ExeSymbol            04         *)
(*   ExeTxt               04           Fehler25             01         *)
(*   FrageBildSichern     03           HauptMenue           05         *)
(*   Lesen25              01           Loesch25             01         *)
(*   Loeschen             04           MenueAusg            03         *)
(*   PunktLesen           01           SaveAktZeile         02         *)
(*   SchirmLoeschen       01           StartEntwerfen       05         *)
(*   StartMenue           05           SuchSymbol           01         *)
(*   SymbolHauptMenue     05           SymFehler25          01         *)
(*   Tauschen   -rekursiv- 01          Text25               01         *)
(*   TxtLesen             01           Ton                  01         *)
(*   Zahl25               01           Zeichnen   -rekursiv- 02        *)
(*                                                                      *)
(*                                                                      *)
(******* Globale Konstanten, Typvereinbarungen und Variablen *******)

Const Hell       = 1;            Dunkel    = 0;
      GXMax      = 591;          GYMax     = 191;
      TXMax      = 74;           TX1       = 75;      (* TXMax+1 *)
      WarteZeit  = 1750;
      BldTabMax  = 500;
```

```
        Escape    = #$1B;
        Leer      = #0;
        Blank     = '                ';
        Version   = 'Version 1.2';
Type    SStrng    = String[20];
        LStrng    = String[80];
        FBefehle  = (spch,ldn,add);
        MenueArten = (MDum,MSta,MEA,MSym,MLin,MRck,MKrs,MTxt,MEig,MLoe);
        TypListe  = (Design,CallSym,SymNam,SymEnd,REck,Kreis,Linie,Txt);
        TabZeile  = record
                      case Typ:TypListe of
                      Design :(DComment                    : String[14]);
                      CallSym:(CallX,CallY,CallGrsse,CRsrve : Integer;
                               CallName                     : String[5]);
                      SymNam :(SFrstCll,SRsrve             : Boolean;
                               SName                        : String[5]);
                      SymEnd : ();
                      REck   :(RXLO,RYLO,RXRU,RYRU          : Integer);
                      Kreis  :(KX,KY,KRad                   : Integer);
                      Linie  :(LXA,LYA,LXE,LYE              : Integer);
                      Txt    :(TX,TY                        : Integer;
                               TxtLine                      : String[10]);
                    end;
Var     X,Y,FTstNr,FTstMx,Dummy,Breite,Hoehe,Radius,Diff,
        Groesse,XYStep,TxtOff,SymLst,BldLst        : Integer;
        BldAend,PlotSwi,TxtFound                   : Boolean;
        InCh1,InCh2                                : Char;
        Symbol                                     : String[5];
        SymTyp                                     : TypListe;
        EText,EntwSym                              : SStrng;
        AktZeile                                   : TabZeile;
        SymTab                      : Array[1..10] of String[5];
        BldTab                      : Array[1..BldTabMax] of TabZeile;


(****************** Abschnitt  01  *********************)


(*---------- Punkt X,Y aus dem Grafikspeicher lesen -------------*)
Function PunktLesen(X,Y:Integer):Integer;
Type  RegPack = record
                  ax,bx,cx,dx,bp,di,si,ds,es,flags: Integer;
                end;
Var   Register        : RegPack;
      ah,al           : Byte;
```

```
begin ah := $0D; al:=0;
     With Register do begin ax:=ah shl 8+al; cx:=X; dx:=Y; end;
     intr($10,Register);
     With Register do al:=ax and $00FF;
     PunktLesen:=al;
end;


(*--- Zeichencode lesen, gegebenenfalls warten, kein Echo ---*)
(*$u-*)
Procedure TxtLesen(WarteZeit:Integer);
Var   i  : Integer;
begin InCh1:=Leer; InCh2:=Leer;
     i:=0; repeat i:=i+1; until (i>=WarteZeit) or KeyPressed;
     if KeyPressed then Read(KBD,InCh1);
     if KeyPressed then Read(KBD,InCh2);
end;
(*$u+*)


(*--- Text nach EText lesen, Textcursor ausgeben (Grafikmode) ---*)
Procedure Einlesen (MaxLaenge: Integer);
Var  XA,YA,XC,YC,F,i    : Integer;
begin XA:=WhereX; YA:=WhereY; EText:='';
     repeat XC:=WhereX; YC:=WhereY; F:=Dunkel;
             repeat F:=Hell-F; GoToXY(XC,YC);
                     if F=Hell then Write('_') else Write(' ');
                     TxtLesen(WarteZeit);
             until InCh1<>Leer; GoToXY(XC,YC); Write(' ');
             if (InCh1=chr($08)) and (Length(EText)>=1) then
               begin Delete(EText,Length(EText),1);
                         GoToXY(XA+Length(EText),YA); Write(' '); end;
             if InCh1>=chr($20) then EText:=EText+InCh1;
             GoToXY(XA,YA); Write(EText);
     until (InCh1=chr($D)) or (Length(EText)>=MaxLaenge);
     i:=Length(EText); while EText[i]=' ' do i:=i-1;
     EText:=Copy(EText,1,i);
end;


(*--------- Ton waehlbarer Frequenz und Dauer ausgeben ------------*)
Procedure Ton(Frequenz,Dauer:Integer);
begin Sound(Frequenz); Delay(Dauer); NoSound; end;


(*--- Grafikmode (640 * 200 Punkte) waehlen und Schirm loeschen ---*)
Procedure SchirmLoeschen;
```

```
begin HiRes; HiResColor(White); GraphWindow(0,0,GXMax,GYMax); end;


(*--------- Symbol in der Bildtabelle suchen -> Index i -----------*)
Procedure SuchSymbol(ParamName:SStrng; Var i:Integer);
Var   Found   : Boolean;
begin Found:=False;
      while (i<SymLst) and (not Found) do
      begin i:=i+1; with BldTab[i] do if Typ=SymNam
                      then Found:=(ParamName='') or (ParamName=SName);
      end;
      if (not Found) then i:=0;
end;


(*------------- Bildbereich und Symbol austauschen ---------------*)
Procedure Tauschen(Von,Nach:Integer; var ZeiZahl:Integer);
Var  v,n,i : Integer;

  Procedure EineZeile(AktZeile:TabZeile);
  begin if (AktZeile.Typ<>SymEnd) and (v<BldTabMax)
        then begin v:=v+1; ZeiZahl:=ZeiZahl+1; EineZeile(BldTab[v]); end
        else begin if Von<Nach
                then begin n:=Nach+1; for i:=Von to Nach-ZeiZahl+1 do
                                BldTab[i]:=BldTab[i+ZeiZahl]; end
                   else begin n:=Nach+ZeiZahl; for i:=Von-1 downto Nach do
                                BldTab[i+ZeiZahl]:=BldTab[i]; end;
             end;
        n:=n-1; BldTab[n]:=AktZeile;
  end;

begin v:=Von; ZeiZahl:=1; EineZeile(BldTab[v]); end;


(*----------------- Menuezeile 25 handhaben -----------------*)
Procedure Loesch25;
begin GoToXY(1,25); Write(Blank,Blank,Blank,Blank,Blank,'      '); end;


Procedure Text25(AusgabeStrng:LStrng);
begin Loesch25; GoToXY(1,25); Write(AusgabeStrng,' '); end;


Procedure Fehler25(AusgabeStrng:LStrng);
Var   i : Integer;
begin Ton(2640,99);
      for i:=1 to 3 do
          begin Delay(99); Text25(AusgabeStrng); Delay(800); Loesch25; end;
```

```
end;

Procedure SymFehler25(ParamSymb:SStrng);
begin Fehler25(ParamSymb+' nicht gefunden'); end;

Procedure Lesen25(AusgabeStrng:LStrng; Laenge:Integer);
begin Text25(AusgabeStrng); Ton(440,99); Einlesen(Laenge); Loesch25; end;

Function Zahl25(AusgabeStrng:LStrng;Laenge:Integer;
                                      UGrenze,OGrenze:Real):Real;
Var   i  : Integer;
      R  : Real;
begin Lesen25(AusgabeStrng,Laenge); Val(EText,R,i);
      if (i<>0) or (R<UGrenze) then R:=UGrenze;
      if (R>OGrenze) then R:=OGrenze; Loesch25; Zahl25:=R;
end;

(********************* Abschnitt  02  **********************)

(*--- Symbol in der aktuellen Zeile (AktZeile) zeichnen ---*)
Procedure Zeichnen(var AktZeile:TabZeile;Farbe:Integer);

  Procedure PlotLine(XA,YA,XE,YE:Integer);
  begin Ton(880,5);
  (* Auf dem Plotter eine Linie von (XA,YA) nach (XE,YE) plotten *)
  end;

  Procedure PlotKreis(KX,KY,R:Integer);
  begin Ton(1320,5);
  (* einen Kreis um Mittelpunkt (KX,KY) mit Radius R plotten *)
  end;

  Procedure PlotText(TX,TY:Integer;EText:SStrng);
  begin Ton(1760,5);
  (* Text in EText ab (TX,TY) plotten *)
  end;

  Procedure ZeichAktZeile(AktZeile:TabZeile;XP,YP:Integer;GP:Real);
  Var   i,iSave,j,xx   : Integer;

    Procedure SPDraw(XA,YA,XE,YE:Integer);
    begin Draw(XA,YA,XE,YE,Farbe); Plot(XE,YE,Farbe);
          if PlotSwi then PlotLine(XA,YA,XE,YE);
```

```
end;

Procedure Ellipse;
Var    XAlt,YAlt,XNeu,YNeu,Up,Step,a,b    : Integer;
Const SinCos                             : Array[1..15] of Real
                    = (0.99144, 1.00000, 0.99144, 0.96593, 0.92388,
                       0.86603, 0.79335, 0.70711, 0.60876, 0.50000,
                       0.38268, 0.25882, 0.13053, 0.00000,-0.13053);
begin with AktZeile do
      begin a:=round(KRad*GP); XAlt:=a; YAlt:=0; b:=round(a/1.78);
            Up:=3; if a<20 then Step:=2 else Step:=1;
            repeat XNeu:=round(a*SinCos[Up]);
                   YNeu:=round(b*SinCos[16-Up]);
                   Draw(KX+XAlt,KY+YAlt,KX+XNeu,KY+YNeu,Farbe);
                   Draw(KX+XAlt,KY-YAlt,KX+XNeu,KY-YNeu,Farbe);
                   Draw(KX-XAlt,KY-YAlt,KX-XNeu,KY-YNeu,Farbe);
                   Draw(KX-XAlt,KY+YAlt,KX-XNeu,KY+YNeu,Farbe);
                   XAlt:=XNeu; YAlt:=YNeu; Up:=Up+Step;
            until Up>15;
            if PlotSwi then PlotKreis(KX,KY,a);
end;  end;

Procedure TextFenster;
begin with AktZeile do
  begin TxtFound:=True;
        if (TY>=0) and (TY<=GYMax) then
        begin EText:=''; xx:=TX div 8;
              for j:=1 to Length(TxtLine) do
              begin xx:=xx+1; if (xx>0) and (xx<=TXMax) then
                                      EText:=EText+TxtLine[j]; end;
              if Length(EText)>0 then
(* ! TxtLesen liest und sichert, GoToXY loescht den Input-Buffer ! *)
              begin if InCh1=Leer then TxtLesen(0);
                    xx:=1+TX div 8; if xx<1 then xx:=1;
                    GoToXY(xx,1+TY div 8);
                    if Farbe=Dunkel
                        then EText:=Copy(Blank,1,Length(EText));
                    Write(EText);
                    if PlotSwi then PlotText(TX,TY,EText);
  end;  end;  end;
end;

Procedure SymbolAufruf;
```

```
begin with AktZeile do
   begin i:=0; SuchSymbol(CallName,i);
         if i=0 then SymFehler25(CallName) else
         with BldTab[i] do if (not SFrstCll) then
         begin Fehler25(SName+' rekursiv aufgerufen'); i:=0; end;
         if i>0 then
         begin XP:=XP+round(CallX*GP); YP:=YP+round(CallY*GP);
               GP:=GP*(CallGrsse/100.0);
               iSave:=i; with BldTab[iSave] do SFrstCll:=False;
               repeat i:=i+1; AktZeile:=BldTab[i];
                     if Typ in [REck..Txt] then
                     begin LXA:=XP+round(LXA*GP);
                                       LYA:=YP+round(LYA*GP); end;
                     if Typ in [REck,Linie] then
                     begin LXE:=XP+round(LXE*GP);
                                       LYE:=YP+round(LYE*GP); end;
                     ZeichAktZeile(AktZeile,XP,YP,GP);
               until (i>=BldLst) or (Typ=SymEnd);
               with BldTab[iSave] do SFrstCll:=True;
   end; end;
end;

begin with AktZeile do
      case Typ of
         REck  : begin SPDraw(RXLO,RYLO,RXRU,RYLO);
                       SPDraw(RXRU,RYLO,RXRU,RYRU);
                       SPDraw(RXRU,RYRU,RXLO,RYRU);
                       SPDraw(RXLO,RYRU,RXLO,RYLO);
                 end;
         Kreis : Ellipse;
         Linie : SPDraw(LXA,LYA,LXE,LYE);
         Txt   : TextFenster;
         CallSym: SymbolAufruf;
   end; end;

begin ZeichAktZeile(AktZeile,0,0,1); end;

(*-------- Aktuelle Zeile in der Bildtabelle speichern ------------*)
Procedure SaveAktZeile;
begin BldAend:=True;
     if BldLst>=BldTabMax
     then Fehler25('Bildtabelle voll')
     else begin BldLst:=BldLst+1; BldTab[BldLst]:=AktZeile;
```

```
                                        Zeichnen(AktZeile,Hell); end;
end;


(********************** Abschnitt  03  ***********************)


(*----------------- Cursor (Grafik) handhaben ----------------*)
Procedure CursorInMitte;
begin X:=1+GXMax div 2; Y:=1+GYMax div 2; end;


Procedure Cursor;
Type  IntArray9                       = Array[1..9] of Integer;
Var   Schrtt,Farbe,XSave,YSave,i      : Integer;
      FSave                           : IntArray9;
      ISave                           : Char;
Const MaxSchrtt       = 32;
      XAb             : IntArray9 =( 1, 2,-1,-2, 0, 0, 0, 0, 0);
      YAb             : IntArray9 =( 0, 0, 0, 0, 1, 2,-1,-2, 0);

  Procedure Raster;
  begin X:=(X div XYStep)*XYStep; Y:=(Y div XYStep)*XYStep+TxtOff; end;


  Procedure PkteSave;
  begin for i:= 1 to 9 do FSave[i]:=PunktLesen(X+XAb[i],Y+YAb[i]);
                      XSave:=X; YSave:=Y; Farbe:=Dunkel; end;


  Procedure PktePlot;
  begin for i:=1 to 9 do Plot(XSave+XAb[i],YSave+YAb[i],FSave[i]); end;


  Procedure Update;
  begin if (InCh1=Escape) and (InCh2 in ['G'..'I','K','M','O'..'R']) then
        begin if InCh2<>ISave then begin Schrtt:=XYStep; ISave:=Inch2; end;
              case InCh2 of
                'O': begin X:=X-Schrtt; Y:=Y+Schrtt; end;
                'P': Y:=Y+Schrtt;
                'Q': begin X:=X+Schrtt; Y:=Y+Schrtt; end;
                'K': X:=X-Schrtt;
                'R': CursorInMitte;
                'M': X:=X+Schrtt;
                'G': begin X:=X-Schrtt; Y:=Y-Schrtt; end;
                'H': Y:=Y-Schrtt;
                'I': begin X:=X+Schrtt; Y:=Y-Schrtt; end;
              end;
              if X<0 then X:=GXMax else X:=X mod (1+GXMax);
```

```
                    if Y<0 then Y:=GYMax else Y:=Y mod (1+GYMax);
                    Raster; PktePlot; PkteSave;
    end;   end;

begin Raster; PkteSave; Schrtt:=0; ISave:=' ';
      repeat Farbe:=Hell-Farbe;
              for i:=1 to 9 do Plot(X+XAb[i],Y+YAb[i],Farbe);
              if Schrtt<=MaxSchrtt then Schrtt:=Schrtt+XYStep;
              GoToXY(68,25); Write('X',X:3,' Y',Y:3,' S',XYStep:1);
              TxtLesen(WarteZeit);
              if InCh1=Leer then Schrtt:=0 else UpDate;
      until (InCh1=Escape) and (InCh2 in [';'..'D']);
      PktePlot; FTstNr:=ord(InCh2)-ord(':');
end;

(*------------ Menues in den Spalten TX1 .. 80 ausgeben -----------*)
Procedure MenueAusg(AktMenue:MenueArten);
Var    i,j   : Integer;
       R     : Real;

  Procedure Zeile(TY:Integer; Str:SStrng);
  begin GoToXY(TX1,TY); Write(Str); end;

begin
  if (EntwSym<>'') and (AktMenue<>MDum)
                              then Text25('>>>> '+EntwSym+' <<<<');
  if AktMenue in [MLin..MLoe] then Zeile(1,' '+Symbol);
  Zeile(2,' -----');
  for i:=3 to 22 do begin GoToXY(TX1,i); Write('        '); end;
  if AktMenue in [MLin..MKrs,MEig] then Zeile(7,'1 zchn');
  if AktMenue in [MLin..MLoe] then Zeile(9,'2 lsch');
  case AktMenue of
    MSta :begin Zeile( 1,' SMenu');if EntwSym='' then Zeile(7,'1 E/A');
                Zeile( 8,'2 Symb');Zeile(12,'3 Entw');Zeile(15,'Bild ');
                Zeile(16,'4 bwgn');Zeile(17,'5 lstn');Zeile(18,'6 zchn');
                Zeile(19,'7 lsch');Zeile(22,'9 NeuS');
           end;
    MEA  :begin Zeile( 1,'  E/A');Zeile( 7,'Floppy');Zeile( 8,'1 spch');
                Zeile( 9,'2 ladn');Zeile(10,'3  add');Zeile(14,'Bild ');
                Zeile(15,'4 plot');Zeile(16,'5 drck');Zeile(17,'   (k)');
                Zeile(18,'6 drck');Zeile(19,'   (g)');
           end;
    MSym :begin Zeile( 1,' Symbl');
```

```
                    for i:=1 to FTstMx do begin j:=6+i div 5;
                              GoToXY(TX1,i+j);Write(i:1,SymTab[i]); end;
                    Zeile(21,'9Weitr');
            end;
    MLin :Zeile(11,'3 AnfP');
    MRck :begin GoToXY(TX1,4); Write(' B ',Breite:3);
                GoToXY(TX1,5); Write(' H ',Hoehe:3);
                Zeile(11,'3 Brte'); Zeile(13,'4 Hoeh');
            end;
    MKrs :begin GoToXY(TX1,4);Write(' R ',Radius:3);Zeile(11,'3 Rad ');end;
    MTxt :begin Zeile( 7,'1 Text');Zeile(12,'<CR>  '); Zeile(13,'Text- ');
                Zeile(14,'  ende');
            end;
    MEig :begin R:=Groesse/100; GoToXY(TX1, 4); Write(' G ',R:3:1);
                Zeile(11,'3 Groe');
            end;
    MLoe :begin Zeile( 4,'Loe- ');Zeile(5,' schen');Zeile(7,'1 weit');end;
    end;
    if AktMenue in [MLin..MKrs,MEig] then Zeile(18,'5 Schr');
    Zeile(23,'0 Ende');
end;


(*-------- Bild speichern, laden oder dazuaddieren (Floppy) ---------*)
Procedure EAFloppy(FBef:FBefehle);
Var  i,s      : Integer;
     DatVar   : File of TabZeile;

  Procedure DateiName;
  begin Lesen25(EText+' Dateiname ?',10);
        i:=Pos('.',EText); if i>0 then EText:=Copy(EText,1,i-1);
        if EText='' then EText:='BLD';
        if Pos(':',EText)=0 then EText:='B:'+EText;
        EText:=Copy(EText,1,10)+'.BLD'; Text25(EText);
  end;


  Procedure LesenUndAdd;
  Var   Speichern : Boolean;
  begin repeat DateiName; Assign(DatVar,EText);
              (*$I- *) Reset(DatVar) (*$I+ *); i:=IOResult;
              if i<>0 then Fehler25('Nicht gefunden');
        until i=0;
        Speichern:=True;
        while not EOF(DatVar) and (BldLst<BldTabMax) do
```

```
            begin Read(DatVar,AktZeile);
                with AktZeile do if Typ=SymNam then
                begin i:=0; SuchSymbol(SName,i);
                    if i=0 then begin SFrstCll:=True; s:=BldLst+1; end
                        else begin Speichern:=False;
                                Fehler25(SName+' existiert schon'); end;
                end;
                if Speichern then
                    begin BldLst:=BldLst+1; BldTab[BldLst]:=AktZeile; end;
                if AktZeile.Typ=SymEnd then
                begin if not Speichern then Speichern:=True else
                        begin Tauschen(s,2,Dummy); SymLst:=SymLst+(BldLst-s+1);
                end; end; end;
            Close(DatVar); Loesch25;
    end;


begin BldAend:=False;
      case FBef of
        spch: begin repeat EText:='Speichern:';
                        DateiName; Assign(DatVar,EText);
                        (*$I- *) ReWrite(DatVar) (*$I+ *); i:=IOResult;
                        if i<>0 then Fehler25('Schreibversuch erfolglos');
                        until i=0;
                        for i:=2 to BldLst do Write(DatVar,BldTab[i]);
                        Close(DatVar); Loesch25;
                    end;
            ldn: begin EText:='Laden:';BldLst:=1;SymLst:=1;LesenUndAdd;end;
            add: begin EText:='Addieren:';LesenUndAdd; end;
end; end;


(*------------ Gegebenenfalls an 'Bild sichern' erinnern ----------*)
Procedure FrageBildSichern;
begin if BldAend and (BldLst>1) and (EntwSym='') then
      begin repeat Lesen25('Aktuelle Bildtabelle speichern (J/N) ?',1);
            until UpCase(EText[1]) in ['J','N'];
            if UpCase(EText[1])='J' then EAFloppy(spch);
end; end;


(********************** Abschnitt  04  *********************)


(*-------- Loeschen in der jeweils aktuellen Symbolgruppe ---------*)
Procedure Loeschen;
Var  i,ZeiBld,Farbe  : Integer;
```

```
    Procedure SuchBild;
    Var    Found    : Boolean;
    begin Found:=False;
          repeat ZeiBld:=ZeiBld-1;
                 with BldTab[ZeiBld] do
                 begin if Typ=SymTyp then
                              if Typ=CallSym then Found:=CallName=Symbol
                                             else Found:=True;
                 end;
          until (ZeiBld<=SymLst) or Found;
    end;


    Procedure BlinkSym;
    begin repeat InCh1:=Leer; Farbe:=Hell-Farbe; Zeichnen(AktZeile,Farbe);
                 if InCh1=Leer then TxtLesen(WarteZeit);
          until (InCh1=Escape) and (InCh2 in [';'..'D']);
          FTstNr:=ord(InCh2)-ord(':');
    end;

begin ZeiBld:=BldLst+1; SuchBild; Farbe:=Hell;
      if ZeiBld<=SymLst then SymFehler25(Symbol) else
         repeat AktZeile:=BldTab[ZeiBld]; MenueAusg(MLoe); BlinkSym;
                case FTstNr of
                   1: begin if Farbe=Dunkel then Zeichnen(AktZeile,Hell);
                            SuchBild;
                      end;
                   2: begin BldAend:=True;
                            if Farbe=Hell then Zeichnen(AktZeile,Dunkel);
                            i:=ZeiBld;
                            while i<BldLst do
                                begin BldTab[i]:=BldTab[i+1]; i:=i+1; end;
                            BldLst:=BldLst-1; SuchBild;
                      end;
                  10: if Farbe=Dunkel then Zeichnen(AktZeile,Hell);
                  end;
                Farbe:=Hell;
         until (FTstNr=10) or (ZeiBld<=SymLst); FTstNr:=0;
end;

(*----------------------- Linien ------------------------*)
Procedure ExeLinie;
Var XAnf,YAnf,FAnf    : Integer;
```

```
Procedure NeuAnfPnktSave;
begin XAnf:=X; YAnf:=Y; FAnf:=PunktLesen(X,Y); Plot(X,Y,Hell-Fanf); end;

Procedure AltAnfPnktPlot;
begin Plot(XAnf,YAnf,FAnf); end;

begin SymTyp:=Linie; NeuAnfPnktSave;
  repeat
    MenueAusg(MLin);
    GotoXY(TX1,4); Write('XA ',XAnf:3);
    GotoXY(TX1,5); Write('YA ',YAnf:3);
    Cursor;
    case FTstNr of
      1: if (X=XAnf) and (Y=YAnf)
         then Fehler25('Anfangs- und Endpunkt sind gleich')
         else begin with AktZeile do  begin Typ:=Linie; LXA:=XAnf;
                                       LYA:=YAnf; LXE:=X; LYE:=Y;end;
                   SaveAktZeile; NeuAnfPnktSave;
              end;
      2: begin AltAnfPnktPlot; Loeschen; NeuAnfPnktSave; end;
      3: begin AltAnfPnktPlot; NeuAnfPnktSave; end;
      5: if XYStep>4 then XYStep:=1 else XYStep:=2*XYStep;
     10: AltAnfPnktPlot;
    end;
  until FTstNr=10; FTstNr:=0;
end;

(*----------------------- Rechtecke -----------------------*)
Procedure ExeREck;
Var  i : Integer;
begin SymTyp:=REck;
  repeat
    MenueAusg(MRck); Cursor;
    case FTstNr of
      1: begin with AktZeile do begin Typ:=REck; RXLO:=X; RYLO:=Y;
                                  RXRU:=X+Breite-1; RYRU:=Y+Hoehe-1;
                            end;
              SaveAktZeile;
         end;
      2: Loeschen;
      3: begin i:=GXMax+1; Str(i,EText);
              Breite:=round(Zahl25('Breite (2..'+EText+') ?',3,2,i));
```

```
            end;
        4: begin i:=GYMax+1; Str(i,EText);
                 Hoehe:=round(Zahl25('Hoehe (2..'+EText+') ?',3,2,i));
           end;
        5: if XYStep>4 then XYStep:=1 else XYStep:=2*XYStep;
      end;
   until FTstNr=10; FTstNr:=0;
end;


(*---------------------- Kreise -----------------------*)
Procedure ExeKreis;
begin SymTyp:=Kreis;
   repeat
     MenueAusg(MKrs); Cursor;
     case FTstNr of
       1: begin with AktZeile do
                  begin Typ:=Kreis; KX:=X; KY:=Y; KRad:=Radius; end;
                SaveAktZeile;
          end;
       2: Loeschen;
       3: Radius:=round(Zahl25('Radius (1..400) ?',3,1,400));
       5: if XYStep>4 then XYStep:=1 else XYStep:=2*XYStep;
      end;
   until FTstNr=10; FTstNr:=0;
end;


(*------------------- Texte im Bild -----------------------*)
Procedure ExeTxt;
Var XA,YA,SSave,L   : Integer;
begin SSave:=XYStep; XYStep:=8; TxtOff:=7; SymTyp:=Txt;
   repeat
     MenueAusg(MTxt); Cursor;
     case FTstNr of
       1: begin GoToXY(68,25); Write(Blank);
                XA:=1+X div 8; YA:=1+Y div 8; GoToXY(XA,YA);
                L:=TX1-XA; if L>10 then L:=10; Einlesen(L);
                if Length(EText)>0 then
                  begin with AktZeile do
                          begin Typ:=Txt;TX:=X;TY:=Y;TxtLine:=EText;end;
                        SaveAktZeile;
          end;     end;
       2: Loeschen;
      end;
```

```
   until FTstNr=10; FTstNr:=0; XYStep:=SSave; TxtOff:=0;
end;


(*------------------- Eigene  Symbole ---------------------*)
Procedure ExeSymbol;
Var      i : Integer;

begin SymTyp:=CallSym;
      repeat
        MenueAusg(MEig); Cursor;
        case FTstNr of
         1: begin i:=0; SuchSymbol(Symbol,i);
                   if i=0 then SymFehler25(Symbol) else
                   begin with AktZeile do
                         begin Typ:=CallSym;
                               CallGrsse:=Groesse;
                               CallX:=X;CallY:=Y;CallName:=Symbol;
                         end; SaveAktZeile;
              end;  end;
         2: Loeschen;
         3: Groesse:=round(Zahl25('Groesse (0.1 .. 9.9) ?',3,0.1,9.9)*100);
         5: if XYStep>4 then XYStep:=1 else XYStep:=2*XYStep;
        end;
      until FTstNr=10; FTstNr:=0;
end;


(********************** Abschnitt  05  ***********************)


(*-------------- Hauptmenue zum Zeichen der Symbole ---------------*)
Procedure SymbolHauptMenue;
Var   Index      : Integer;
      StartLoop  : Boolean;

  Procedure GetSymTab;
  begin SuchSymbol('',Index);
        while (Index>0) and (FTstMx<8) do
        begin FTstMx:=FTstMx+1;
              with BldTab[Index] do SymTab[FTstMx]:=SName;
              SuchSymbol('',Index);
        end;
        if Index>0 then Index:=Index-1;
  end;
```

```
begin
  repeat StartLoop:=True; SymTab[1]:='Linie'; SymTab[2]:=' REck';
         SymTab[3]:='Kreis'; SymTab[4]:=' Text'; FTstMx:=4; Index:=0;
         repeat GetSymTab; MenueAusg(MSym); Cursor; Symbol:=SymTab[FTstNr];
                if StartLoop and (FTstNr<=4)
                then begin Index:=0; case FTstNr of
                                     1: ExeLinie;
                                     2: ExeREck;
                                     3: ExeKreis;
                                     4: ExeTxt;
                   end;                end
                else if FTstNr<=FTstMx then begin Index:=0; ExeSymbol; end;
                StartLoop:=False; FTstMx:=0;
         until (Index=0) or (FTstNr=10);
  until FTstNr=10; FTstNr:=0;
end;


(*-------- Schirm loeschen und gesamtes Bild neu zeichnen ---------*)
Procedure Auffrischen;
Var   i : Integer;
begin SchirmLoeschen;
      for i:=SymLst+1 to BldLst do
      begin with BldTab[i] do SymTyp:=Typ; Zeichnen (BldTab[i],Hell);
end;  end;


(*---- Ein-/Ausgabe Floppy / Bitmuster-Druck (Epson-FX80) / (Plotten) ---*)
Procedure EinAusgabeMenue;
Var   i,j,k,PnktZeil,XMod,XDiv,B,D   : Integer;
      Gew                            : Array[0..7] of Integer;

  Procedure ZeileSchreiben;
  begin WriteLn(LST);                                      (* CR/LF *)
        Write(LST,Escape,'*',chr(D),chr(XMod),chr(XDiv));   (* Bit Image *)
        for k:=0 to GXMax do
        begin B:=0;
              for j:=0 to PnktZeil do
                if PunktLesen(k,i+j)=Hell then B:=B or Gew[j];
              Write(LST,chr(B));
  end;  end;

  Procedure GanzesBild;
  begin if FTstNr=5
        then begin D:=1; PnktZeil:=7; Gew[7]:=1;
```

```
                        for k:=6 downto 0 do Gew[k]:=2*Gew[k+1]; end
            else begin D:=4; PnktZeil:=3; Gew[3]:=3;
                        for k:=2 downto 0 do Gew[k]:=4*Gew[k+1]; end;
            XMod:=(GXMax+1) mod 256; XDiv:=(GXMax+1) div 256;
            write (LST,Escape,'@');                          (* Reset *)
            write (LST,Escape,'A',chr(8)); i:=0;         (* 8Pkte/Zeile *)
            while i<= GYMax do begin ZeileSchreiben;
                                i:=i+PnktZeil+1;
    end;                    end;


begin
 repeat MenueAusg(MEA); Cursor;
  case FTstNr of
    1: EAFloppy(spch);
    2: begin FrageBildSichern; EAFloppy(ldn); Auffrischen; end;
    3: begin EAFloppy(add); Auffrischen; end;
    4: begin PlotSwi:=True; Auffrischen; PlotSwi:=False; end;
    5,6: begin
        repeat Lesen25('Bitmuster-Druck wirklich beabsichtigt (J/N) ?',1);
        until UpCase(EText[1]) in ['J','N'];
        if UpCase(EText[1])='J' then GanzesBild;
    end; end;
 until FTstNr=10; FTstNr:=0;
end;


(*--------- Bild bewegen, dx>0 nach rechts, dy)0 nach unten ----------*)
Procedure BildBewegen(dx,dy:Integer);
Var   i : Integer;
begin for i:=SymLst+1 to BldLst do with BldTab[i] do
      begin if Typ in [CallSym,REck..Txt] then
                        begin LXA:=LXA+dx; LYA:=LYA+dy; end;
            if Typ in [REck,Linie] then
                        begin LXE:=LXE+dx; LYE:=LYE+dy; end;
end;  end;


(*------ Start- bzw. Endarbeiten beim Entwurf von eigenen Symbolen ------*)
Procedure StartEntwerfen;
Var   i,j      : Integer;
      Name     : String[5];

  Procedure Vorbereiten;
  begin EntwSym:=Name; X:=96; Y:=48; BildBewegen(X,Y); Auffrischen; end;
```

```
begin Diff:=BldLst-SymLst; Lesen25('Symbolname (max 5 Zeichen) ?',5);
      while Length(EText)<5 do EText:=' '+EText; Name:=EText;
      i:=0; SuchSymbol(Name,i);
      if i=0
      then begin with AktZeile do begin Typ:=SymNam;
                                   SName:=Name; SFrstCll:=True; end;
                SymLst:=BldLst; SaveAktZeile; Vorbereiten;
             end
      else begin
             Tauschen(i,BldLst,j); SymLst:=BldLst-j; BldLst:=BldLst-1;
             repeat
              Lesen25('Symbol existiert. Aendern oder loeschen (A/L) ?',1);
             until UpCase(EText[1]) in ['A','L'];
             if UpCase(EText[1])='A'then Vorbereiten else
                   begin BldLst:=SymLst; SymLst:=BldLst-Diff; end;
end;       end;

Procedure EndeEntwerfen;
Var  SSave,i : Integer;
begin if BldLst=SymLst+1 then begin BldLst:=BldLst-1;
                  Fehler25(EntwSym+' nicht gspeichert (leer)') end else
      begin AktZeile.Typ:=SymEnd; SaveAktZeile; SSave:=XYStep;
            TxtFound:=False; Auffrischen; if TxtFound then XYStep:=8;
            if XYStep<>SSave then Fehler25('Textschrittweite (8) gesetzt');
            MenueAusg(MDum);
            Text25('Cursor auf den Bezugspunkt, danach  0 Ende');
            Cursor; FTstNr:=0; BildBewegen(-X,-Y);
            Tauschen(SymLst+1,2,Dummy); XYStep:=SSave;
      end;
      EntwSym:=''; SymLst:=BldLst-Diff; Auffrischen; CursorInMitte;
end;

(*---- Startmenue (SMenu) ausgeben, gegebenenfalls Bildtabelle listen ---*)
Procedure StartMenue;
Var  i,j  :Integer;

  Procedure ListBldZeile;
  begin with BldTab[i] do
        case Typ of
           Design : WriteLn('Design  ',' ,  ',DComment);
           CallSym: WriteLn('CallSym ',' , X',CallX:5,
                         ' , Y',CallY:5,' , G',CallGrsse:5,' , ',CallName);
           SymNam : WriteLn('SymNam  ',' ,  ',SName);
```

```
           SymEnd : WriteLn('SymEnd ');
           REck   : WriteLn('REck    ',' ,XO',RXLO:5,
                             ' ,YO',RYLO:5, ' ,XU',RXRU:5,' ,YU',RYRU:5);
           Kreis  : WriteLn('Kreis   ',' , X',KX:5,
                             ' , Y',KY:5,   ' , R',KRad:5);
           Linie  : WriteLn('Linie   ',' ,XA',LXA:5,
                             ' ,YA',LYA:5,  ' ,XE',LXE:5, ' ,YE',LYE:5);
           Txt    : WriteLn('Txt     ',' , X',TX:5,
                             ' , Y',TY:5,   ' , ',TxtLine);
  end;  end;

begin
 repeat MenueAusg(MSta); Cursor;
  case FTstNr of
    1: if EntwSym='' then EinAusgabeMenue;
    2: SymbolHauptMenue;
    3: if EntwSym='' then StartEntwerfen else EndeEntwerfen;
    4: begin MenueAusg(MDum);
            Text25('Cursor auf den Startpunkt, danach  0 Ende');
            Cursor; i:=X; j:=Y; MenueAusg(MDum);
            Text25('Cursor auf den Zielpunkt, danach  0 Ende');
            Cursor; BildBewegen(X-i,Y-j); Auffrischen; FTstNr:=0;
       end;
    5: begin SchirmLoeschen;
            for i:=1 to BldLst do
            begin Write(i:5,': ');
                if i<=SymLst then Write('   '); ListBldZeile;
                if (WhereY>=24) or (i=BldLst) then
                begin Lesen25('Weiter mit Leertaste',1);
                                            SchirmLoeschen; end;
            end;
            Auffrischen;
       end;
    6: Auffrischen;
    9: SymLst:=1;
   10: begin
          repeat Lesen25('Programmende wirklich beabsichtigt (J/N) ?',1);
          until UpCase(EText[1]) in ['J','N'];
          if UpCase(EText[1])<>'J' then FTstNr:=0;
  end; end;
  until (FTstNr in [7,9,10]);
end;
```

```
(******** Anfangswerte, Schleifen 'Neustart', 'Bild loeschen' ********)

begin Ton(10,10); Breite:=32; Hoehe:=24; Radius:=4; XYStep:=8; TxtOff:=0;
      Groesse:=100; PlotSwi:=False; SymLst:=1; EntwSym:=''; BldAend:=False;
      with BldTab[1] do begin Typ:=Design; DComment:=Version; end;
      repeat
         SchirmLoeschen; CursorInMitte; BldLst:=SymLst;
         Text25('DESIGN ('+Version+')'); StartMenue; FrageBildSichern;
      until FTstNr=10; TextMode(BW80);
End.
```

Mit diesem Programm soll auch dieser Bereich des CAD verlassen und zu einem weiterem, sehr interessanten Teil des computerunterstützten Zeichnens gegangen werden, dem automatischen Erstellen von Layouts.

17.3 Platinen automatisch erstellen

In diesem Abschnitt geht es um Auto-Routing, ein Verfahren zum automatischen Entflechten von Leiterplatten. Der Schaltplan einer elektronischen Baugruppe muß so umgesetzt werden, daß die Bauteile kreuzungsfrei miteinander verbunden werden können. Abb. 17-11 zeigt den Schaltplan und den Bauteile-Bestückungsplan einer einfachen Baugruppe und in Abb. 17-12 das Platinen-Layout dazu.

Ziel eines Routing-Algorithmus ist es, bei vorgegebener Bauteileanordnung (Plazierung) eine kreuzungsfreie Platine zu erstellen.

Der älteste und in seiner Allgemeingültigkeit unübertroffene Routing-Algorithmus ist von Lee aus dem Jahre 1961, der sich auf die vorausgegangene Arbeit von Moore stützt. Der Lee-Algorithmus ist allgemeingehalten und so bewiesen. Der Lee-Algorithmus berechnet den kostengünstigsten Weg in einem n-dimensionalen Raster (bei Monotonie der Kostenfunktion) oder er zeigt, daß es keinen Weg gibt. Damit findet der Algorithmus eine Leiterbahn, falls sie bei gegebener Bauteileanordnung möglich ist. Der Lee-Algorithmus arbeitet auf einem vorgegebenen Raster (meist 1/20 oder 1/40 Zoll).

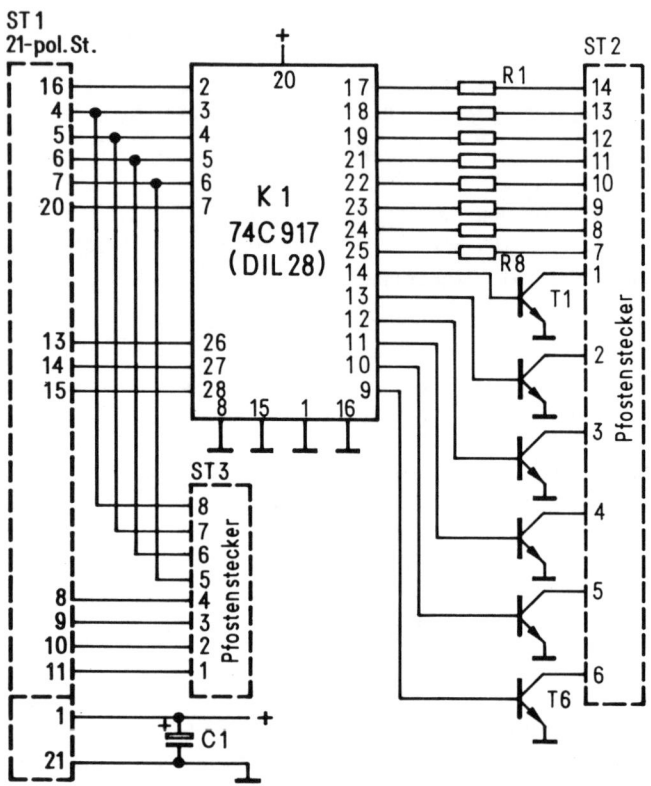

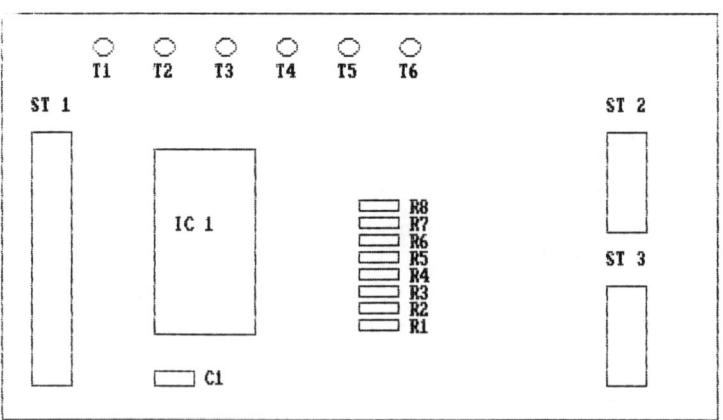

Abb. 17-11 Schaltplan und Bestückung einer Baugruppe

ARIADNE-LAYOUT BESTUECKUNGS-SEITE

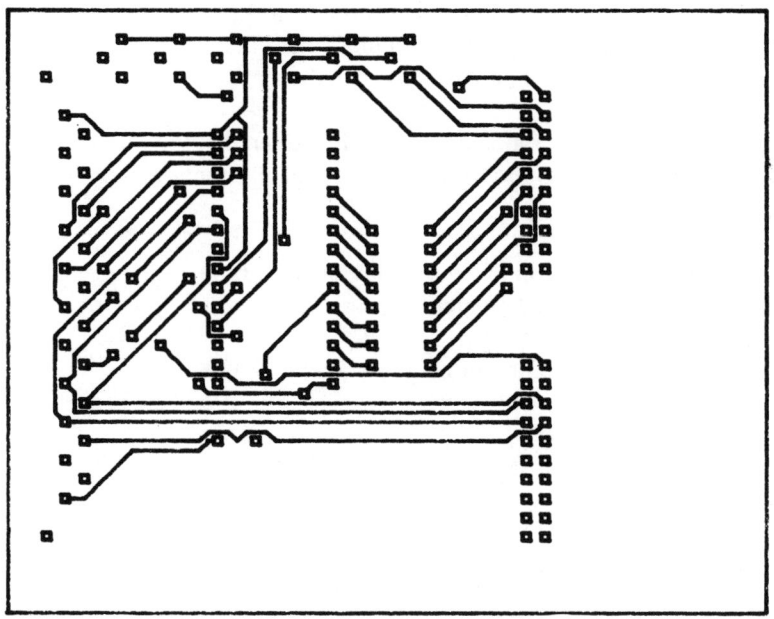

ARIADNE-LAYOUT LOET-SEITE

Abb. 17-12 Von einem Layout-
Programm berechnete Platine

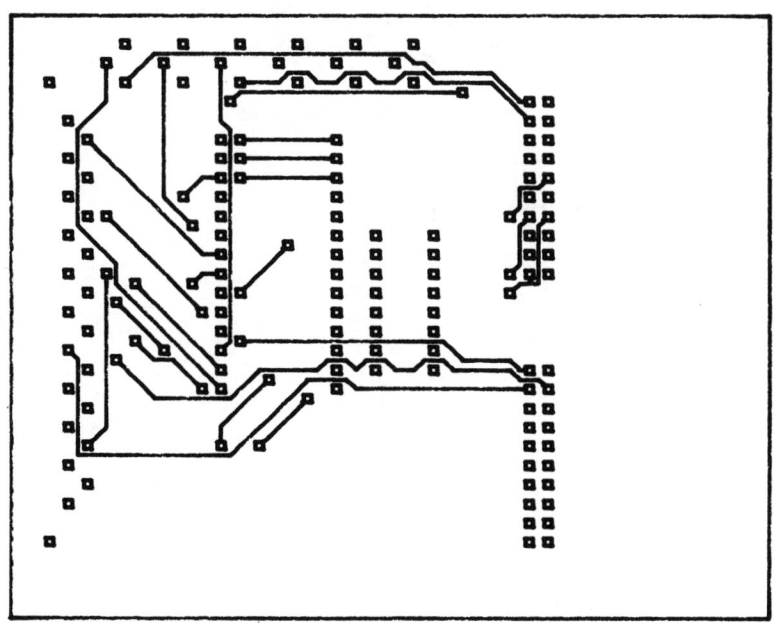

Ein Routing-Algorithmus benötigt drei Listen:

- Die Makrobibliothek, in der die Bauteile als Muster von Bauteile-Anschlüssen definiert sind. Jeder Pin (Anschluß) hat einen Namen und es ist festgelegt, welchen Abstand sie haben.

- Die Bauteileliste, in der die Bauteilenamen (z.B. R1, IC1), die Positionen der Bauteile, ihre Orientierung und die zugehörigen Makros gespeichert sind.

- Die Verbindungsliste. Hier sind in der Form Bauteil, Pin, Bauteil, Pin, ... die Verbindungswege gespeichert.

Diese Listen können das Resultat einer Sitzung mit einem CAD-System sein.

Doch zurück zum Lee-Algorithmus. Er ist von seiner Natur her matrixorientiert. Für die Darstellung der Leiterplatte wird eine Matrix über die Platine gelegt, z.B. in Raster 1/20 Zoll. Jeder Quadratzoll der Platinenfläche benötigt 400 Speicherplätze (die Bemaßung in Zoll erfolgt deswegen, weil die Bauteile in Zoll bemaßt werden).

Für jedes Matrixelement kann nun festgelegt werden, ob es frei oder mit einer Leiterbahn belegt ist. Ein wenig erinnert der Lee-Algorithmus an die Maus im Labyrinth, und man kann mit diesem Verfahren tatsächlich auch den kürzersten Weg durch ein Labyrinth finden.

Man kann also für jedes Matrixelement Router-Codes vergeben:

- unbelegt
- gesperrt (unbelegt aber nicht verwendbar)
- horizontales Leitersegment
- vertikales Leitersegment
- diagonales Leitersegment 45 Grad
- diagonales Leitersegment 135 Grad
- Lötauge
- Durchkontaktierung (via-hole)
- obere, linke Ecke
- obere, rechte Ecke
- untere, linke Ecke
- untere, rechte Ecke

Vor dem eigentlichen Routing werden zunächst die Makros aufgelöst.
Danach besteht die Bauteiledefinition nur noch aus Einzelpunkten.
Anschließend werden die Verbindungen nach ihrer Länge sortiert, so daß
mit der kürzesten Leiterbahn begonnen wird.

Zunächst wird die Matrix gelöscht und danach, soweit vorhanden, ge-
sperrte Punkte markiert. Danach werden alle Bauteile-Pins als Lötaugen
markiert. Die nun verbleibenden Punkte sind frei für Leiterbahnen. Der
Lee-Algorithmus ist ein sogenannter Wellenfront-Algorithmus, was
nichts anderes bedeutet, daß ausgehend vom Startpunkt alle benachbarten Punkte daraufhin untersucht werden, ob sich eine Leiterbahn legen
läßt. Von den so gewonnenen Nachbarpunkten werden wieder alle Nachbarn
untersucht. Das Ganze gleicht den kreisförmigen Wellen, die entstehen,
wenn man einen Stein ins Wasser wirft.

Betrachten wir dazu Abb. 17-13, in der einzelne Phasen der Wegsuche
gezeigt werden. Ausgehend vom Startpunkt werden die Nachbarn untersucht (im Beispiel wird nur eine einseitige Leiterkarte bearbeitet).
Im obersten Teil ist die erste Welle zu sehen. Es werden nur zwei
Stacks eingerichtet, wobei der erste immer die aktuelle Punktumgebung
enthält und der zweite die neue Wellenfront. Anschließend wird ge-
wechselt. Am einfachsten läßt sich das Verfahren programmtechnisch
durch lineare Listen lösen.

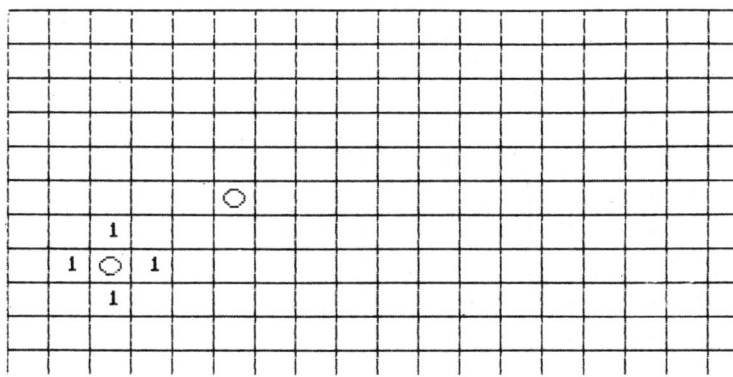

Zu Abb. 17-13

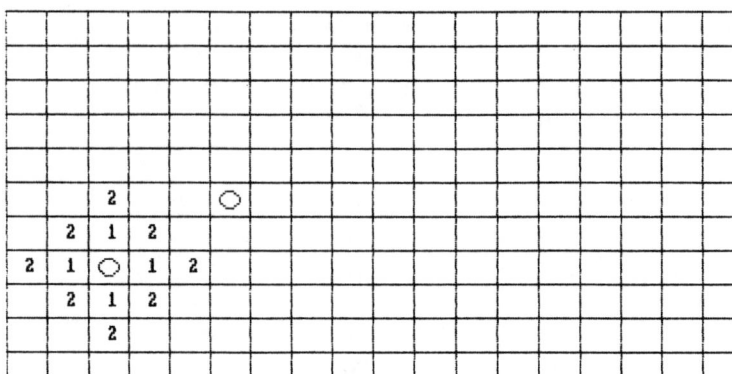

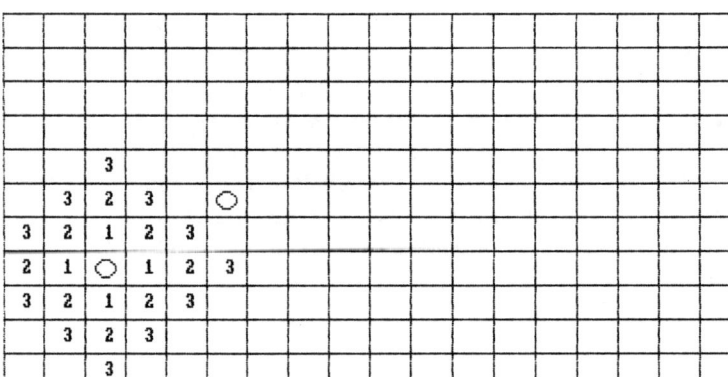

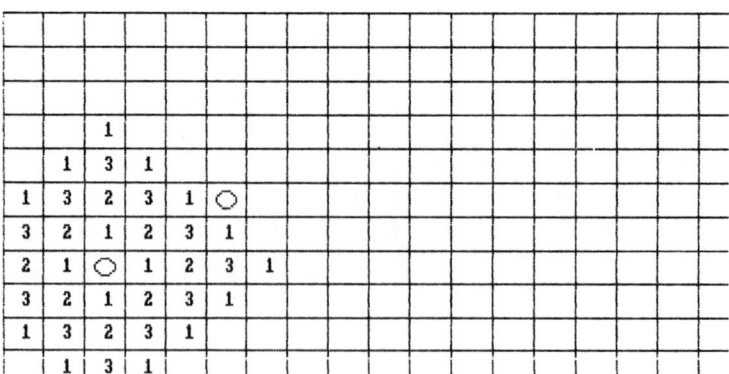

Zu Abb. 17-13

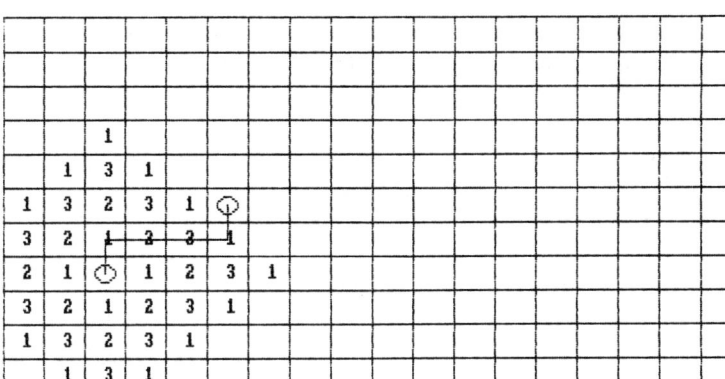

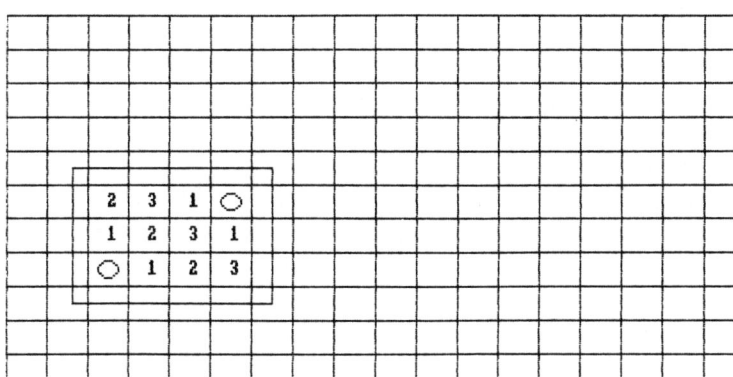

Abb. 17-13 Die einzelnen Phasen des Rout-Vorgangs

Nehmen wir an, daß der Startpunkt die (Raster-) Koordinaten (6,3) besitzt und der Zielpunkt auf (9,6) liegt. Dann sieht die erste Liste so aus:

```
6,4 ----- 6,5
          6,3
          5,4
          7,4
```

Nun wird der Rastercode um 1 erhöht und die zweite Welle bestimmt. Die
Liste sieht dann unter Verwendung der rechten Seite der ersten Liste
so aus:

```
6,6 ----- 6,6
          5,5
          7,5

6,3 ----- 6,2
          5,3
          7,3

5,4 ----- 4,4

7,4 ----- 8,4
```

Nach der dritten Welle stellt sich die Liste das als:

```
6,6 ----- 6,7
          5,6
          7,6

5,5 ----- 4,5

7,5 ----- 8,5

6,2 ----- 6,1
          5,2
          7,2

5,3 ----- 4,3

7,3 ----- 8,3

4,4 ----- 3,4

8,4 ----- 9,4
```

Da wir nur die "vier Himmelsrichtungen" prüfen, kann der Routercode
nur Werte von 1 bis 3 annehmen. Bei zweistelligen Platinen hätten wir
mehr Werte. Der Routercode lautet bei der vierten Welle nun 1. Die
Liste ist nun schon sehr lang geworden.

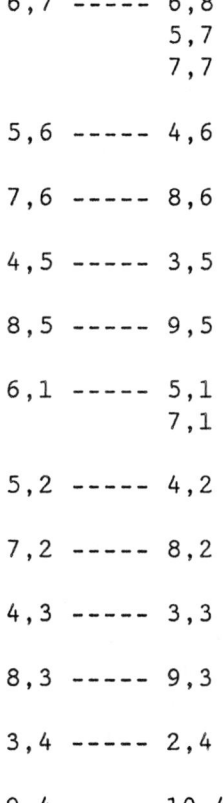

```
6,7 ----- 6,8
          5,7
          7,7

5,6 ----- 4,6

7,6 ----- 8,6

4,5 ----- 3,5

8,5 ----- 9,5

6,1 ----- 5,1
          7,1

5,2 ----- 4,2

7,2 ----- 8,2

4,3 ----- 3,3

8,3 ----- 9,3

3,4 ----- 2,4

9,4 ----- 10,4
```

Um die Länge der Liste zu begrenzen, kann man ein Rechteck definieren, das beide Punkte umschließt. Es wird dann nur dieses Rechteck betrachtet. Die Minimal- und Maximalwerte der Rechteckskoordinaten werden für den folgenden Leitungszug gespeichert, so daß das Rechteck kontinuierlich wächst. Es geschieht dasselbe als wenn die Wellenfront auf den Platinenrand trifft. Das letzte Teilbild zeigt das erste Rechteck.
Nach der Wegsuche liegt der Weg fest, die kürzeste Verbindung muß aber noch gesucht werden.

Der Rückverfolgungsalgorithmus geht vom Zielpunkt aus. Der Zielpunkt hätte den Routercode 2 erhalten. Der Wert wird nun um 1 vermindert, und in der Nachbarschaft nach diesem Code gesucht. Die Suchreihenfolge ist die gleiche wie bei der Wegsuche:

oben, unten, links, rechts.

Anschließend folgt der Routercode 3 und so fort, bis der Startpunkt erreicht wurde. Auf dem Weg zurück wird jedes Matrixelement der Code für "Leiterbahn" eingetragen. Bei der Wegsuche betrachtet der Router Matrixelemente, die mit 0 - 3 (frei, Routercodes) belegt sind, als frei, alle anderen bilden eine Barriere.

Abb. 17-14 zeigt die Situation, wenn eine Leiterbahn "im Weg ist". Es wurden hier nur die interessanten Router-Codes eingetragen, obwohl sich die Wellenfront in alle Richtungen ausbreitet. Hat die Wellenfront alle umgebenden Grenzen erreicht (Platinenrand, Leiterbahnen, Lötaugen, Sperrflächen), ohne den Zielpunkt selbst erreicht zu haben, ist keine Verbindung möglich.

Von diesem Kernalgorithmus ausgehend kann ein vernünftig arbeitender Router entworfen werden. Man kann auf die zweite Platinenseite ausweichen, wenn auf einer Seite kein Weg gefunden wurde (beim Ebenenwechsel muß ein Lötauge als Durchkontaktierung gesetzt werden). Bei Multilayer-Platinen können nach Bedarf weitere Ebenen vorgesehen werden. Der Router sollte auch prüfen, ob eine Verbindung zwischen zwei Punkten schon exestiert, oder ob bereits vorhandene Verbindungen ausgenützt werden können.

		3	1	2	3	1	2								
3	2	3	1	2	3	1	2							
2	1	2	○	3	1	2	3							
1	3	1		1	2	○								
3	2	3		2	3									
2	1	2												
1	○	1												
	1													

Abb. 17-14 Umgehen eines Hindernisses

Wichtig ist auch die Einführung von Diagonalverbindungen, damit die Leiterbahnführung zwischen benachbarten Pins hindurch begünstigt wird. Für die Spannungsversorgungsleitungen und Leitungen mit hohen Strömen müssen mehrere Leiterbahnstärken vorgesehen werden. Über sogenannte Reconnect-Routinen kann die Leiterführung vor dem eigentlichen Rout-Vorgang optimiert werden.

Zum Router müssen Hilfsprogramme für die Eingabe der Listen, für die Makrobibliothek und für die Ausgabe hinzukommen. Da der Router mit einem internen Raster arbeitet, lassen sich recht einfach auch Fahrbefehle für den Plotter direkt erzeugen. Ein Programmteil der das Nachbearbeiten der Platine von Hand ermöglicht, scheint auf den ersten Blick verführerisch, er verleitet jedoch dazu, die Fähigkeit des Routers nicht vollständig auszunutzen.

17.4 Rumpf eines Entflechtungsprogramms

Wir stellen ein Programm vor, das zum Entflechten einer Platine im Europa-Format (100mm * 160mm) dient. Das Programm zeigt, wie der Lee-Algorithmus arbeitet (nach einem Artikel von Helmut Kuhn).

Das Rastermaß der Platine beträgt 2,54 mm (1/20 Zoll); die Leiterbahstärke wird so gewählt, daß zwischen zwei Pins noch genau eine Leiterbahn verlegt werden kann. Da das bei manchen Bauteilen nicht erwünscht ist, gibt es zwei verschiedene Lötpunktgrößen. Wenn zwei große Lötpunkte nebeneinander liegen, kann dann keine Leiterbahn mehr zwischen ihnen hindurchlaufen. Das Programm kennt nur zwei Dateien - die Lötpunktliste und die Verbindungsliste.

Die Pins auf der Platine werden in die Datei PINS.TXT eingegeben (z. B. mit einem Texteditor). Ihr Format ist recht einfach:

```
* Kommentarzeile
     4     5     groß
     7     8     klein

    20    45     g
    45    34     k
```

Der Aufbau einer Zeile entspricht folgendem Schema:

< X-Koordinate >   < Leerzeichen >   < Y-Koordinate >   < Leerzeichen >   < Größe >

Die Werte der X-Koordinate müssen zwischen 1 und 78, jene der Y-Koordinate zwischen 1 und 62 liegen. Im Programm werden die Werte mit 2 multipliziert. Daher liegen alle Lötpunkte auf Matrixpunkten mit geraden Koordinaten. Die Leiterbahnen können also zwischen zwei Punkten verlaufen. Von der Angabe der Lötpunktgröße wird nur der erste Buchstabe verwendet ("g" oder "k").

Die Verbindungen werden in der Datei WEGE.TXT abgelegt. Sie enthält die Koordinaten der beiden zu verbindenden Punkte:

```
    20    23    49    23
    34    12     3     9
*  Kommentarzeile
    34    50    23    34
```

Das Schema ist also:

< X-Koordinate Startpunkt >   < Leerz. >   < Y-Koordinate Startpunkt >
< Leerz. >   < X-Koordinate Zielpunkt >   < Leerz. >   < Y-Koordinate Zielpunkt >

In beide Dateien können Zeilen mit Kommentaren eingefügt werden, die mit einem "*" in Spalte 1 beginnt. Auch Leerzeilen sind erlaubt.

Das Ergebnis der Programms wird in der Datei ROUT.TXT gespeichert. Jede bearbeitete Verbindung wird in einer Zeile gespeichert, die ein "*" in Spalte1 hat. Folgen Zeilen mit einem " + " ganz links, so handelt es sich um eine Wegbeschreibung für ein Plot-Programm. Steht anstelle des " + " ein Minuszeichen ("-"), konnte für diese Verbindung kein Weg gefunden werden.

Das Programm erkärt sich weitgehend selbst. Die Platine selbst wird als zweidimensionales Feld gespeichert. Jedes Feldelement trägt einen bestimmten Routercode. Jeder "Ring" der Wellenfront wird durch einen Code (1 .. 3) markiert. Es sind mindestens drei verschiedene Codes notwendig (wenn man das Verfahren später auf zwei Ebenen ausdehnen will). Die Codes Haben folgende Zuordnung:

```
0    freier Punkt auf der Platine
1    \
2     > Router-Codes
3    /
4    Startpunkt einer Wellenfront
5    Zielpunkt, wenn ein Weg gefunden wurde
6    Lötpunkt
7    Platinenrand / Leiterbahn (belegt)
```

Trifft die Welle auf Ihren Zielpunkt, wird (Code 5) kann der Weg zum Start (Code 4) zurückverfolgt werden. Durch die Besetzung des Randes mit Code 7 (= gefundene Leiterbahn) spart man sich eine Randüberwachung im Programm.

Der Algorithmus im Programm arbeitet nach folgendem Schema: Zuerst werden zwei Listen "a" und "b" definiert. Der Code für den Anfangswert ist 1. Bei der allerersten Verbindung ist in Liste "a" nur der Startpunkt gespeichert, die Liste "b" ist noch leer. Mit allen Elementen der Liste "a" wird dann versucht, den Punkt über, unter, links und rechts vom aktuellen Punkt mit dem momentanen Code zu belegen. Das geht aber nur dann, wenn der neue Punkt den Code 0 hat - also frei ist.
Alle Punkte, die neu belegt werden konnten, werden in der "b"-Liste gesammelt. Trifft man auf das Ziel (Code 5) wird das Codieren abgebrochen und der Rückverfolger gestartet, der den Weg zum Startpunkt rückwärts sucht.
Sind alle Punkte aus der "a"-Liste abgehandelt, kann die "b"-liste entweder leer oder mit Elementen besetzt sein. Ist sie leer, ist keine Verbindung möglich und das Codieren wird abgebrochen. Im anderen Fall werden die Elemente der Liste "b" auf 0 gesetzt und mit allen Elementen der "a"-Liste weitergemacht.
Gefundene und nicht gefundene Wege werden nach ROUT.TXT gepeichert, der Code um 1 erhöht (oder wenn er 3 war, auf 1 gesetzt) und mit der nächsten Welle fortgefahren.
Die folgenden Zeilen zeigen im Ausschnitt, wie die Datei ROUT.TXT aussieht:

```
*    34    12    3    9
+    6     18
+    6     19
+    6     20
+    6     21
```

```
+     6     22
+     6     23
+     6     24
+     7     24          <-- Hier ist eine Ecke
+     8     24
+     9     24
+    10     24
             .
             .
             .

+    66     24
+    67     24
+    68     24
```

An dieser Stelle endet das Beispielprogramm. Es muß nun eine Bearbeitung der Datei ROUT.TXT durch ein Plotprogramm erfolgen.

Es gibt auch noch eine Reihe ungelöster Probleme:

* Die Verbindungen sollten zunächst nach der Länge (Luftlinie der Entfernung zwischen den Punkten) sortiert werden. Das Routing ist dann erfolgreicher.
* Es ist günstiger, wenn als Startpunkt derjenige gewählt wird, der näher am Platinenrand liegt.

* Vor dem Routen nach dem Lee-Algorithmus sollten zunächst alle Leiterbahnen verlegt werden, die nahezu linear liegen - also nur einen Rasterpunkt nach oben oder unten (bzw. links - rechts) abweichen.

* Das Einführen von 45°-Linien bringt ein wesentlich besseres Ergebnis.

* Es sollte die Möglichkeit von gesperrten Flächen vorgesehen werden (z.B. für Befestigungsbohrungen).

* Eine Makrobibliothek, die die Pinmuster von Bauteilen enthält, erleichtert die Bestückung.

* Man muß CAD-Programme zum Plazieren der Bauteile und zum Nachbearbeiten der fertigen Platine vorsehen.

```
PROGRAM layout;

const
    maxx    = 158;
    maxy    = 126;
    usermaxx= 78;
    usermaxy= 62;
    maxlist = 600;
    maxlistb= 606;
    cpindat = 'PINS.TXT';
    cwegdat = 'WEGE.TXT';
    croutdat= 'ROUT.TXT';
    c1 = 'SYNTAX-Fehler';
    c2 = 'Ziffer(n) erwartet';
    c3 = 'Zeile vorzeitig zu Ende';
    c4 = 'Loetpunktgroesse erwartet';
    c5 = 'X-Koordinate fehlerhaft';
    c6 = 'Y-Koordinate fehlerhaft';
    c7 = 'Fehlerhafte Verbindung';

type
    tzeile = string[255];
    tdatei = text;
    trcode = 0..7;
    tfeld  = array [0..maxx,0..maxy] of trcode;
    txwert = 0..maxx;
    tywert = 0..maxy;
    txlist = array [1..maxlist] of txwert;
    tylist = array [1..maxlist] of tywert;

var
    test    : boolean;
    matrix  : tfeld;
    zeile   : tzeile;
    wegedat : tdatei;
    routdat : tdatei;
    xanf,xend: txwert;
    yanf,yend: tywert;
    xwerte  : txlist;
    ywerte  : tylist;
    listlong : integer;
    fertig  : boolean;
```

```
   anfang    : integer;
   weiter    : integer;
   pinzahl,okwege,badwege  :  integer;
(* - - - - - *)
PROCEDURE userfehler (meldung : tzeile);
begin
   writeln; writeln(chr(7));
   writeln('=> USER-FEHLER : ',meldung);
   writeln('=> ',zeile);
   writeln;
   writeln('=> Programm abgebrochen');
   halt;
end;
(* - - - - - *)
PROCEDURE gefwegspeichern;
var
   i : integer;
begin
   okwege:=okwege+1;
   writeln('  > Weg gefunden');
   writeln(routdat,'* ',zeile);
   for i:=1 to listlong do writeln(routdat,'+ ',xwerte[i]:4,ywerte[i]:4);
   writeln(routdat);
end;
(* - - - - - *)
PROCEDURE badwegspeichern;
begin
   badwege:=badwege+1;
   writeln('   > keinen Weg gefunden');
   writeln(routdat,'* ',zeile);
   writeln(routdat,'- ');
   writeln(routdat);
end;
(* - - - - - *)
PROCEDURE matrixvorbereiten;
var
   i,j : integer;
begin
   (* Der Rand der Matrix wird mit "7" belegt. Dort kann damit keine
      Leiterbahn mehr verlegt werden. Damit spart man sich laestige Fall-
      abfragen wegen Bereichsberschreitungen beim Belegen der Matrix *)
   for i:=1 to maxx do
   begin
```

```
      for j:=1 to maxy do matrix[i,j]:=0;
   end;
   for i:=0 to maxx do matrix[i,0]:=7;
   for i:=0 to maxx do matrix[i,maxy]:=7;
   for i:=0 to maxy do matrix[0,i]:=7;
   for i:=0 to maxy do matrix[maxx,i]:=7;
end;
(* - - - - - *)
PROCEDURE kopfanfang;
begin
   clrscr;
   writeln('P L A T I N E N - L A Y O U T   mit dem Lee-Algorithmus');
   writeln; writeln;
end;
(* - - - - - *)
PROCEDURE wege(xanf,xend : txwert; yanf,yend : tywert);
var
   erfolg : boolean;
   rcode  : trcode;
   i      : integer;
   spmatrix : tfeld;          (* Speichert die Matrix, damit spart man
                                  sich daa Entfernen der Codes *)
   (* --- *)
   procedure router(rcode : trcode);
   var
      px : txwert;
      py : tywert;
      reached : boolean;
   begin
      reached:=false;
      px:=xend;
      py:=yend;
      listlong:=1;
      xwerte[1]:=px;
      ywerte[1]:=py;
      while reached = false do
      begin
         rcode:=rcode-1;
         if rcode=0 then rcode:=3;
         if matrix[px,py-1] = 4 then reached:=true;
         if matrix[px,py-1] = rcode then
         begin
            listlong:=listlong+1;
```

```
                xwerte[listlong]:=px;
                ywerte[listlong]:=py-1;
                py:=py-1;
            end;
            if matrix[px,py+1] = 4 then reached:=true;
            if matrix[px,py+1] = rcode then
            begin
                listlong:=listlong+1;
                xwerte[listlong]:=px;
                ywerte[listlong]:=py+1;
                py:=py+1;
            end;
            if matrix[px-1,py] = 4 then reached:=true;
            if matrix[px-1,py] = rcode then
            begin
                listlong:=listlong+1;
                xwerte[listlong]:=px-1;
                ywerte[listlong]:=py;
                px:=px-1;
            end;
            if matrix[px+1,py] = 4 then reached:=true;
            if matrix[px+1,py] = rcode then
            begin
                listlong:=listlong+1;
                xwerte[listlong]:=px+1;
                ywerte[listlong]:=py;
                px:=px+1;
            end;
        end; (* while *)
        listlong:=listlong+1;          (* Startpunkt noch dazu *)
        xwerte[listlong]:=xanf;
        ywerte[listlong]:=yanf;
        (* in xwerte[1 bis listlong] und ywerte[1 bis listlong] ist
           jetzt der gefundene Weg *)
    end; (* procedure router *)
    (* --- *)
    procedure codieren (VAR rcode:trcode; VAR erfolg:boolean);
    var
        ax,bx : txlist;
        ay,by : tylist;
        lista : integer; (* = Laenge der a-Liste *)
        listb : integer; (* = Laenge der b-Liste *)
        px    : txwert; (* px,py ist der aktuelle Punkt aus der a-Liste  *)
```

```
    py    : tywert;  (* von dem aus versucht wird, Codes zu verteilen *)
    endlos: boolean; (* dient zur Konstruktion einer Endlos-Schleife  *)
    i     : integer;
    taste : char;
begin
    erfolg := false; endlos := false;
    rcode  := 3;
    lista  := 1;
    listb  := 0;
    ax[lista]:=xanf; ay[lista]:=yanf;
    repeat
        rcode:=rcode+1;
        if rcode=4 then rcode:=1;
        for i:=1 to lista do
        begin
            px:=ax[i];
            py:=ay[i];
            case matrix[px,py-1] of
            5 : begin
                    erfolg:=true;
                    exit;
                end;
            0 : begin
                    listb:=listb+1;
                    bx[listb]:=px;
                    by[listb]:=py-1;
                    matrix[px,py-1]:=rcode;
                end;
            end; (* case *)
            case matrix[px,py+1] of
            5 : begin
                    erfolg:=true;
                    exit;
                end;
            0 : begin
                    listb:=listb+1;
                    bx[listb]:=px;
                    by[listb]:=py+1;
                    matrix[px,py+1]:=rcode;
                end;
            end; (* case *)
            case matrix[px-1,py] of
            5 : begin
```

```
                        erfolg:=true;
                        exit;
                    end;
            0 : begin
                    listb:=listb+1;
                    bx[listb]:=px-1;
                    by[listb]:=py;
                    matrix[px-1,py]:=rcode;
                end;
                end;
            case matrix[px+1,py] of
            5 : begin
                    erfolg:=true;
                    exit;
                end;
            0 : begin
                    listb:=listb+1;
                    bx[listb]:=px+1;
                    by[listb]:=py;
                    matrix[px+1,py]:=rcode;
                end;
                end;
        end; (* for *)
        if listb=0 then
        begin
            erfolg:=false;
            exit;
        end
        else
        begin (* b-liste nach a-liste kopieren *)
            for i:=1 to listb do
            begin
                ax[i]:=bx[i];
                ay[i]:=by[i];
            end;
            lista:=listb;
            listb:=0;                   (* Zurueckstellen der b-Liste *)
            if test=true then
                writeln('> ',lista:3); (* zur Kontrolle fuer Benutzer *)
        end;
    until endlos=true; (* trifft nie ein *)
end;
(* --- *)
```

```
begin (* wege *)
   writeln('Gesucht : ',xanf:3,'/',yanf:3,' -> ',xend:3,'/',yend:3);
   spmatrix:=matrix;                (* Erspart das Entfernen der Codes *)
   matrix[xanf,yanf]:=4;
   matrix[xend,yend]:=5;
   codieren(rcode,erfolg);
   if erfolg=true then
   begin
      router(rcode);
      matrix:=spmatrix;
      for i:=1 to listlong do matrix[ xwerte[i],ywerte[i] ]:=7;
      matrix[xanf,yanf]:=6;
      matrix[xend,yend]:=6;
      gefwegspeichern;
   end
   else
   begin
      matrix:=spmatrix;
      matrix[xanf,yanf]:=6;
      matrix[xend,yend]:=6;
      badwegspeichern;
   end;
end;
(* - - - - - *)
PROCEDURE strsuchen (VAR anfang,laenge:integer);
var
   erster,letzter,ergebnis : integer;
   (* --- *)
   PROCEDURE buchst_suchen (VAR anfang,ergebnis : integer);
      (* sucht ab anfang nach dem ersten (sichtbaren) Buchstaben *)
   var
      i : integer;
   begin
      for i:=anfang to length(zeile) do
      begin
         ergebnis := i;
         if zeile[i] <> ' ' then exit;
      end;
      userfehler(c3);
   end;
   (* --- *)
   PROCEDURE lastbuchst_suchen (VAR anfang,ergebnis : integer);
      (* sucht den letzten sichtbaren bst vor Leerstelle oder Ende der Zeile
```

```
                an Stelle anfang steht ein buchst, das ist durch buchst_suchen ga-
                raniert *)
    var
       i : integer;
    begin
       for i:=anfang to length(zeile) do
       begin
          if zeile[i] = ' ' then exit;
          ergebnis :=i;
       end;
    end;
    (* --- *)
begin
   erster:=anfang;
   buchst_suchen(erster,ergebnis);
   anfang:=ergebnis;
   lastbuchst_suchen(anfang,letzter);
   laenge:=letzter-anfang+1;
end;
(* - - - - - *)
PROCEDURE koordpaar(VAR x:txwert; VAR y:tywert; VAR anfang,weiter:integer);
   (* liest ab zeile[anfang] x- und y-koordinate ein *)
var
   xstr,ystr       : tzeile;
   laenge,i,xx,yy : integer;
begin
   strsuchen(anfang,laenge);
   xstr := copy(zeile,anfang,laenge);
   anfang:=anfang+laenge;
   strsuchen(anfang,laenge);
   ystr := copy(zeile,anfang,laenge);
   weiter:=anfang+laenge;
   for i:=1 to length(xstr) do
   begin
      if ((xstr[i] <'0') or (xstr[i] >'9')) then userfehler(c2);
   end;
   for i:=1 to length(ystr) do
   begin
      if ((ystr[i] <'0') or (ystr[i] >'9')) then userfehler(c2);
   end;
   val(xstr,xx,i);
   val(ystr,yy,i);
   if ((xx <1) or (xx >usermaxx)) then userfehler(c5);
```

```
   if ((yy <1) or (yy >usermaxy)) then userfehler(c6);
    x:=xx*2; y:=yy*2;
end;
(* - - - - *)
PROCEDURE pinseinlesen;
var
  pinsdat : tdatei;
  x        : txwert;
  y        : tywert;
  groesse : char;
  anfang,weiter,laenge : integer;
begin
   writeln;
   writeln('Pins einlesen ... ');
   writeln;
   assign(pinsdat,cpindat);
   reset(pinsdat);
   while eof(pinsdat)=false do
   begin
      readln(pinsdat,zeile);
      if length(zeile) >0 then
      begin
         if zeile[1] <>'*' then
         begin
            anfang:=1;
            koordpaar(x,y,anfang,weiter);
            anfang:=weiter;
            strsuchen(anfang,laenge);
            groesse:=zeile[anfang];
            if ((groesse <>'g') and (groesse <>'k')) then userfehler(c4);
            matrix[x,y]:=6;
            if groesse='g' then
            begin
               matrix[x-1,y-1]:=6;
               matrix[x-1,y+1]:=6;
               matrix[x+1,y-1]:=6;
               matrix[x+1,y+1]:=6;
            end;
            pinzahl:=pinzahl+1;
            if test=true then writeln(' Pin ',x:4,y:4,'    ',groesse);
         end; (* keine Kommentarzeile *)
      end;    (* keine Leerzeile      *)
   end;
```

```
      writeln; writeln; writeln;
end;
(* - - - - - *)
PROCEDURE zeilelesen(VAR fertig : boolean);
begin
   repeat
      repeat
         if eof(wegedat)=true then
         begin
            fertig:=true;
            exit;
         end;
         readln(wegedat,zeile);
      until length(zeile) > 0;  (* Leerzeilen weglassen *)
   until zeile[1]<>'*';        (* Kommentarzeilen weglassen *)
end;
(* - - - - - *)
BEGIN (* hauptprogramm *)
   pinzahl:=0; okwege :=0; badwege:=0;
   kopfanfang;
   matrixvorbereiten;
   test:=false;
   pinseinlcsen;
   assign(routdat,croutdat);
   rewrite(routdat);
   assign(wegedat,cwegdat);
   reset(wegedat);
   writeln('Layout ... ');
   writeln;
   fertig:=false;
   while fertig=false do
   begin
      zeilelesen(fertig);
      if fertig=false then
      begin
         anfang:=1;
         koordpaar(xanf,yanf,anfang,weiter);  (* Umrechnen auf interne  *)
         anfang:=weiter;                      (* Darstellung bereits in *)
         koordpaar(xend,yend,anfang,weiter);  (* koordpaar erledigt     *)
         if ((xanf=yanf) and (xend=yend)) then userfehler(c7);
         wege(xanf,xend,yanf,yend);
      end; (* fertig=false *)
   end;
```

```
   writeln; writeln; writeln; writeln; writeln;
   writeln('Anzahl der Pins ................... ',pinzahl);
   writeln('Anzahl der gefundenen Wege ......... ',okwege);
   writeln('Anzahl der nicht verlegbaren Wege ... ',badwege);
   writeln; writeln;
   close(wegedat);
   close(routdat);
   writeln('Ende des Programms');
END.
```

18 Bildabtastung und -digitalisierung

In diesem Kapitel geht es um die Verarbeitung von Bildern, die durch zeilenweise Abtastung einer Vorlage oder durch Digitalisieren des Bildes einer Videokamera erlangt werden.

Bei jeder Art der Bildverarbeitung wird über ein Aufnahmesystem ein Bild festgehalten und dann nach bestimmten Kriterien ausgewertet und weiterverarbeitet. Bei der Echtzeitverarbeitung sind für die Verarbeitung der anfallenden riesigen Datenmengen spezielle Hardwaresysteme notwendig, man kann jedoch für einfache Anwendungen auch ganz "normale" Tischcomputer verwenden.

Zuerst wird die Bildinformation digitalisiert und im Speicher abgelegt. Über einen Digital-Analog-Wandler kann die digitale Information wieder in ein Videosignal umgewandelt und auf einem Kontrollmonitor dargestellt werden. Meist wird die Videoinformation als Graubild mit 4 bis 8 Bit, also mit 16 bis 256 Graustufen, in 156 bis 1024 Zeilen und Spalten abgelegt. Die Abtastfrequenz beträgt normalerweise 10MHz.

Bei der einfachen Anwendung kann man hier natürlich Abstriche machen. Schließlich bräuchte man bei 8 Bit Auflösung 156 KByte für ein Bild.

Der Einsatz von Bildverarbeitungs-Systemen steht und fällt mit der Bereitstellung eines leistungsfähigen Softwarepakets. Im folgenden sollen einige der wichtigsten Grundfunktionen kurz angerissen werden.

18.1 Software und Grundlagen

In vielen Fällen will man aus dem Videosignal wesentliche Bildmerkmale herausziehen. Oft reicht eine einfache statistische Analyse der Daten in Form von Grauwertverteilungen, Histogrammen und Mittelwerten. Vielfach genügt es schon, jedem Grauwert eine andere Farbe zuzuordnen, um an die gewünschte Information zu gelangen, da der Mensch Farben wesentlich differenzierter unterscheiden kann als Grauabstufungen. Ein weiteres Hilfsmittel sind Histogramme über eine Linie oder eine Fläche. Man zählt dazu für jeden Grauwert ab, wie oft er im betrachteten

Bereich auftritt und trägt die so gewonnenen Häufigkeiten über der
Grauwertskala ab. Gleichmäßig gefärbte Bereiche ergeben eine steile
Spitze; eine Struktur zeigt sich sofort im Histogramm. In vielen Fällen genügt auch die Berechnung von Mittelwert und Varianz der Grauwerte im betrachteten Bereich:

```
M = 1/n * Σ P[j]            i = 1 .. n



G2 = 1/n * Σ(P[j] - M)²     i = 1 .. n
```

N ist die Zahl der betrachteten Bildpunkte P(j). Ein weiteres Maß für
die Schiefe des Grauwert-Histogrammes ist der Medianwert. Der Median
ist der mittlere Punkt der nach ihrer Größe sortierten Werte.

Ein weiterer Schritt ist die sogenannte Bildverbesserung, also die
Veränderung der Bilddaten so, daß bestimmte Teile des Bildes (Kanten,
Texturen) besser hervortreten. Die maschinelle Verarbeitung oder die
Interpretation des Bildes wird so vereinfacht. Das Bild wird also
nicht rekonstruiert, sondern im Gegenteil drastisch verändert.

Eine häufig angewendete Methode ist die Manipulation der Grauwerte.
Über eine Tabelle (Look-up-table) werden die Grauwerte transformiert.
So kann man dunkle Werte anheben und helle Werte dämpfen. Zusammen mit
der schon angesprochenen Pseudo-Farbendarstellung lassen sich sehr
gute Ergebnisse erzielen.

Etwas komplexer sind die Filterverfahren zur Bildverbesserung, bei
denen der Einzelpunkt abhängig von seiner Umgebung betrachtet wird. Im
allgemeinen Fall verwendet man eine zweidimensionale Fouriertransfor-
mation eines Bildbereichs. Es gibt hier schnelle Algorithmen (Fast-
Fourier-Transformation) und Hardware-Lösungen. Filter und Korrela-
tionen lassen sich durch FFT, Multiplikation mit einer Übertragungs-
funktion und Rücktransformation realisieren. In vielen Flällen kann
man auf die FFT verzichten und über eine Menge benachbarter Bildpunkte
summieren:

```
g[i,j] =   Σ   Σ  (P[i+k,j+l] * h[k,l])
           k   l


k = -m .. +m;  l = -m .. +m
```

Der neue Grauwert g(i,j) ergibt sich aus der Multiplikation des Punkt-
wertes P mit einem Gewichtsfaktor h(k,l).Durch Tiefpaßfilter läßt sich
das Rauschen unterdrücken, ein Hochpaß hebt die Kanten hervor. Im
folgenden werden einige Filterfunktionen vorgestellt, die jeweils nur
die acht Nachbarpunkte betrachten. Die Filterfunktionen beziehen sich
jeweils auf den zentralen Punkt der Matrix:

```
Rechteck-Tiefpaß:                    Gaussähnlicher Tiefpaß:


  1     1     1                        1     2     1
  1     1     1                        2     4     2
  1     1     1                        1     2     1
```

Da die Tiefpaßfilter nicht normiert sind, muß das Ergebnis der Summati-
on durch 9 beziehungsweise durch 16 geteilt werden. Die Berechnung mit
dem Rechteck-Tiefpaß lautet also

```
g[i,j] = ( p[i-1,j-1]
         + p[i-1,  j]
         + p[i-1,i+1]
         + p[  i,j-1]
         + p[  i,  j]
         + p[  i,j+1]
         + p[i+1,j-1]
         + p[i+1,  j]
         + p[i+1,j+1] ) / 9
```

```
    Horizontal-Hochpaß:                  Nordost-Hochpaß:


  -1    -1    -1                        2    -1    -1
   2     2     2                       -1     2    -1
  -1    -1    -1                       -1    -1     2

    Südwest-Hochpaß:                     Laplace-Filter:


  -1    -1     2                        1    -2     1
  -1     2    -1                       -2     4    -2
   2    -1    -1                        1    -2     1
```

Sehr brauchbar sind auch nichtlineare Filter, zum Beispiel das Medi-
an-Filter, bei dem der Median der betrachteten Werte als neuer Grau-

wert genommen wird. Mit diesem Filter bleiben die Kanten erhalten, die
Unregelmäßigkeiten werden jedoch ausgelöscht. Zur Kantenhervorhebung
wird auch gerne der Sobel-Operator verwendet:

```
g[i,j] = SQRT(H² - V²)
```

wobei H und V definiert sind als:

```
H = p[i-1,K-1] + 2*p[i-1,K] + p[i-1,K+1] -
    p[i+1,K-1] - 2*p[i+1,K] - p[i+1,K+1]


V = p[i-1,K-1] + 2*p[i-1,K-1] + p[i-1,K+1] -
    p[i-1,K+1] - 2*p[i,K+1] - p[i+1,K+1]
```

Oft werden auch zunächst mehrere Bilder zum Bearbeitungsobjekt kombiniert. Bei verrauschten "Standbildern", wie sie zum Beispiel für Rönt-
genuntersuchungen vorkommen, läßt sich so eine höhere Detailschärfe
erreichen Auf diese Weise lassen sich auch durch Addition eines guten
Musterbildes mit dem aktuellen Bild eines Werkstückes, etwa einer
Leiterkarte, sofort Fehler erkennen. Mit diesem und ähnlichen Verfahren lassen sich Merkmale (Konturen, Flächen) eines dargestellten Objektes extrahieren und so die Lage des Objektes bestimmen, was zu
"sehenden Robotern" führt. So gibt es heute Systeme, die eine automa-
tische Klassifizierung von Fingerabdrücken erlauben.

Das menschliche Auge tut sich allgemein schwer, nahe beieinanderlie-
gende Grauwerte zu unterscheiden. Wenn man die Graustufen auf den
Bereich von 0 bis 1 skaliert, wird man feststellen, daß für das Auge
der Unterschied zwischen 0.10 und 0.11 genausogroß erscheint wie zwischen 0.50 und 0.55.

Man muß für die Darstellung eine logarithmische Funktion wählen. Ist
I0 der kleinste darstellbare Intensitätswert, dann ergibt sich für N
Intensitäten I[k] die Bedingung:

```
            (N-k)/N
I[k] = I0
```

Bleibt noch ein Problem: Wie stellt man Grauwerte auf einem Computerbildschirm oder Matrixdrucker dar, wenn diese Geräte nur zwei Hellig-
keitsstufen (dunkel/hell) können?

18.2 Halbton-Approximation

Die Antwort liegt in der Fähigkeit unseres Auges, kleine Bereiche zu integrieren. Der Effekt ist jedem aus der Zeitung bekannt: Ab einem gewissen Abstand sehen wir nicht mehr, das ein Foto aus einzelnen, in ihrer Größe verschiedenen Rasterpunkten zusammengestzt ist. Diese Halbtontechnik läßt sich auf einen Computerbildschirm nachvollziehen.

Man nimmt für die Darstellung eines Bildpunktes (= Pixel) nicht mehr einen einzigen Bildschirm-Punkt, sondern man faßt ein quadratisches Punktefeld für die Darstellung des Pixel zusammen. In Abb. 18-1 oben ist gezeigt, wie man durch eine Matrix von 2 x 2 Bildpunkten 5 Graustufen darstellen kann. Natürlich schrumpft die Zahl der darzustellenden Pixels durch diese Methode; das Bild wird gröber. Will man zum Beispiel 5 Graustufen auf einem Bildschirm mit 512 mal 512 Punkten darstellen, kann man nur noch 256 mal 256 Pixels abbilden. Mit 3 x 3 Punkten lassen sich 9 Graustufen darstellen, die Auflösung sinkt aber auch auf ein Neuntel der urpsrünglichen Zahl. In Abb. 18-1 ist auch hier eine Musterfolge angegeben. Hier tritt noch ein weiteres Problem auf. Stellt man den Grauwert so dar, wie in Abb. 18-1 unten, zeigt das Bild vielfach Streifen; es muß also das Muster rechts unten gewählt werden.

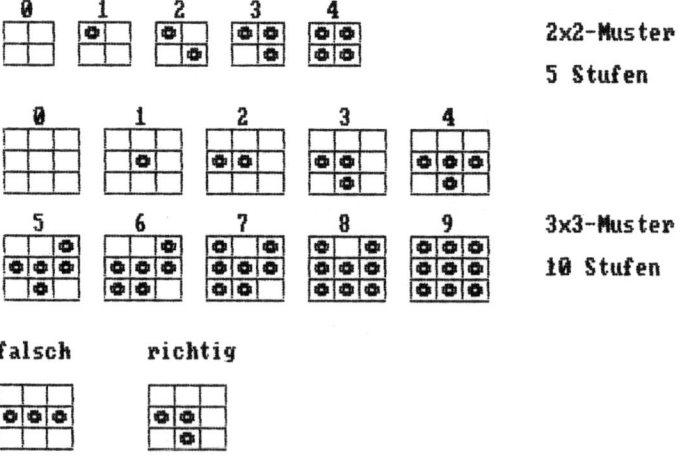

Abb. 18-1 Darstellung von Halbtönen als Graustufen

18.3 Abtastung (Scanner)

In diesem Abschnitt will ich zwei Möglichkeiten vorstellen, wie man mit geringem Aufwand Vorlagen digitalisieren kann.

Will man ein Videobild digialisieren, muß man zunächst wissen, wie das Bildsignal aufgebaut ist. Kameras liefern in der Regel ein BAS-(Bild-Anstast-Synchron-Signal): Es wird hier jedes Bild Zeile für Zeile übertragen. Der Aufbau eines Bildes dauert 20 ms, die Dauer einer Zeile 64 us. Alle 20 ms wird ein Halbbild, bestehend aus 312,5 Zeilen, übertragen und zwar von oben nach unten. Zwei aufeinanderfolgende Halbbilder sind um eine Zeile versetzt, so daß ein vollständiges Bild mit 625 Zeilen entsteht. Jedes Bild wird durch einen Vertikal-Synchron-Impuls eingeleitet (Abb. 18-2 oben). Zwischen zwei Vertikal-Synchron-Impulsen werden 312,5 Zeilen übertragen, die durch einen Horizontal-Synchron-Impuls eingeleitet werden (Abb. 18-2 unten). Die meisten Kameras liefern ein Bildsignal, dessen höchste Frequenz 4 MHz ist. Der Schwarzpegel des Signals liegt bei ca. 0 Volt, der Weißpegel wird mit dem Helligkeitsregler eingestellt und mit dem Kontrastregler, die Differenz zwischen Schwarzpegel und Weißpegel. Die folgenden Schaltungen beruhen auf einem Artikel von R.D. Klein in der Zeitschrift ELEKTRONIK.

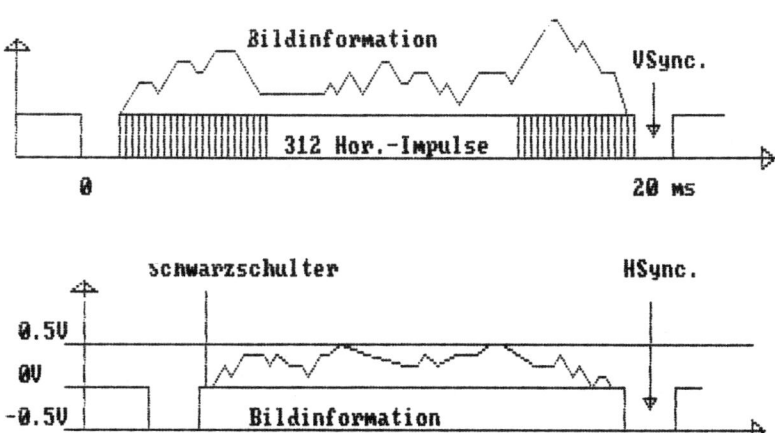

Abb. 18-2 Das Fernsehsignal (schematisch)

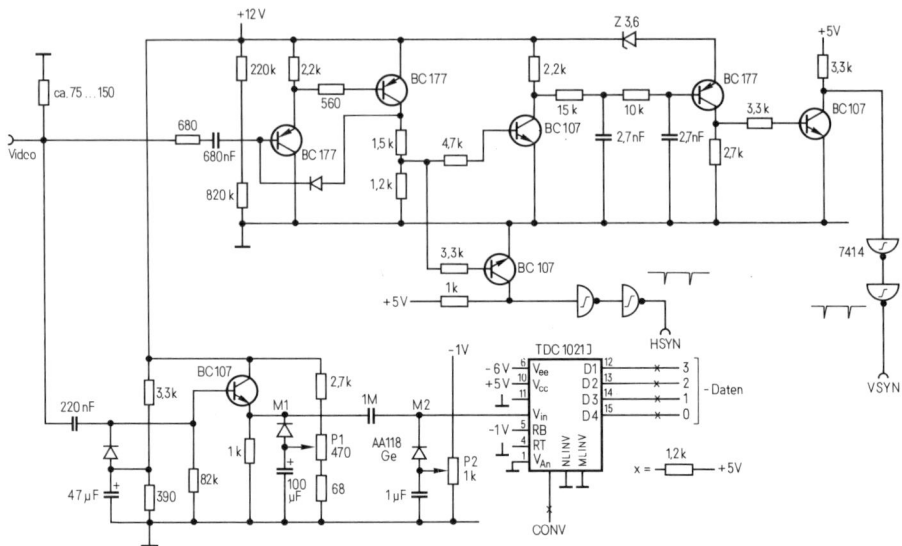

Abb. 18-3 Analogteil des Digitalisierers

Zunächst müssen aus dem Bildsignal die Synchronimpulse wieder gewonnen werden. Das läßt sich mit wenig Aufwand erreichen. Abb. 18-3 zeigt eine passende Schaltung in diskreter Schaltungstechnik. Man könnte auch fertige, integrierte Schaltkreise aus der Fernsehtechnik (zum Beispie TBA 970) verwenden. Der Regler P1 wird so eingestellt, daß am Messpunkt M1 keine Synchronanteile mehr messbar sind. Mit P2 wird die Ausgangsspannung auf das Intervall 0...-1V begrenzt.

Das Videosignal gelangt an den Eingang eines schnellen 4-Bit-A/D-Wandlers, der über den Eingang CONV getriggert wird. Der digitale Steuerteil ist auch nicht besonders kompliziert. Mit dem Adreßdecoder V7 werden die vier höherwertigen Bits der Portadresse eingestellt. Der Prozessor greift dann über drei Adressen auf den Digitalisierer zu, um die horizontale und vertikale Adresse eines Punktes festzulegen:

Port x0:
    Schreiben:
        horizontale Punktadresse, niederwertiges Byte
    Lesen:
        xVHdddd Busy-Signal, offenes Bit, V-Sync, HSync und vier
        Datenbits

Port x1:

vertikale Punktadresse, niederwertiges Byte

Port x2:

hhhhvvvv, jeweils die oberen vier Bit von horizontaler
und vertikaler Punktadresse

Die Schaltung des Digitalteils in Abb. 18-4 besteht aus einer Reihe
von Synchronzählern und Vergleichern sowie Latches für die vom Prozessor kommenden Daten. Alle vom Prozessor kommenden Leitungen sind mit
"CPU" markiert.

Die Zähler arbeiten mit einem Takt von 8 MHz, wobei der Vorteiler für
den Takt durch das Hsync-Signal synchronisiert wird. Die obere Teilerkette (Z1,ZZ,Z3) zählt die horizontalen Spalten des Bildes, sie wird
vom Hsync-Signal auf Null gesetzt.

Mit diesem Signal wird die zweite Teilerkette (Z4,Z5,Z6) getriggert,
die die Zeilen des Bildes zählt. Diese Teilerkette wird durch Vsync

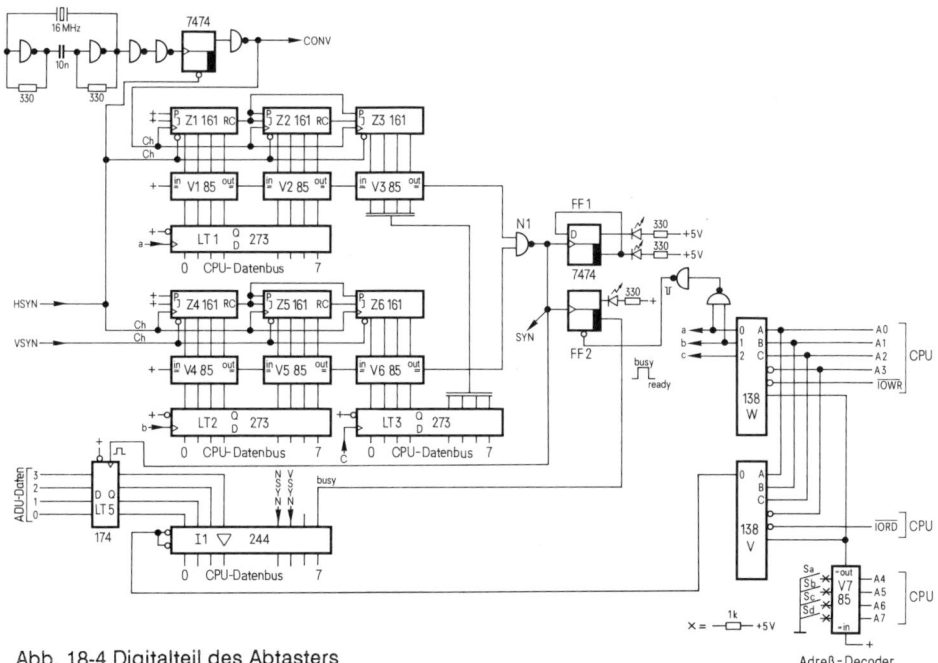

Abb. 18-4 Digitalteil des Abtasters   Adreß-Decoder

zurückgesetzt. Das Zeilensprungverfahren wird nicht berücksichtigt, also nur ein Halbbild bearbeitet.

Die Ausgänge beider Teilerketten sind mit Vergleichern verbunden (V1...V3 für die einzelne Zeile und V4...V5 für die Zeilen des Bildes). Die anderen Seiten der Vergleicher liegen an den Latches zum CPU-Datenbus, die über die oben genannten Adressen angesprochen werden. Stimmt die Stellung der Zähler mit den, vom der CPU angegebenen Bildpunktkordianten überein, der Ausgang von Gatter N1 auf Low. Mit diesem Signal wird das Flip-Flop FF1 getriggert (die beiden Leuchtdioden an FF1 müssen bei ordnungsgemäßem Arbeiten des Digitalisierers etwa gleich hell leuchten).

Das zweite Flip-Flop wird immer dann gelöscht, wenn die CPU neue Bildpunktkoordinaten übergibt (auf den niederwertigen Adressen). Der A/D-Wandler wird vom Zähler ständig getriggert, der Impuls zum Ausgang von N1 sorgt nur für die Übernahme der Daten des A/D-Wandlers zum richtigen Zeitpunkt.

Über Bit 7 des Leseports I1 kann der Prozessor feststellen, wann gültige Daten an I1 anliegen. Für Testzwecke sind die Synchronsignale auch an I1 geführt. Durch Aufwärtszählen der Bildpunkt-Koordinaten kann das Bild in ca. 5s in den Speicher des Prozessor übernommen werden.

Die Weiterverarbeitung oder Ausgabe auf Matrixdrucker kann dann später erfolgen. Der Digitalisierer eignet sich nicht für bewegte Bilder, dafür dauert das Einlesen zu lange. Man kann aber einen Geschwindigkeitsgewinn erzielen, wenn man zum Beispiel nur jeden zweiten Punkt oder nur jede zweite Zeile digitalisiert. Bei der vorstehenden Schaltung ist der Aufwand für das Speichern eines Bildes immer noch recht hoch (man braucht eine Kamera, die Hardware und die Software). Ist man mit weniger Auflösung zufrieden, erhält man das Bild für ein paar Mark.

Der folgende Abtaster beruht auf einer Idee von Michael Krämer (aus der Zeitschrift mc 11/1985). Das Prinzip ist einfach, man kann es mit einem Plotter und einem Drucker gleichermaßen verwenden:

Ein Fototransistor wird zeilenweise über die Vorlage geführt und auf diese Weise die Oberfläche Punkt für Punkt abgetastet. Das wichtigste

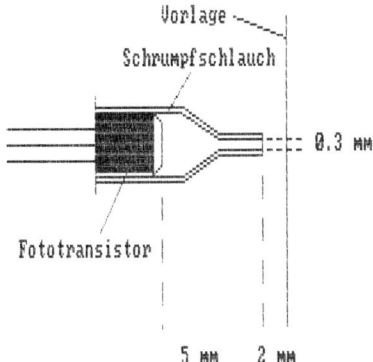

Abb. 18-5 Blende für den Fototransistor

ist bei diesem einfachen Scanner der Aufnehmer. Bei einem Plotter
bietet es sich an, den Fototransistor in einen alten Plotterstift
einzubauen. Damit hat man auch gleich eine passende Blende.

Zur Beleuchtung der Abtastfläche dient eine Miniaturglühlampe von 12
V, 0.05A. Beim Drucker ist die Sache etwas komplizierter. Man muß hier
eine Trägerplatte für Fototransistor und Lampe finden, die sich auf
den Druckkopf aufstecken läßt. Meist finden sich noch die Bauteile für
die Interfaceschaltung auf der Trägerplatte Platz.

Wer es ganz vornehm machen will, nimmt zwei Lichtwellenleiter für die
Abtastung und macht die Elektronik stationär. Doch zurück zur Trägerplatte. Damit der Fototransistor kein Streulicht auffängt, muß er mit
einer Blende versehen werden. Man verwendet dazu am besten einen
Schrumpfschlauch, der so angebracht wird, wie Abb. 18-5 es zeigt. Mit
0.3 mm ist auch die höchstmögliche Auflösung erreicht. Das Glühbirn-
chen wird neben dem Fototransistor so angeordnet, daß kein Streulicht
durch die Blende einfallen kann. Es darf nur Licht von der Vorlage
reflektiert werden.

Die Interfaceschaltung (Abb. 18-6) ist recht einfach. Sie besteht aus
zwei Operationsverstärkern, die in einem IC vereinigt sind. Der erste
verstärkt das Signal vom Fototransistor so, daß bei Dunkelheit am
Ausgang ca. 0.8 V zu messen sind. Mit dem Trimmpoti wird die Verstär-
kung so eingestellt, daß bei weißem Papier ca. 10 V Ausgangsspannung
anliegen. Der zweite Operationsverstärker ist als 1-Bit-A/D-Wandler

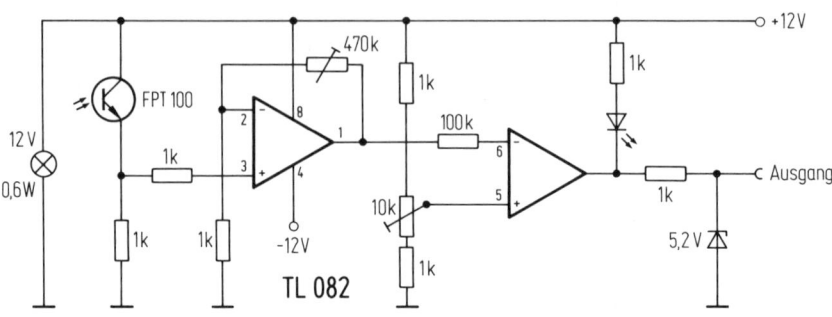

Abb. 18-6 Schaltung des Abtasters

beschaltet (Analog-Komporator). Mit dem Trimmpoti 10 Kiloohm wird die
Schaltschwelle eingestellt (am besten nimmt man einen Spindeltrimmer).
Damit ist die Elektronik auch schon fertig.

Für die Software kann ich nur einen allgemeinen Vorschlag geben, da
die Eingangsports und Timer bei jedem Computer anders behandelt werden
müssen. Zunächst ein paar Worte zum Drucker. Wird ein Epson FX-80
verwendet (sein Code ist recht verbreitet), ist es nicht so einfach,
den Druckkopf ohne Druck über das Papier zu bewegen, das Drucken von
Leerzeichen wird von der "Druckerintelligenz" wegoptimiert. Es geht
mit einem Trick:

Man stellt den Tabulator auf Schreibstelle 64 und druckt dann eine
Null, also nichts, im Grafikmodus. Schon fährt der Druckkopf über das
Papier. Alle 800 Mikrosekunden muß ein Punkt aufgenommen werden. Wird
der Zeitablauf des 800 Mikrosekunden-Timers nicht über Interrupt ab-
gefangen, sollte man den Timer nicht auf Null, sondern auf einen Wert
kleiner als 20 prüfen. Die Pixel werden so abgelegt, daß sie mit der
Hardcopy-Routine aus dem Drucker-Plot-Paket ausgegeben werden können.

19 Weiterführende Techniken

Will man mit Computergrafiken auf dem Rasterbildschirm Grafiken erzeugen, die nicht mehr als Computergrafiken erkennbar sind, muß man Schatten und Glanzlichter anbringen und das Punktraster eliminieren. Über Techniken, die so etwas ermöglichen, soll hier kurz berichtet werden um einen Überblick zu geben. Eine ausführliche Behandlung der folgenden Themen könnte gut und gerne ein bis zwei weitere Bücher füllen.

19.1 Anti-Aliasing

Sie haben sicher schon bemerkt, daß bei der Ausgabe von Zeichnungen auf dem Bildschirm die "Treppen" nebeneinanderliegender Linien zu einen Moireemuster führen. Auch Kreise wirken immer etwas eckig. Das Fachwort dafür ist Aliasing, ein Problem, das immer dann auftritt, wenn man Signale darstellt, die mit einem diskreten Zeittakt abgetastet werden (in unserem Fall ist es kein Zeittakt, sondern einfach die Tatsache, daß der Bildschirm in einzelne Bildpunkte aufgeteilt ist).

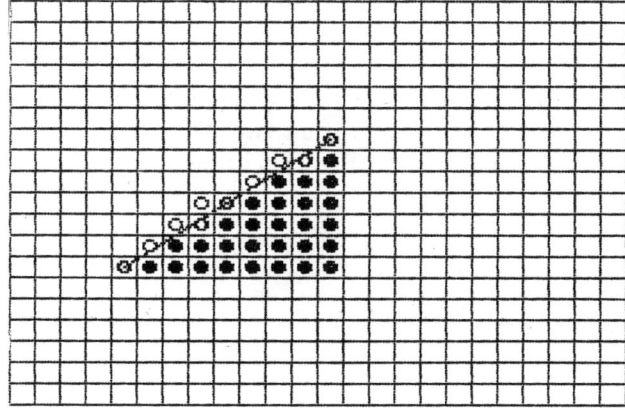

Abb. 19-1 Prinzip des Anti-Aliasing

Anti-Alising ist ein Verfahren zur Glättung von beispielsweise Polygonkanten, damit die "Treppchen" an schrägen Kanten verschwinden. Dazu wird die Gerade betrachtet, welche die exakte Polygonkante beschreibt. Betrachten Sie dazu Abb. 19-1. Punkte unterhalb der geraden werden geschwärzt. Punkte, die mit mehr als 50% ihrer Fläche unter der Geraden liegen, werden hellgrau (in der Abbildung wurde dies hier durch verschieden starke Kreise angedeutet).

Durch die Integrationsfähigkeit des Auges verschwimmt diese Grautreppe zu einer glatten Kante. Man kann das Anti-Aliasing-Verfahren auch direkt in die Grafik-Hardware implementieren. Bei Bildern, die nicht mathematisch beschreibbar sind (z.B. mit dem Digitalisierer gewonnene Bilder), kann man nicht auf die oben geschilderte Weise "verbessern".

Man verwendet Verfahren, die mit "Bluring" ("Verwischen") bezeichnet werden. Dabei werden wie bei den Verfahren aus Kapitel 18 die Nachbarpunkte mit betrachtet und Mittelwerte gewonnen, wobei man das Mittel auch noch gewichten kann. Eine weitere Methode ist, Bildpunkte in der Umgebung eines bestimmten Punktes durch einen Zufallsgenerator leicht zu verändern. Man verschlechtert das Bild also ein wenig.

In manchen Fällen kann es geschehen, das relativ kleine Bildobjekte durch die Anti-Aliasing Verfahren verfälscht werden, die beste Methode ist es immer noch, die Auflösung des Rasters zu erhöhen (das ist aber auch die teuerste Methode).

Im Tagungsband "Computer Graphics, Theory and Applications" wurde von Fuji und Iwata ein Algorithmus für das Anti-Aliasing vorgestellt, der anstelle des Linienalgorithmus von Bresenham verwendet werden kann. Dazu muß der Befehl zum Setzen eines Punktes um einen Parameter erweitert werden, der den Helligkeitswert des Punktes angibt. Der Algorithmus ist nur für den ersten Quadranten skizziert, für die Anwendung in der Praxis muß er entsprechend erweitert werden. Wichtig sind die Variablen "Grau", "Deltagrau" und "Grau2", die zur Berechnung des Grauwertes dienen:

```
Procedure Line (X1, y1, x2, y2 : real);
 (* Antialiasing, 1. Quadrant *)
 var IX1, IY1 : Integer;
     Grau, Deltagrau, Grau2, S, T : real;
  begin
  IX1 := Round(X1);
```

```
IY1 := Round(Y1);
S := (Y2-Y1)/(X2-X1);
T := S*(IX1-X1) + Y1;
Grau := 1.0; Deltagrau := 1.0; Grau2 := 1.0;
if T<IY1 then
  IY1 := IY1 -1
else
  begin Deltagrau := S*Grau; Grau2 := (T-IY1)*Grau end;
repeat
  Dot(IX1, IY1, Grau-Grau2);
  Dot(IX1, IY1 +1 , Grau2);
  Grau2 := Grau2 - Deltagrau;
  if Grau2>=Grau then
    begin IY1 := IY1 + 1; Grau2 := Grau2 - Grau end;
  IX1 := IX1 + 1;
until IX1>=X2;
end;
```

19.2 Schattierung

Auch die Schattierung soll dafür sorgen, daß die Darstellungen realistischer erscheinen und dreidimensionale Objekte mehr Tiefe erhalten. Man nimmt eine oder mehrere punktförmige Lichtquellen und bestimmt die Helligkeit einer Fläche aus dem Winkel der Oberflächennormalen (der Senkrechten zur Fläche) und der Richtung des eintreffenden Lichtes. Da sich dreidimensionale Objekte aus Polygonflächen zusammensetzen, kann man zusätzlich noch die Übergänge zwischen benachbarten Flächen einander in der Helligkeit angleichen um den Eindruck einer nahtlosen, glatten Fläche zu verstärken. Ist I die Intensität der Lichtquelle und β der Winkel zwischen der Flächennormalen und der Richtung des eintreffenden Lichtes, kann man die Helligkeit der Fläche annähernd durch die folgende Gleichung angeben:

$$H = I * \cos (\beta)$$

Jedes Material hat einen anderen Reflexionsgrad. Mit Hilfe einer Materialkonstante R kann man also definieren:

$$H = R * I * \cos (\beta)$$

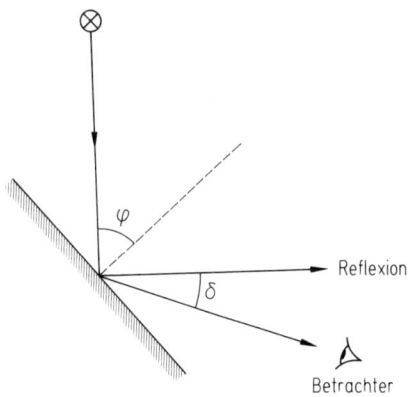

Abb. 19-2 Winkel des Lichts und Betrachtungswinkel

Nun gibt es außer der (meist punktförmigen) Lichtquelle, die Spitz-
lichter erzeugt, immer noch eine gewissen Raumhelligkeit, die dem Bild
eine Grundhelligkeit verleiht. Bezeichnet man mit U die Umgebungshel-
ligkeit, dann ergibt sich ohne die Punktlichtquelle eine Grundhelligkeit:

```
Hg = U * R
```

Für jede zusätzlich hinzukommende Punktlichquelle kommt, wie oben
gezeigt, die Helligkeit Hp hinzu:

```
Hp = R * I * cos (β)
```

Wird der Strahl von der Punktlichtquelle auf den Gegenstand durch
andere Bildteile verdeckt, bleibt der Strahl unberücksichtigt. Will
man zusätzlich Glanzeffekte erzielen, muß man einen Reflexionskoeffi-
zienten G kennen. Abb. 19-2 zeigt, daß zusätzlich der Blickwinkel s
bekannt sein muß. Die Helligkeit ergibt sich dann zu:

```
H = I * (R * cos (β) + G * cos (s))
```

Bei einer Vollreflexion (Glas, Chrom) entsteht eine zusätzliche Pseudolichtquelle im Auftreffpunkt des Lichtstrahls. Sie hat die Helligkeit:

```
Hv = S * H
```

wobei S wieder eine Materialkonstante ist. Bei transparenten Objekten wird das, durch das Objekt gehende, Licht gebrochen und gedämpft. Bei einer Brechzahl von N ist der neue Winkel

```
Φ = arcsin (N * sin (β)).
```

Es sind für solche Methoden also auch gute Kenntnisse der Optik notwendig. In den Büchern von Newman/Sproull, Foley/van Dam und Purgathofer ist mehr über dieses Thema zu finden.

19.3 Ray-Tracing

Ray-Tracing ist ein Verfahren, das die Darstellung realistischer Bilder mit allen Formen der Schattierung auf dem Bildschirm erlaubt. Dazu wird für jeden Bildpunkt die Helligkeit und Farbe berechnet. Sie können sich vorstellen, dß es sich um ein sehr aufwendiges Verfahren handelt, das eine leistungsfähige Hardware voraussetzt.

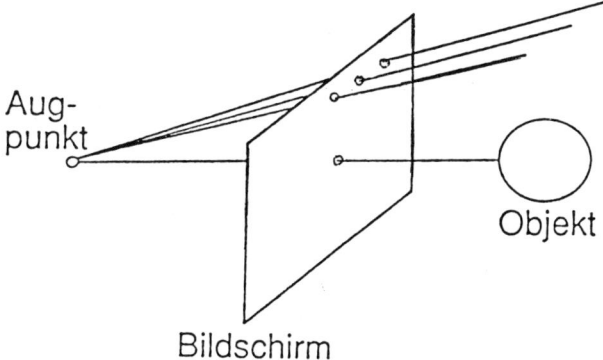

Aug-
punkt

Objekt

Bildschirm

Abb. 19-3 Weg der Sehstrahlen beim Betrachten dreidimensionaler Objekte

Eine wirklichkeitsnahe Vorgehensweise wäre es, von einer Lichtquelle
Stahlen ausgehen zu lassen, und zu beobachten, mit welcher Intensität
jeder einzelne Stahl die Bildebene trifft. Man erkennt aber auf den
ersten Blick, das solch ein Verfahren viel zu rechenaufwendig sein
muß.

Beim Ray-Tracing geht man genau umgekehrt vor. Betrachten Sie dazu die
Abb. 19-3. Der Lichtstrahl wird vom Auge ausgehend bis zur Lichtquelle
zurück verfolgt. Trifft er auf ein Objekt, zum Beispiel eine Kugel,
berechnet man den Schnittpunkt mit der Oberfläche dieses Objekts. Da
es sich in der Regel um mehrere Objekte handelt, erhält man meist auch
mehrere Schnittpunkte (Abb. 19-4).

Es wird der Schnittpunkt genommen, der dem Bildschirm am nächsten
liegt. Der zugehörige Punkt auf dem Bildschirm (jener Punkt, durch den
der betrachtete Lichtstrahl läuft) erhält die Farbe der Kugel. Macht
man das nit allen Bildschirm-Punkten, so erhält man eine flache Abbildung von Scheiben auf dem Bildschirm.

Um ein dreidimensionales Aussehen zu erhalten, muß zusätzlich der
Enfallswinkel des Lichts berechnet werden. Die Formeln dazu findet man
in Mathematik- und Optikbüchern. (Wenn man keine externe Lichtquelle
vorsehen will, kann man auch die Kugeln selbst leuchten lassen). Bei
einer Kugeloberfläche ist die Intensität direkt abhängig vom Einfallswinkel. Man kann so die Helligkeit der einzelnen Bildpunkte berechnen,
aus denen sich das Bild der Kugel auf dem Bildschirm zusammensetzt.
Auf diese Weise werden Glanzlichter und Schatten erzeugt, die die
Kugel dreidimensional erscheinen lassen.

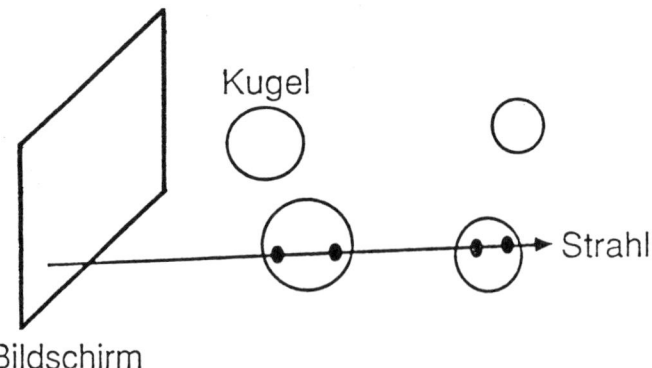

Abb. 19-4 Weg eines Sehstrahls durch die Objekte

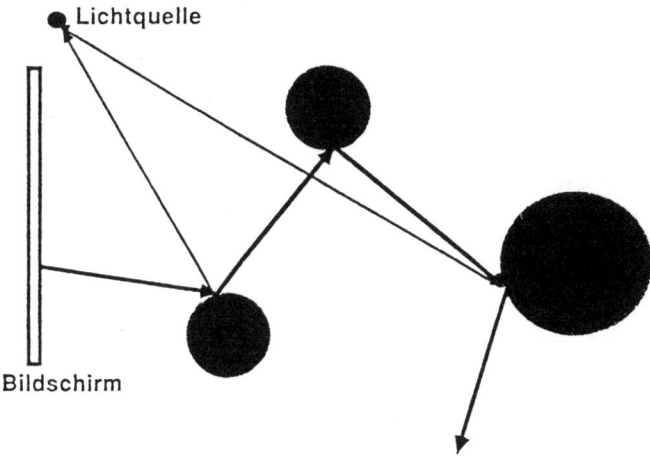

Abb. 19-5 Ein Sehstrahl wird solange verfolgt, bis er aus dem Sichtbereich läuft

Wenn man nun zusätzlich Reflexionen will, muß man den Lichtstrahl (der ja eigentlich ein Sehstrahl ist) weiterverfolgen (Abb. 19-5). Der Ausfallswinkel des Strahls ist gleich dem Einfallswinkel des ankommenden Strahls. Für alle abgehenden Strahlen berechnet man nun den Weg recursiv solange, bis der Strahl das Bild verläßt oder in den Hintergrund geht.

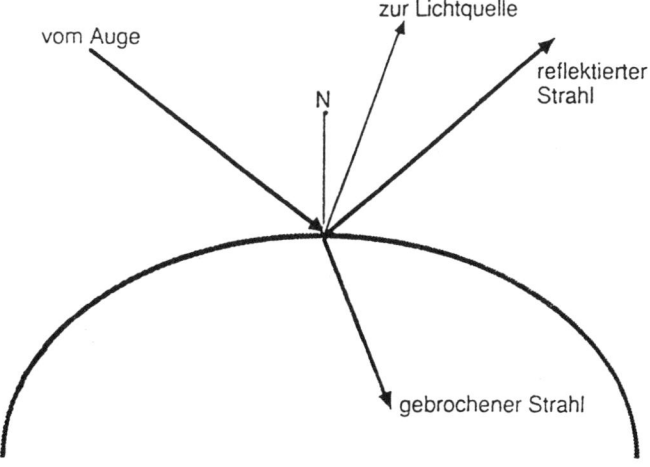

Abb. 19-3 Weg der Sehstrahlen beim Betrachten dreidimensionaler Objekte

Auf dem Bildschirm ergibt sich dann für die Farbe und Helligkeit ein Mischprodukt der Werte, die auf diesem Weg gefunden werden. Hat man weitere externe Lichtquellen, muß ein weiterer Strahl in Richtung auf diese Lichtquelle erzeugt werden.

Noch komplizierter wird es bei durchsichtigen Objekten. Hier ist noch ein gebrochener Strahl vorzusehen. Man kann die Berechnung der zusätzlich entstehenden Strahlen abbrechen oder die Hintergrundfarbe wählen um den Rechenaufwand zu reduzieren.

Das Buch von Janich, Massmann, Schulz beschäftigt sich ausschließlich mit Ray-Tracing-Verfahren (siehe Literaturanhang).

20 Zeitverschwenden mit dem Plotter

20.1 Dekorative und ungewöhnliche Grafik

In diesem Kapitel des Buches will ich Sie ein wenig in den künstlerischen Bereich der Computergrafik einführen. Viele Computerzeichnungen haben einen ganz eigenen ästhetischen Reiz. Manche Beispiele aus dem Buch haben das schon angedeutet. Ich habe in diesem Kapitel zusammengetragen, was mir im Lauf der Zeit an Verfahren bekannt geworden ist, die zwar irgendeinen mathematischen Hintergrund besitzen, die aber hauptsächlich durch das grafische Resultat wirken. Die Programme werden nur sehr kurz beschrieben (wer sich bis hier durchgearbeitet hat, versteht sie auch sofort), und ich möchte Sie anregen, auch selbst einmal Versuche in Richtung "Computerkunst" anzustellen. Möglicherweise kann ich durch Ihre Mithilfe dieses Kapitel in einer nächsten Auflage erweitern.

Das erste Programm ist eine Spielerei mit einer parametischen Kurve (Abb. 20-1).

```
Program Parametrische_Kurve;
Const
  Aspect = 3.2;
  X_Mitte = 320;
  Y_Mitte = 100;
Var
  A, B, C, W, R : Real;
  X, Y, Xalt, Yalt : Integer;
  Erste : Boolean;
Begin
Hires;
A := 180.0;
Repeat
  B := 0.0; Erste := true;
  Repeat
    C := Arctan(1)*B/45;
    W := Abs(cos(2.0*C));
    R := (A*Sqrt(W))/(1.0 + W);
```

```
   X := Round(Aspect*R*sin(C)) + X_Mitte;
   Y := Round(R*cos(C)) + Y_Mitte;
   if Erste then
     Erste := false
   else
     Draw(Xalt,Yalt,X,Y,White);
   Xalt := X; Yalt := Y;
   B := B + 3.0;
 Until B > 360;
 A := A - 10.0;
Until A < 30;
Readln;
Textmode;
End.
```

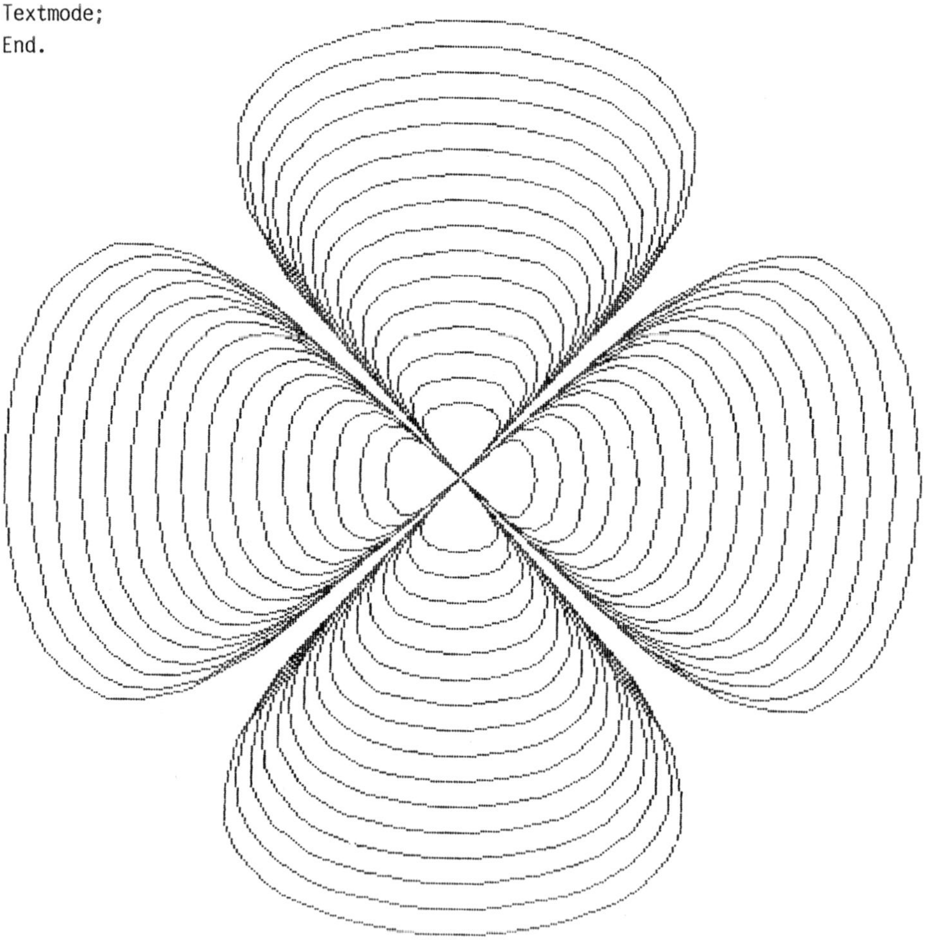

Abb. 20-1 Parametrische Kurve

Abb. 20-2 zeigt, daß durch Überlagerungen gerader Linien ein Moiree-Muster entsteht. Versuchen Sie auch einmal die Überlagerung von Kreisen und Ellipsen oder die Diagonalen von Ellipsen zu programmieren. Die Ergebnisse sind oft erstaunlich.

```
Program moiree;
Const
  max=1000;
  step = 50;
Var
  i, j : Integer;

Procedure line(x1,y1,x2,y2 : Integer);
  Begin
  Writeln(Lst,'M ',x1,',',y1);
  Writeln(Lst,'D ',x2,',',y2);
  End;

Procedure init;
  Begin
  Writeln(Lst); Writeln(Lst);
  Writeln(Lst,':');
  End;

Begin
j := 0;
Repeat
  line(0,0,j,max);
  line(0,0,max,max-j);
  line(max,max,0,max-j);
  line(max,max,j,0);
  j := j+step;
Until j>=max;
End.
```

Das Programm LISSA stellt die Überlagerung zweier Sinuswellen dar, man nennt solche Bilder Lissajous-Figuren (Abb. 20-3). Für die Grafik wurde die Überlagerung leicht verfremdet. Die Abbildung zeigt zwei der 100 dargestellten Bilder des Programms.

Abb. 20-2 Ein ganz einfaches Moiree-Muster

```
Program Lissa;
const
  xm = 159;
  ym = 99;
  pi = 3.1415;
var
  col, pal, i, j, k : Integer;
  x, y, xa, ya : Real;
  ch : Char;
begin
pal := 0; col := 1;
for i := 1 to 10 do
  for j := 1 to 10 do
    begin
    GraphColorMode;
    col := Succ(col);
    if col=4 then
      begin
      col := 1; pal := Succ(pal);
```

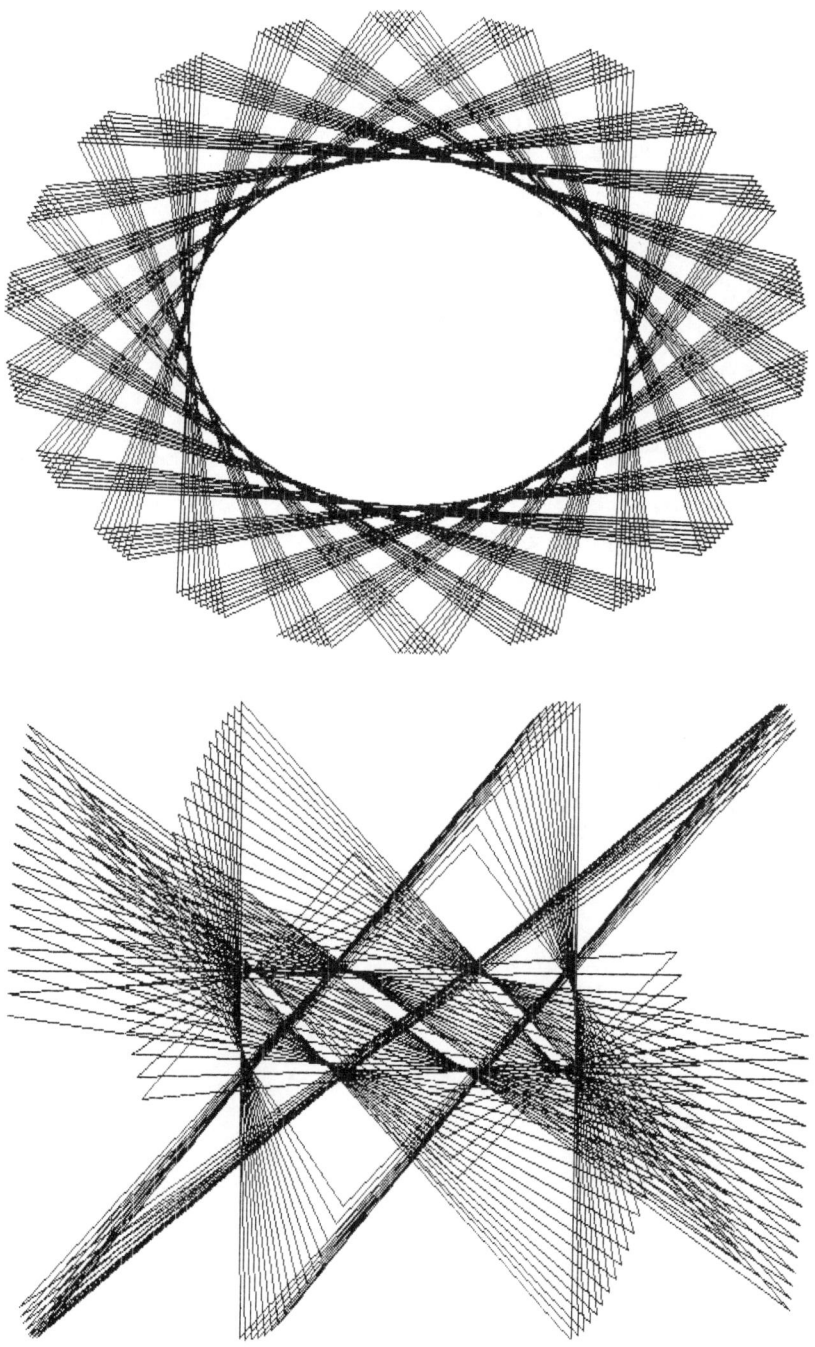

Abb. 20-3 Zwei von über 100 Lissajous-Figuren

```
   if pal = 4 then pal := 0;
   Palette(pal);
   end;
 xa := 2*xm; ya := ym; Plot(Round(xa),Round(ya),col);
 for k := 1 to 180 do
   begin
   x := xm + xm*cos(2.0*i*k);
   y := ym + ym*sin(2.0*j*k);
   Draw(Round(xa),Round(ya),Round(x),Round(y),col);
   xa := x; ya := y;
   end;
 delay(500);
 textmode;
 if Keypressed then
   begin
   Read(kbd,ch);
   if ch = #27 {ESC} then exit;
   end;
 end;
end.
```

Ein weiteres Programm, mit dem sich viele schöne Grafiken erzeugen lassen, ist STERNCHEN. Je nach Wahl der Schrittweite für den Winkel erhält man ganz verschiedene Figuren, wie Abb. 20-4 beweist.

```
Program sternchen;
Const
  max=500;
  pi180 = 0.01731 (*PI/180*);
Var
  i, j, x, y : Real;

Procedure drawto(x,y : Real);
  Begin
  Writeln(Lst,'D ',Round(x),',',Round(y));
  End;

Procedure moveto(x,y : Real);
  Begin
  Writeln(Lst,'M ',Round(x),',',Round(y));
  End;
```

Abb. 20-4 Einige Beispielsternchen

```
Procedure init;
  Begin
  Writeln(Lst); Writeln(Lst);
  Writeln(Lst,':');
  End;

Begin
init;
Write('FAKTOR: ');
Readln(j);
i := 0;
x := max+i*(max/6)*Cos(i)*pi180;
y := max+i*(max/6)*Sin(i)*pi180;
moveto(x,y);
Repeat
  x := max+i*(max/6)*Cos(i)*pi180;
  y := max+i*(max/6)*Sin(i)*pi180;
  drawto(x,y);
  i := i+j;
Until (i>360);
moveto(0,0);
End.
```

Viele der folgenden Bilder verwenden die Schildkrötengrafik aus früheren Kapiteln. Etliche dieser Kurven werden rekursiv erzeugt, setzen sich also immer wieder aus der gleichen Kurve mit höherer Recursionsstufe zusammen, so zum Beispiel die Dreieckskurve des folgenden Programms. Was dann gezeichnet wird zeigt Abb. 20-5. Es macht übrigens auch Spaß, einmal beim Plotter zuzusehen und zu verfolgen, in welcher Reihenfolge die Linien aufeinanderfolgen. Das Prinzip der Recursion wird dann sofort klar.

```
Program turtle_graphics;
(*$A-*)
CONST
  (* ZEICHENFELDBEGRENZUNG - DIESE 4 KONSTANTE
     MUESSEN IMMER VORHANDEN SEIN! *)
  xmin=0; xmax=1500;
  ymin=0; ymax=1500;

VAR
  (* VARIABLEN DES PROGRAMMS*)
```

```
    i : Integer;

(*$I TURTLE.INC  TUTLEGRAFIK EINBINDEN*)

Procedure dreieck( l : Integer);
  VAR i : Integer;
  BEGIN
  IF l>20 THEN
    FOR i:=1 TO 3 DO
      BEGIN
      dreieck(l DIV 2);
      forwrd(l);
      right(120);
      END;
  END;


BEGIN (* HAUPTPROGRAMM *)
Writeln('L EINGEBEN');
Readln(i);
initturtle;
moveto(10,10);
pendown;
dreieck(i);
initturtle;
END.
```

Abb. 20-5 So sieht die Dreieckskurve aus

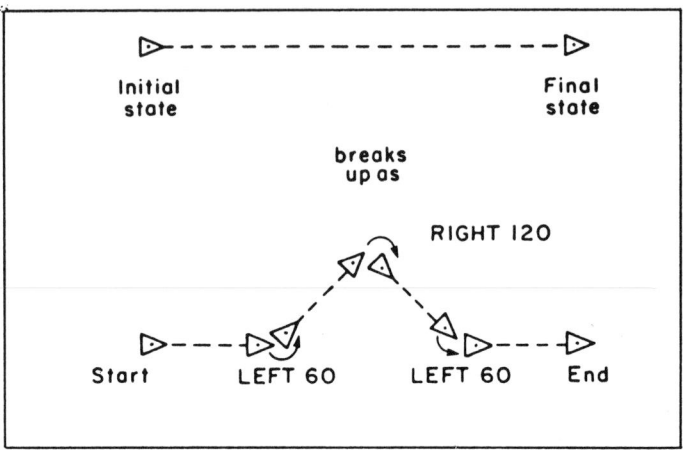

Abb. 20-6 Die Schneeflocke und das Prinzip, nach dem sie aufgebaut ist

Auch die nächste Kurve ist recursiv programmiert. Es handelt sich um
eine Koch- oder Schneeflockenkurve. Das Prinzip ist ganz einfach.
Sehen Sie sich dazu Abb. 20-6 oben an. Man beginnt mit einem gleich-
seitigem Dreieck. Jede Seite wird gedrittelt und im mittleren Drittel
wieder ein gleichseitiges Dreieck gezeichnet, wobei man die Mittel-
linie des neuen Dreiecks ausradiert. Setzt man die Ordnung der Schnee-

flockenkurve bis ins Unendliche fort, so erhält man eine endliche
Fläche, die von einer unendlichen Kurve begrenzt wird.

```pascal
Program turtle_graphics;
(*$A-*)
CONST
  xmin=0; xmax=1500;
  ymin=0; ymax=1500;

VAR
  (* VARIABLEN DES PROGRAMMS*)
  i : Integer;

(*$I TURTLE.INC  TUTLEGRAFIK EINBINDEN*)

Procedure seite(s, l : Integer);
  BEGIN
  IF l=0 THEN
    forwrd(s)
  ELSE
    BEGIN
    seite(s DIV 3,l-1);
    left(60);
    seite(s DIV 3,l-1);
    right(120);
    seite(s DIV 3,l-1);
    left(60);
    seite(s DIV 3,l-1);
    END;
  END;

Procedure schneeflocke( s, l : Integer);
  VAR i : Integer;
  BEGIN
  FOR i:=1 TO 3 DO
    BEGIN
    seite(s,l);
    right(120);
    END;
  END;
```

```
BEGIN (* HAUPTPROGRAMM *)
Writeln('L EINGEBEN');
Readln(i);
initturtle;
moveto(xmax DIV 4,100);
pendown;
schneeflocke(1200,i);
initturtle;
END.
```

Ganz anders sieht die Kurve aus, wenn man das Teildreieck nach innen richtet. Das Programm unterscheidet sich nur wenig vom vorhergehenden; das Ergebnis sehen Sie in Abb. 20-7.

```
Program turtle_graphics;
(*$A-*)
CONST
  xmin=0; xmax=1500;
  ymin=0; ymax=1500;

VAR
  (* VARIABLEN DES PROGRAMMS*)
  i : Integer;

(*$I TURTLE.INC  TUTLEGRAFIK EINBINDEN*)

Procedure seite(s, l : Integer);
  BEGIN
  IF l=0 THEN
    forwrd(s)
  ELSE
    BEGIN
    seite(s DIV 3,l-1);
    left(60);
    seite(s DIV 6,l-1);
    right(120);
    seite(s DIV 3,l-1);
    left(120);
    seite(s DIV 6,l-1);
```

Abb. 20-7 Die Schneeflocke - nach innen gezeichnet

```
    right(60);
    seite(s DIV 3,1-1);
    END;
  END;

Procedure schneeflocke( s, 1 : Integer);
  VAR i : Integer;
  BEGIN
  FOR i:=1 TO 3 DO
      BEGIN
      seite(s,1);
      right(120);
      END;
  END;

BEGIN (* HAUPTPROGRAMM *)
Writeln('L EINGEBEN');
Readln(i);
initturtle;
moveto(xmax DIV 4,100);
pendown;
schneeflocke(1200,i);
initturtle;
END.
```

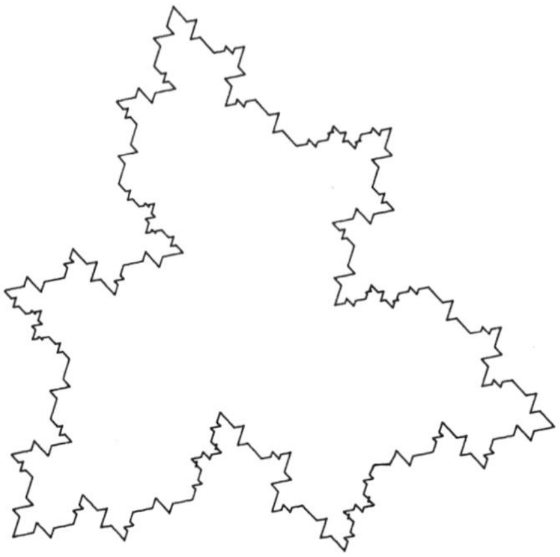

Abb. 20-8 Die Schneeflocke - stachlige Version

Weitere Experimente ergeben auch interessante Effekte: zeichnen wir
doch einmal die beiden Kurven übereinander. Andere Experimente ergeben
etwas sehr stachliges, wie Sie in Abb. 20-8 sehen können.

```
Program turtle_graphics;
(*$A-*)
CONST
  xmin=0; xmax=1500;
  ymin=0; ymax=1500;

VAR
  (* VARIABLEN DES PROGRAMMS*)
  i, j : Integer;

(*$I TURTLE.INC  TUTLEGRAFIK EINBINDEN*)

Procedure seite(s, l : Integer);
  BEGIN
  IF l=0 THEN
    forwrd(s)
  ELSE
    BEGIN
    seite(s DIV 3,l-1);
    right(60);
    seite(s DIV 3,l-1);
```

```
        left(120);
        seite(s DIV 3,1-1);
        right(60);
        seite(s DIV 3,1-1);
        END;
    END;

Procedure schneeflocke( s, 1 : Integer);
    VAR i : Integer;
    BEGIN
    FOR i:=1 TO 3 DO
        BEGIN
        seite(s,1);
        right(120);
        END;
    END;


BEGIN (* HAUPTPROGRAMM *)
Writeln('L EINGEBEN');
Readln(i);
initturtle;
moveto(xmax DIV 4,100);
pendown;
schneeflocke(1200,i);
initturtle;
END.
```

Bleiben wir noch ein wenig bei der Kochkurve. Wenn man nun statt der Dreiecke in der Mitte der gedrittelten Linie ein Rechteck aufrichtet erhält man das nächste Programm, dessen Ergebnis Sie in Abb. 20-9 finden.

```
Program turtle_graphics;
(*$A-*)
CONST
    xmin=0; xmax=1500;
    ymin=0; ymax=1500;

VAR
    i : Integer;
```

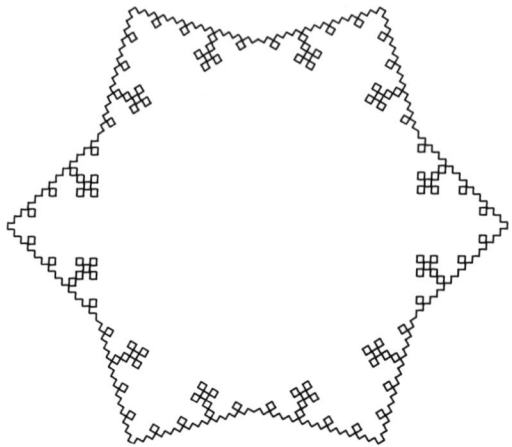

Abb. 20-9 Die Schneeflocke - mit Rechtecken


```
(*$I TURTLE.INC  TUTLEGRAFIK EINBINDEN*)

Procedure seite(s, 1 : Integer);
   BEGIN
   IF 1=0 THEN
     forwrd(s)
   ELSE
     BEGIN
     seite(s DIV 3,1-1);
     left(90);
     seite(s DIV 3,1-1);
     right(90);
     seite(s DIV 3,1-1);
     right(90);
     seite(s DIV 3,1-1);
     left(90);
     seite(s DIV 3,1-1);
     END;
   END;

Procedure schneeflocke( s, 1 : Integer);
   VAR i : Integer;
   BEGIN
   FOR i:=1 TO 6 DO
      BEGIN
      seite(s,1);
```

```
      right(60);
      END;
  END;

BEGIN (* HAUPTPROGRAMM *)
Writeln('L EINGEBEN');
Readln(i);
initturtle;
moveto(xmax DIV 4,ymax DIV 4);
pendown;
schneeflocke(500,i);
initturtle;
END.
```

Geht man nicht von einem Sechseck als Grundlage aus, sondern von einem Quadrat erhält man ein Gebilde wie in Abb. 20-10.

```
Program turtle_graphics;
(*$A-*)
CONST
  xmin=0; xmax=1500;
  ymin=0; ymax=1500;

VAR
  i : Integer;

(*$I TURTLE.INC  TUTLEGRAFIK EINBINDEN*)

Procedure seite(s, l : Integer);
  BEGIN
  IF l=0 THEN
    forwrd(s)
  ELSE
    BEGIN
    seite(s DIV 3,l-1);
    left(90);
    seite(s DIV 3,l-1);
    right(90);
    seite(s DIV 3,l-1);
```

Abb. 20-10 Die Schneeflocke - "im Quadrat"

```
    right(90);
    seite(s DIV 3,l-1);
    left(90);
    seite(s DIV 3,l-1);
    END;
  END;

Procedure schneeflockc( s, l : Integer);
  VAR i : Integer;
  BEGIN
  FOR i:=1 TO 4 DO
     BEGIN
     seite(s,l);
     right(90);
     END;
  END;

BEGIN (* HAUPTPROGRAMM *)
Writeln('L EINGEBEN');
Readln(i);
initturtle;
moveto(xmax DIV 3,ymax DIV 4);
pendown;
schneeflocke(600,i);
initturtle;
END.
```

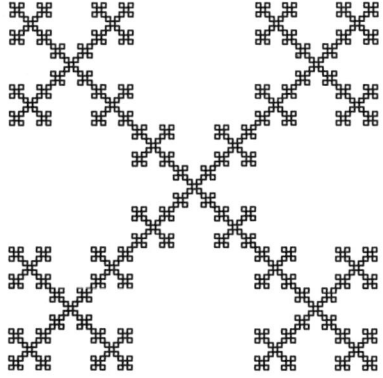

Abb. 20-11 Die Schneeflocke - "sakral"

Dreht man auch bei dieser Kurve die Richtung um - wie im letzten
Programm zu diesem Komplex - ergibt sich ein fast sakrales Gebilde
(Abb. 20-11).

```
Program turtle_graphics;
(*$A-*)
CONST
  xmin=0; xmax=1500;
  ymin=0; ymax=1500;

VAR
  i : Integer;

(*$I TURTLE.INC  TUTLEGRAFIK EINBINDEN*)

Procedure seite(s, l : Integer);
  BEGIN
  IF l=0 THEN
    forwrd(s)
  ELSE
    BEGIN
    seite(s DIV 3,l-1);
    right(90);
    seite(s DIV 3,l-1);
    left(90);
```

```
      seite(s DIV 3,l-1);
      left(90);
      seite(s DIV 3,l-1);
      right(90);
      seite(s DIV 3,l-1);
      END;
   END;


Procedure schneeflocke( s, l : Integer);
  VAR i : Integer;
  BEGIN
  FOR i:=1 TO 4 DO
      BEGIN
      seite(s,l);
      right(90);
      END;
   END;


BEGIN (* HAUPTPROGRAMM *)
Writeln('L EINGEBEN');
Readln(i);
initturtle;
moveto(100,100);
pendown;
schneeflocke(1200,i);
initturtle;
END.
```

Es gibt noch etliche recursive Kurven mit intressanten mathematischen
Eingenschaften und ästhetischer Wirkung so zum Beispiel die C-Kurve
die sich selbst zweimal aufruft. Das Programm läßt in seiner Einfach-
heit nicht vermuten, was daraus entsteht (Abb. 20-12).

```
Program turtle_graphics;
(*$A-*)
CONST
  xmin=0; xmax=1500;
  ymin=0; ymax=1500;

VAR
  i, j : Integer;
```

```
(*$I TURTLE.INC   TUTLEGRAFIK EINBINDEN*)

Procedure c_kurve(h, l : Integer);
  BEGIN
  IF l=0 THEN
    forwrd(h)
  ELSE
    BEGIN
    c_kurve(h,l-1);
    right(90);
    c_kurve(h,l-1);
    left(90);
    END;
  END;


BEGIN (* HAUPTPROGRAMM *)
Writeln('HOEHE UND LEVEL EINGEBEN');
Readln(i,j);
initturtle;
pendown;
c_kurve(i,j);
initturtle;
END.
```

Abb. 20-12 Die C-Kurve

Auch die nächste Kurve aus
Abb. 20-13 läßt sich durch ein
ganz einfaches Programm erzeugen. Sie können auch hier
selbst experimentieren; versuchen wir es doch einmal mit
den Befehlen RIGHT (60), RIGHT
(90) und RIGHT (120) anstelle
RIGHT (144) in der Prozedur
STERN im folgenden Programm.

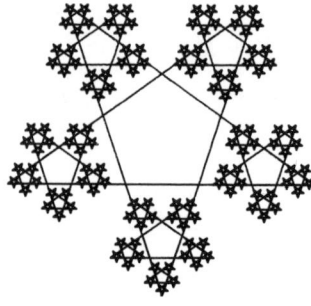

Abb. 20-13 ein rekursiver Stern

```
Program turtle_graphics;
Const
   xmin=0; xmax=2500;
   ymin=0; ymax=2500;


Var   i, j : Integer;

(*$I TURTLE.INC   TUTLEGRAFIK EINBINDEN*)

Procedure stern(l, s : Integer);
  Var i:Integer;
  Begin
  If s>0 Then
   For i:= 1 To 5 Do
    Begin
    forwrd(l);
    right(144);
    stern(l Div 3,s-1);
    End;
  End;

Begin (* HAUPTPROGRAMM *)
Writeln('HOEHE UND LEVEL EINGEBEN');
Readln(i,j);
initturtle;
moveto(xmax Div 5, ymax Div 5);
pendown;
stern(i,j);
initturtle;
End.
```

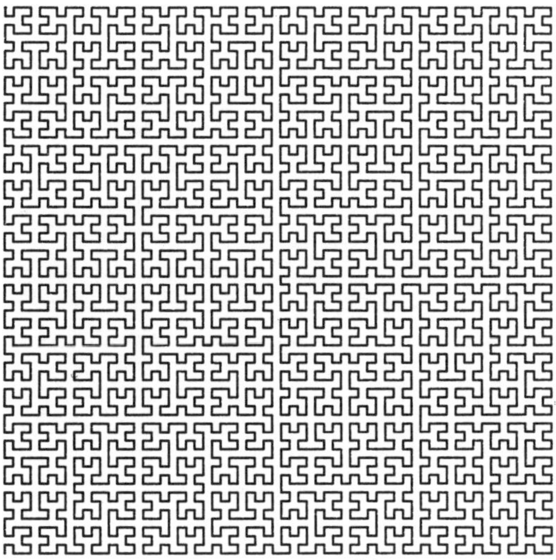

Abb. 20-14 Die Peano-Kurve (Anfang oben links, Ende unten rechts)

Eine weitere Klasse von Kurven entstehen durch mehrere, sich gegenseitig aufrufende Prozeduren. Ich will Ihnen hier die Peano-Kurve, die Hilbert- und die Sierpinski-Kurve vorstellen. Alle drei Kurven haben eine besondere Eigenschaft. Sie füllen, wenn die Ordnung unendlich geht, ein Flächenstück vollständig mit einer unendlich langen Linie aus, ohne daß Kreuzungen in diesem Linienzug auftreten. Bei der Peano-Kurve in Abb. 20-14 gibt es vier Prozeduren, die in Ihrem Namen die Teilfiguren wiederspiegeln, aus denen sich die Kurve zusammensetzt.

```
Program peano_kurve;
Const two : Array[0..10] Of Integer =
            (1,2,4,8,16,32,64,128,256,512,1024);
      xmax = 1500;
      ymax = 1500;

Var l, x, y, dx, dy: Integer;

Procedure moveto(x, y: Integer);
  Begin
  Writeln(Lst,'M ',x,',',y);
  End;
```

```
Procedure drawto(x, y: Integer);
  Begin
  Writeln(Lst,'D ',x,',',y);
  End;

Procedure j(l: Integer); Forward;
Procedure u(l: Integer); Forward;
Procedure n(l: Integer); Forward;
Procedure c(l: Integer); Forward;

Procedure j;
  Begin
  If l>0 Then
    Begin
    u(l-1);
    x := x+dx; drawto(x,y);
    j(l-1);
    y := y-dy; drawto(x,y);
    j(l-1);
    x := x-dx; drawto(x,y);
    n(l-1);
    End;
  End;

Procedure u;
  Begin
  If l>0 Then
    Begin
    j(l-1);
    y := y-dy; drawto(x,y);
    u(l-1);
    x := x+dx; drawto(x,y);
    u(l-1);
    y := y+dy; drawto(x,y);
    c(l-1);
    End;
  End;

Procedure n;
  Begin
  If l>0 Then
    Begin
```

```
      c(1-1);
      y := y+dy; drawto(x,y);
      n(1-1);
      x := x-dx; drawto(x,y);
      n(1-1);
      y := y-dy; drawto(x,y);
      j(1-1);
      End;
  End;

Procedure c;
  Begin
  If 1>0 Then
    Begin
    n(1-1);
    x := x-dx; drawto(x,y);
    c(1-1);
    y := y+dy; drawto(x,y);
    c(1-1);
    x := x+dx; drawto(x,y);
    u(1-1);
    End;
  End;

Begin
Write('LEVEL '); Readln(1);
dx := Round(0.9*xmax/(two[1]-1));
dy := Round(0.9*ymax/(two[1]-1));
x := xmax; y := 0;
moveto(xmax,0);
c(1);
moveto(0,0);
End.
```

Die bekannteste Kurve ist, glaube ich, jene des Mathematikers David Hilbert. Diese Kurve besteht aus vier verschiedenen Streckenzügen, die durch drei Brücken miteinander verbunden sind. Der Algorithmus wurde, ebenso wie jener der nachfolgenden Kurve, dem Buch von N. Wirth entnommen. Abb. 20-15 zeigt die Hilbertkurven der Ordnung 1...5 übereinandergezeichnet.

Abb. 20-15 Die Hilbertkuren der Ordnung 1..5 übereinander

```
Program hilbert_kurve;
  Const
      max = 1024;

Var l, i, h, x, y, x0, y0: Integer;

Procedure moveto(x, y: Integer);
  Begin
  Writeln(Lst,'M ',x,',',y);
  End;

Procedure drawto(x, y: Integer);
  Begin
  Writeln(Lst,'D ',x,',',y);
  End;

Procedure a(l: Integer); Forward;
Procedure b(l: Integer); Forward;
Procedure c(l: Integer); Forward;
Procedure d(l: Integer); Forward;

Procedure a;
  Begin
  If l>0 Then
    Begin
```

```
    d(l-1);
    x := x-h; drawto(x,y);
    a(l-1);
    y := y-h; drawto(x,y);
    a(l-1);
    x := x+h; drawto(x,y);
    b(l-1);
    End;
  End;

Procedure b;
  Begin
  If l>0 Then
    Begin
    c(l-1);
    y := y+h; drawto(x,y);
    b(l-1);
    x := x+h; drawto(x,y);
    b(l-1);
    y := y-h; drawto(x,y);
    a(l-1);
    End;
  End;

Procedure c;
  Begin
  If l>0 Then
    Begin
    b(l-1);
    x := x+h; drawto(x,y);
    c(l-1);
    y := y+h; drawto(x,y);
    c(l-1);
    x := x-h; drawto(x,y);
    d(l-1);
    End;
  End;

Procedure d;
  Begin
  If l>0 Then
    Begin
    a(l-1);
```

```
    y:= y-h;  drawto(x,y);
    d(1-1);
    x := x-h; drawto(x,y);
    d(1-1);
    y := y+h; drawto(x,y);
    c(1-1);
    End;
End;


Begin
Write('LEVEL '); Readln(1);
i:= 0; h := max;
x0 := h + (h Div 2); y0 := h Div 2;
Repeat
  i := i+1;
  h := h Div 2;
  x0 := x0 + (h Div 2); y0 := y0 + (h Div 2);
  x := x0; y := y0;
  moveto(x,y);
  a(i);
Until i=1;
moveto(0,0);
End.
```

Die letzte Kurve dieser Reihe stammt vom polnischen Mathematiker Sierpinski. Sie unterscheidet sich von den vorhergehenden Kurven dadurch, daß der Streckenzug geschlossen ist. Der Aufbau des Programms gleicht jenem der Hilbert-Kurve. In Abb. 20-16 sind die Sierpinski-Kurven der Ordnung 1 bis 4 übereinandergezeichnet. Man sieht sehr gut, wie sich die Kurve höherer Ordnung an die Kurve der nächstniedrigen Ordnung "herumwindet".

```
Program sierpinski_kurve;
Const    max = 2048;
Var      1, i, h, x, y, x0, y0: Integer;

Procedure moveto(x, y: Integer);
  Begin
  Writeln(Lst,'M ',x,',',y);
  End;
```

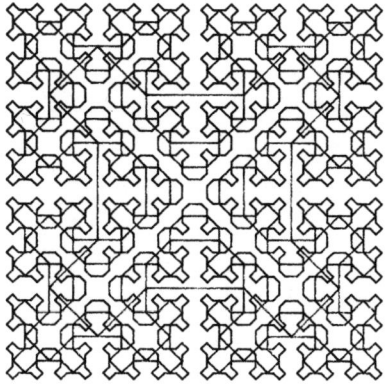

Abb. 20-16 Die Sierpinski-Kurven der Ordnung 1..4

```
Procedure drawto(x, y: Integer);
  Begin
  Writeln(Lst,'D ',x,',',y);
  End;

Procedure a(l: Integer); Forward;
Procedure b(l: Integer); Forward;
Procedure c(l: Integer); Forward;
Procedure d(l: Integer); Forward;

Procedure a;
  Begin
  If l>0 Then
    Begin
    a(l-1);
    x := x+h; y:= y-h;  drawto(x,y);
    b(l-1);
    x := x+2*h; drawto(x,y);
    d(l-1);
    x := x+h; y := y+h; drawto(x,y);
    a(l-1);
    End;
  End;

Procedure b;
  Begin
```

```
  If l>0 Then
    Begin
    b(l-1);
    x := x-h; y:= y-h;   drawto(x,y);
    c(l-1);
    y := y-2*h; drawto(x,y);
    a(l-1);
    x := x+h; y := y-h; drawto(x,y);
    b(l-1);
    End;
  End;

Procedure c;
  Begin
  If l>0 Then
    Begin
    c(l-1);
    x := x-h; y:= y+h;   drawto(x,y);
    d(l-1);
    x := x-2*h; drawto(x,y);
    b(l-1);
    x := x-h; y := y-h; drawto(x,y);
    c(l-1);
    End;
  End;

Procedure d;
  Begin
  If l>0 Then
    Begin
    d(l-1);
    x := x+h; y:= y+h;   drawto(x,y);
    a(l-1);
    y := y+2*h; drawto(x,y);
    c(l-1);
    x := x-h; y := y+h; drawto(x,y);
    d(l-1);
    End;
  End;

Begin
Write('LEVEL '); Readln(l);
i:= 0; h := max Div 4;
```

```
x0 := 2*h; y0 := 3*h;
Repeat
  i := i+1;
  x0 := x0-h; h := h Div 2; y0 := y0+h;
  x := x0; y := y0;
  moveto(x,y);
  a(i);
  x := x+h; y := y-h; drawto(x,y);
  b(i);
  x := x-h; y := y-h; drawto(x,y);
  c(i);
  x := x-h; y := y+h; drawto(x,y);
  d(i);
  x := x+h; y := y+h; drawto(x,y);
Until i=1;
moveto(0,0);
End.
```

Ein sehr interessanter Bereich der Computergrafik sind natürliche Entwicklungsprozesse. Mit solchen Prozessen beschäftigen sich seit kurzem Forschungsgruppen in Deutschland und in den USA (Peitgen/Richter an der Uni Bremen, Prof. Mandelbrot am T.J. Watson Research Center). Man hat festgestellt, daß harmlos wirkende Funktionen in bestimmten Bereichen chaotische Ergebnisse liefern. Mehr dazu finden Sie in dem wunderschönen Buch "Schönheit im Chaos". Ein bekanntes Objekt ist der sogenannte "Feigenbaum" (nach Prof. Feigenbaum). Es wird bei dieser Figur genauso wie bei den folgenden "Factalen" mit komplexen Zahlen gearbeitet. Der Komplexe Definitionsbereich wird dann als Bild in X- und Y-Koordinaten dargestellt. Dabei wird eine Funktion Z:= f(g) iteriert, das heißt, das letzte Ergebnis wird Argument der Funktion. Dazu ein Beispiel im Reellen.

$$f(x) = x^2$$

Für die Iteration gilt dann:

$$X_n := f(X_{n+1}) = (X_{n+1}) * (X_{n+1})$$

wobei die Funktionswerte ins Unendliche gehen. Nimmt man eine andere
Funktion, zum Beispiel

$$X_n := X * (1-X) * A$$

mit einer Konstanten A, ergibt sich für Werte von X zwischen 0 und 1
bei bestimmten Konstanten C ein unvorhersehbares sprunghaftes Verhalten. Betrachten wir die Konstante A im Bereich zwischen 3 und 4, indem
wir diesen Bereich in 640 Werte teilen. Für jeden Wert von lassen wir
die Funktion 20 - 100 mal interieren und tragen dann die nächsten 90
Interationswerte auf einer Linie auf, dann erhalten wir als Ergebnis
das Muster von Abb. 20-17, den "Feigenbaum".

```
10 XMAX=640 : YMAX=200
20 CLS: SCREEN 2
30 LINE (0,0)-(639,199),1,B
40 J=0
50 FOR A=3 TO 4 STEP (1/(XMAX-2))
60    J=J+1 : X= .5
70    FOR I=1 TO 50: X=X*(1-X)*A: NEXT I
80    FOR I=1 TO 80: PSET(J,X*(YMAX-1)):X=X*(1-X)*A:NEXT I
90 NEXT A
100 IF INKEY$="" THEN 100
```

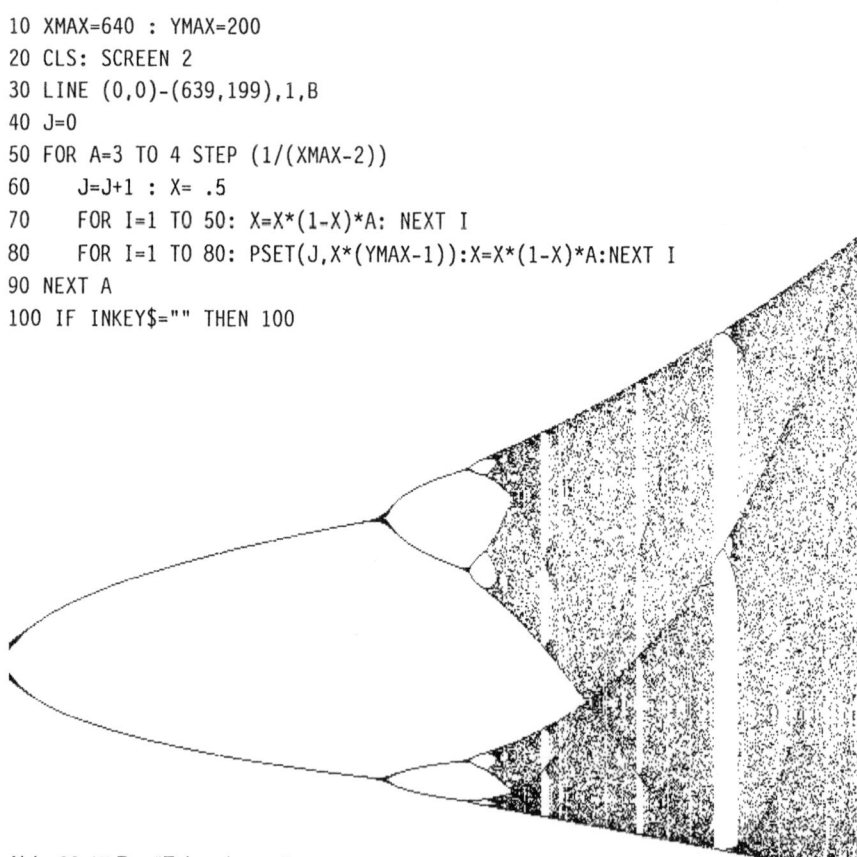

Abb. 20-17 Der "Feigenbaum"

Eine Anwendung solcher "Attraktoren", solcher Punkte, die für eine
Funktion besonders "attraktiv" sind, ist die Simulation dynamischer
Systeme. Das folgende Programm soll dies zeigen. Weitere Anregungen
gibt das Buch von Becker und Dörfler.

In folgenden Programm geht es um ein Raumschiff, das in die Nähe zweier schwarzer Löcher gerät. Wir betrachten das Ganze auf einer Ebene,
auf der das Raumschiff und die beiden schwarzen Löcher liegen. Faßt
man diese Ebene als komplexe Ebene auf, kann man die Funktion

```
f(Z) = Z * Z - 1
```

definieren. Die beiden schwarzen Löcher sind die Attraktoren der Funktion, die Position des Raumschiffs wird bei jeder Iteration geplottet.
Wendet man das Newtonische Näherungsverfahren zur Nullstellenbestim-
mung auf die Funktion an, passiert noch nichts Besonderes. Da das
Raumschiff jedoch durch sein Triebwerk der Anziehungskraft einen gewissen Widerstand entgegensetzt, erhält man durch Einführen dieses
Korrekturfaktors interessante Flugbahnen. Abb. 20-18 zeigt, was man
erwartet; das Raumschiff wird "aufgesogen".

```
10 A=600: B=400
20 XMIN=-3: XMAX=3: YMIN=-2: YMAX=2
30 CLS: SCREEN 3
40 INPUT"Korrektur re, im";U,V
50 INPUT"Startpunkt x,y";I,J
60 DX=(XMAX-XMIN)/A: DY=(YMAX-YMIN)/B
70 CLS
80 PSET(I,J),1
90 X=XMIN+I*DX: Y=YMIN+J*DY
100 Q=2*(X*X+Y*Y)
110 XN=(U*X+V*Y)/Q+X/2*(2-U)+Y*V/2
120 Y=(V*X-U*Y)/Q-V*X/2+Y/2*(2-U)
130 X=XN
140 I=INT((X-XMIN)/DX)
150 J=INT((Y-YMIN)/DY)
160 PSET(I,J),1
170 IF INKEY$="" THEN 100
180 IF INKEY$=CHR$(13) THEN 30
190 END
```

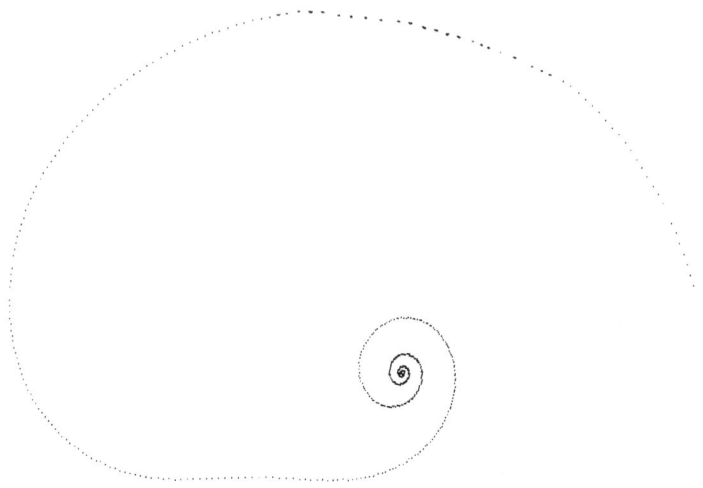

Abb. 20-18 Das Raumschiff wird ins schwarze Loch gezogen

Nimmt man beim Startpunkt (0,0) für den Korrekturfaktor Werte zwischen 0 und 1.7, wird es uns überraschen, wie die Abbildungen 20-19 und 20-20 zeigen. Der dynamische Prozess läßt sich auf dem Bildschirm noch besser verfolgen. Interessante Ergebnisse liefern die Werte:

```
Korr.re            Korr.in
0.1                0.5
0.05               0.3... 0.5
1.0                1.0
1.3                1.3
1.5...2.0          1.5...2.0
```

Als nächsten Algorithmus dieser Reihe will ich auf das inzwischen berühmte Apfelmännchen kommen. Auch hier gibt es wieder die einfache komplexe Funktion

```
f( Z) = Z*Z + C.
```

Abb. 20-19 Das Raumschiff umkreist die schwarzen Löcher

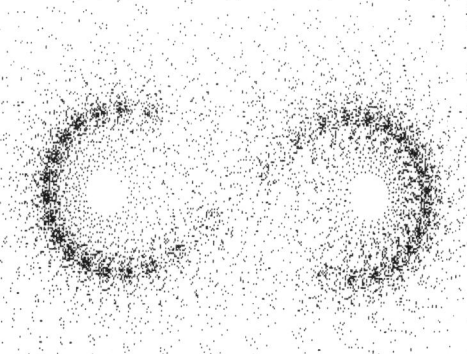

Abb. 20-20 Die Kurven werden immer seltsamer

Man spaltet die Interationsformel

```
Z     = Z  * Z  + C
 n+1    n    n
```

in Realteil und Imaginärteil auf:

```
Z = X + iY
C = P + iQ
```

```
X     = X  * X  - Y  * Y  + P
 n+1    n    n    n    n
```

```
Y     = 2 * X  * Y  + q
 n+1        n    n
```

Man kann nun auf dem Bildschirm die Werte von p und q einzelnen Punkten zuordnen. Angenommen, man hat ein Bildschirmfeld von 100 mal 100 Punkten. Dann bestimmt man für p und q je einen Minimal- und einen Maximalwert. Die Differenz der Werte teilt man durch die Zahl der Bildpunkte, in unserem Fall 100. Für jeden Bildpunkt Pi,j gibt es also einen Wert für p und Wert für q:

```
Pi = (pmax-pmin)/100 * i
Qj = (qmax-qmin)/100 * j
```

Für jedes Pi und Qj wird nun die Interationsformel oben angewendet. Jetzt brauchen wir noch ein Abbruchkriterium. Dazu werden die Iterationen gezählt. Da unendlich sicher ein Attraktor der Funktion ist, kann man einen genügend großen Kreis um den Koordinatenursprung wählen. Überschreitet der Betrag von r = X*X + Y*Y das Quadrat dieses Wertes, kann man abbrechen. Im anderen Fall stoppt man, wenn eine bestimmte Zahl von Iterationen überschritten ist (20...200). Wenn der Zähler der Interationen (K) durch eines der beiden Kriterien festgelegt wurde, kann man abhängig von K dem Punkt (i,j) eine Farbe zuweisen.

Ist K gleich der maximalen Iterationszahl, wird der Punkt schwarz (Farbe 0). Sonst erhält der Punkt die Farbe K. Hat man weniger als K Farben nimmt man den Wert K modulo der Farbenzahl. Man kann also auch

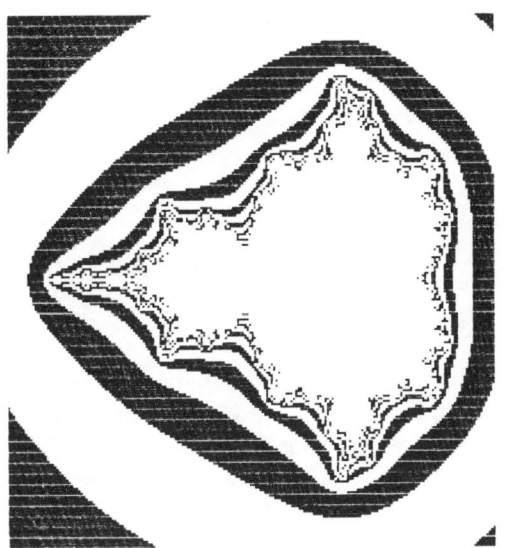

Abb. 20-21 Das Apfelmännchen (-2.225, 0.75, -1.5, 1.5)

Abb. 20-22 Die Spitze von Abb. 20-21 (-1.85, -1.75, -0.05, 0.05)

mit schwarz und weiß arbeiten. Im Programm ist der Algorithmus in ein
Pascal-Programmm für den Schwarz/Weiß-Modus gefaßt worden. Abb. 20-21
zeigt eine Bildschirmkopie des Apfelmännchens, dabei ist zu beachten,
daß Schwarz und Weiß beim Druck vertauscht werden. Es werden folgende
Eingabewerte verwendet:

```
pmin =  -2.25
pmax =   0.75
qmin =  -1.5
qmax =   1.5
```

Ausgehend von diesen Werten kann man nun die Randgebiete des Apfelmännchens untersuchen, indem man Ausschnittvergrößerungen herstellt
wie Abb. 20-22 es zeigt. Je weiter man an den Rand kommt, desto höher
muß die Zahl der Iterationen sein, bis die Funktion ausbricht. Mehr
dazu steht im Buch von Peitgen und Richter.

Anstelle des Veränderns von c kann man auch Versuche anstellen, bei
festem c die Startwerte von x und y zu variieren (wie bei dem Raum-
schiff-Programm) und für ein festes c zu untersuchen. Man erhält dann
die sogenannten Julia-Mengen. Auch andere Funktionen führen zu über-
raschenden Ergebnissen. So z. B. die Funktion:

$$X_{n+1} = X_n * X_n - Y_n * Y_n - p$$

$$Y_{n+1} = 2 * Y_n * Y_n - q$$

```
Program fractal;
label break;
const
  xmax = 200;
  ymax = 200;
var
  p,q,r,x,y,xneu,yneu,pmin,pmax,qmin,qmax,h1,h2: real;
  xkoor, ykoor, iter,k : integer;
  ch : char;
begin
repeat
clrscr;
```

```
writeln('Pmin, pmax, Qmin, Qmax, Iterationen');
readln(pmin,pmax,qmin,qmax,iter);
clrscr;
graphmode;
r := 1000*1000;
xkoor := 0;
repeat
  ykoor := 0;
  repeat
    p := ((pmax-pmin)*xkoor/xmax) + pmin;
    q := ((qmax-qmin)*ykoor/ymax) + qmin;
    x := 0.0; y := 0.0; k := 0;
    repeat
      h1 := x*x; h2 := y*y;
      xneu := h1-h2+p;
      yneu := 2*x*y+q;
      k := succ(k);
      x := xneu;
      y := yneu;
    until (k=iter) or ((h1+h2)>r);
    if (k mod 2)=1 then plot(xkoor,ykoor,15);
    ykoor := succ(ykoor);
    if keypressed then goto break;
  until (ykoor>ymax);
  xkoor := succ(xkoor);
  gotoxy(75,1); write(xkoor:4);
until (xkoor>xmax);
break:
gotoxy(75,1); write('<---');
readln;
textmode(2);
write('Weitermachen (j/n) ');
read(kbd,ch);
until upcase(ch)<>'J';
end.
```

Eine andere, bekannte Kurve erinnert in ihrem Aussehen auch an die Fraktale. Es handelt sich um die Drachenkurve, die auch wieder recursiv definiert wird. Drachen werden durch ihre Ordnung definiert, die geometrische Konstruktion ist recht einfach: Man nimmt einen schmalen Papierstreifen und faltet ihn in der Mitte, so daß die beiden Schenkel einen Winkel von 90 Grad bilden und schon hat man Drachen der Ordnung 1.

Abb. 20-23 Drachenkurve der Ordnung 12

Faltet man das gefaltete Papier wieder in der Mitte, erhält man nach
dem Auffalten einen Drachen der Ordnung 2 und so fort. Das Programm
zeichnet Drachenkurven, Abb. 20-23 zeigt das Ergebnis.

```
Program turtle_graphics;
(*$A-*)
CONST
  xmin=0; xmax=1500;
  ymin=0; ymax=1500;

VAR
  i : Integer;

(*$I TURTLE.INC  TUTLEGRAFIK EINBINDEN*)
```

```
Procedure drachen( l : Integer);
  BEGIN
  IF l=0 THEN forwrd(40)
  ELSE
    IF l>0 THEN
      BEGIN
      drachen(l-1);
      left(90);
      drachen(-(l-1));
      END
    ELSE
      BEGIN
      drachen(-(l+1));
      right(90);
      drachen(l+1);
      END;
  END;

BEGIN (* HAUPTPROGRAMM *)
Writeln('L EINGEBEN');
Readln(i);
initturtle;
moveto(2*(xmax DIV 3),ymax DIV 3);
pendown;
drachen(i);
initturtle;
END.
```

Weiter vorne hatten wir schon ein Weltraum-Experiment (das Programm mit den schwarzen Löchern). Das folgenden Programm bringt den gesteuerten Zufall ins Spiel. Es wird ein Spiralnebel gezeichnet, bei dem es zwar eine allgemeine Regel für den Aufbau gibt, die Lage der Sterne aber zufällig bestimmt wird (Abb. 20-24).

```
Program Spiralnebel;
(*$u-,c-*)
var
  w,h,r,sx: Real;
  x,y,col : Integer;
begin
Graphcolormode;
```

Abb. 20-24 Der Spiralnebel als Hardcopy

```
palette(3); col := 3;
for x:=1 to 120 do
  begin
  sx := sqr(x);
  for y:=-98 to 99 do
    begin
    w := arctan(y/x);
    r := sqrt(sx+sqr(y));
    h := 0.5+0.5*(sin(2*w+ln(r)*10));
    if h>=random then
      begin plot(161-x,100+y,col); plot(160+x,99-y,col) end;
    end;
  end;
readln;
textmode;
end.
```

Abb. 20-25 Was aus dem Pascalschen Dreieck werden kann

Sicher kennen Sie das "Pascalsche Dreieck", das die Koeffizienten
eines binomischen Ausdrucks der Form

$$(a + b)^n$$

enthält. Mit wenig Programmaufwand kann man aus den Werten des Pascal-
Dreiecks hochinteressante Grafiken herstellen, wenn man die Zahlen in
ihrer dreiecksförmigen Anordnung daraufhin untersucht, ob die Zahlen
durch einen bestimmten Wert teilbar sind - ist das der Fall wird an
der Position der Zahl ein Punkt gezeichnet. Kippt man das Zahlenfelf
um 45 Grad und begrenzt die Darstellung auf eine quadratische Fläche,
ergibt sich zum Beispiel ein Muster, wie in Abb. 20-25.

```
Program Pascaldreieck;
Type
  Row = Array [0..200] of Integer;
```

```
var
  R1, R2 : Row;
  Spalte, Zeile, Teiler : Integer;
begin
hires;
for Teiler := 2 to 15 do
  begin
  for Spalte := 1 to 200 do R1[Spalte] := 1;
  R2[0] := 1;
  for Zeile := 1 to 200 do
    begin
    Draw(121,Zeile - 1,521,Zeile - 1,0);
    for Spalte := 1 to 200 do
      begin
      R2[Spalte] := (R2[Spalte-1] + R1[Spalte]) mod Teiler;
      R1[Spalte] := R2[Spalte];
      if R2[Spalte] = 0 then
        begin
        Plot(Spalte*2 + 120, Zeile - 1,1);
        Plot(Spalte*2 + 121, Zeile - 1,1);
        end;
      end;
    end;
  Delay(1000);
  end;
Textmode;
end.
```

Der Satz des Pythagoras ist auch wohl jedem bekannt. Aus diesem Satz
läßt sich auch eine schöne Grafik ableiten. Man beginnt mit einem
Quadrat. Die Oberseite des Quadrats bildet die Hypothenuse eines
rechtwinkligen Dreiecks. Nun werden die Kathetenquadrate gezeichnet.
Auf diesen beiden Quadraten wird wieder ein rechtwinkliges Dreieck
aufgesetzt, und so fort. Heraus kommt der "Baum des Pythagoras". Im
Programm, das für den IBM-Bildschirm geschrieben wurde, muß man bei
der Anpasung an den Plotter nur bei den Aufrufen der DRAW-Prozedur
etwas ändern. Da der PC die linke, obere Ecke des Schirms nimmt,
müssen alle Y-Werte gespiegelt werden. Der Faktor "aspekt" sorgt für
einwandfreie Darstellung von Quadraten. In Abb. 20-26 sehen Sie einen
Baum der Stufe 8.

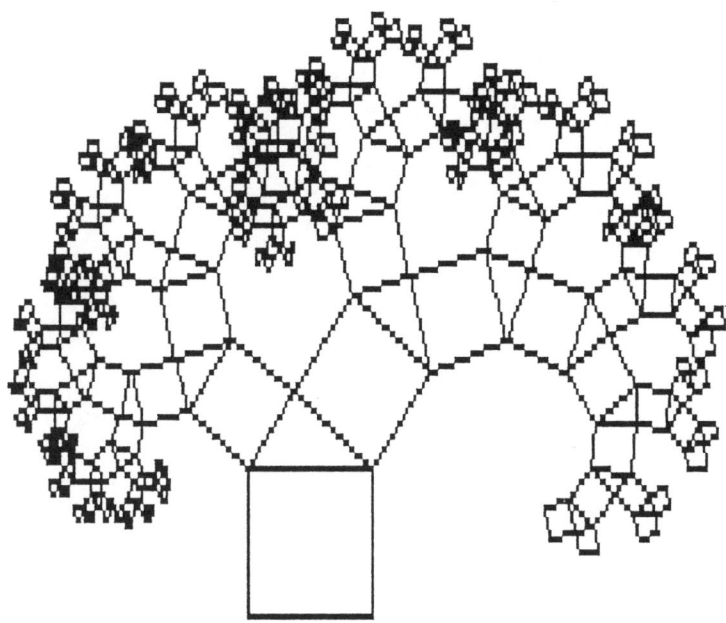

Abb. 20-26 Der Baum des Pythagoras

```
Program Pythagoras_Baum;

Const
    xmax = 639; xmitte = 319;
    ymax = 199; ymitte =  99;
    aspekt = 0.51;

Procedure Pythagoras( a1, a2, b1, b2 : Real; Step : Integer);
    Var
        n1, n2, c1, c2, d1, d2, e1, e2 : Real;
    Begin
    if Step > 0 then
        begin
        { Eckpunkte berechnen }
        n1 := -b2 + a2; n2 := -a1 + b1;
        c1 :=  b1 + n1; c2 :=  b2 + n2;
        d1 :=  a1 + n1; d2 :=  a2 + n2;
```

```
{ Rechteck zeichnen }
draw(round(a1)+xmitte, ymax-round(aspekt*a2),
     round(b1)+xmitte, ymax-round(aspekt*b2), 1);
draw(round(b1)+xmitte, ymax-round(aspekt*b2),
     round(c1)+xmitte, ymax-round(aspekt*c2), 1);
draw(round(c1)+xmitte, ymax-round(aspekt*c2),
     round(d1)+xmitte, ymax-round(aspekt*d2), 1);
draw(round(d1)+xmitte, ymax-round(aspekt*d2),
     round(a1)+xmitte, ymax-round(aspekt*a2), 1);
e1 := d1 + 0.36*(c1 - d1) + 0.48*n1;
e2 := d2 + 0.36*(c2 - d2) + 0.48*n2;
{ Schenkel-Quadrate zeichnen }
Pythagoras(e1,e2,c1,c2,Step-1);
Pythagoras(d1,d2,e1,e2,Step-1);
end;
End;


Begin
Hires;
Pythagoras(-(xmax div 20),0,xmax div 40, 0, 8);
Readln;
Textmode;
End.
```

Zum Schluß noch ein Tip für weitere Experimente mit der dekorativen Grafik. Nehmen Sie doch einmal einen Drachen-, Hilbert-, Peano- oder Sierpinski-Kurve und fassen Sie das Quadrat, in dem die Kurve gezeichnet wird, als Fläche auf und versuchen Sie, diese perspektivisch darzustellen. Sie können dann die Kurven verschiedener Ordnungen übereinanderliegend darstellen, indem Sie die Ordnung der Kurve als Multiplikator für den Z-Wert nehmen. Die Kurven liegen dann wie Regelbretter übereinander. Mit der Perspektive kann man aber noch mehr anstellen. Bis jetzt liegt die Kurve in der X-Y-Ebene. Nun setzen Sie eine Halbkugel irgendwo in die Ebene. Die Kurve wird dann über diese "Beule" in der Ebene hinweg gezeichnet, was zu höchst interessanten Effekten führt. Die Halbkugel wird durch ihren Mittelpunkt (u,v,w) und ihren Radius (R) definiert.

Für Z gilt dann:

```
√R1  <   √R2:     Z = SQRT(R*R - R1 + W)
√R1  >=  √R2:     Z = 0
```

mit:

```
R1 = (X-u)*(X-u) + (Y-v)*(Y-v)
R2 = R*R - W*W
```

Überhaupt gewinnen viele Zeichnungen einen zusätzlichen Reiz, wenn man sie auf die Oberfläche einer Kugel oder eines Kegels zeichnet.

20.2 Tips zum Fotografieren des Bildschirms

Was macht man, wenn man die Grafiken zwar auf dem Bildschirm darstellen kann, aber keine Möglichkeit besitzt, sie auf Papier zu bannen (entweder weil man keinen Plotter hat, oder weil die Hardcopy nicht in Farbe ausgegeben werden kann)? Als letzte Möglichkeit bleibt die Fotografie. Es gibt ein sehr professionelles Verfahren, Bildschirmfotos herzustellen, das Polaroid-Palette-System. Es besteht aus einer Kleinbildkamera (die mit einem normalen Diafilm oder mit dem Polaroid-Sofortbild-Diafilm geladen wird) und einem speziellen Wiedergabegerät, das im Prinzip nichts anderes ist als ein Mini-Monitor mit vorgeschalteter Optik. Das System kostet jedoch mehrere tausend Mark und ist somit nicht grade das geeignete für den Heimgebrauch.

Aber man kann auch mit einer normalen Spiegelreflexkamera und einem Stativ gute Bildschirmfotos schießen, wenn man einige Regeln beachtet. Die Kamera kommt auf das Stativ und wird so aufgestellt, daß der Bildschirm das Bildformat voll ausfüllt. Am besten eignen sich Objektive mit etwa 80 bis 100 mm Brennweite, da Weitwinkelobjektive oft zum Verzeichnen neigen. Das Objektiv muß genau auf die Höhe des Bildschirmmittelpunktes eingestellt werden und die optische Achse der Kamera senkrecht zur Bildschirmfläche sein.

Die Belichtungszeit muß länger als 1/30 Sekunde sein, sonst sind Streifen zu sehen. Die Blende sollte nicht weiter geöffnet sein als 5,6, weil der Bildschirm leicht gewölbt ist und sonst am Rand die Schärfe verloren geht (man sollte die Einstellung der Monitorhelligkeit und des Kontrastes markieren und zunächst mit einem Testfilm die Belichtung und die Blende ausprobieren). Danach wird der Raum abgedunkelt und die Kamera mit einem Drahtauslöser ausgelöst. Wenn Sie sorgfältig arbeiten, kann sich das Ergebnis durchaus sehen lassen.

21 Spezielles für den IBM-PC

In den Kapiteln 1 bis 20 waren die Programme mit wenigen Ausnahmen allgemein gehalten - sie eignen sich daher für jeden Computer, wobei ich unterstelle, daß Sie kleine Anpassungen problemlos in den Griff bekommen. In diesem Kapitel will ich nun Programme und Routinen vorstellen, die speziell für die Hardware der großen Gruppe der IBM-PC/XT/AT-kompatiblen Rechner geschrieben wurden. Die Maus als grafisches oder semigrafisches Eingabegerät hat sich bei vielen kommerziellen Anwendungen durchgesetzt. Wie sie sich aus Turbo-Pascal-Programmen heraus ansteuern läßt, zeigt der erste Abschnitt. Das BIOS (Basic Input Output System) der PC-Kompatiblen unterstützt leider nur die Farbgrafikkarte, daher dürfte das Paket mit Routinen für die Hercules-Grafikkarte für viele interessant sein. Doch nun gleich zur Maus:

21.1 Ansteuerung der Microsoft-Maus

Wenn Sie eine Microsoft(-kompatible) Maus an Ihrem Computer angeschlossen haben, wird diese durch den Aufruf eines resident im Speicher liegenden Programms (ähnlich wie beim Tastaturtreiber KEYBGR.COM) installiert (z. B. MSMOUSE.COM /1). Das geschieht meist in der AUTOEXEC.BAT-Datei. Bei MS-DOS ab Version 3.1 kann die Installation auch über die Datei CONFIG.SYS erfolgen. Die Maus kann danach über den Interrupt $33 (= 51 dezimal) von Benutzerprogrammen aus angesprochen werden. Das Paket mit den Maus-Routinen, MOUSE.INC, setzt an dieser Stelle auf und bietet nahezu alle Maus-Funktionen als Pascal-Prozeduren an.

Auf den folgenden Seiten werden die Prozeduren erläutert, es wird jedoch vorausgesetzt, daß der Anwender das Michrosoft-Handbuch zur Maus (Microsoft Mouse Installation and Operation Manual) kennt.

Die Maus arbeitet normalerweise in vier verschiedenen Bildschirm-Modi des IBM-PC:

```
Bildschirm-Modi

HiRes-Grafik      640 x 200 Punkte, 1 Farbe
Grafikmodus       320 x 200 Punkte, 4 Farben
80-Spalten        Textmodus
40-Spalten        Textmodus
```

Die Maus arbeitet immer mit einem "virtuellen Bildschirn" von 640 *
200 Punkten und liefert demzufolge auch immer Koordinaten aus diesem
Bereich an das Benutzerprogramm zurück. Dabei hat die linke, obere
Ecke des Bildschirms die Koordinaten (0,0) und die rechte, untere Ecke
die Koordinaten (639,199). Die Bildschirmmitte liegt also bei
(320,100). Der Benutzer muß diese "virtuellen Koordinaten" in reale
Koordinaten umrechnen:

```
Hires-Grafik      keine Umrechnung notwendig
Grafikmodus       Y-Koordinate durch 2 teilen
80-Spalten        X- und Y-Koordinate durch 8 teilen
40-Spalten        X-Koordinate durch 16 teilen und
                  Y-Koordinate durch 8 teilen
```

Die Maus kennt zwei Cursorarten, den Textcursor und den Grafikcursor.
Beim Textcursor sind die Möglichkeiten der Veränderung auf die durch
IBM vorgesehenen Zeichenattribute eingeschränkt (in der Regel die vier
Modi "versteckt", "halber Block", "ganzer Block" und "Unterstrei-
chung".

Der Grafikcursor ist ein "shape" (z.B. ein Pfeil), der über den Bildschirm bewegt werden kann, ohne daß das Bild zerstört wird. Er wird
als Rasterfeld von 16 x 16 Bildpunkten definiert (im 320 x 200-Grafik-
modus 8 x 16 Punkte). Die Interaktion zwischen dem Rasterfeld des
Grafikcursors und dem Bildschirm wird durch zwei Felder festgelegt,
der Bildschirm-Maske und der Cursor-Maske. Zunächst wird die Bildschirm-Maske mit den darunterliegenende Bildschirmpunkten UND-ver-
knüpft. Danach wird das Ergebnis mit der Cursor-Maske EXKLUSIV-ODER-
verknüpft. Für die Punkte von Bildschirm, Bildschirm-Maske und Cursor-Maske ergibt sich dann folgendes Schema:

Bildschirm-Maske	Cursor-Maske	resultierender Bildschirm-Punkt
0	0	0
0	1	1
1	0	unverändert
1	1	invertiert

Jeder Grafik-Cursor besitzt einen sogenannten "hot spot", einen Punkt
innerhalb des 16 x 16-Punkte-Feldes, der die Mausposition festlegt.
Beim Standardcursor hat dieser die relativen Koordinaten (-1,-1), er
liegt also genau auf dem Bildpunkt vor der Pfeilspitze. Im Maustreiber
sind acht verschiedene Cursortypen bereits vordefiniert:

StdCursor	der "normale" Pfeil schräg nach links oben
SmallCursor	ein verkleinerter Pfeil schräg nach links oben
UpArrow	ein Pfeil direkt nach oben
CheckMark	ein Häkchen wie beim Abhaken von Listen
PointingHand	eine Hand mit ausgestrecktem Zeigefinger
DiagonalCross	ein X-fürmiges Kreuz
RectangCross	ein richtiges Fadenkreuz
HourGlass	die bekannte Sanduhr

Im Testprogramm MAUSDEMO.PAS können Sie alle Cursortypen sehen. Der
Maustreiber hat ein internes Flag, das festlegt, ob der Cursor angezeigt werden soll. Mit den Funktionen 1 und 2 kann dieses Flag erhöht und erniedrigt werden. Beim Initialisieren wird das Flag auf -1
gesetzt, die Maus ist also nicht zu sehen.

Die Längeneinheit "Mickey" hat nichts mit der Maus gleichen Namens zu
tun, sondern sie ist die Einheit, mit der die Maus intern Weglängen
berechnet. Ein Mickey entspricht etwa 1/100" (ca. 0.25 mm). Bewegungen
unterhalb 0.25 mm können von der Maus mechanisch nicht wahrgenommen
werden.

Dabei ist die vom Maustreiber gelieferte Zahl von Bildpunkten nicht
einer bestimmten Anzahl Mickeys proportional, denn die Maus hat eine
gewisse Hysterese beim Richtugswechsel. Die Zuordnung Mickeys zu Bildpunkten kann als "Mickey-Ratio" über die Mausfunktion 15 eingestellt

werden. Voreingestellt ist der Wert 8, also etwa 2 mm für einen Bildpunkt.

Die Microsoft-Maus besitzt zwei Knöpfe, viele kompatible Mäuse deren
drei. Ist ein Knopf gedrückt, wird ein Bit in einer Flagvariablen
gesetzt (z. B. in Funktion 3). Die Belegung ist:

```
linker Knopf      Bit 0    "(Buttons and 1) = 1"
rechter Knopf     Bit 1    "(Buttons and 2) = 2"
mittlerer Knopf   Bit 2    "(Buttons and 4) = 4"
```

Der Maustreiber zählt außerdem mit, wie oft ein Knopf gedrückt und wie
oft er losgelassen wurde. Damit kann man im Programm auf mehrfaches
"Anklicken" reagiren.

Die einzelnen Mausfunktionen stehen als Pascal-Prozeduren und -Funkti-
onen zur Verfügung. In den Prozeduren erfolgt der Aufruf des Maus-
treibers über den Interrupt $33, die Parameterversorgung erfolgt
innerhalb der Prozeduren - der Anwender muß sich nicht darum kümmern.

Procedure InitMouse(var Installed : Boolean; var Buttons : Integer);

Rücksetzen der Maus und prüfen, ob der Maustreiber geladen wurde.
Es wird zunächst der Interruptvektor $33 gelesen. Wenn sein Wert
< > 0 ist, nimmt das Programm an, daß der Treiber geladen ist.
Danach wird die Maus auf Standardwerte zurückgesetzt:
Cursor auf Bildschirmmitte,
Maus unsichtbar,
Standard-Cursor,
TextCursor auf Block,
Mickey zu Bildpunkt-Rate: X-Richtung auf 8, Y-Richtung auf 16
Positionsbereich: X-Richtung 0..639, Y-Richtung 0..199
War die Maus Installiert, wird der Parameter Installed TRUE und
der Parameter Buttons enthält die Zahl der Knöpfe. Im anderen
Fall ist Installed = FALSE und das Program muß abgebrochen
werden.

Procedure ShowCursor;

Anzeige des Maus-Cursors auf dem Schirm. Bei jedem Aufruf wird das interne Flag um 1 erhöht. Solange das Flag > = 0 ist, wird der Cursor angezeigt.

Procedure HideCursor;

Abschalten des Maus-Cursors auf dem Schirm. Bei jedem Aufruf wird das interne Flag um 1 vermindert. Solange das Flag > = 0 ist, wird der Cursor angezeigt.

Procedure GetMouse(var X, Y, Button : integer);

Abfragen der aktuellen Mausposition und des Sttus der Knöpfe. Die Werte in X und Y entsprechen den "virtuellen Schirm" von 640 x 200 Punkten, in der Variablen Button sind die den gedrückten Knöpfen entsprechenden Bits gesetzt (siehe Einleitung).

Procedure SetMouse(X, Y : integer);

Setzt den Maus-Cursor auf den durch X und Y gegebenen Punkt des "virtuellen Schirms".

Procedure GetButtonPress(Button : integer;
        var ButtonStatus, Count : integer;
            var LastX, LastY : Integer);

Liefert den Status eines ausgewählten Knopfes, dessen Bit im Parameter Button gesetzt ist. In ButtonStatus wird angezeigt, welcher Knopf gerade geprüft wird. In Count steht, wie oft der selektiere Knopf seit dem letzten Aufruf dieser Funktion gedrückt wurde. In LastX und LastY steht die Position des Maus-Cursors beim zuletzt erfolgten Knopfdruck (also nicht die augenblickliche Position). Count wird modulo 32768 berechnet.

Procedure GetButtonRelease(Button : integer;
   var ButtonStatus, Count : integer;
   var LastX, LastY : integer);

 Liefert den Status eines ausgewählten Knopfes, dessen Bit im
 Parameter Button gesetzt ist. In ButtonStatus wird angezeigt,
 welcher Knopf gerade geprüft wird. In Count steht, wie oft der
 selektiere Knopf seit dem letzten Aufruf dieser Funktion losgelassen wurde. In LastX und LastY steht die Position des Maus-
 Cursors beim zuletzt erfolgten Knopfdruck (also nicht die augenblickliche Position). Count wird modulo 32768 berechnet.

Procedure SetMinMaxX(Min, Max : integer);

 Setzen der minimalen und maximalen Horizontalposition für die
 Maus. Der Bereich in der sich die Maus von rechts nach links
 bewegen kann wird durch Min und Max eingeschränkt.

Procedure SetMinMaxY(Min, Max : integer);

 Setzen der minimalen und maximalen Vertikalposition für die Maus.
 Der Bereich in der sich die Maus von rechts nach links bewegen
 kann wird durch Min und Max eingeschränkt.

Procedure SetCursorBlock(var GraphCursor : MouseCursor);

 Mit dieser Prozedur kann ein bestimmter Grafik-Cursor aus den
 vorhandenen Definitionen ausgewählt und gesetzt werden. Es wird
 der als "defined constant" definierte Cursor übergeben und aktiviert. Die vordefinierten Cursortypen sind in der Einleitung
 aufgelistet, Sie können natürlich auch selbstdefinierte Cursor-
 muster übergeben.

Procedure SetTextCursor(Hardware : Boolean; ScreenMask, CursorMask : Integer);

 Setzen des Cursors im Textmodus. Wenn der Parameter Hardware
 gleich TRUE ist, wird ein Blockcursor gewählt. Die Variablen
 ScreenMask und CursorMask definieren dann die erste und die letzt
 Scan-Line des Block-Cursors. Ist Hardware = FALSE, müssen in

ScreenMask und CursorMask die Offset-Adressen der Bildschirm- und
Cursor-Maske eines der Grafik-Cursoren übergeben werden.

Procedure GetMickeyCount(var X, Y : integer);

Diese Prozedur liefert die seit dem letzten Aufruf der Prozedur
in X- und Y-Richtung zurückgelegten Mickeys. Nach Aufruf der
Prozedur sind die Werte im Maustreiber auf 0 zurückgesetzt.

Procedure SetMickeyRatio(Rx, Ry : integer);

Setzen des Verhältnisses von Mickeys zu Bildpunkten. Die vorein-
gestellten Raten sind Rx = 8 und Ry = 16. Die Maus muß bei der
Voreinstellung ca. 163 mm in X-Richtung und ca. 102 mm in Y-Richtung zurücklegen um den gesamten Schirm zu bestreichen. Verkleinern der Rate verkürzt den Weg der Maus, macht sie aber "nervö-
ser". Im Textmodus ist ein Verkleinern der Rate zu empfehlen.

Procedure ConditonalOff(var HighX, HighY, LowX, LowY : Integer);

Diese Funktion definiert einen Bildschirmbereich, in dem die Maus
nicht zu sehen ist. (HighX, HighY) definiert den linken, oberen
Punkt dieses rechteckigen Bereichs, (LowX, LowY) die rechte,
untere Ecke. Dieser Mausfunktion ist fü Bildschirmbereiche gedacht, in denen zeitweise das Bild in schneller Folge verändert
wird und die ständige Darstellung des Maus-Cursors zu einem lang-
sameren Bildaufbau und Bildstörungen führen würde. Befindet sich
der Grafik-Cursor in dem definierten Bereich, dan wird er abgeschaltet, solange das Bild in diesem Bereich aufgebaut wird.

Procedure SetDoubleSpeedThreshold(Speed : Integer);

Setzen einer Geschwindigkeitsgrenze, ab der die Bewegung des
BildschirmCursors verdoppelt wird. Diese Funktion ist für schnelle Bewegungen quer über den Bildschirm gedacht. Der Parameter
legt die Geschwindigkeitsgrenze in Mickeys/Sekunde fest oberhalb
der die Maus die Cursorbewegung verdoppelt.
Um die Funktion außer Kraft zu setzen, ruft man sie mit einem
viel zu hohen Wert (z.B. 10000) auf.

Function Range (Value : Real; Lower_Bound, Upper_Bound : Real) : Integer;
Diese Funktion begrenzt den Eingabewert Value auf den durch
Lower_Bound und Upper_Bound gegebenen Bereich und schneidet
gleichzeitig die Nachkommastellen ab:

Value < Lower_Bound --- > Range : = Trunc(Lower_Bound)
Value > Upper_Bound --- > Range : = Trunc(Upper_Bound)
sonst: --- > Range : = Trunc(Value)

Procedure SelectCursor(I : Integer);

Diese Prozedur gestattet die numerische Auswahl eines Grafik-
Cursors für die Maus:
I = 1:   StdCursor
I = 2:   SmallCursor
I = 3:   UpArrow
I = 4:   CheckMark
I = 5:   PointingHand
I = 6:   DiagonalCross
I = 7:   RectangCross
I = 8:   HourGlass

Procedure Box (LeftX, LeftY, RightX, RightY, Color : Integer);

Box zeichnet im Grafikmodus ein Rechteck auf den Bildschirm. Die
linke, obere Ecke wird durch (LeftX, LeftY) festgelegt, die rechte, untere Ecke durch (RightX,RightY): Color gibt die Farbe der
Box an.

Function MouseInBox(LeftX, LeftY, RightX, RightY : Integer) : Integer;

Diese Funktion stellt fest, ob sich die Maus gerade in der durch
(LeftX, LeftY) und (RightX, RightY) definierten Box befindet
(z.B. Für Menüs). Ist die Maus außerhalb der Box liefert die
Funktion den Wert -1. Ist die Maus in der Box und kein Knopf
gedrückt, liefert die Funktion den Wert 0. Ist die Maus in der
Box und sind Knöpfe gedrückt, liefert die Funktion den Button-
Status.

Function Monochrome : Boolean;

Die Funktion liefert den Wert TRUE, wenn ein monochromer Textbildschirm im Computer vorhanden ist und FALSE, wenn eine IBM-Grafikkarte aktiv ist.

Procedure TextCursor(Modus : Byte);

Diese Prozedur erlaubt das Setzen des Cursors im Textmodus. Es gibt vier Cursortypen:

Modus = 0:   Cursor unsichtbar
Modus = 1:   halber Block-Cursor
Modus = 2:   Block-Cursor
Modus = 3:   "normaler" Cursor (Unterstreichung)

Procedure GetTextMouse(var X, Y : Integer; var Key : Char);

Die Prozedur liefert die Mauskoordinaten analog der Prozedur Getmouse. Es sind hier jedoch alle Umrechnungen in den Textmodus schon erledigt und man kann den Cursor direkt auf die Werte X und Y positionieren - zum Beispiel:

GetTextMouse(X,Y,Key);
Gotoxy(X,Y);

Der Parameter Key liefert zwei verschiedenen Zeichen:

Carriage Return,
    wenn der linke Mausknopf gedrückt war,
Escape,
    wenn der rechte Mausknopf gedrückt war,
Leerzeichen,
    wenn kein Knopf gedrückt war.

Bevor die Bibliothek aufgelistet wird, ein kleines Programm, das die
Fähigkeiten der Maus testen und demonstrieren kann:

```pascal
(*$c-,u-*)
Program Mouse_Demo;

{$I MOUSE.INC }

const
  XMax = 639; { Bildschirm bei Hires }
  YMax = 199;
  Dist =  80;

Var OldX, OldY, X, Y : Integer; { Fadenkreuzpostion }
    Installed : Boolean;
    I, Buttons, Pressed : Integer;
    C : Char;

Begin
  Lowvideo;
  InitMouse(Installed,Buttons);
  If not Installed then
    begin writeln('Maustreiber fehlt'); exit end
  else
    writeln(Buttons,' Knoepfe auf der Maus!');
  SetMickeyRatio(10,10);
  GetMickeyCount(X, Y);                   { Mausbewegung loeschen }

                            { Cursortypen }
                            { *********** }

  writeln('Die verschiedenen Cursortypen im Grafikmodus');
  writeln('X-Richtung: Cursortypen; Y-Richtung: Farbe');
  writeln('----> RETURN');
  read(kbd,C);
  HiRes;
  { Gitter Zeichnen }
  Box(0,0,XMax,YMax,white);
  for i:= 1 to 7 do
    Draw(i*Dist,0,i*Dist,YMax,white);
  for i:= 1 to 5 do
    Draw(0,i*Dist div 2,XMax,i*Dist div 2,white);
```

```
gotoxy(75,25); Write('ENDE');
Box(585,185,635,199,white);                    { Ende-Box }
X := XMax div 2; { Anfangspunkt }
Y := YMax div 2;
OldX := X; OldY := Y;
SetMouse(X,Y);
Showcursor;
repeat
  GetMouse(X,Y,Pressed);
  X := Range (X, 0.0, XMax);
  Y := Range (Y, 0.0, YMax);
  if OLdX <> X then
    SelectCursor(X div Dist + 1);
  if OldY <> Y then
    HiresColor(Y*2 div Dist + 9);
  if (Pressed and 1)=1 then                    { linker Knopf }
    begin sound(440); delay(200); Nosound end;
  if (Pressed and 2)=2 then                    { rechter Knopf }
    begin sound(880); delay(200); Nosound end;
  if (Pressed and 4)=4 then                    { mittlerer Knopf }
    begin sound(1760); delay(200); Nosound end;
  OldX := X; OldY := Y;
until MouseInBox(585,185,635,199)>0;


                      { Maus-Men }
                      { ********* }
Textmode;
Lowvideo;
writeln('Maus-Menue');
writeln('----> RETURN');
read(kbd,C);
Hires;
gotoxy(75,25); Write('ENDE');
Box(585,185,635,199,white);        { Ende-Box }
X := XMax div 2;                   { Anfangspunkt }
Y := YMax div 2;
SetMouse(X,Y);
SelectCursor(2);
Showcursor;
For i := 0 to 5 do                 { Alle Boxen zeichnen }
  Box(10,i*30+5,100,(i+1)*30-5,white);
repeat
For i := 0 to 5 do                 { Alle Boxen abfragen }
```

```
begin
Pressed := MouseInBox(10,i*30+5,100,(i+1)*30-5);
  if Pressed >=0 then
    begin gotoxy(60,1); Write('Box: ',i+1,', Knopf: ',Pressed) end
  else
    begin gotoxy(60,1); Write('Box:   , Knopf:  ') end;
  delay(150);                        { Blinkeffekt }
  end;
until MouseInBox(585,185,635,199)>0;


                        { Textmodus }
                        { ********* }


Textmode;
Lowvideo;
write('Nun im Textmodus mit normalem Cursor, Zeichnen mit den Tasten');
gotoxy(75,25); Write('ENDE');
Textcursor(1);
Showcursor;
X := XMax div 2; Y := YMax div 2;
SetMouse(X,Y);
gotoxy(X div 8 + 1,y div 8 + 1);
Repeat
  GetTextMouse(X,Y,C);
  gotoxy(X,Y); { Im Textmodus durch 8 teilen }
  if C = #13 then
    write('*');
  if C =#27 then
    write('+');
Until MouseInBox(585,185,635,199)>0;
InitMouse(Installed,Buttons);  { Maus inaktiv }
Textcursor(3);
End.
```

Die Bibliothek mit dem Mausroutinen ist doch schon etwas länger:

```
{--------------------Maus-Routinen-Include-------------------------}
type
  Registers   = record
                   AX, BX, CX, DX, BP, DI, SI, DS, ES, Flags: integer;
                end;
```

```
MouseCursor = record  { Mouse-Cursor-Block }
                Screen: Array [0..15] of Integer; { Screen-Mask }
                Cursor: Array [0..15] of Integer; { Cursor-Mask }
                HotX, HotY : Integer; { Hot Spot }
              end;

const
  MouseInt = $33;  { Interrupt-Number of Mouse-Driver }

  { Definitions of various Mouse-Cursors - see Procedure SetCursorBlock }
  StdCursor : MouseCursor =
              (Screen: ($3FFF,$1FFF,$0FFF,$07FF,$03FF,$01FF,$00FF,$007F,
                        $003F,$001F,$01FF,$10FF,$30FF,$F87F,$F87F,$FC3F);
               Cursor: ($0000,$4000,$6000,$7000,$7800,$7C00,$7E00,$7F00,
                        $7F80,$78C0,$7C00,$4600,$0600,$0300,$0300,$0180);
               HotX : -1;
               HotY : -1);

  SmallCursor : MouseCursor =
              (Screen: ($FFFF,$FFFF,$FFFF,$FFFF,$FFFF,$FFFF,$FFFF,$FFFF,
                        $FFFF,$FFFF,$FFFF,$FFFF,$FFFF,$FFFF,$FFFF,$FFFF);
               Cursor: ($8000,$E000,$F800,$FE00,$D800,$0C00,$0600,$0300,
                        $0000,$0000,$0000,$0000,$0000,$0000,$0000,$0000);
               HotX : -1;
               HotY : -1);

  UpArrow   : MouseCursor =
              (Screen: ($F9FF,$F0FF,$E07F,$E07F,$C03F,$C03F,$801F,$801F,
                        $000F,$000F,$F0FF,$F0FF,$F0FF,$F0FF,$F0FF,$F0FF);
               Cursor: ($0000,$0600,$0F00,$0F00,$1F80,$1F80,$3FC0,$3FC0,
                        $7FE0,$0600,$0600,$0600,$0600,$0600,$0600,$0000);
               HotX : 5;
               HotY : 0);

  CheckMark : MouseCursor =
              (Screen: ($FFF0,$FFE0,$FFC0,$FF81,$FF03,$0607,$000F,$001F,
                        $C03F,$F07F,$FFFF,$FFFF,$FFFF,$FFFF,$FFFF,$FFFF);
               Cursor: ($0000,$0006,$000C,$0018,$0030,$0060,$07C0,$1D80,
                        $0700,$0000,$0000,$0000,$0000,$0000,$0000,$0000);
               HotX : 6;
               HotY : 7);
```

```
PointingHand : MouseCursor =
              (Screen: ($E1FF,$E1FF,$E1FF,$E1FF,$E1FF,$E000,$E000,$E000,
                        $0000,$0000,$0000,$0000,$0000,$0000,$0000,$0000);
               Cursor: ($1E00,$1200,$1200,$1200,$1200,$13FF,$1249,$1249,
                        $F249,$9001,$9001,$9001,$8001,$8001,$8001,$FFFF);
               HotX : 5;
               HotY : 0);

DiagonalCross : MouseCursor =
              (Screen: ($07E0,$0180,$0000,$C003,$F00F,$C003,$0000,$0180,
                        $07E0,$FFFF,$FFFF,$FFFF,$FFFF,$FFFF,$FFFF,$FFFF);
               Cursor: ($0000,$700E,$1C38,$700E,$0000,$0000,$0000,$0000,
                        $0000,$0000,$0000,$0000,$0000,$0000,$0000,$0000);
               HotX : 7;
               HotY : 2);

RectangCross : MouseCursor =
              (Screen: ($FC3F,$FC3F,$FC3F,$0000,$0000,$0000,$FC3F,$FC3F,
                        $FC3F,$FFFF,$FFFF,$FFFF,$FFFF,$FFFF,$FFFF,$FFFF);
               Cursor: ($0000,$0180,$0180,$0180,$7FFE,$0180,$0180,$0180,
                        $0000,$0000,$0000,$0000,$0000,$0000,$0000,$0000);
               HotX : 7;
               HotY : 4);

HourGlass : MouseCursor =
              (Screen: ($0000,$0000,$0000,$0000,$8001,$C003,$E007,$F00F,
                        $E007,$C003,$8001,$0000,$0000,$0000,$0000,$FFFF);
               Cursor: ($0000,$7FFE,$6006,$300C,$1818,$0C30,$0660,$0C30,
                        $0660,$0C30,$1998,$33CC,$67E7,$7FFE,$0000,$0000);
               HotX : 7;
               HotY : 7);


{----------------------------------------------------------------------}


Procedure InitMouse(var Installed : Boolean; var Buttons : Integer);
{ Reset Mouse and test if Mouse is installed }
{ cusor at center of screen,
  internal cursor flag -1,
  standard cursor,
  text-cursor inverting box,
  mickey to pixel hor. 8 to 8, ver. 16 to 8,
  min/max cursor pos 0/639 -0/199 }
```

```
  Procedure GetIntVector(IntNo : Byte; var Segment, Offset : Integer);
    var  Reg : Registers;
    begin
    Reg.AX := $3500 + (IntNo and $FF); MSDOS(Reg);
    Segment := Reg.ES; Offset := Reg.BX;
    end;
var Reg : Registers;
    MSeg, MOfs : Integer;
begin
GetIntVector(MouseInt,MSeg,MOfs);
if (MSeg<>0) or (MOfs<>0) then
  begin
  with Reg do
    begin
    AX := 0;
    Intr(MouseInt, Reg);
    Installed := (AX <> 0);
    Buttons := BX;
    end;
  end
else
  Installed :- false;
end;


{----------------------------------------------------------------------}


Procedure ShowCursor;
{ Displays the mouse cursor on the screen }
var Reg : Registers;
begin
Reg.AX := 1;
Intr(MouseInt, Reg);
end;


{----------------------------------------------------------------------}


Procedure HideCursor;
{ Hides the mouse cursor }
var Reg : Registers;
begin
Reg.AX :- 2;
Intr(MouseInt, Reg);
```

```
end;

{----------------------------------------------------------------------}

Procedure GetMouse(var X, Y, Button : integer);
{ Finds the mouse position and button status }
var Reg : Registers;
begin
with Reg do
  begin
  AX := 3;
  Intr(MouseInt, Reg);
  Button := BX;
  X := CX;
  Y := DX;
  end;
end;

{----------------------------------------------------------------------}

Procedure SetMouse(X, Y : integer);
{ Moves the cursor to the specified X and Y position }
var Reg : Registers;
begin
with Reg do
  begin
  AX := 4;
  CX := X;
  DX := Y;
  Intr(MouseInt, Reg);
  end;
end;

{----------------------------------------------------------------------}

Procedure GetButtonPress(Button : integer;
        var ButtonStatus, Count : integer;
              var LastX, LastY : Integer);
var Reg : Registers;
{ For a selected button, get the button status,
  the count of button presses since the last call to function 5,
  and the X and Y positions of the cursor at the last press of the button. }
begin
```

```
with Reg do
  begin
  AX := 5;
  BX := Button;
  Intr(MouseInt, Reg);
  ButtonStatus := AX;
  Count := BX;
  LastX := CX;
  LastY := DX;
  end;
end;
```

{--}

```
Procedure GetButtonRelease(Button : integer;
          var ButtonStatus, Count : integer;
              var LastX, LastY : integer);
{ For a selected button, get the button status,
  the count of button releases since the last call,
  and the X and Y positions of the cursor at the last release of the button. }
var Reg : Registers;
begin
with Reg do
  begin
  AX := 6;
  BX := Button;
  Intr(MouseInt, Reg);
  ButtonStatus := AX;
  Count := BX;
  LastX := CX;
  LastY := DX;
  end;
end;
```

{--}

```
Procedure SetMinMaxX(Min, Max : integer);
{ Sets the minimum and maximum horizontal cursor positions on the screen }
var Reg : Registers;
begin
with Reg do
  begin
  AX := 7;
```

```
  CX := Min;
  DX := Max;
  Intr(MouseInt, Reg);
  end;
end;
```

{---}

```
Procedure SetMinMaxY(Min, Max : integer);
{ Sets the minimum and maximum vertical cursor positions on the screen }
var Reg : Registers;
begin
with Reg do
  begin
  AX := 8;
  CX := Min;
  DX := Max;
  Intr(MouseInt, Reg);
  end;
end;
```

{---}

```
Procedure SetCursorBlock(var GraphCursor : MouseCursor);
{ Sets Mouse-Cursor to a new defined Shape }
  var Reg : Registers;
      MC  : MouseCursor;
  begin
  MC := GraphCursor;
  with Reg do
    begin
    AX := 9;
    BX := MC.HotX;
    CX := MC.HotY;
    DX := Ofs(MC.Screen);
    ES := Seg(MC.Screen);
    Intr(MouseInt, Reg);
    end;
  end;
```

{---}

```
Procedure SetTextCursor(Hardware : Boolean; ScreenMask, CursorMask : Integer);
```

```
{ Select Textcursor }
var Reg : Registers;
begin
with Reg do
  begin
  AX := 10;
  if Hardware then BX := 1 else BX := 0;
  CX := ScreenMask;
  DX := CursorMask;
  Intr(MouseInt, Reg);
  end;
end;


{-----------------------------------------------------------------------}


Procedure GetMickeyCount(var X, Y : integer);
{ Finds the horizontal and vertical mickey count since the last call }
var Reg : Registers;
begin
with Reg do
  begin
  AX := 11;
  Intr(MouseInt, Reg);
  X := CX;
  Y := DX;
  end;
end;


{-----------------------------------------------------------------------}


Procedure SetMickeyRatio(Rx, Ry : integer);
{ Sets the mickey to pixel ratio }
var Reg : Registers;
begin
with Reg do
  begin
  AX := 15;
  CX := Rx;
  DX := Ry;
  Intr(MouseInt, Reg);
  end;
end;
```

```
{---------------------------------------------------------------------}

Procedure ConditonalOff(var HighX, HighY, LowX, LowY : Integer);
{ Set Update-Region for conditional off }
var Reg : Registers;
begin
with Reg do
  begin
  AX := 16;
  CX := HighX;
  DX := HighY;
  SI := LowX;
  DI := LowY;
  Intr(MouseInt, Reg);
  end;
ShowCursor;
end;


{---------------------------------------------------------------------}

Procedure SetDoubleSpeedThreshold(Speed : Integer);
{ Speed for doubling Cursor's motion }
var Reg : Registers;
begin
with Reg do
  begin
  AX := 19;
  DX := Speed;
  Intr(MouseInt, Reg);
  end;
end;


{---------------------------------------------------------------------}

Function Range (Value : Real; Lower_Bound, Upper_Bound : Real) : Integer;
  { Set Value into the Range [Lower_Bound .. Upper_Bound] }
  begin
    if (Value >= Lower_Bound) and (Value <= Upper_Bound) then
      Range := Trunc (Value)
    else
      if Value < Lower_Bound then
        Range := Trunc (Lower_Bound)
      else
```

```
          Range := Trunc (Upper_Bound)
    end;


{------------------------------------------------------------------------}


Procedure SelectCursor(I : Integer);
  { Select one of the Standard-Cursors }
  begin
  if I in [1..8] then
    case I of
      1: SetCursorBlock(StdCursor);
      2: SetCursorBlock(SmallCursor);
      3: SetCursorBlock(Uparrow);
      4: SetCursorBlock(CheckMark);
      5: SetCursorBlock(PointingHand);
      6: SetCursorBlock(DiagonalCross);
      7: SetCursorBlock(RectangCross);
      8: SetCursorBlock(HourGlass);
    end;
  end;


{------------------------------------------------------------------------}


Procedure Box (LeftX, LeftY, RightX, RightY, Color : Integer);
  { Draw a Box }
  begin
  Draw(LeftX, LeftY, RightX,LeftY, Color);
  Draw(RightX,LeftY, RightX,RightY,Color);
  Draw(RightX,RightY,LeftX, RightY,Color);
  Draw(LeftX, RightY,LeftX, LeftY, Color);
  end;


{------------------------------------------------------------------------}


Function MouseInBox(LeftX, LeftY, RightX, RightY : Integer) : Integer;
  { Checks if Mouse is inside the Box and delivers button status:
    -1 : Mouse outside
     0 : Mouse inside, no button pressed
    >0 : Mouse inside, delivers button }
  var X, Y, Button : Integer;
  begin
  GetMouse(X,Y,Button);
  if (LeftX < X) and (RightX > X) and (LeftY < Y) and (RightY > Y) then
```

```
      MouseInBox := Button
    else
      MouseInBox := -1;
    end;


{-----------------------------------------------------------------------}


FUNCTION Monochrome : Boolean;
{ TRUE, if Monochrome-Textscreen }
VAR Reg : RECORD
                CASE Boolean OF
                  True : (AX,BX,CX,DX,BP,SI,DI,DS,ES,Flags:Integer);
                  False: (AL,AH,BL,BH,CL,CH,DL,DH:Byte);
                END;
BEGIN
  Reg.ah:=$0f;
  Intr($10,Reg);
  IF Reg.al=7 THEN
    Monochrome:=true
  ELSE
    Monochrome:=false;
END;


{ ---------------------------------------------------------------------- }


Procedure TextCursor(Modus : Byte);
  { sets Textcursor: 0 = hidden, 1 = block, 2 = half block, 3 = normal }
  const
    curs : array [0..7] of Integer =
             ($1000,$0010,$0710,$0C10,$0800,$0008,$0408,$0608);
  var
    Reg : RECORD
            CASE Boolean OF
              True : (AX,BX,CX,DX,BP,SI,DI,DS,ES,Flags:Integer);
              False: (AL,AH,BL,BH,CL,CH,DL,DH:Byte);
          END;
  begin
  Modus := Modus and 3;
  Reg.ah:=$0f; Intr($10,Reg);
  IF Reg.al=7 then
    Reg.CX := curs[Modus] { monochrome }
  else
    Reg.CX := curs[Modus+4]; { color }
```

```
Reg.AH := $01;
Intr($10,Reg);
end;


{ ------------------------------------------------------------------------ }


Procedure GetTextMouse(var X, Y : Integer; var Key : Char);
  { get mouse-position and button in textmode }
  var Button : Integer;
  begin
  Getmouse(X,Y,Button);
  X := Range(X,0,639) div 8 + 1;
  Y := Range(Y,0,199) div 8 + 1;
  if (Button and 1) = 1 then Key := #13 { left key = <CR> }
  else
     if (Button and 2) = 2 then Key := #27 { right key = <ESC> }
     else Key := ' ';
  end;
```

21.2 Timeout-Probleme und Schnittstellen

Die Routinen für die Überwachung der Druckerschnittstelle oder die
serielle Schnittstelle haben eine interne Zeitüberwachung. Wenn ein
Gerät, das an den Druckerausgang oder die serielle Schnittstelle an-
geschlossen ist, nicht innerhalb einer bestimmten Zeit wieder auf den
Bereit-Zustand schaltet, meldet die Betriebssystem-Software einen
Fehler:

```
Gerät nicht bereit ...
(A)bbrechen, (W)iederholen, (I)gnorieren?
```

Ist ein Plotter an eine der beiden oben erwähnten Schnittstelle angeschlossen, kann es bei der Ausgabe von Texten oder beim Zeichnen von
Kreisen mit im Plotter eingebauten Routinen durchaus einmal zu einem
solchen "Timeout-Fehler" kommen.
Abgesehen davon, daß die aufgebaute Bildschirmmaske durch diese Mel-
dung zerstört wird, kommt auch der angeschlossene Plotter aus dem
Takt. Man kann dieses Problem auf zwei Arten umgehen. Die
kompliziertere Möglichkeit wäre das Schreiben einer eigenen Routine
zum Abfangen des Interrupts $24, der für diese Fehlermeldung zuständig

ist. Das ist aber nur mit sehr guten Kenntnissen über das MS-DOS-Betriebssystem möglich. Für unser Problem gibt es eine einfachere Lösung. Für die Dauer des Plottens werden die internen Ausgaberoutinen auf eigenen Prozeduren umgeschaltet, die direkt über das BIOS gehen und keine Zeitüberwachung besitzen. Die unten aufgelisteten Routinen COM_OUT und LST_OUT ersetzen die Routinen für die serielle Schnittstelle und die Druckausgabe. Mit der Prozedur SET_IO_ROUTINES werden sie aktiviert und mit RESET_IO_ROUTINES wird wieder auf die normale Turbo-Ausgabe zurückgeschaltet. Im Programm müssen irgendwo die beiden Variablen OLD_LSTOUT und OLD_COMOUT definiert werden.

```
var
  old_lstout,
  old_comout : Integer;


Procedure com_out(ch : char);
{ replaces the AUX - routine }
var
  regs  : record
            ax, bx, cx, dx, bp, di, se, ds, es, flags : integer;
          end;
  ready : boolean;
begin
  repeat
    with regs do begin { read status }
        dx := 0;
        ax := $0300;
        flags := 0;
        intr($14, regs);
        ready := ((ax and $2030) = $2030);
        end;
    until ready;
  with regs do begin { send character }
      dx := 0;
      ax := $0100 + ord(ch);
      flags := 0;
      intr($14, regs);
      end;
  end;
```

```
Procedure lst_out(ch : char);
{ replaces the LST - routine }
var
  regs  : record
              ax, bx, cx, dx, bp, di, se, ds, es, flags : integer;
              end;
  ready : boolean;
begin
  repeat
    with regs do begin { read status }
        dx := 0;
        ax := $0200;
        flags := 0;
        intr($17, regs);
        ready := ((ax and $b800) = $9000);
        end;
    until ready;
  with regs do begin { send character }
        dx := 0;
        ax := $0000 + ord(ch);
        flags := 0;
        intr($17, regs);
        end;
  end;


Procedure set_io_routines;
begin
  old_lstout := lstoutptr;
  old_Comout := auxoutptr;
  lstoutptr  := ofs(lst_out);
  auxoutptr  := ofs(com_out);
  end;


Procedure reset_io_routines;
begin
  lstoutptr := old_lstout;
  auxoutptr := old_comout;
  end;
```

Die Übertragunsparameter für die serielle Schnittstelle werden normalerweise mit dem MODE-Kommando des Betriebssystems eingestellt. Ist
der Plotter an die serielle Schnittstelle angeschlossen, wäre es

natürlich praktischer, das vom Programm aus direkt zu tun. Mit der nachfolgend aufgelisteten Routine läßt sich das auch bequem erledigen. Die Routine hat weiterhin den Vorteil, das auch die Leitungen CTS und DTR der Schnittstelle eingeschaltet werden - was vom Betreibssystem aus nicht möglich ist.

```
Procedure Setze(Baud, Databits, Stopbits : Integer; Parity : Char);
  { Setzen der seriellen Schnittstelle (COM1)
    Baud     : Baudrate (300 .. 9600 siehe Case-Anweisung unten)
    Databits : 7 oder 8
    Stopbits : 1 oder 2
    Parity   : 'N'- keine P., 'O'- ungerade P., 'E'- gerade P. }
  var
      I, Parameter, BaudRate : Integer;
      Regs : Record case Integer of
              1: (AX,BX,CX,DX,BP,DI,SE,DS,ES,Flags: Integer);
              2: (AL,AH,BL,BH,CL,CH,DL,DH: Byte);
            end;
Begin
Baud := 300; Databits := 8; Stopbits := 1; Parity := 'N';
case Baud of
    110: BaudRate:=0;
    150: BaudRate:=1;
    300: BaudRate:=2;
    600: BaudRate:=3;
   1200: BaudRate:=4;
   2400: BaudRate:=5;
   4800: BaudRate:=6;
    else BaudRate:=7; { Standard = 9600 Baud }
   end;
if StopBits=2 then StopBits:=1 else StopBits:=0; { Standard = 1 Stop Bit }
if DataBits=7 then DataBits:=2 else DataBits:=3; { Standard = 8 Datenbits }
Parameter:=(BaudRate Shl 5)+(StopBits Shl 2)+DataBits;
case upcase(Parity) of
   'E': Parameter:=Parameter+8;
   'O': Parameter:=Parameter+24;
   else; { Standard to no parity }
   end;
{ Parameter setzen }
with Regs do
  begin
  DX:=0; AH:=0;
```

```
    AL:=Parameter;
    Flags:=0;
    Intr($14,Regs);
    end;
{ RTS,DTR setzen }
inline($50/      { PUSH AX      }
       $52/      { PUSH DX      }
       $BA/$03FC/ { MOV DX,COM+4 }
       $B0/$03/  { MOV AL,3     }
       $EE/      { OUT DX,AL    }
       $5A/      { POP DX       }
       $58);     { POP AX       }
with Regs do { Status lesen }
   begin DX:=0; AX:=$0300; Flags:=0; Intr($14,Regs) end;
End;
```

21.3 Die Hercules-Grafikkarte

Die Ansteuerung der Farbgrafikkarte ist ja bereits im BIOS des PC enthalten. Sehr viele Anwender bevorzugen jedoch die einfarbige Hercules-Grafikkarten, die neben der besseren Schriftwiedergabe auch eine höhere Grafikauflösung (720 * 348 Punkte) besitzt. Das äußert sich auch im Speicherbedarf. Bei der Farbgrafikkarte mit 640 * 200 Punkten reichten 16 KByte zum speichern der Bildseite, wogegen die Herculeskarte 32 KByte benötigt.

Auch im Turbo-Pascal-Compiler gibt es nur Grafikroutinen für die Farbgrafikkarte. Aus diesem Grund widme ich mich hier speziell der Herculeskarte.

Sie besitzt zwei Bildschirmseiten à 32 KByte, die bei den Adressen B000:0000 und B800:0000 beginnen. Der Bildschirmspeicher der Farb-grafik-Karte beginnt bei B800:0000, also auf der zweite Seite der Hercules-Karte. Trotzdem ist es möglich, beide Karten gleichzeitig im Computer zu betreiben, da bei den Hercules-(kompatiblen)-Karten über Software oder DIP-Schalter die zweite Seite gesperrt werden kann ("half"-Modus). Der Benutzer kann dann über BIOS-Interrupt 10H oder durch das MODE-Kommando zwischen beiden Karten wechseln. Ebenso kann der eingebaute Druckeranschluß der Herculeskarte wahlweise auf LPT1 oder LPT2 gelegt werden.

Im Textmodus kennt die Karte die Attribute "normal", "blank", "unterstrichen" ,"blink" und "invers" in zwei Intensitätsstufen:

```
Bits im Attri-       0 1 2 3 4 5 6 7
but-Byte

------------------------------------
blank                0 0 0 x 0 0 0 y
unterstrichen        1 0 0 x 0 0 0 y
normal               1 1 1 x 0 0 0 y
invers               0 0 0 x 1 1 1 y
```

(x) Ist Bit 3 = 1, wird das Zeichen mit hoher Intensität darge-stellt; ist Bit 3 = 0 wird das Zeichen mit halber Intensität dargestellt.

(y) Ist Bit 7 = 0, wird das Zeichen normal dargestellt; ist Bit 7 = 1, blinkt das Zeichen.

Im Grafikmodus kann die HGC 720 * 348 Bildpunkte darstellen. Die Position eines Bildpunkts errechnet sich folgendermaßen:

Byte des Bildspeichers, in dem sich der Punkt (X,Y) befindet:
(innerhalb der Bildseite - Segment B0000 oder B8000):
Bytepos = (2000H * (Y mod 4)) + (90 * (Y div 4)) + (Y div 8)

Bit innerhalb des so gefundenen Bytes:
Bitpos = 7 + (X mod 8)

Die Grafik wird von einen 6845-Grafikprozessor-Baustein erzeugt, der 12 interne Register besitzt. Dir belegen der Register kann man den Chip in weiten Bereichen steuern (so wäre z. B. auch eine Grafik mit 16 * 100 Punkten und 16 Farben möglich). Die Register werden über verschiedene Portadressen angesprochen:

```
Port          Funktion

$3B4          6845 Adreßregister
$3B5          6845 Datenregister
$3B8          Modus-Steuerregister
$3BA          Display-Statusregister
```

Die Belegung des Druckerports sollen uns hier nicht interessieren.

Daten-Register des 6845:

Register-Nummer	Funktion	Wert im Textmode	Wert im Grafikm.
R0	Z. horiz. gesamt	61H	35H
R1	Z. horiz. Schirm	50H	2DH
R2	Hsync Position	52H	2EH
R3	Hsync Breite	0FH	07H
R4	Z. vertikal gesamt	19H	5BH
R5	vertikal Justierung	06H	02H
R6	Z. vertikal	19H	57H
R7	Vsync Position	19H	57H
R8	Interlace-Modus	02H	02H
R9	Adr.höchst.Scan-L.	0DH	03H
R10	Zeilen horizontal	0BH	00H
R11	-"-	0CH	00H
R12	Startadr. BS (H)	00H	00H
R13	Startadr. BS (L)	00H	00H
R14	Cursoradresse (H)	00H	00H
R15	Cursoradresse (L)	00H	00H

Diese Register werden angesprochen, indem man in das Indexregister die Nummer des gewünschten Registers schreibt und anschließend das Datenregister mit dem gewünschten Wert versorgt.

Modus-Steuerregister:

Bit	Funktion
1	1 = Grafikfreigabe, 0 = Textmodus
3	Videosignal-Freigabe (Schirm ein/aus)
5	Blink-Freigabe (1 = blinken, 0 = Hintergrund-Helligk.
7	Bildschirmseite (Seite 0 oder 1)

Display-Statusregister:

Bit   Funktion

0   Horizontal-Synchronisation (während HS auf 1)

2   Lichtgriffel-Status

3   Video-Signal (Echo des Video-Signals)

7   Vertikal-Synchronisation (während VS auf 0)

Weitere Informationen über den Grafikcontroller 6845 entnehmen Sie
bitte dem Datenblatt.

Das folgende Programmfragment zeigt die Umschaltung von Text- und
Grafikmodus:

```
INDPORT   EQU   3B4H          ; INDEXREGISTER 6845
CTLPORT   EQU   3B8H          ; CONTROL-PORT 6845

TABDATA   SEGMENT PUBLIC 'DATA'
GTAB      DB    35H,2DH,2EH,07H,5BH,02H
          DB    57H,57H,02H,03H,00H,00H
TTAB      DB    61H,50H,52H,0FH,19H,06H
          DB    19H,19H,02H,0DH,0BH,0CH
TABDATA   ENDS

CODE      SEGMENT PUBLIC 'CODE'
          ASSUME CS:CODE,DS:TDATA

GMODE     PROC NEAR          ; GRAFIKMODUS EINSCHALTEN, PAGE 0
          PUSH ES            ; REGISTER RETTEN
          PUSH DS
          MOV  AX,TDATA       ; DS SETZEN
          MOV  DS,AX
          MOV  AL,02H         ; GRAPH-MODE-PARAMETER
          LEA  SI,GTAB
          MOV  BX,0
          MOV  CX,4000H
          CALL SETMODE        ; MODUS SETZEN
```

```
                POP   DS          ; REGISTER RESTAURIEREN
                POP   ES
                RET
GMODE           ENDP

TMODE           PROC  NEAR        ; TEXTMODE SETZEN
                PUSH  ES          ; REGISTER RETTEN
                PUSH  DS
                MOV   AX,TDATA     ; DS SETZEN
                MOV   DS,AX
                MOV   AL,20H       ; TEXT-MODE-PARAMETER
                LEA   SI,TTAB
                MOV   BX,0720H
                MOV   CX,2000H
                CALL  SETMODE      ; MODUS SETZEN
                POP   DS           ; REGISTER RESTAURIEREN
                POP   ES
                RET
TMODE           ENDP

SETMODE         PROC  NEAR        ; SETZEN MODUS
                PUSH  DS          ; BX = LÖSCHWERT
                PUSH  ES          ; CX = ANZAHL WORTE LÖSCHEN
                PUSH  AX          ; SI = PARAMETERTAFEL
                PUSH  BX
                PUSH  CX
                MOV   DX,CTLPORT   ; SCREEN OFF
                OUT   DX,AL
                MOV   AX,DS        ; INIT 6845
                MOV   ES,AX        ; ES = DS
                MOV   DX,INDPORT   ; PARAMETER ÜBERGEBEN
                MOV   CX,12        ; 12 PARAMETER
                XOR   AH,AH
PLOOP:          MOV   AL,AH        ; REGISTERNUMMER AUSGEBEN
                OUT   DX,AL
                INC   DX
                LODSB              ; DATEN AUSGEBEN
                OUT   DX,AL
                INC   AH           ; NÄCHSTER WERT
                DEC   DX
                LOOP  PLOOP        ; BIS ALLE WERTE ÜBERGEBEN SIND
                POP   CX           ; BILDSCHIRM LÖSCHEN
                MOV   AX,0B000H    ; SEITE 0
```

```
        CLD
        MOV   ES,AX
        XOR   DI,DI
        POP   AX          ; LÖSCHWERT AUS BX
        REP   STOSW
        MOV   DX,CTLPORT   ; SCHIRM EIN, SEITE 0
        POP   AX          ; MODUS
        ADD   AL,08H
        OUT   DX,AL
        POP   ES
        POP   DS
        RET
SETMODE ENDP
CODE    ENDS
```

Formuliert man die Prozedur TMODE als ablauffähiges Programm, kann dieses verwendet werden, um auf DOS-Ebene den Textmodus einzuschalten, wenn ein Programm im Grafikmodus abgestürzt ist. In der folgenden Pascal-Toolbox werden Sie sehen, wie das obige Programm in einer höheren Programmiersprache formuliert werden kann.

Alle Routinen des Hercules-Grafikpakets sind für den "half"-Mode ausgelegt, sodaß es auch keine Probleme gibt, wenn Sie zusätzlich zur Hercules-Karte auch noch eine Farbgrafikkarte im Rechner stecken haben. Lassen Sie mich mit den Konstanten und Typen des Pakets beginnen:

h_xmax
    enthält die maximale X-Koordinate (719)

h_ymax
    enthält die maximale Y-Koordinate (348)

h_graph_base
    Segmentadresse des Bildspeichers ($B000)

h_graph_size
    Größe des Bildspeichers in Bytes (32 KByte)

h_errptr
    speichert die Adresse der Turbo-Standard-Fehlerroutine

font_descriptor
  speichert Verwaltungsinformation über den jeweils geladenen
  Zeichengenerator. Es gibt zwei Zeichensätze (Fonts): den
  normalen Zeichensatz mit 9*14 Punkten und einen Zeichensatz
  für kleine Schrift mit 4*6 Punkten, den Sie von der
  Druckergrafik her schon kennen.

h_string
  Vereinbarung eines String-Typs für die Textausgabe-Prozedur

h_screen
  Definition des Bildspeichers als ein Feld von Bytes

h_file
  Stringtype für Dateinamen.

vor der Besprechung der Prozeduren im Detail will ich auf einige
Besonderheiten der Programmierung eingehen. Der Bildspeicher ist ein
Teil des Hauptspeichers, der wie schon erwähnt, bei der Segmentadresse
$B000 beginnt. Beim Zeichnen werden einzelne Bits in diesem Speicher
gesetzt, um die Bildpunkte "anzuknipsen". Der Baustein 6845 besorgt
dann die Abbildung des Speicherinhalts auf dem Bildschirm. Es wäre
also möglich, den Bildspeicher über die Speicherzugriffs-Funktion MEM
von Turbo-Pascal aus anzusprechen. Im Hercules-Paket wird ein anderer
Weg eingeschlagen. Der Bildschirm wird als Feld von 32768 Bytes
aufgefasst. Durch die Absolut-Deklaration

```
Screen : h_screen absolute h_graph_base:$0000
```

wird bei zugriffen auf Komponenten des Feldes "Screen" auf den Bild-
wiederholspeicer zugegriffen. So kann bei eingeschaltetem Range-Check
(Option $R +) auch bei Programmierfehlern nur auf den Bildspeicher
zugegriffen werden - sonst meldet das Programm einen Laufzeitfehler.

Bei den meisten Bildschirmgrafiksystemen ist der Nullpunkt die linke,
obere Ecke des Bildschirms, bei Plottern liegt er dagegen in der
linken, unteren Ecke. Um die Herculesgrafik dem üblichen Gebrauch
anzupassen wurd auch hier die linke, untere Ecke als Ursprung
genommen. Wenn Sie es jedoch lieber so hätten, wie bei der
Farbgrafikkarte, müssen Sie in der Prozedur PLOT die Zeile

```
y := h_ymax - y;
```

entfernen und die Text-Routinen DRAWCHAR und DRAWSTRING entsprechend modifizieren.

Die Kernroutine für das Zeichnen ist die Routine PLOT, die auf den Bildspeicher zugreift. Da der Bildspeicher nicht linear dargestellt wird - er wird streifenweise gefüllt - muß für das Setzen eines Punktes viel gerechnet werden. Die ursprünglichen Formeln lautete

```
Byteoffs := ($2000 * (Y mod 4)) + (90 * (Y div 4)) + (Y div 8);
Bitoffs  := 7 + (X mod 8);
```

Um einen Punkt an der Stelle (X,Y) zu zeichnen, muß das durch "Bit-offs" spezifizierte Bit im durch "Byteoffs" festgelegten Byte des Bildspeichers gesetzt werden. Die kürzeste Laufzeit erreicht man, wenn "Plot" in Assembler programmiert wird. Durch einige Optimierungsmaßnahmen wird es aber auch in Pascal schnell genug. Man kann die Divisionen durch Schiebeoperatioenen ersetzen, da alle divisoren eine Zweierpotenz darstellen. Da Schiebeoperationen im Prozessor selbst "verschaltet" sind geht es natürlich viel schneller. Die Berechnung gestaltet sich dann so:

```
Byteoffs := (y and 3) shl 13 + 90*(y shr 2) + (x shr 3);
Bitoffs := 8 - (x mod 8);
```

Um das richtige Bit im Byte des Speicers zu setzen, wird ein Feld konstant vereinbart, das alle in einen Byte möglichen Bits als Werte enthält. Dadurch erspart man sich die Berechnung von Zweierpotenzen bei jedem Aufruf von PLOT. Das Setzen eines Bildpunkts geschieht dann durch einen Zugriff auf dieses Feld:

```
const
   bitpos : Array [1..8] of Byte = (1,2,4,8,16,32,64,128);

Screen[Byteoffs] := Screen[Byteoffs] or bitpos[Bitoffs];
```

Bei allen Zeichenroutinen werden Sie einen Parameter "color" finden, der drei verschiedenen Werte annehmen kann:

```
color = 0 :    Der Bildpunkt wird schwarz.
color = 1 :    Der Bildpunkt wird weiß.
color = 3 :    Der Bildpunkt wird invertiert.
```

Die letzte Möglichkeit ist die interessanteste. Da man durch zweimaliges Invertieren wieder den ursprünglichen Zustand erhält, bietet diese "Farbe" die Möglichkeit Bildteile zerstörungsfrei zu überschreiben. Man kann so auch Objekte über ein bereits vorhandenes Bild bewegen - z. B. zum Positionieren mit der Maus. Die Berechnung der drei Modi im Programm erfolgt so:

```
case color of
  0: Screen[byteoffs] := Screen[byteoffs] and (bitpos[bitoffs] xor $FF);
  1: Screen[byteoffs] := Screen[byteoffs] or bitpos[bitoffs];
  2: Screen[byteoffs] := Screen[byteoffs] xor bitpos[bitoffs];
end;
```

Nach soviel Vorrede ist jetzt aber wirklich die Beschreibung der einzelnen Prozeduren fällig:

Procedure load_font_9x14;
  Es wird der Font mit Zeichen im Punktraster 9*14 geladen. Diese Schriftart entspricht der normalen Schrift, wie sie die Hercules-karte im Textmodus hat. Es stehen alle ASCII-Zeichen von 32 bis 126 zur Verfügung - also nicht die IBM-Sonderzeichen.

Procedure load_font_4x6;
  Es wird ein Kleinschrift-Font geladen, dessen Zeichen im 4*6-Raster liegen. Mit diesem Font können SIe bis zu 120 Zeichen in einer Zeile unterbringen und Sie bekommen etwa 60 Zeilen auf einen Bildschirm.

Procedure clearscreen;
  Löschen des Grafik-Bildschirms.

Procedure h_error(n, m : Integer);
  Diese Prozedur wird der Standard-Fehler-Routine von Turbo-Pascal vorgeschaltet. Ihre Aufgabe ist es, in den Textmodus zurückzuschalten, weil sonst die Fehlermendung nicht lesbar wäre. Sie wird von HIRES eingebunden und von TEXTMODE wieder abgekoppelt.

Procedure hires;
  Einschalten des Grafikmodus. Es werden hier die Register des 6845 genauso gesetzt, wie es bei der Assembler-Routinen weiter vorne beschrieben ist. Anschließend wird der

Standardfont (9*14) geladen, die Fehler-Routine eingeschaltet und der Bildschirm gelöscht

Procedure textmode;
Zurückschalten in den Textmodus und löschen des Bildschirms.

Procedure invertscreen;
Der gesamte Bildschirm wird invertiert. Da der Schirm durch die Adressierungsweise des 6845 in Streifen bearbeitet wird, verwendet die Routine einen Kunstgriff. Es wird zunächst ein 32 KByte-Puffer auf dem Heap angelegt, dann in diesen Puffer hinein invertiert und der Puffer danach blitzschnell auf den Bildschirm kopiert - was einen besseren optischen EIndruck macht.

Procedure plot(x, y, color : Integer);
Zeichnen eines Punktes in der angegebenen "Farbe", wie oben beschrieben. In dieser Prozedur erfolgt auch die Randüberwachung.

Function getdotcolor(x, y : Integer): Integer;
Diese Funktion liefert die Farbe eines Punktes zurück. Ist der Punkt hell, wird der Wert 1 zurückgegeben, sonst der Wert 0. Befindet sich der Punkt außerhalb des Bildfeldes, liefert die Funktion den Wert -1. Letzteres kann beim Verwenden von Füllalgorithmen hilfreich sein (siehe Kapitel 9).

Procedure savepic(name : h_file; var error : Integer);
Schreibt den aktuellen Bildschirminhalt auf eine Datei. Der Parameter "error" gibt Dateifehler (-- > IOResult) zurück.

Procedure loadpic(name : h_file; var error : Integer);
Liest eine mit SAVEPIC erstellte Datei auf den Bildschirm. Der Fehlerparameter hat die gleiche Funktion, wie bei SAVEPIC. Mit beiden Routinen kann man sich zum Beispiel eine "Diaschau" zusammenbauen.

Procedure getpic(var scr : h_screen);
Speichern des Bildes auf einer Variablen vom Typ h_screen. Da diese Variable 32 KByte groß ist, und der Code- bzw Datenbereich von Turbo nur 64 KByte groß sein darf, wäre man schnell am Ende, wenn man den Bildschirm auf einer statischen Variablen speichern

würde. Einen Ausweg bietet hier der Gebrauch von Zeigern und dynamischen Variablen. Im weiter unten besprochenen Beispielprogramm wird gezeigt, wie es geht.

Procedure putpic(var scr : h_sceen);
    Der Inhalt der Variablen "scr" wird auf dem Bildschirm dargestellt.

Procedure HardCopy(left, top, right, bottom : Integer; invers : Boolean);
    Ausdrucken des aktuellen Bildes auf einem Epson-Drucker. Mit den Parametern (left, top) wird die linke, obere Ecke, mit (right, bottom) die rechte, untere Ecke eines Bildausschnitts festgelegt. Die Variable legt fest, ob das Bild invertiert gedruckt werden soll (invers = true).

Procedure ellipse(mx, my, a, b, color : Integer);
    Zeichnen einer Ellipse mit dem Algorithmus aus Kapitel 5. Die Konstante "aspect" in der Prozedur verhindert eine Verzerrung; wenn a = b ist, wird tatsächlich ein Kreis gezeichnet.

Procedure draw(x1, y1, x2, y2, color : integer);
    Zeichen einer Linie von (x1, y1) nach (X2, y2). Auch diese Prozedur kennen Sie schon aus Kapitel 4 - es wurd lediglich der Farbparameter hinzugenommen. Wenn diese Prozedur in ihrer Geschwindigkeit nicht ausreicht, muß man auf eine Lösung in Assembler ausweichen.

Procedure drawchar(x, y, rot, color: integer; ch: char);
    Zeichnen eines ASCII-Zeichens (Code in [32..126]) aus dem aktuellen Zeichensatz an der Stelle (x,y). Der Parameter "color" legt den Zeichenmodus fest (wie bei "plot"). Der Parameter "rot" bestimmt die Richtung der Schrift:
    rot = 0 : nach rechts (normal)
    rot = 1 : von unten nach oben
    rot = 2 : verkehrt herum von rechts nach links
    rot = 4 : von oben nach unten

Procedure drawstring(x, y, rot, color : integer; s : h_string);
    Zeichnen eines ganzen Strings. Die Parameter haben die gleiche Bedeutung wie bei DRAWCHAR.

Das Programmpaket finden Sie auf den folgenden Seiten.

```
const
  h_xmax      =   719;        { maximum nr. of steps in x }
  h_ymax      =   348;        { maximum nr. of steps in y }
  h_graph_base = $B000;       { graphic memory base address }
  h_graph_size = 32767;       { size of graphic memory }
  h_errptr : Integer = 0;     { Adresse Fehlerroutine }


type
  font_descriptor = record   { Font-Verwaltung }
                       fontmax_x,
                       fontmax_y,
                       font_dist_x,
                       font_dist_y : integer;
                       font_table  : array[32..126, 0..27] of integer;
                       font_is     : String[8];
                     end;
  h_string      = String[80];                      { beliebiger String }
  h_screen      = Array [0..h_graph_size] of Byte; { Bildschirm }
  h_file        = String[64];                      { Dateiname }


var
  h_font : font_descriptor;   { Beschreibung aktueller Font }


procedure load_font_9x14;
  const
    f_is      = '9x14';
    fmax_x  = 7;
    fmax_y  = 13;
    f_dist_x = 9;
    f_dist_y = 14;
    f_table : array[32..126, 0..fmax_y] of byte =
    ((  0,  0,  0,  0,  0,  0,  0,  0,  0,  0,  0,  0,  0,  0 (*   *) ),
     (  0,  0,  0, 24, 24,  0, 24, 24, 60, 60, 60, 24,  0,  0 (* ! *) ),
     (  0,  0,  0,  0,  0,  0,  0,  0,  0, 34, 99, 99, 99,  0 (* " *) ),
     (  0,  0,  0, 54, 54,127, 54, 54, 54,127, 54, 54,  0,  0 (* # *) ),
     (  0, 12, 12, 62, 99, 67,  3, 62, 96, 97, 99, 62, 12, 12 (* $ *) ),
     (  0,  0,  0, 99, 51, 24, 12,  6, 99, 97,  0,  0,  0,  0 (* % *) ),
     (  0,  0,  0, 59,102,102,110, 59, 28, 54, 54, 28,  0,  0 (* & *) ),
     (  0,  0,  0,  0,  0,  0,  0,  0,  0, 96, 48, 48, 48,  0 (* ' *) ),
     (  0,  0,  0, 12, 24, 48, 48, 48, 48, 48, 24, 12,  0,  0 (* ( *) ),
     (  0,  0,  0, 24, 12,  6,  6,  6,  6,  6, 12, 24,  0,  0 (* ) *) ),
     (  0,  0,  0,  0,  0,102, 60,255, 60,102,  0,  0,  0,  0 (* * *) ),
```

```
(  0,  0,  0,  0, 24, 24, 24,255, 24, 24, 24,  0,  0,  0 (* + *) ),
(  0,  0, 48, 24, 24, 24,  0,  0,  0,  0,  0,  0,  0,  0 (* , *) ),
(  0,  0,  0,  0,  0,  0,  0,255,  0,  0,  0,  0,  0,  0 (* - *) ),
(  0,  0,  0, 24, 24,  0,  0,  0,  0,  0,  0,  0,  0,  0 (* . *) ),
(  0,  0,  0,  0, 64, 96, 48, 24, 12,  6,  3,  1,  0,  0 (* / *) ),
(  0,  0,  0, 62, 99, 99,115,123,111,103, 99, 62,  0,  0 (* 0 *) ),
(  0,  0,  0, 63, 12, 12, 12, 12, 12, 60, 28, 12,  0,  0 (* 1 *) ),
(  0,  0,  0,127, 99, 48, 24, 12,  6,  3, 99, 62,  0,  0 (* 2 *) ),
(  0,  0,  0, 62, 99,  3,  3, 30,  3,  3, 99, 62,  0,  0 (* 3 *) ),
(  0,  0,  0, 15,  6,  6,127,102, 54, 30, 14,  6,  0,  0 (* 4 *) ),
(  0,  0,  0, 62, 99,  3,  3,126, 96, 96, 96,127,  0,  0 (* 5 *) ),
(  0,  0,  0, 62, 99, 99, 99,126, 96, 96, 48, 28,  0,  0 (* 6 *) ),
(  0,  0,  0, 24, 24, 24, 24, 12,  6,  3, 99,127,  0,  0 (* 7 *) ),
(  0,  0,  0, 62, 99, 99, 99, 62, 99, 99, 99, 62,  0,  0 (* 8 *) ),
(  0,  0,  0, 60,  6,  3,  3, 63, 99, 99, 99, 62,  0,  0 (* 9 *) ),
(  0,  0,  0,  0, 24, 24,  0,  0,  0, 24, 24,  0,  0,  0 (* : *) ),
(  0,  0,  0, 48, 24, 24,  0,  0,  0, 24, 24,  0,  0,  0 (* ; *) ),
(  0,  0,  0,  6, 12, 24, 48, 96, 48, 24, 12,  6,  0,  0 (* < *) ),
(  0,  0,  0,  0,  0,126,  0,  0,126,  0,  0,  0,  0,  0 (* = *) ),
(  0,  0,  0, 96, 48, 24, 12,  6, 12, 24, 48, 96,  0,  0 (* > *) ),
(  0,  0,  0, 12, 12,  0, 12, 12,  6, 99, 99, 62,  0,  0 (* ? *) ),
(  0,  0,  0, 62, 96,110,111,111,111, 99, 99, 62,  0,  0 (* @ *) ),
(  0,  0,  0, 99, 99, 99,127, 99, 99, 54, 28,  8,  0,  0 (* A *) ),
(  0,  0,  0,126, 51, 51, 51, 62, 51, 51, 51,126,  0,  0 (* B *) ),
(  0,  0,  0, 30, 51, 97, 96, 96, 96, 97, 51, 30,  0,  0 (* C *) ),
(  0,  0,  0,124, 54, 51, 51, 51, 51, 51, 54,124,  0,  0 (* D *) ),
(  0,  0,  0,127, 51, 49, 52, 60, 52, 49, 51,127,  0,  0 (* E *) ),
(  0,  0,  0,120, 48, 48, 52, 60, 52, 49, 51,127,  0,  0 (* F *) ),
(  0,  0,  0, 29, 51, 99,111, 96, 96, 97, 51, 30,  0,  0 (* G *) ),
(  0,  0,  0, 99, 99, 99, 99,127, 99, 99, 99, 99,  0,  0 (* H *) ),
(  0,  0,  0, 60, 24, 24, 24, 24, 24, 24, 24, 60,  0,  0 (* I *) ),
(  0,  0,  0, 60,102,102,  6,  6,  6,  6,  6, 15,  0,  0 (* J *) ),
(  0,  0,  0,115, 51, 54, 54, 60, 54, 54, 51,115,  0,  0 (* K *) ),
(  0,  0,  0,127, 51, 49, 48, 48, 48, 48, 48,120,  0,  0 (* L *) ),
(  0,  0,  0,195,195,195,195,195,219,255,231,195,  0,  0 (* M *) ),
(  0,  0,  0, 99, 99, 99,103,111,127,123,115, 99,  0,  0 (* N *) ),
(  0,  0,  0, 28, 54, 99, 99, 99, 99, 99, 54, 28,  0,  0 (* O *) ),
(  0,  0,  0,120, 48, 48, 48, 62, 51, 51, 51,126,  0,  0 (* P *) ),
(  0,  0,  7,  6, 62,111,107, 99, 99, 99, 99, 62,  0,  0 (* Q *) ),
(  0,  0,  0,115, 51, 51, 54, 62, 51, 51, 51,126,  0,  0 (* R *) ),
(  0,  0,  0, 62, 99, 99,  6, 28, 48, 99, 99, 62,  0,  0 (* S *) ),
(  0,  0,  0, 60, 24, 24, 24, 24, 24,153,219,255,  0,  0 (* T *) ),
(  0,  0,  0, 62, 99, 99, 99, 99, 99, 99, 99, 99,  0,  0 (* U *) ),
```

```
(  0,   0,   0,  24,  60,102,195,195,195,195,195,195,   0,   0 (* V *) ),
(  0,   0,   0,102,102,255,219,219,195,195,195,195,   0,   0 (* W *) ),
(  0,   0,   0,195,195,102,  60,  24,  60,102,195,195,   0,   0 (* X *) ),
(  0,   0,   0,  60,  24,  24,  24,  60,102,195,195,195,   0,   0 (* Y *) ),
(  0,   0,   0,255,195,  97,  48,  24,  12,134,195,255,   0,   0 (* Z *) ),
(  0,   0,   0,  60,  48,  48,  48,  48,  48,  48,  48,  60,   0,   0 (* [ *) ),
(  0,   0,   0,   1,   3,   7,  14,  28,  56,112,  96,  64,   0,   0 (* \ *) ),
(  0,   0,   0,  60,  12,  12,  12,  12,  12,  12,  12,  60,   0,   0 (* ] *) ),
(  0,   0,   0,   0,   0,   0,   0,   0,   0,   0,  99,  54,  28,   8 (* ^ *) ),
(  0,255,   0,   0,   0,   0,   0,   0,   0,   0,   0,   0,   0,   0 (* _ *) ),
(  0,   0,   0,   0,   0,   0,   0,   0,   0,   0,   0,  12,  24,  24 (* ` *) ),
(  0,   0,   0,  59,102,102,  62,   6,  60,   0,   0,   0,   0,   0 (* a *) ),
(  0,   0,   0,110,  51,  51,  51,  54,  60,  48,  48,112,   0,   0 (* b *) ),
(  0,   0,   0,  62,  99,  96,  96,  99,  62,   0,   0,   0,   0,   0 (* c *) ),
(  0,   0,   0,  59,102,102,102,  54,  30,   6,   6,  14,   0,   0 (* d *) ),
(  0,   0,   0,  62,  99,  96,127,  99,  62,   0,   0,   0,   0,   0 (* e *) ),
(  0,   0,   0,120,  48,  48,  48,124,  48,  50,  54,  28,   0,   0 (* f *) ),
(  0,  60,102,   6,  62,102,102,102,  59,   0,   0,   0,   0,   0 (* g *) ),
(  0,   0,   0,115,  51,  51,  51,  59,  54,  48,  48,112,   0,   0 (* h *) ),
(  0,   0,   0,  30,  12,  12,  12,  12,  28,   0,  12,  12,   0,   0 (* i *) ),
(  0,  60,102,102,   6,   6,   6,   6,  14,   0,   6,   6,   0,   0 (* j *) ),
(  0,   0,   0,115,  51,  54,  60,  54,  51,  48,  48,112,   0,   0 (* k *) ),
(  0,   0,   0,  30,  12,  12,  12,  12,  12,  12,  12,  28,   0,   0 (* l *) ),
(  0,   0,   0,219,219,219,219,255,230,   0,   0,   0,   0,   0 (* m *) ),
(  0,   0,   0,  51,  51,  51,  51,  51,110,   0,   0,   0,   0,   0 (* n *) ),
(  0,   0,   0,  62,  99,  99,  99,  99,  62,   0,   0,   0,   0,   0 (* o *) ),
(  0,120,  48,  48,  62,  51,  51,  51,110,   0,   0,   0,   0,   0 (* p *) ),
(  0,  15,   6,   6,  62,102,102,102,  59,   0,   0,   0,   0,   0 (* q *) ),
(  0,   0,   0,120,  48,  48,  51,  59,110,   0,   0,   0,   0,   0 (* r *) ),
(  0,   0,   0,  62,  99,  14,  56,  99,  62,   0,   0,   0,   0,   0 (* s *) ),
(  0,   0,   0,  14,  27,  24,  24,  24,126,  24,  24,   8,   0,   0 (* t *) ),
(  0,   0,   0,  59,102,102,102,102,102,   0,   0,   0,   0,   0 (* u *) ),
(  0,   0,   0,  24,  60,102,195,195,195,   0,   0,   0,   0,   0 (* v *) ),
(  0,   0,   0,102,255,219,219,195,195,   0,   0,   0,   0,   0 (* w *) ),
(  0,   0,   0,  99,  54,  28,  28,  54,  99,   0,   0,   0,   0,   0 (* x *) ),
(  0,  60,   6,   3,  63,  99,  99,  99,  99,   0,   0,   0,   0,   0 (* y *) ),
(  0,   0,   0,127,  51,  24,  12,102,127,   0,   0,   0,   0,   0 (* z *) ),
(  0,   0,   0,  14,  24,  24,  24,112,  24,  24,  24,  14,   0,   0 (* { *) ),
(  0,   0,   0,  24,  24,  24,  24,   0,  24,  24,  24,  24,   0,   0 (* | *) ),
(  0,   0,   0,112,  24,  24,  24,  14,  24,  24,  24,112,   0,   0 (* } *) ),
(  0,   0,   0,   0,   0,   0,   0,   0,   0,   0,110,  59,   0,   0 (* ~ *) ));
var
   c,
```

```
    i  : integer;
begin
with h_font do
  begin
  if font_is <> f_is then begin
     fontmax_x  := fmax_x;
     fontmax_y  := fmax_y;
     font_dist_x := f_dist_x;
     font_dist_y := f_dist_y;
     for c := 32 to 126 do
         for i := 0 to fmax_y do
               font_table[c, i] := f_table[c, i];
     font_is := f_is;
     end;
  end;
end;

procedure load_font_4x6;
const
  f_is      = '4x6';
  fmax_x  = 3;
  fmax_y  = 5;
  f_dist_x = 6;
  f_dist_y = 8;
  f_table : array[32..126, 0..fmax_y] of byte =
   (( 0, 0, 0, 0, 0, 0 (*   *) ),
    ( 0, 2, 0, 2, 2, 2 (* ! *) ),
    ( 0, 0, 0, 5, 5, 5 (* " *) ),
    ( 0,10,14, 9, 7, 5 (* # *) ),
    ( 4,14, 3,12, 7, 2 (* $ *) ),
    ( 0, 9, 4, 2, 9, 0 (* % *) ),
    ( 0, 7,11, 4,10, 4 (* & *) ),
    ( 0, 0, 0, 2, 2, 2 (* ' *) ),
    ( 0, 2, 4, 4, 4, 2 (* ( *) ),
    ( 0, 4, 2, 2, 2, 4 (* ) *) ),
    ( 0, 9, 6,15, 6, 9 (* * *) ),
    ( 0, 0, 2, 7, 2, 0 (* + *) ),
    ( 4, 2, 0, 0, 0, 0 (* , *) ),
    ( 0, 0, 0, 7, 0, 0 (* - *) ),
    ( 0, 2, 0, 0, 0, 0 (* . *) ),
    ( 0, 8, 4, 2, 1, 0 (* / *) ),
    ( 0, 6, 9, 9, 9, 6 (* 0 *) ),
    ( 0, 7, 2, 2, 6, 2 (* 1 *) ),
```

```
( 0,15, 4, 2, 9, 6 (* 2 *) ),
( 0,14, 1, 6, 1,14 (* 3 *) ),
( 0, 2, 2,15,10,10 (* 4 *) ),
( 0,14, 1,14, 8,15 (* 5 *) ),
( 0, 6, 9,14, 8, 7 (* 6 *) ),
( 0, 8, 4, 2, 1,15 (* 7 *) ),
( 0, 6, 9, 6, 9, 6 (* 8 *) ),
( 0,14, 1, 7, 9, 6 (* 9 *) ),
( 0, 2, 0, 0, 2, 0 (* : *) ),
( 4, 2, 0, 0, 2, 0 (* ; *) ),
( 0, 1, 2, 4, 2, 1 (* < *) ),
( 0, 0,15, 0,15, 0 (* = *) ),
( 0, 8, 4, 2, 4, 8 (* > *) ),
( 0, 2, 0, 2, 1,14 (* ? *) ),
( 0, 7, 8,11, 9, 6 (* @ *) ),
( 0, 9, 9,15, 9, 6 (* A *) ),
( 0,14, 9,14, 9,14 (* B *) ),
( 0, 7, 8, 8, 8, 7 (* C *) ),
( 0,14, 9, 9, 9,14 (* D *) ),
( 0,15, 8,14, 8,15 (* E *) ),
( 0, 8, 8,14, 8,15 (* F *) ),
( 0, 7, 9,11, 8, 7 (* G *) ),
( 0, 9, 9,15, 9, 9 (* H *) ),
( 0, 7, 2, 2, 2, 7 (* I *) ),
( 0, 4,10, 2, 2, 7 (* J *) ),
( 0, 9,10,12,10, 9 (* K *) ),
( 0,15, 8, 8, 8, 8 (* L *) ),
( 0, 9, 9, 9,15, 9 (* M *) ),
( 0, 9, 9,11,13, 9 (* N *) ),
( 0,15, 9, 9, 9,15 (* O *) ),
( 0, 8, 8,14, 9,14 (* P *) ),
( 0, 7,11, 9, 9, 6 (* Q *) ),
( 0, 9,10,14, 9,14 (* R *) ),
( 0,14, 1, 6, 8, 7 (* S *) ),
( 0, 2, 2, 2, 2, 7 (* T *) ),
( 0,15, 9, 9, 9, 9 (* U *) ),
( 0, 6, 9, 9, 9, 9 (* V *) ),
( 0, 9,15, 9, 9, 9 (* W *) ),
( 0, 9, 9, 6, 9, 9 (* X *) ),
( 0, 6, 6, 6, 9, 9 (* Y *) ),
( 0,15, 4, 2, 1,15 (* Z *) ),
( 0, 7, 4, 4, 4, 7 (* [ *) ),
( 0, 1, 2, 4, 8, 0 (* \ *) ),
```

```
                ( 0,14, 2, 2, 2,14 (* ] *) ),
                ( 0, 0, 0, 0, 9, 6 (* ^ *) ),
                (15, 0, 0, 0, 0, 0 (* _ *) ),
                ( 0, 0, 0, 1, 2, 4 (* ` *) ),
                ( 0, 7,15, 1,14, 0 (* a *) ),
                ( 0,14, 9, 9,14, 8 (* b *) ),
                ( 0, 7, 8, 8, 7, 0 (* c *) ),
                ( 0, 7, 9, 9, 7, 1 (* d *) ),
                ( 0, 7, 8,15, 6, 0 (* e *) ),
                ( 0, 4, 4,15, 4, 3 (* f *) ),
                (14, 1, 7, 9, 7, 1 (* g *) ),
                ( 0, 9, 9, 9,14, 8 (* h *) ),
                ( 0, 2, 2, 2, 0, 2 (* i *) ),
                ( 2, 5, 1, 1, 0, 1 (* j *) ),
                ( 0, 5, 6, 5, 4, 4 (* k *) ),
                ( 0, 2, 2, 2, 2, 2 (* l *) ),
                ( 0, 9, 9,15, 9, 0 (* m *) ),
                ( 0, 9, 9, 9,14, 0 (* n *) ),
                ( 0, 6, 9, 9, 6, 0 (* o *) ),
                ( 8,14, 9, 9,14, 0 (* p *) ),
                ( 1, 7, 9, 9, 7, 0 (* q *) ),
                ( 0, 8, 8,12,11, 0 (* r *) ),
                ( 0,14, 3,12, 7, 0 (* s *) ),
                ( 0, 2, 5, 4,15, 4 (* t *) ),
                ( 0, 7, 9, 9, 9, 0 (* u *) ),
                ( 0, 6, 9, 9, 9, 0 (* v *) ),
                ( 0, 9,15, 9, 9, 0 (* w *) ),
                ( 0, 9, 9, 6, 9, 0 (* x *) ),
                ( 8, 4, 6, 9, 9, 0 (* y *) ),
                ( 0,15, 4, 2,15, 0 (* z *) ),
                ( 0, 3, 2, 6, 2, 3 (* { *) ),
                ( 2, 2, 2, 2, 2, 2 (* ¦ *) ),
                ( 0,12, 4, 6, 4,12 (* } *) ),
                ( 0, 0, 0, 0,10, 5 (* ~ *) ));
var
  c,
  i : integer;
begin
with h_font do
  begin
  if font_is <> f_is then begin
    fontmax_x := fmax_x;
    fontmax_y := fmax_y;
```

```
         font_dist_x := f_dist_x;
         font_dist_y := f_dist_y;
         for c := 32 to 126 do
             for i := 0 to fmax_y do
                 font_table[c, i] := f_table[c, i];
         font_is := f_is;
         end;
    end;
end;


{ ------------------------------------------------------------------------- }


procedure clearscreen;
{ Bildschirm loeschen }
var
  Screen : h_screen absolute h_graph_base:$0000;
begin
Fillchar(Screen,h_graph_size,0);
end;


procedure h_error(n, m : Integer); forward;


procedure hires;
{ Grafik einschalten }
const
  IndexReg = $3B4;  { 6845 Indexregister }
  DataReg  = $3B5;  { 6845 Datenregister }
  ModeCont = $3B8;  { 6845 mode Control Port }
  ConfigSw = $3BF;  { 6845 Configuration Switch }
  graphmode : Array [0..11] of Byte =
                    ($35,$2D,$2E,$07,$5B,$02,
                     $57,$57,$02,$03,$00,$00);
var
  regsel : Integer;
begin
  h_errptr := Errorptr;
  ErrorPtr := ofs(h_error);
  regsel := 0;
  Port[ModeCont] := 2;
  repeat
    Port[IndexReg] := regsel;
    Port[DataReg] := graphmode[regsel];
    regsel := succ(regsel);
```

```
      until regsel = 12;
      Port[ConfigSw] := 1;   { HALF Mode }
      delay(100);
      Port[ModeCont] := 10; { Einschalten }
      load_font_9x14;        { Standardfont laden }
      clearscreen;           { Schirm loeschen }
    end;


procedure textmode;
{ Grafik ausschalten }
const
    IndexReg = $3B4;   { 6845 Indexregister }
    DataReg  = $3B5;   { 6845 Datenregister }
    ModeCont = $3B8;   { 6845 mode Control Port }
    ConfigSw = $3BF;   { 6845 Configuration Switch }
    text_mode  : Array [0..11] of Byte =
                          ($61,$50,$52,$0F,$19,$06,
                           $19,$19,$02,$0D,$0B,$0C);
var
    regsel : Integer;
begin
    regsel := 0;
    Port[ModeCont] := $20;
    repeat
      Port[IndexReg] := regsel;
      Port[DataReg] := text_mode[regsel];
      regsel := succ(regsel);
    until regsel = 12;
    Port[ConfigSw] := 0;   { Diag Mode }
    delay(100);
    Port[ModeCont] := 40; { Einschalten }
    clrscr;                { Schirm loeschen }
    ErrorPtr := h_errptr;
end;


procedure h_error;
{ bei runtime/io-Fehler in textmodus schalten }
begin
    textmode;
    Writeln('Fehler im Grafikmodus aufgetreten:');
    { nach Ende der Prozedur kommt die Turbo-Fehlermeldung }
end;
```

```
procedure invertscreen;
{ Bild invertieren }
var
  I : Integer;
  Puffer : ^h_screen;
  Screen : h_screen absolute h_graph_base:$0000;
begin
if MemAvail < (h_graph_size div 16) then exit;
new(Puffer); { Puffer im Heap }
for I := 0 to h_graph_size do
  Puffer^[I] := not Screen[I];
move(Puffer^,Screen,h_graph_size);
dispose(Puffer);
end;


procedure plot(x, y, color : Integer);
{ Punkt an den Koordinaten (x,y) auf der aktuellen Bildseite setzen
  Color = 0 : schwarz
  Color = 1 : weiss
  Color = 2 : invertieren (XOR) }
const
  bitpos : Array [1..8] of Byte = (1,2,4,8,16,32,64,128);
var
  byteoffs, bitoffs : Integer;
  Screen : h_screen absolute h_graph_base:$0000;
begin
  if (x < 0) or (x > h_xmax) or (y < 0) or (y > h_ymax) then exit;
  y := h_ymax - y;
  byteoffs := (y and 3) shl 13 + 90*(y shr 2) + (x shr 3);
  bitoffs := 8 - (x mod 8);
  case color of
    0 : Screen[byteoffs] := Screen[byteoffs] and (bitpos[bitoffs] xor $FF);
    1 : Screen[byteoffs] := Screen[byteoffs] or bitpos[bitoffs];
    2 : Screen[byteoffs] := Screen[byteoffs] xor bitpos[bitoffs];
  end;
end;


function getdotcolor(x, y : Integer): Integer;
{ liefert 1, wenn Punkt gesetzt ist, sonst 0 }
const
  bitpos : Array [1..8] of Byte = (1,2,4,8,16,32,64,128);
var
  byteoffs, bitoffs : Integer;
```

```
  Screen : h_screen absolute h_graph_base:$0000;
begin
  if (x < 0) or (x > h_xmax) or (y < 0) or (y > h_ymax) then
    getdotcolor := -1                                { ausserhalb }
  else
    begin
    byteoffs := (y and 3) shl 13 + 90*(y shr 2) + (x shr 3);
    bitoffs := 8 - (x mod 8);
    getdotcolor := ord((Screen[byteoffs] and bitpos[bitoffs]) > 0);
    end;
end;

procedure savepic(name : h_file; var error : Integer);
{ schreibt Bild in eine Datei }
var
  Screen  : h_screen absolute h_graph_base:$0000;
  picfile : file;
begin
{$i-}
assign(picfile,name);
rewrite(picfile);
error := IOResult; if error <> 0 then exit;
blockwrite(picfile,Screen,256);
error := IOResult; if error <> 0 then exit;
close(picfile);
error := IOResult;
{$i+}
end;


procedure loadpic(name : h_file; var error : Integer);
{ Laden Bild aus einer Datei }
var
  Screen  : h_screen absolute h_graph_base:$0000;
  picfile : file;
begin
{$i-}
assign(picfile,name);
reset(picfile);
error := IOResult; if error <> 0 then exit;
blockread(picfile,Screen,256);
error := IOResult; if error <> 0 then exit;
close(picfile);
error := IOResult;
```

```
{$i+}
end;

procedure getpic(var scr : h_screen);
{ Bildschirm auf Variable speichern }
var
  Screen : h_screen absolute h_graph_base:$0000;
begin
scr := Screen;
end;

procedure putpic(var scr : h_screen);
{ Variable auf Bildschirm kopieren }
var
  Screen : h_screen absolute h_graph_base:$0000;
begin
Screen := scr;
end;

Procedure HardCopy(left, top, right, bottom : Integer; invers : Boolean);
{ Hardcopy auf Drucker }
  const
    ESC = #27;
    power2 : Array [0..7] of Integer = (1,2,4,8,16,32,64,128);
  var
    rep, i, j, x, n, bitnumber : Integer;
    spalte : Byte;
  begin
  x := right;
  bitnumber := (bottom - top + 1);
  rep := 2 + Ord(bitnumber < 320);
  bitnumber := rep*bitnumber;
  Write(lst,ESC,'3',#24); { Zeilenabstand 24/144" }
  While (x + 8) >= left do
    begin
    Write(lst,ESC,'L',chr(lo(bitnumber)),chr(hi(bitnumber))); { Grafikmode on }
    for i := top to bottom do
      begin
      spalte := 0;
      for n := x to pred(x+8) do
        if n >= left then
          if getdotcolor (n,i) > 0 then
            spalte := spalte or power2[n-x];
```

```
      for j := 1 to rep do
        if invers then
          Write(lst,chr(spalte xor $FF))
        else
          Write(lst,chr(spalte));
      end;
    Writeln(lst);
    x := x - 8;
    end;
  Write(lst,ESC,'2',#12);
  end;

procedure ellipse(mx, my, a, b, color : Integer);
  { Ellipsen zeichnen - modifizierter Bresenham }
  const aspect = 0.72;
  var x, y : Integer;
      qr1, qr2, dx, dy, da: Real;
  begin
  b := trunc(b * aspect);
  x := 0; y := b; { Ausgangspunkt }
  qr1 := 2*a*a; qr2 := 2*b*b;
  dx := 1; dy := qr1 * b - 1;
  da := int(dy/2);
  repeat
    plot(mx + x, my + y, color);
    plot(mx + x, my - y, color);
    plot(mx - x, my + y, color);
    plot(mx - x, my - y, color);
    if da >= 0 then
      begin
      da := da - dx - 1;
      dx := dx + qr2;
      x := succ(x);
      end
    else
      begin
      da := da + dy - 1;
      dy := dy - qr1;
      y := pred(y);
      end;
    until y < 0;
  end;
```

```
procedure draw(x1, y1, x2, y2, color : integer);
{ Linie von (x1,y1) nach (x2,y2) }
var
  x, y, z, a, b, d, dx, dy, dp, dq : integer;
begin
  dx := abs(x2 - x1);
  dy := abs(y2 - y1);
  if (dx <> 0) and (dy <> 0) then begin
    if dy <= dx then begin
      x := x1;
      y := y1;
      z := x2;
      if x1 <= x2 then
        a := 1
      else
        a := -1;
      if y1 <= y2 then
        b := 1
      else
        b := -1;
      dp := dy + dy;
      d  := dp - dx;
      dq := dp - (dx + dx);
      plot(x, y, color);
      while x <> z do begin
        x := x + a;
        if d < 0 then
          d := d + dp
        else begin
          y := y + b;
          d := d + dq;
          end;
        plot(x, y, color);
        end;
      end
    else begin
      y := y1;
      x := x1;
      z := y2;
      if y1 <= y2 then
        a := 1
      else
        a := -1;
```

```
         if x1 <= x2 then
            b := 1
         else
            b := -1;
         dp := dx + dx;
         d  := dp - dy;
         dq := dp - (dy + dy);
         plot(x, y, color);
         while y <> z do begin
               y := y + a;
               if d < 0 then
                  d := d + dp
               else begin
                  x := x + b;
                  d := d + dq;
                  end;
               plot(x, y, color);
               end;
      end;
   end
else if (dx = 0) and (dy <> 0) then begin
   x := x1;
   y := y1;
   z := y2;
   if y1 <= y2 then
      b := 1
   else
      b := -1;
   plot(x, y, color);
   repeat
     y := y + b;
     plot(x, y, color);
     until y = z;
   end
else if (dx <> 0) and (dy = 0) then begin
   x := x1;
   y := y1;
   z := x2;
   if x1 <= x2 then
      a := 1
   else
      a := -1;
   plot(x, y, color);
```

```
        repeat
          x := x + a;
          plot(x, y, color);
          until x = z;
        end;
    end;


procedure drawchar(x, y, rot, color: integer; ch: char);
{ Zeichen zeichnen mit dem voreingestellten Font
  x, y:  Position,
  rot: Richtung (90-Grad-Schritte 0..3),
  color : Zeichenmodus
  ch : Zeichen }
var
  i,
  j,
  c  : integer;
function bit_set(value, bit : integer): boolean;
  const
    bitmap : array [0..15] of integer =
               ($0001, $0002, $0004, $0008, $0010, $0020, $0040, $0080,
                $0100, $0200, $0400, $0800, $1000, $2000, $4000, $8000);
  begin bit_set := (value and bitmap[bit]) <> 0 end;
begin
with h_font do
  begin
  if (font_is <> '9x14') and (font_is <> '4x6') then exit; { kein font }
  c := ord(ch);
  if c in [32..126] then begin
    for i := 0 to fontmax_y do
        for j := 0 to fontmax_x do
        if bit_set(font_table[c, i], fontmax_x - j) then
            case rot of
                0 : plot(x + j, y + i, color);
                1 : plot(x - i, y + j, color);
                2 : plot(x - j, y - i, color);
                3 : plot(x + i, y - j, color);
                end;
      end;
  end;
end;
```

```
procedure drawstring(x, y, rot, color : integer; s : h_string);
{ Zeichenkette ausgeben - Parameter wie bei drawChar }
var
  dx,
  dy,
  k   : integer;
begin
with h_font do
  begin
  case rot of
      0 : begin  dx :=   font_dist_x; dy :=   0;                end;
      1 : begin  dx :=   0;           dy :=   font_dist_x; end;
      2 : begin  dx := - font_dist_x; dy :=   0;                end;
      3 : begin  dx :=   0;           dy := - font_dist_x; end;
      end;
  for k := 1 to length(s) do
      drawchar(x + (k - 1) * dx, y + (k - 1) * dy, rot, color, s[k]);
  end;
end;
```

Das folgende kleine Testprogramm zeugt die Anwendung der Routinen und Ihre Einbindung in eigenen Programme. Ein Wort noch zur Verwendung von dynamischen Variablen zur Speicherung von Bildern. DIe Variable wird vereinbart als Zeigervariable: Var Bild : ^h_screen;

Mit der Anweisung new(Bild) wird eine dynamische Variable erzeugt - mit anderen Worten: es wird genug Speicher reserviert. Durch den Aufruf getpic(Bild^) wird das Bild nun auf dem Heap abgelegt. Bei einem Speicher von 640 KByte können Sie etwa 10 - 15 Bilder auf dem Heap ablegen. Die Prozedur "tuwas" füllt den Bildschirm mit ein paar Linien und Ellipsen. Die Abbildung 21-1 zeigt die Hardcopy des Programms.

```
Program Hercules_test;

{$I HERCULES.PAS          HGC-Routinen einbinden }
var
  I : Integer;
  err : Integer;
  Bild1, Bild2: ^h_screen;
```

```
procedure tuwas(color : Integer);
var k : Integer;
begin
  for k := 0 to 20 do draw(0,250,720,160 + 10*k,color);
  for k := 0 to 20 do draw(0,160 + 10*k,720,250,color);
  for k := 0 to 25 do ellipse(360,100,k*4,k*2,color);
end;


begin
Hires;
new(Bild1); new(Bild2);   { Speicher reservieren }
{ Text in vier Richtungen }
drawstring(20,10,0,1,'****** Das Hercules - Demo-Programm ******');
drawstring(10,10,1,1,'****** Das Hercules - Demo-Programm ******');
drawstring(700,340,2,1,'****** Das Hercules - Demo-Programm ******');
drawstring(700,340,3,1,'****** Das Hercules - Demo-Programm ******');
load_font_4x6; { kleiner Zeichensatz }
drawstring(200,30,0,1,'****** Das Hercules - Demo-Programm ******');
tuwas(1);
getpic(Bild1^);          { Bild aufheben }
savepic('test.pic',err); { und auf Platte speichern }
for i := 1 to 40 do
  begin { Kreis wandert durchs Bild }
  ellipse(20*i,170,100,100,2);
  ellipse(20*i,170,100,100,2);
  end;
tuwas(2);tuwas(2); { zweimal Farbe 2 = urspruengliches Bild }
tuwas(0); { Auslöschen }
loadpic('test.pic',err);  { von Platte das Originalbild laden }
invertscreen;
getpic(Bild2^); { invertiertes Bild aufheben }
invertscreen;
for i := 1 to 6 do { Vergleich Invertscreen - putpic }
  invertscreen;
for i := 1 to 30 do
  begin
  putpic(Bild2^);
  putpic(Bild1^);
  end;
drawstring(200,40,0,1,'******         E N D E           ******');
Hardcopy(0,0,h_xmax,h_ymax,false);
Textmode;
end.
```

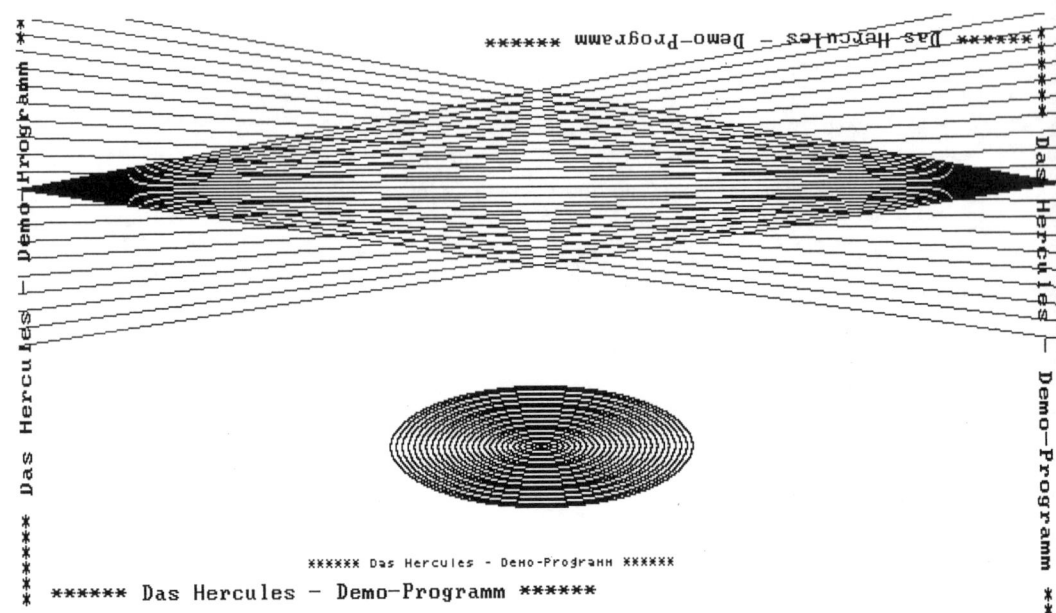

Abb. 21.1 Hardcopy-Ausdruck des Testprogramms

Mit dem Hercules-Grafikpaket können Sie zwar Strings an beliebiger
Stelle auf dem Bild ausgeben, aber die Textausgabe mit WRITE oder
WRITELN funktioniert nicht mehr. Durch eine kleine Erweiterung könne
Sie auch die normale Textausgabe im Grafikmodus erreichen. Die einzige
Einschränkung besteht im Fehlen des Bildschirm-Scrolling. Die folgende
Prozedur GRAPHCONOUT ersetzt die Standard-Consolausgabe von Turbo-
Pascal. Um das zu erreichen müssen die Prozeduren HIRES und TEXTMODE
erweitert werden. Zusätzlich werden am Anfang des Grafikpakets drei
neue Konstante vereinbart. Unter die Deklaration von h_errptr kommen
die Zeilen:

```
h_conoutptr : Integer = 0;
h_x_cpos    : Integer = 0;
h_y_cpos    : Integer = 0;
```

In HIRES werden am Schluß zwei Zeilen eingefügt:

```
if h_conoutptr = 0 then h_conoutptr := ConOutPtr;
ConOutPtr := ofs(GraphConOut);
```

In TEXTMODE wird am Schluß der Urzustand wieder hergestellt:

```
if h_conoutptr <> 0 then ConOtPtr := h_conoutptr;
```

Die folgende Routine ersetzt dann die Bildschirmausgabe. Neben den ASCII-Zeichen werden die Sonderzeichen "Tabulator", "Bell", "Backspace", "Carriage Return" und "Linefeed" behandelt. Die Routinen Write und Writeln arbeiten also korrekt.

```
procedure GraphConOut(ch : byte);
{ Textausgaberoutine im Grafikmodus }
  procedure newline;
    begin
      if h_y_cpos <= h_ymax-28 then h_y_cpos := h_y_cpos+14
    end;
  begin
  if ch in [#32..#126] then
    begin
    if h_x_cpos + 9 > succ(h_xmax) then newline;
      PutChar(h_x_cpos,h_y_cpos,ch);
      h_x_cpos := h_x_cpos + 9;
    end
  else
    case ch of
      7  : begin sound(700); delay(500); nosound end; { Bell }
      8  : if h_x_cpos >= 9 then                       { Backspace }
             h_x_cpos := h_x_cpos-9
           else
             h_x_cpos := 0;
      9  : begin
             h_x_cpos := succ(h_x_cpos div 81) * 81;   { Tabulator }
             if h_x_cpos >= h_xmax then newline;
           end;
     10  : if h_y_cpos <= h_ymax-28 then               { Linefeed }
             h_y_cpos := h_y_cpos+14;
     13  : h_x_cpos := 0;                              { Carriage Return }
    end;
  end;
```

Das Die Routine GotoXY des Turbo-Systems im Grafikmodus auch nicht
mehr funktioniert, hier der Ersatz:

```
procedure h_gotoxy(x, y :Integer);
{ wie GotoXY - Positionierung in Zeilen- und Buchstabenabstaenden }
  begin
  if (x in [1..80]) and (y in [1..25] then
    begin
    h_x_cpos := (x - 1)*9;
    h_y_cpos := (y-1)*14;
    end;
  end;
```

Die Zeichenpositionen werden von dieser Prozedur in Punktkoordinaten
umgerechnet.

Wenn man zwei Grafikkarten (CGA und Hercules) im Computer hat, kann
man mit dem MODE-Kommando zwischen beiden Karten wechseln; MODE CO80
schaltet auf die CGA-Karte, MODE MONO auf die Herculeskarte. Die
folgenden beiden Routinen zeigen, wie man im Programm feststellen
kann, welcher Modus eingeschaltet ist und den Modus auch umschalten.
So sollte man vor dem Start der Herculeskarte zunächst testen, ob die
Funktion SCREENMODE den Wert 7 (Monochromkarte) liefert.

```
function screenmode: Integer;
{ liefert den Bildschirmmodus
  0 : text 40*25 monochrom
  1 : text 40*25 farbig
  2 : text 80*25 monochrom
  3 : text 80*25 farbig
  4 : grafik 320*200 farbig
  5 : grafik 320*200 monochrom
  6 : grafik 640*200 monochrom
  7 : monochrom Textkarte oder Herculeskarte
  8 : EGA text 132*25
  9  - 12 : reserviert
  13 - 16 : EGA- Grafik  }
```

```
Var Reg : record
            case Boolean of
              True : (AX,BX,CX,DX,BP,SI,DI,DS,ES,Flags:Integer);
              False: (AL,AH,BL,BH,CL,CH,DL,DH:Byte);
            end;
begin
  Reg.AH:=$0F;
  Intr($10,Reg);
  screenmode := Reg.AL;
end;


procedure set_screenmode(Mode : Integer);
{ setzen des Bildschirmmodus
  Werte wie bei Function screenmode }
Var Reg : record
            case Boolean of
              True : (AX,BX,CX,DX,BP,SI,DI,DS,ES,Flags:Integer);
              False: (AL,AH,BL,BH,CL,CH,DL,DH:Byte);
            end;
begin
  Reg.AH:=$00;
  Reg.AL := Mode;
  Intr($10,Reg);
end;
```

Mit der Hercules-Toolbox bin ich auch am Ende des Buchs angelangt. Ich
hoffe es hat Ihnen einige brauchbare Anregungen für Ihre Arbeit gegeben.

Literatur:

Abelson,Di Sessa: Turtle Geometry, MIT Press

M. H. Andree: Kurvenentwicklung auf Bildschirm und Plotter, mc 5/82, Bezierflächen mc 5/84, Franzis-Verlag

Angell: Graphische Datenverarbeitung, Hauser

Becker/Dörfler: Computergrafische Experimente in Pascal, Vieweg Verlag

Bronstein/Semendjajew: Taschenbuch der Mathematik, Verlag Harri Deutsch

Cuellar: Grafik auf IBM-PC's, Hanser Verlag

Encarnacao: Computer Graphics, Oldenbourg Verlag

Dr. H. Ernst: Digitale Bildverarbeitung, Elektronik 20/1985, Franzis Verlag

Foley, Van Dam: Fundamentals of Interactive Computer Graphics, Addison-Wesley

T. Gamisch: PC Gameport und Turbo-Pascal, Das PC-Sonderheft, Franzis Verlag

Giloi: Interactive Computer Graphics, Prentice-Hall

Hahn: Computergrafik Ein- und Ausgabe-Hardware, Franzis Verlag

Heinhold/Riedmüller: Lineare Algebra und analytische Geometrie, Hanser

D. Herrmann: Numerische Mathematik, Vieweg-Verlag

Janich, Massmann, Schulz: Amiga 3-D-Grafikprogrammierung, Data Becker Verlag

R.D. Klein: Schneller A/D-Umsetzer digitalisiert TV-Bilder, Elektronik Heft 3/1982, Franzis Verlag

Michael Krämer: Abtastung, mc Heft 12/1985, Franzis Verlag

Helmut Kuhn: Leiterbahnen entflechten, mc 10/1987, Franzis-Verlag

T. L. Kunii: Computer Graphics, Theory and Applications, Springer-Verlag

C.Y.Lee: An Algorithm for Path Connections and Its Applications",IEEE Transactions on Electronic Computers, Vol. EC-10

E.F. Moore: Shortes Path Through a Maze, Annals of the Computation Laboratory of Harvard University Press, Vol. 30
Kurt Moraw: Digitalisieren mit der Kamera, mc Heft 11/1985

Myers: Mikrocomputergrafik, Pandasoft, Addison-Wesley

Navé: Turbo-Pascal-Grafik unter MS-DOS, Franzis-Verlag

Newman/Sproull: Principles of Interactive Computer Graphics, McGraw Hill

K.Obermann: CAD/CAM-Handbuch 84/85 und 85/86, Verlag für Computergraphik, München

Peitgen/Richter: Schönheit im Chaos, Forschungsgruppe komplexe Dynamik, Uni Bremen

Plate/Wittstock: Pascal: Einführung, Programmentwicklung, Strukturen, Franzis-Verlag

Purgathofer: Graphische Datenverarbeitung, Springer Verlag

Remco Treffkorn Automatisches Leiterbahnentflechten mit Z-80, c't Heft 2/1984, Heise Verlag

K.Riedel: Datenreduzierende Bildcodierung, Franzis Verlag

Rogers/Adams: Mathematical Elements for Computer Graphics, McGraw Hill

F. Rubin: The Lee Path Connection Algorithm, IEEE Transactions on Computers, Vol C-23

Spur/Krause: CAD-Technik, Hauser Verlag

Schrack: Graphische Datenverarbeitung, B.I.Wissenschaftsverlag

J. Sonkup: Circuit Layout, Proc. IEEE, Vol. 69

Josef Stoer: Einführung in die Numerische Mathematik I, Springer Verlag

Sutter: Programmieren mit hochauflösender Grafik, Informa-Verlage, Schweiz

N. Wirth: Algorithmen und Datenstrukturen, Teubner-Verlag

Sachverzeichnis